O LIVRO DA FILOSOFIA

O LIVRO DA
FILOSOFIA

DK LONDRES

SEGUNDA EDIÇÃO
EDITOR SÊNIOR
Stephanie Farrow

EDITOR DE ARTE SÊNIOR
Nicola Rodway

EDITOR-CHEFE
Gareth Jones

EDITOR DE ARTE CHEFE
Lee Griffiths

DESIGNER DE CAPA
Stephanie Cheng Hui Tan

CHEFE DE DESENVOLVIMENTO
DE DESIGN DE CAPA
Sophia MTT

EDITOR DE PRODUÇÃO
Gillian Reid

CONTROLE DE PRODUÇÃO
Laura Brand

PRIMEIRA EDIÇÃO
EDITOR SÊNIOR
Sam Atkinson

EDITOR DE PROJETO DE ARTE
Anna Hall

EQUIPE EDITORIAL
Cecile Landau, Andrew Szudek,
Sarah Tomley, Manisha Majithia

EDITOR-CHEFE
Camilla Hallinan

EDITOR DE ARTE CHEFE
Karen Self

DIRETOR DE ARTE
Philip Ormerod

EDITORA ASSOCIADA
Liz Wheeler

EDITOR
Jonathan Metcalf

ILUSTRAÇÕES
James Graham

PESQUISA DE IMAGENS
Ria Jones, Myriam Megharbi

EDITOR DE PRODUÇÃO
Luca Frassinetti

CONTROLE DE PRODUÇÃO
Sophie Argyris

GLOBO LIVROS

EDITORES RESPONSÁVEIS
Camila Werner e Guilherme Samora

EDITORES ASSISTENTES
Sarah Czapski Simoni
Lucas de Sena Lima
Renan Castro

TRADUÇÃO
Douglas Kim e Natalia Aranda

PREPARAÇÃO DE TEXTO
Kanji Editoração e Marcela Isensee

REVISÃO TÉCNICA
Roberto Yokota

REVISÃO DE TEXTO
Ronald Polito, Hebe Ester Lucas,
Vanessa Raposo e Wendy Campos

DIAGRAMAÇÃO
Equatorium Design

Editora Globo S/A
Rua Marquês de Pombal, 25 – 20.230-240
Rio de Janeiro – RJ – Brasil

www.globolivros.com.br

Texto fixado conforme as regras do novo Acordo
Ortográfico da Língua Portuguesa
(Decreto Legislativo nº 54, de 1995)

Título original: *The Philosophy Book*

3ª edição, 2025 – 10ª reimpressão, 2025

Copyright © 2011, 2024 by Dorling
Kindersley Limited
Uma empresa Penguin Random House

Copyright da tradução © 2011, 2024
by Editora Globo

Impresso na Santa Marta.

CIP-BRASIL. CATALOGAÇÃO NA PUBLICAÇÃO
SINDICATO NACIONAL DOS EDITORES DE LIVROS, RJ

L762

O livro da filosofia / tradução Douglas Kim. - São Paulo : Globo Livros, 2016.

360 p.   (As grandes ideias de todos os tempos)

Tradução de: The philosophy book
Inclui índice
ISBN 978-85-250-6309-0

1. Filosofia. I. Kim, Douglas.

6-35097   CDD: 100
                           CDU: 1

COLABORADORES

MARCUS WEEKS

Escritor e músico, Marcus Weeks estudou filosofia e trabalhou como professor antes de iniciar a carreira de escritor. Contribuiu para várias obras sobre arte e divulgação científica.

WILL BUCKINGHAM

Filósofo, romancista e professor universitário, Will Buckingham tem particular interesse na interação entre filosofia e narrativa. Leciona na De Montfort University, Leicester, Reino Unido. Entre outros livros, escreveu *Finding our sea logs: ethics, experience and the ocean of stories*.

DOUGLAS BURNHAM

Professor de filosofia na Staffordshire University, Reino Unido, Douglas Burnham é autor de vários livros e artigos sobre filosofia europeia e filosofia moderna.

CLIVE HILL

Palestrante de teoria política e história britânica, Clive Hill dedica-se ao estudo do papel do intelectual no mundo moderno.

PETER J. KING

Doutor em filosofia e professor no Pembroke College, Oxford University, Reino Unido, Peter J. King é autor de *One hundred philosophers: a guide to the world's greatest thinkers*.

JOHN MARENBON

Fellow do Trinity College, Cambridge, Reino Unido, John Marenbon estuda e escreve sobre filosofia medieval. Entre outras obras, escreveu *Early medieval philosophy 480 – 1150: an introduction*.

OUTROS COLABORADORES

Os editores também gostariam de agradecer a Richard Osborne, professor de filosofia e teoria crítica no Camberwell College of Arts, Reino Unido, por seu entusiasmo e auxílio no planejamento deste livro, e a Stephanie Chilman, por seu auxílio na montagem da lista de Outros Pensadores.

SUMÁRIO

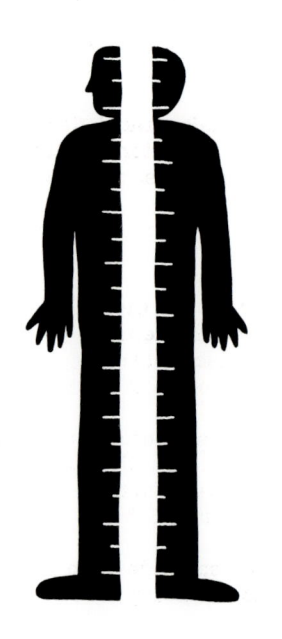

O MUNDO MODERNO
1900-1950

FILOSOFIA CONTEMPORÂNEA
1950-DIAS ATUAIS

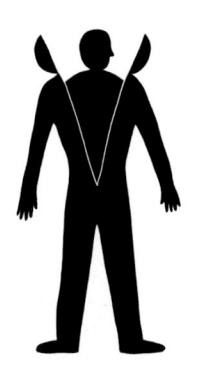

INTRODU

ÇÃO

A filosofia não é apenas atividade de pensadores brilhantes porém excêntricos, como popularmente se pensa. Filosofia é o que todos fazemos quando estamos livres de nossas atividades cotidianas e temos uma chance de nos perguntar o que é a vida e o universo. Nós, humanos, somos criaturas naturalmente curiosas e não conseguimos deixar de fazer perguntas sobre o mundo à nossa volta e o nosso lugar nele. Também somos equipados com uma capacidade intelectual poderosa, que nos permite tanto raciocinar como apenas divagar. Ainda que não o percebamos, ao raciocinar praticamos o pensamento filosófico.

Chegar às respostas para as questões fundamentais é menos determinante para a filosofia do que o próprio processo de busca dessas respostas pelo uso da razão, em vez de aceitar sem questionamentos as visões convencionais ou a autoridade tradicional. Os primeiros filósofos, nas antiguidades grega e chinesa, foram pensadores que, insatisfeitos com as explicações usuais fornecidas pela religião e pelos costumes, procuraram respostas embasadas em justificações racionais. E, assim como compartilhamos nossas observações com amigos e colegas, eles discutiram ideias entre si e fundaram "escolas" para ensinar não apenas as conclusões a que chegaram, mas a maneira como chegaram até elas. Eles encorajavam os alunos a discordar e a criticar ideias, como meio de refiná-las e de alcançar visões novas e diferentes. Um equívoco comum é achar que o filósofo solitário chega a suas conclusões isoladamente, mas, na verdade, isso é raro. Novas ideias surgem por meio da discussão, investigação, análise e crítica de ideias alheias.

Debate e diálogo
Nesse sentido, o filósofo arquetípico foi Sócrates. Nenhum escrito seu foi deixado para as futuras gerações – nem grandes ideias como conclusões de seu pensamento. Sócrates orgulhava-se de ser o mais sábio entre os homens porque sabia que nada sabia. Seu legado é a tradição do debate e discussão, do questionamento às suposições alheias para obter uma compreensão mais profunda e extrair verdades fundamentais. Os textos de seu discípulo Platão quase invariavelmente se apresentam na forma de diálogos, com Sócrates como personagem principal. Muitos filósofos posteriores também adotaram o recurso do diálogo para apresentar ideias, exibindo argumentos e contra-argumentos, em lugar de um simples relato de suas reflexões e conclusões.

O filósofo que apresenta suas ideias ao mundo está sujeito a receber comentários que começam com "Sim, mas…" ou "E se…", em vez de uma aceitação plena. Na realidade, os filósofos tendem a discordar ferozmente uns dos outros sobre quase todos os temas. Platão e seu discípulo Aristóteles, por exemplo, tinham visões opostas em relação a questões filosóficas fundamentais, e, desde então, essas diferentes abordagens polarizaram as opiniões dos pensadores. Isso, por sua vez, provocou mais discussão, instigando o surgimento de mais ideias novas.

Questionar é o atributo de um filósofo, porque não há outro início para a filosofia além desse.
Platão

Mas como essas questões filosóficas ainda continuam a ser discutidas e debatidas? Por que os pensadores não apresentam respostas definitivas? Quais são, enfim, essas "questões fundamentais" tratadas pela filosofia através dos tempos?

Existência e conhecimento

Quando surgiram na antiga Grécia, cerca de 2.500 anos atrás, os primeiros filósofos tiveram seu senso de questionamento inspirado pelo mundo ao redor. Eles viam a Terra e todas as formas de vida que nela habitam; observavam o sol, a lua, os planetas e as estrelas; vivenciavam fenômenos naturais (clima, terremotos, eclipses). E buscavam explicações para todas essas coisas – não mitos e lendas sobre deuses, mas algo que satisfizesse sua curiosidade e seu intelecto. A primeira questão que ocupou suas mentes foi "Do que é feito o universo?", a qual logo se expandiu para "Qual é a natureza do que quer que exista?".

Esse é o ramo da filosofia que agora chamamos de metafísica. Embora muito da questão original tenha sido explicado pela ciência moderna, questões relacionadas à metafísica, como "Por que há algo ao invés de nada?", não são respondidas tão facilmente.

Uma vez que também existimos como parte do universo, a metafísica considera a natureza da existência humana e as implicações de nossa condição de seres conscientes. Como percebemos o mundo à nossa volta? As coisas existem independentemente de nossa percepção? Qual a relação entre mente e corpo? Existe tal coisa chamada alma imortal? O ramo da metafísica que trata de questões da existência – a ontologia – é amplo e forma a base de grande parte da filosofia ocidental.

Assim que os filósofos começaram a submeter o conhecimento recebido ao teste da investigação racional, outra questão fundamental tornou-se óbvia: "Como podemos saber?" O estudo da natureza e dos limites do conhecimento forma uma segunda área importante da filosofia: a epistemologia.

Em seu cerne está a questão de como adquirimos conhecimento, como chegamos a conhecer o que conhecemos – o conhecimento (ou parte dele) é inato ou aprendemos tudo a partir da experiência? Podemos conhecer algo exclusivamente a partir da razão? Essas questões são vitais para o pensamento filosófico, uma vez que precisamos ter confiança em nosso conhecimento a fim de raciocinar

corretamente. Também temos de determinar o escopo e os limites de nosso conhecimento. Do contrário, jamais estaríamos seguros de que realmente sabemos o que pensamos que sabemos – e que não fomos de alguma forma "iludidos", pelos nossos sentidos, a acreditar nisso.

Lógica e linguagem

O raciocínio depende do estabelecimento da verdade das afirmações, que podem então ser usadas para desenvolver uma cadeia de pensamentos até uma conclusão. Isso agora pode parecer óbvio, mas a ideia de construir um argumento racional diferenciou a filosofia das explicações supersticiosas e religiosas que existiam antes dos filósofos. Esses pensadores arquitetaram uma forma de

A superstição deixa o mundo inteiro em chamas, a filosofia as extingue.
Voltaire

assegurar que suas ideias tivessem validade. O que surgiu do pensamento deles foi a lógica – técnica de raciocínio gradualmente aperfeiçoada ao longo do tempo. A princípio apenas uma ferramenta útil para analisar a consistência de um argumento, a lógica desenvolveu regras e convenções próprias, tornando-se ela mesma outro ramo importante da filosofia.

Como grande parte da filosofia, a lógica tem conexões íntimas com a ciência – a matemática, em particular. A estrutura básica do argumento lógico, iniciado com uma premissa e construído por meio de uma série de passos até a conclusão, é a mesma de uma demonstração matemática. Não é surpresa, assim, que os filósofos tenham recorrido muitas vezes à matemática em busca de exemplos de verdades evidentes e indiscutíveis. Muitos dos grandes pensadores, de Pitágoras a Descartes e Leibniz, foram matemáticos completos.

Embora a lógica passe a impressão de ser o ramo mais exato e "científico" da filosofia – um campo em que as coisas estão ou certas ou erradas –, uma observação mais detalhada sobre o tema revela que as coisas não são tão simples. Os avanços na matemática no século XIX desafiaram as regras da lógica estabelecidas desde Aristóteles. E,

mesmo nos tempos antigos, os famosos paradoxos de Zenão de Eleia extraíram conclusões absurdas a partir de argumentos aparentemente irrepreensíveis.

Grande parte do problema é que a lógica filosófica, diferentemente da matemática, expressa-se em palavras, e não em números ou símbolos, e está sujeita às ambiguidades e sutilezas inerentes à linguagem. Construir um argumento baseado na razão envolve usar a linguagem com cuidado e precisão, examinando afirmações e argumentos para se ter certeza de que signifiquem exatamente o que imaginamos que significam. E, quando estudamos os argumentos alheios, temos de analisar não apenas seus passos lógicos, mas também a linguagem que usam, para averiguar se suas conclusões são consistentes. Desse processo floresceu no século XX outro campo de conhecimento: a filosofia da linguagem, que investiga os termos e seus significados.

Moralidade, arte e política

Como a linguagem é imprecisa, os filósofos tentam esclarecer os significados em sua busca por respostas a questões filosóficas. O tipo de pergunta que Sócrates fez aos cidadãos de Atenas buscou

chegar ao cerne do que eles realmente acreditavam que eram certos conceitos. Sócrates fazia perguntas aparentemente simples – como "O que é justiça?" ou "O que é beleza?" – não apenas para trazer significados à luz, mas também para explorar os próprios conceitos. Em discussões desse gênero, Sócrates desafiou preceitos sobre a maneira como vivemos e sobre as coisas que consideramos importantes.

O exame sobre o significado de levar uma vida "virtuosa", sobre justiça e felicidade (e como alcançá-las) e sobre como devemos nos comportar formam a base para o ramo da filosofia conhecido como ética ou filosofia moral. O ramo que deriva da questão do que constitui a beleza e a arte, por sua vez, é conhecido como estética.

Para além da consideração sobre

O ceticismo é o primeiro passo para a verdade.
Denis Diderot

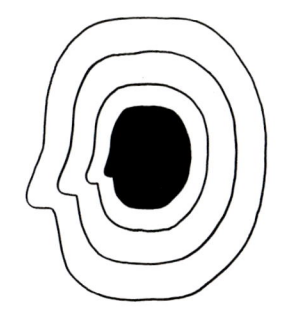

questões éticas referentes às vidas dos indivíduos, é natural que se pense sobre o tipo de sociedade na qual gostaríamos de viver – como ela deveria ser governada, os direitos e responsabilidades de seus cidadãos, e assim por diante. A filosofia política, o último grande ramo da filosofia, trata dessas ideias. Desde *A República*, de Platão, a *Manifesto comunista*, de Karl Marx, os filósofos sugeriram vários modelos a partir de suas crenças sobre como a sociedade deveria se organizar.

Religião: Oriente e Ocidente
Os vários ramos da filosofia não estão apenas interligados, mas sobrepõem-se consideravelmente, sendo às vezes difícil definir a que área pertence uma ideia particular. A filosofia também ultrapassa os limites de várias disciplinas diferentes, incluindo a ciência, a história e as artes. Criada a partir do questionamento dos dogmas religiosos e superstições, a filosofia também investiga a própria religião, formulando perguntas como "Deus existe?" ou "Temos uma alma imortal?". Tais questões têm suas raízes na metafísica, mas implicações também na ética. Por exemplo, alguns filósofos perguntam se nossa moralidade vem de Deus ou se é uma construção humana – e isso, por sua

vez, suscitou um grande debate sobre o livre-arbítrio da humanidade.

Nas filosofias orientais que evoluíram na China e na Índia (particularmente o taoísmo e o budismo), os limites entre filosofia e religião são tênues, ao menos para o modo de pensar ocidental. Isso marca uma das maiores diferenças entre as filosofias ocidentais e orientais. Embora em geral não sejam resultado de revelação divina ou dogma religioso, as filosofias orientais estão muitas vezes ligadas de maneira intrincada com o que poderíamos considerar questões de fé. Embora o raciocínio filosófico seja frequentemente usado para justificar a fé no mundo abraâmico, fé e crença são parte integral da filosofia oriental sem paralelo no Ocidente. Os pontos de partida dessas duas tradições

> O início do pensamento está na discordância – não apenas com os outros, mas com nós mesmos.
> **Eric Hoffer**

filosóficas também diferem. Aquilo que os antigos gregos viam como metafísica era matéria devidamente tratada pela religião segundo o olhar dos primeiros filósofos chineses, que, assim, preocupavam-se mais com a filosofia moral e política.

Seguindo o raciocínio
A filosofia nos presenteou com algumas das mais importantes e influentes ideias da história. Este livro apresenta uma coleção dessas ideias, provenientes dos mais conhecidos filósofos e aqui resumidas em citações bem conhecidas ou em sínteses vigorosas. Talvez a mais célebre citação da filosofia seja o "*cogito, ergo sum*" de Descartes (traduzida do latim como "penso, logo existo"). Trata-se de uma das ideias centrais da história da filosofia, delimitando um momento decisivo no pensamento que nos conduziu à era moderna. Por si só, contudo, a citação não significa muito: é a conclusão de uma linha de argumento sobre a natureza da certeza e faz sentido somente quando examinamos o raciocínio que a sustenta. E é apenas quando examinamos aonde Descartes foi com a ideia – ou seja, quais as consequências daquela conclusão – que percebemos sua importância.

Muitas das ideias contidas neste livro podem parecer enigmáticas à primeira vista. Algumas talvez soem evidentes, outras paradoxais ou desafiadoras do senso comum. E também há aquelas que parecem sob medida para atestar a sentença irreverente de Bertrand Russell, de que "a questão principal da filosofia é começar com algo tão simples que dê a impressão de não valer a pena ser enunciado e terminar com algo tão paradoxal em que ninguém irá acreditar". Mas por que essas ideias são tão importantes?

Sistemas de pensamento

Em alguns casos, as teorias apresentadas neste livro foram as primeiras de seu gênero na história do pensamento. Embora certas conclusões possam hoje parecer óbvias, em retrospecto foram surpreendentemente novas em sua época e, apesar de sua aparente simplicidade, podem nos servir para reexaminar coisas que admitimos como certas. As teorias abordadas no livro que parecem ser paradoxais e contrárias ao senso comum são as ideias que realmente questionam nossas suposições sobre nós mesmos e o mundo – e elas também nos fazem pensar em novas maneiras de ver as coisas. Há várias ideias aqui concernentes a questões sobre as quais os filósofos ainda estão ponderando. Algumas se relacionam a outros pensamentos e a teorias em diferentes campos do pensamento do mesmo filósofo. Outras emergem da análise ou crítica da obra de outro filósofo. Tais ideias podem integrar uma linha de raciocínio que se estende ao longo de várias gerações ou mesmo séculos – ou, ainda, constituir o conceito central de uma "escola" filosófica específica.

Muitos dos grandes filósofos organizaram "sistemas" integrados de filosofia com ideias interconectadas. Por exemplo, suas opiniões sobre como adquirimos conhecimento levaram a uma visão metafísica própria sobre o universo e nossas almas. Isso, por sua vez, guarda implicações sobre o tipo de vida que o filósofo acredita que devemos levar e que tipo de sociedade seria ideal. E, por sua vez, esse sistema inteiro de ideias apresenta-se como o ponto inicial para filósofos subsequentes.

Devemos lembrar também que essas ideias quase nunca se tornam datadas. Elas ainda têm muito a nos dizer, mesmo quando filósofos e cientistas subsequentes provaram que suas conclusões estavam erradas. De fato, muitas ideias rejeitadas durante séculos provaram ser surpreendentemente prescientes, como as teorias dos antigos atomistas gregos, por exemplo. De maneira notável, tais pensadores estabeleceram os processos da filosofia, maneiras de pensar e organizar nossos pensamentos. Convém lembrar que essas ideias são apenas uma pequena parte do pensamento de cada filósofo – em geral, a conclusão de uma longa linha de raciocínio.

Ciência e sociedade

Essas ideias seminais também espalharam sua influência além da filosofia. Algumas geraram movimentos científicos, políticos ou artísticos. Muitas vezes, a relação entre ciência e filosofia é de intercâmbio, com ideias de um lado informando o outro. De fato, há todo um campo na filosofia que estuda o pensamento por trás dos métodos e práticas científicas.

O pensamento sempre funcionou por oposição.
Hélène Cixous

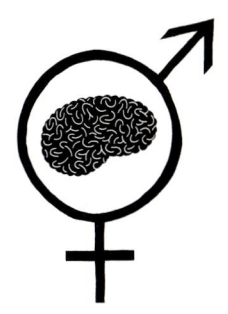  

O desenvolvimento do pensamento lógico influenciou o modo como a matemática evoluiu até se tornar a base para o método científico, que se vale da observação sistemática para explicar o mundo. Já as ideias sobre a natureza do "eu" e da consciência desenvolveram-se até a ciência da psicologia.

O mesmo é verdadeiro para a relação da filosofia com a sociedade. Toda espécie de ética encontrou adeptos em líderes políticos ao longo da história, instigando revoluções e moldando as sociedades nas quais vivemos hoje. As decisões éticas tomadas em todas as profissões têm dimensões morais que são influenciadas pelas ideias dos grandes pensadores da filosofia.

Por trás das ideias

As ideias filosóficas são influenciadas pelos contextos sociais e culturais em que foram formuladas pelos filósofos. Quando as examinamos, obtemos um retrato de certas características nacionais e regionais, assim como um sabor da época específica.

Os filósofos estudados aqui apresentam personalidades distintas. Alguns pensadores são otimistas e outros, pessimistas; alguns são detalhistas, outros pensam em vastos horizontes; alguns se expressam em linguagem clara e precisa, outros de forma poética, densa e abstrata, nem sempre simples de destrinchar. Ao ler essas ideias nos textos originais, você não vai apenas concordar ou discordar do que dizem e seguir o raciocínio que os levou às conclusões, mas também formar uma imagem de que tipo de pessoa está por trás desses pensamentos. Você poderá, por exemplo, entusiasmar-se com o espirituoso e encantador Hume, apreciando sua prosa magnificamente clara mesmo que se sinta pouco à vontade com o que ele tem a dizer. Ou, então, deleitar-se com o discurso persuasivo de Schopenhauer, ainda que experimente a sensação de que o autor não era um homem particularmente agradável.

Acima de tudo, esses pensadores foram (e ainda são) interessantes e estimulantes. Os melhores também se destacaram como grandes escritores: seus textos originais podem ser tão prazerosos quanto a prosa de ficção. Podemos apreciar não apenas seus estilos literários, mas também seus estilos filosóficos: o modo como apresentam seus argumentos, além de nos estimular a mente, pode ser tão elevado quanto a grande arte, tão elegante quanto uma demonstração matemática e tão espirituoso quanto um orador inspirado.

A filosofia não trata simplesmente de ideias. É um modo de pensar.

Muitas vezes, não há respostas certas nem erradas, e filósofos diferentes com frequência chegam a conclusões radicalmente diversas em suas investigações sobre questões que a ciência não pode (e a religião não ousa) explicar.

O prazer da filosofia

O autoquestionamento e a curiosidade são atributos humanos, assim como a excitação da exploração e a alegria da descoberta. Com a filosofia atingimos o mesmo tipo de "euforia" proporcionada pela atividade física – e o mesmo prazer experimentado ao apreciarmos as artes. Acima de tudo, temos a satisfação de chegar a crenças e ideias por meio de nosso próprio raciocínio, e não por imposição da sociedade, da religião, da escola ou mesmo dos filósofos consagrados. ∎

A filosofia não é apenas uma empreitada escrita.
Henry Odera Oruka

O MUND ANTIGO

700 A.C.-250 D.

Tales de Mileto, o primeiro filósofo grego conhecido, busca **respostas racionais** para questões sobre o mundo em que vivemos.

Data tradicional de nascimento de **Kong Fuzi (Confúcio)**, cuja filosofia é centrada no **respeito** e na **tradição**.

Morte de **Sidarta Gautama**, o **Buda**, fundador da religião e da filosofia do **budismo**.

Empédocles propõe sua teoria dos quatro elementos clássicos. É o último filósofo grego a registrar suas ideias em verso.

624-546 A.C. **551 A.C.** **480 A.C.** **c.460 A.C.**

569 A.C. **508 A.C.** **469 A.C.** **404 A.C.**

Nascimento de **Pitágoras**, pensador grego que combinou filosofia e matemática.

A poderosa cidade-estado grega de Atenas adota a **constituição democrática**.

Nascimento de **Sócrates**, cujos **métodos de questionamento** em Atenas formaram a base de grande parte da filosofia ocidental.

A derrota na **Guerra do Peloponeso** leva ao declínio do poder político de Atenas.

Desde o início da história humana fazemos perguntas sobre o mundo e sobre nosso lugar nele. Para as primeiras sociedades, as respostas para as questões fundamentais eram encontradas na religião: as ações dos deuses explicavam o funcionamento do universo e ofereciam uma estrutura para as civilizações humanas.

Algumas pessoas, no entanto, considerando inadequadas as explicações religiosas, começaram a buscar respostas baseadas na razão em lugar da convenção. Essa mudança marcou o nascimento da filosofia, e o primeiro dos grandes pensadores conhecidos foi Tales, de Mileto – cidade grega situada na atual Turquia. Tales usou a razão para investigar a natureza do universo e encorajou outros a fazer o mesmo. O que transmitiu a seus seguidores não foram apenas respostas, mas todo um processo de como pensar racionalmente, bem com uma ideia do tipo de explicação que poderia ser considerada satisfatória. Por isso, Tales de Mileto é considerado o primeiro filósofo.

A preocupação dos primeiros filósofos concentrava-se na indagação básica de Tales: "Do que é feito o mundo?". Suas respostas constituem a base do pensamento científico e forjaram uma relação entre ciência e filosofia que perdura até hoje. A obra de Pitágoras marcou uma grande mudança, visto que ele procurou explicar o mundo em termos da matemática, e não em razão de alguma forma de matéria primordial. Pitágoras e seus seguidores descreveram a estrutura do cosmos em números, relações e geometria. Embora algumas dessas relações matemáticas apresentassem significado místico entre os adeptos da escola pitagórica, suas explicações numéricas sobre o cosmos tiveram profunda influência nos primórdios do pensamento científico.

Filosofia clássica grega

Enquanto as cidades-estados gregas cresciam em importância, a filosofia espalhava-se no mundo grego a partir da região da Jônia – Atenas em particular –, que estava se tornando rapidamente o centro cultural da Grécia. Foi ali que os filósofos ampliaram o objetivo da filosofia para incluir novas questões, do tipo "Como sabemos o que sabemos?" ou "Como devemos viver nossas vidas?". Um ateniense, Sócrates, conduziu o breve porém altamente influente período da filosofia clássica grega. Embora não tenha deixado escritos, suas ideias

Platão funda sua
Academia, de
grande influência
em Atenas.

Zenão de Cítio formula
sua **filosofia estoica**, que
continua a ter apoio no
Império Romano.

Ptolomeu, um
cidadão romano do Egito,
propõe a ideia de que
a **Terra está no
centro do universo** e
não se move.

Galeno de Pérgamo
realiza extraordinária
pesquisa médica, que só
seria superada pelo trabalho
de Vesálio, em 1543.

c.**385** A.C.   c.**332-265** A.C.   c.**100-178** D.C.   c.**150** D.C.

335 A.C.   **323** A.C.   **122** D.C.   **220** D.C.

Aristóteles, discípulo
de Platão, funda sua
própria escola em
Atenas – o **Liceu**.

A **morte de Alexandre,
o Grande**, sinaliza
o final do domínio cultural
e político da Grécia no
mundo antigo.

Começa a construção
da **Muralha de
Adriano** na
Grã-Bretanha, marco da
fronteira setentrional do
Império Romano.

O colapso da
dinastia Han
marca o fim da
China unificada.
Começa o **Período
de Desunião**.

orientaram o futuro curso da filosofia, e todos os filósofos antes dele tornaram-se conhecidos como pré-socráticos. Seu discípulo Platão fundou em Atenas uma escola filosófica chamada Academia, onde lecionou e desenvolveu suas principais ideias, transmitindo-as a pupilos como Aristóteles, que também viria a ser professor ali durante vinte anos. As ideias e os métodos contrastantes desses grandes pensadores – Sócrates, Platão e Aristóteles – formam a base da filosofia ocidental como a conhecemos hoje. Suas diferenças de opinião dividiram os filósofos ao longo da história.

O período clássico da antiga Grécia teve seu fim com a morte de Alexandre, o Grande, em 323 a.C. Esse grande líder tinha unificado a Grécia. As cidades-estados gregas, que até então cooperavam, tornaram-se novamente rivais. Depois da morte de Aristóteles, em 322 a.C., a filosofia também se dividiu em escolas de pensamento diferentes, com cínicos, céticos, epicuristas e estoicos discutindo suas posições.

Nos dois séculos seguintes a cultura grega decaiu, enquanto o Império Romano cresceu. Os romanos tinham pouco tempo para a filosofia, à parte o estoicismo, mas as ideias gregas persistiram, principalmente porque foram preservadas nos manuscritos e traduções do mundo árabe. Elas ressurgiram posteriormente durante a época medieval, com a ascensão do cristianismo e do islamismo.

Filosofias orientais

Pensadores em toda a Ásia também questionavam a sabedoria convencional. A revolução política na China de 771 a 481 a.C. levou a um conjunto de filosofias que estavam menos preocupadas com a natureza do universo do que com a melhor forma de organizar uma sociedade justa, fornecendo diretrizes morais para os indivíduos – e, durante o processo, investigando o que constitui uma vida "virtuosa". As chamadas "Cem Escolas de Pensamento" floresceram nesse período, e as mais significativas entre elas foram o confucionismo e o taoísmo – ambas continuaram a dominar a filosofia chinesa até o século xx.

No sul da China, surgiu um filósofo igualmente influente: Sidarta Gautama, conhecido depois como Buda. A partir de seus ensinamentos na Índia setentrional, por volta de 500 a.C., sua filosofia espalhou-se pelo subcontinente e por grande parte da Ásia meridional, onde ainda hoje é amplamente praticada. ∎

TUDO É COMPOSTO DE ÁGUA

TALES DE MILETO (c.624-546 a.C.)

A partir da observação, Tales deduziu que condições específicas de tempo, e não súplicas aos deuses, levavam a uma boa colheita. Dizem que ele, prevendo uma alta produção das oliveiras em certo ano, comprou as moendas de azeitonas da região, obtendo grandes lucros depois, ao alugá-las para satisfazer a demanda crescente.

Durante o período arcaico (meados do século VIII-VI a.C.), os povos da península grega gradualmente se estabeleceram em um grupo de cidades-estados e desenvolveram um sistema de escrita alfabético, bem como os primórdios do que hoje é reconhecido como filosofia ocidental. As civilizações anteriores se valiam da religião para explicar os fenômenos do mundo ao seu redor. Agora, uma nova estirpe de pensadores surgia e tentava encontrar explicações naturais e racionais.

O primeiro desses pensadores científicos foi Tales de Mileto. Nada sobreviveu de seus textos, mas sabemos que detinha bom domínio de geometria e astronomia e atribui-se a ele a previsão de um eclipse total do sol em 585 a.C. Essa maneira prática de pensar levou-o a acreditar que os acontecimentos no mundo não se deviam à intervenção sobrenatural, mas tinham causas naturais que a razão e a observação revelariam.

Substância fundamental

Tales precisava estabelecer um princípio a partir do qual trabalharia, então formulou a pergunta: "Qual é a matéria-prima básica do cosmos?" A ideia de que tudo no universo pode ser reduzido basicamente a uma única substância é a teoria do monismo, e Tales e seus seguidores foram os primeiros a propor isso dentro da filosofia ocidental. Tales ponderou que a matéria-prima básica

Ver também: Anaximandro 330 ▪ Anaxímenes de Mileto 330 ▪ Pitágoras 26-29 ▪ Empédocles 330 ▪ Demócrito e Leucipo 45 ▪ Aristóteles 56-63

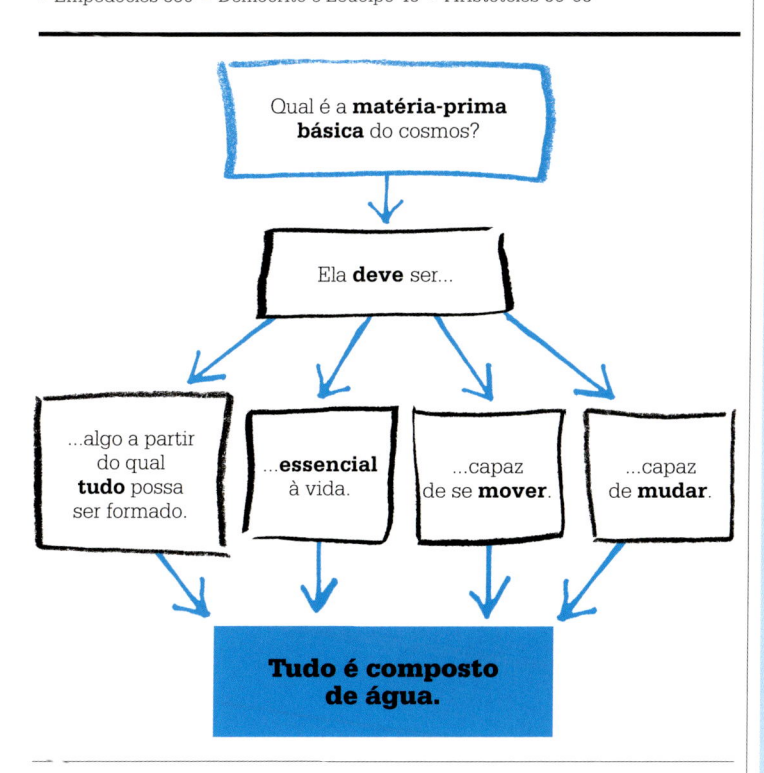

Qual é a **matéria-prima básica** do cosmos?

Ela **deve** ser...

...algo a partir do qual **tudo** possa ser formado.

...**essencial** à vida.

...capaz de se **mover**.

...capaz de **mudar**.

Tudo é composto de água.

Tales de Mileto

Embora saibamos que Tales nasceu e viveu em Mileto, na costa da atual Turquia, muito pouco se conhece sobre sua vida. Nenhum de seus textos – se é que deixou algum – sobreviveu. No entanto, sua reputação como um dos principais pensadores gregos antigos parece merecida: há referências a ele em Aristóteles e em Diógenes Laércio, o biógrafo do século III dos antigos filósofos gregos.

Rumores sugerem que, além de ser filósofo, Tales envolveu-se ativamente na política e era um homem de negócios bem-sucedido. Especula-se que viajou bastante pelo Mediterrâneo oriental – em visita ao Egito, teria aprendido a geometria prática que se tornaria a base de seu raciocínio dedutivo.

No entanto, Tales era acima de tudo um professor, o primeiro da chamada Escola de Mileto. Anaximandro, seu discípulo, expandiu suas teorias científicas e depois se tornou mentor de Anaxímenes, o qual, acredita-se, ensinou ao jovem matemático Pitágoras.

do universo tinha de ser algo a partir do qual tudo o mais pudesse ser formado. Tinha, ainda, de ser essencial à vida, capaz de movimento e, portanto, de mudança. Ele notou que a água é evidentemente necessária para sustentar todas as formas de vida, e que ela se move e se modifica, assumindo diversas formas, do líquido ao gelo sólido e à névoa vaporosa. Tales concluiu, então, que toda matéria, independentemente de suas aparentes propriedades, deve ser água em algum estágio de transformação.

Tales também percebeu que toda massa de terra parece chegar ao fim à beira da água. A partir disso, deduziu que todo o conjunto da terra devia flutuar sobre uma base de água, da qual ele emergiu. Quando ocorre algo que causa ondulações ou tremores nessa água, propôs Tales, nós os sentimos como terremotos.

Ainda que sejam interessantes os detalhes das teorias de Tales, elas não são a principal razão pela qual ele é considerado uma figura destacada na história da filosofia. Sua real importância está no fato de que foi o primeiro pensador conhecido a buscar respostas naturalistas e racionais, em vez de atribuir os objetos e os acontecimentos aos caprichos de deuses volúveis. Ao fazer isso, ele e os filósofos posteriores da Escola de Mileto lançaram as bases do pensamento científico e filosófico no mundo ocidental. ▪

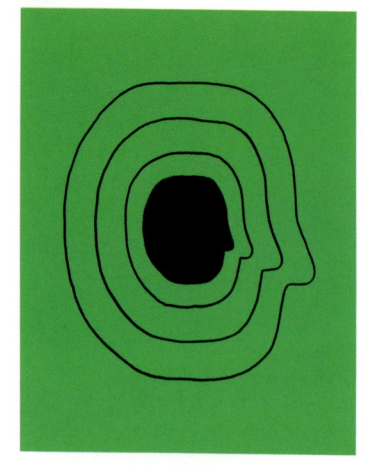

O TAO QUE PODE SER DESCRITO NÃO É O ETERNO TAO

LAO-TSÉ (c. SÉCULO VI a.C.)

EM CONTEXTO

ÁREA
Filosofia chinesa

ABORDAGEM
Taoísmo

ANTES
1600-1046 a.C. Durante a dinastia Chang as pessoas creem que o destino é controlado pelas divindades e cultuam os antepassados.

1045-256 a.C. Na dinastia Chou, o Mandato do Céu (autoridade dada pela divindade) justifica decisões políticas.

DEPOIS
Século v a.C. Kong Fuzi (Confúcio) fixa regras para o desenvolvimento pessoal e para o governo ético.

Século IV a.C. O filósofo Chuang Tzu muda o foco do taoísmo, concentrando-se mais nas ações do indivíduo do que nas ações do Estado.

Século III d.C. Os estudiosos Wang Bi e Guo Xiang criam uma escola neotaoísta.

No século VI a.C., a China avançou para um estado de guerra interna quando o governo da dinastia Chou desintegrou-se. Essa mudança criou, dentro das cortes, uma nova classe social de administradores e magistrados, encarregados de planejar estratégias para governar de maneira mais eficaz. O amplo conjunto de ideias criadas por esses funcionários tornou-se conhecido como as Cem Escolas de Pensamento.

Isso coincidiu com o surgimento da filosofia na Grécia, com a qual se partilhou de algumas preocupações, como buscar estabilidade num mundo em constante mudança e alternativas ao que anteriormente fora determinado pela religião. Mas a

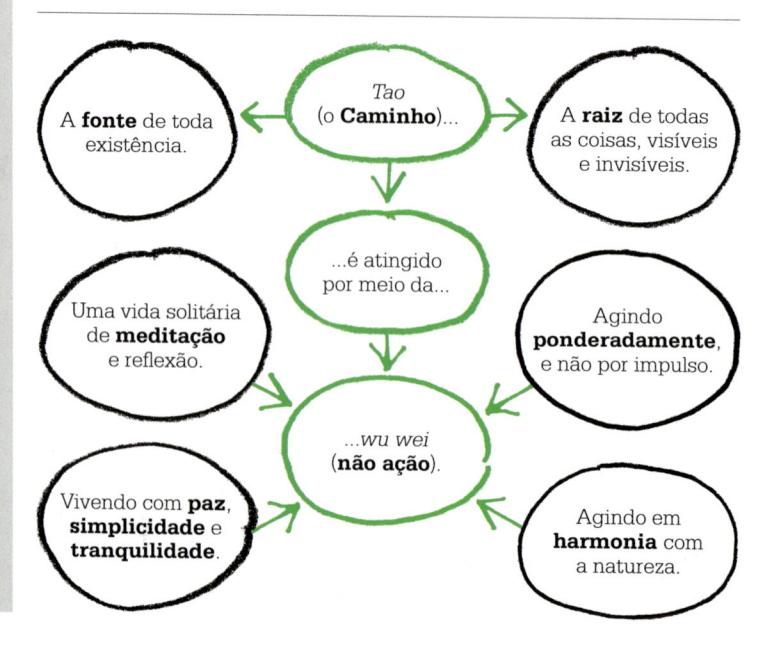

Ver também: Sidarta Gautama 30-33 ▪ Kong Fuzi 34-39 ▪ Mo Di 44 ▪ Wang Bi 337 ▪ Hajime Tanabe 244-245

filosofia chinesa evoluiu a partir da prática política e, portanto, estava preocupada com moralidade e ética, em vez da natureza do cosmos.

Uma das ideias mais importantes dessa época veio do *Tao Te Ching* (*O livro do caminho e da virtude*), atribuído a Lao-Tsé. Foi uma das primeiras tentativas de propor uma teoria de governo justo, baseada no *de* (virtude), que poderia ser

Viver em harmonia com a natureza é um dos caminhos indicados pelo *Tao Te Ching* para uma vida bem equilibrada, por exemplo, respeitar o equilíbrio ecológico do lago e não pescar em excesso.

encontrado ao seguir o *tao* (caminho). É a base da filosofia conhecida como taoísmo.

Ciclos de mudança

A fim de entender o conceito de *tao* é necessário saber como os antigos chineses viam o mundo em mutação. Para eles, as mudanças são cíclicas, movendo-se continuamente de um estado para outro – da noite para o dia, do verão para o inverno, e assim por diante. Os diferentes estados não eram considerados opostos, mas relacionados, um surgindo do outro. Tais estados também possuiriam propriedades complementares que juntas compõem um todo. O processo de mudança seria uma expressão do *tao*, conduzindo às 10 mil manifestações que formam o mundo. Lao-Tsé, no *Tao Te Ching*, diz que os humanos são apenas uma dessas manifestações e não têm status especial. Mas, por causa do nosso desejo e do livre-arbítrio, podemos nos desviar do *tao* e perturbar o equilíbrio harmonioso do mundo. Viver uma vida virtuosa significa agir de acordo com o *tao*.

Conhecer os outros é inteligência; conhecer a si mesmo é a verdadeira sabedoria.
Lao-Tsé

No entanto, seguir o *tao* não é uma questão simples, como o *Tao Te Ching* reconhece. Filosofar sobre o *tao* é inútil, visto que ele está além de qualquer coisa que os humanos possam conceber. É caracterizado pelo *wu* ("não ser"), de modo que só podemos viver segundo o *tao* por meio do *wu wei*, ou seja, da "não ação". Com isso, Lao-Tsé não prega o "não fazer", mas, sim, o agir de acordo com a natureza – espontânea e intuitivamente. Isso acarreta agir sem desejo, ambição ou submissão às convenções sociais. ∎

Lao-Tsé

Muito pouco se sabe sobre o autor do *Tao Te Ching*, que tradicionalmente é atribuído a Lao-Tsé. A respeito dessa figura quase mítica, já foi insinuado que a obra não era sua, consistindo, na verdade, numa compilação de frases de um grupo de estudiosos. O que sabemos é que havia um erudito nascido no estado de Chu, com o nome de Li Er ou Lao Tan, durante a dinastia Chou, que se tornou conhecido como Lao-Tsé (Antigo Mestre). Vários textos indicam que se tratava de um arquivista da corte, e que Kong Fuzi o consultou a respeito de rituais e cerimônias.

A lenda diz que Lao-Tsé deixou a corte quando a dinastia Chou entrou em decadência e viajou para o oeste em busca de solidão. Quando estava prestes a cruzar a fronteira, um dos guardas o reconheceu e pediu um testemunho de sua sabedoria. Lao-Tsé teria escrito o *Tao Te Ching* para ele e, então, seguiu viagem para nunca mais ser visto.

Obra-chave

c. século VI A.C.
Tao Te Ching

O NÚMERO É O REGENTE DAS FORMAS E IDEIAS

PITÁGORAS (c.570-495 A.C.)

EM CONTEXTO

ÁREA
Metafísica

ABORDAGEM
Pitagorismo

ANTES
Século VI A.C. Tales propõe
uma explicação não religiosa
do cosmos.

DEPOIS
c.535-c.475 A.C. Heráclito
rejeita o pitagorismo e afirma
que o cosmos é governado pela
mudança.

c.428 A.C. Platão introduz seu
conceito de formas perfeitas,
reveladas ao intelecto e não aos
sentidos.

c.300 A.C. Euclides,
matemático grego, estabelece
os princípios da geometria.

1619 O matemático alemão
Johannes Kepler descreve a
relação entre geometria e
fenômenos físicos.

A filosofia ocidental estava em seu início quando Pitágoras nasceu. Em Mileto, na Grécia, um grupo de filósofos de uma geração anterior, conhecidos coletivamente como Escola de Mileto, tinha começado a procurar explicações racionais para fenômenos naturais, inaugurando a tradição filosófica ocidental. Pitágoras passou a infância não muito longe de Mileto, daí ser provável que conhecesse, ou talvez até tivesse estudado, na academia desses filósofos. Dizem que Pitágoras – como Tales, fundador da Escola de Mileto – aprendeu os rudimentos da geometria numa viagem ao Egito. Tal formação

Ver também: Tales de Mileto 22-23 ▪ Sidarta Gautama 30-33 ▪ Heráclito 40 ▪ Platão 50-55 ▪ René Descartes 116-123

Tudo no universo se conforma às **regras e relações matemáticas**. → Se compreendemos o número e as **relações** matemáticas... → ...compreendemos também a **estrutura do cosmos**. → A matemática é o modelo para o **pensamento filosófico**.

O número é o regente das formas.

O número é o regente das ideias.

provavelmente o influenciou a abordar o pensamento filosófico de forma científica e matemática.

A academia pitagórica

Entretanto, Pitágoras também era profundamente religioso e supersticioso. Acreditava em reencarnação e na transmigração das almas. Estabeleceu um culto religioso, assumindo o papel de messias virtual, em Crotona, no sul da Itália. Seus discípulos viviam em comunidade,

seguindo regras estritas de dieta e comportamento, enquanto estudavam teorias religiosas e filosóficas. Os pitagóricos, como seus discípulos eram conhecidos, viam as ideias de Pitágoras como revelações místicas – embora algumas descobertas atribuídas a ele como "revelações" possam, de fato, ter vindo de outros membros da comunidade. Suas ideias foram registradas por discípulos, entre os quais se incluíam sua esposa, Teano de Crotona, e suas filhas. As

duas faces das crenças de Pitágoras – a mística e a científica – parecem incompatíveis, mas o filósofo não as via assim. Para ele o objetivo da vida é libertar-se do ciclo de reencarnação, o que pode ser obtido com a adesão a um rígido conjunto de regras de comportamento e por meio da contemplação (ou o que chamaríamos de pensamento científico objetivo). Na geometria e na matemática encontrou verdades que julgou evidentes por si mesmas, como se ofertadas pelos »

Pitágoras

Pouco se conhece sobre a vida de Pitágoras, que não deixou textos escritos. Infelizmente, como o filósofo grego Porfírio mencionou em sua *Vita Pythagorae*, "ninguém sabe ao certo o que Pitágoras disse a seus colegas, já que eles observavam um silêncio incomum". Estudiosos modernos acreditam que Pitágoras provavelmente nasceu na ilha de Samos, na costa da atual Turquia. Na juventude, viajou bastante e talvez tenha estudado na Escola de Mileto e visitado o Egito, um centro de aprendizado. Aos 40 anos, criou uma comunidade com cerca de 300

pessoas em Crotona, no sul da Itália, cujos membros estudavam vários assuntos místicos e acadêmicos. Apesar da natureza coletiva da comunidade, Pitágoras foi claramente seu líder. Aos 60 anos, acredita-se que se casou com a filósofa/matemática Teano de Crotona. A crescente hostilidade em relação ao culto pitagórico acabou forçando-o a deixar Crotona e fugir para Metaponto, também no sul da Itália, onde ele morreu logo depois. Sua comunidade tinha virtualmente desaparecido no final do século IV a.C.

O Teorema de Pitágoras mostrou que as formas e as razões matemáticas são governadas por princípios decifráveis. Isso sugeriu que talvez fosse possível formular a estrutura do cosmos inteiro.

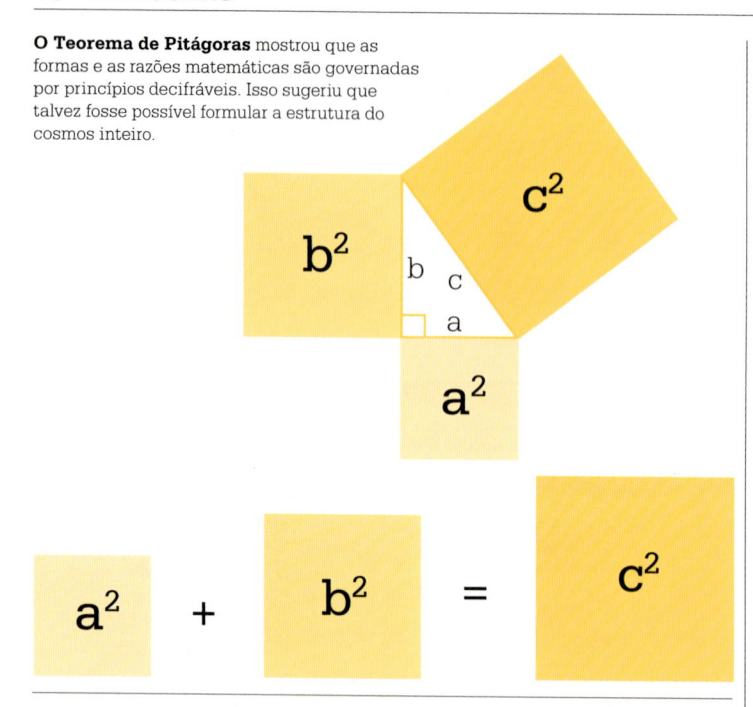

Há geometria no som das cordas, há música no espaçamento das esferas.
Pitágoras

pontos), tinha um significado particular no ritual pitagórico. De maneira menos controversa, eles consideravam o número um como um ponto único, uma unidade, a partir do qual outras coisas podiam ser derivadas. O número dois, nessa maneira de pensar, era uma linha, o número três uma superfície ou plano, e o quatro um sólido. A correspondência com o conceito moderno de dimensões é óbvia.

A explicação pitagórica sobre a criação do universo seguiu um padrão matemático: no Ilimitado (o infinito que existia antes do universo), Deus impôs um Limite, então tudo o que existe veio a ter um tamanho real. Dessa forma, Deus criou uma unidade *mensurável*, a partir da qual todo o resto foi formado.

Harmonias numéricas

A descoberta mais importante de Pitágoras diz respeito às relações entre os números: razões e proporções. Isso foi reforçado por sua investigação sobre a música e, em particular, sobre as relações entre as notas que, juntas, soavam de forma agradável. Uma história conta que ele concebeu essa ideia ao ouvir dois ferreiros trabalhando. Um tinha uma bigorna com a metade do tamanho

deuses, e elaborou demonstrações matemáticas que tivessem o impacto de uma revelação divina.

Como essas descobertas matemáticas resultavam de puro raciocínio, Pitágoras as via como mais valiosas do que meras observações. Por exemplo, os egípcios haviam descoberto que um triângulo cujos lados têm a razão de 3:4:5 sempre tem um ângulo reto, e isso foi útil na prática, como na arquitetura. Mas Pitágoras descobriu o princípio fundamental de todos os triângulos com ângulo reto (que o quadrado da hipotenusa é igual à soma dos quadrados dos dois catetos) e verificou que isso era universalmente verdadeiro. Tal descoberta foi tão extraordinária, e tinha tanto potencial aplicativo, que os pitagóricos consideraram-na uma revelação divina.

Pitágoras concluiu que todo o cosmos deve ser governado por regras matemáticas. Ele dizia que o número (razões numéricas e axiomas matemáticos) pode ser usado para explicar a estrutura do cosmos. E não descartou totalmente a teoria milesiana do universo composto de uma substância fundamental – apenas deslocou a investigação de substância para forma.

Essa foi uma mudança profunda no modo de ver o mundo – o que nos leva a perdoar Pitágoras e seus discípulos por ficarem tão extasiados ao dar aos números um significado místico. Por meio da exploração da relação entre números e geometria, eles descobriram os números quadrados e cúbicos – dos quais falamos até hoje –, mas também atribuíram a eles características como "bom" (para os números pares), "mal" (ímpares), "justo" (o número quatro), e assim por diante. O número dez, na forma de um *tetractys* (forma triangular composta por filas de do outro, e os sons das marteladas estavam exatamente a uma oitava (oito notas) de distância. Embora isso possa ser verdade, foi provavelmente por meio da experiência com uma corda dedilhada que Pitágoras determinou as razões dos intervalos consonantes (o número de notas entre duas notas que determina se elas vão soar harmoniosamente se tocadas em conjunto). Ele descobriu que esses intervalos eram harmoniosos porque a relação entre eles era uma razão matemática precisa e simples. Essa série, conhecida agora como série harmônica, confirmou-lhe que a elegância da matemática encontrada na geometria abstrata também existia no mundo natural.

As estrelas e os elementos

Pitágoras agora tinha provado não apenas que a estrutura do universo podia ser explicada em termos matemáticos – "o número é o regente das formas" –, mas também que a acústica é uma ciência exata e os números governam as proporções harmônicas. Ele então começou a aplicar suas teorias ao cosmos, demonstrando a relação harmônica das estrelas, planetas e elementos. Sua ideia de relações harmônicas entre as estrelas foi avidamente retomada por astrônomos medievais e renascentistas, que desenvolveram teorias em torno da ideia da música das esferas, e sua sugestão de que os elementos estavam dispostos harmoniosamente foi revisitada mais de dois milênios após sua morte. Em 1865, o químico inglês John Newlands descobriu que, quando os elementos químicos estão dispostos

A arquitetura clássica segue as razões matemáticas pitagóricas. Formas harmônicas e razões são usadas em toda parte – só mudam as escalas, conforme a aplicação.

de acordo com o peso atômico, aqueles com propriedades similares ocorrem a cada oito elementos, como notas de música. Essa descoberta tornou-se conhecida como Lei das Oitavas e auxiliou no desenvolvimento da Lei Periódica dos elementos químicos, ainda usada hoje.

Pitágoras também estabeleceu o princípio do raciocínio dedutivo, que é o processo passo a passo que começa com axiomas evidentes (tais como "2 + 2 = 4") para estabelecer uma nova conclusão ou fato. O raciocínio dedutivo foi mais tarde refinado por Euclides, formando a base do pensamento matemático até a Idade Média e mais além.

Uma das contribuições mais importantes de Pitágoras ao desenvolvimento da filosofia foi a ideia de que o pensamento abstrato é superior à evidência dos sentidos. Platão retomaria o conceito em sua Teoria das Formas, assim como os racionalistas do século XVII ao definir seu método filosófico. A tentativa pitagórica de combinar o racional com o religioso foi pioneira ao lidar com um

> A razão é imortal, todo o resto é mortal.
> **Pitágoras**

problema que, sob certos aspectos, tem perseguido a filosofia e a religião.

Quase tudo que sabemos sobre Pitágoras chegou até nós por meio de outros – até os simples fatos de sua vida são, em grande parte, conjecturas. Ainda assim, o pensador alcançou um status quase lendário devido às ideias atribuídas a ele. Se Pitágoras de fato foi ou não o criador dessas teorias não importa. O importante, sim, é o profundo efeito delas no pensamento filosófico. ∎

FELIZ AQUELE QUE SUPEROU SEU EGO

SIDARTA GAUTAMA (c.563-483 a.C.)

EM CONTEXTO

ÁREA
Filosofia oriental

ABORDAGEM
Budismo

ANTES
c.1500 a.C. O vedismo alcança o subcontinente indiano.

c. séculos x-v a.C. O bramanismo substitui as crenças védicas.

DEPOIS
Século iii a.C. O budismo se espalha do vale do Ganges para o oeste da Índia.

Século i a.C. Os ensinamentos de Sidarta Gautama são escritos pela primeira vez.

Século i d.C. O budismo se espalha para a China e o sudeste asiático. Diferentes escolas budistas se desenvolvem em diferentes áreas.

Sidarta Gautama, que ficaria conhecido como Buda, "o iluminado", viveu na Índia num período em que os relatos religiosos e mitológicos acerca do mundo sofriam questionamentos. Na Grécia, pensadores como Pitágoras estudavam o cosmos por meio da razão, e na China, Lao-Tsé e Confúcio (Kong Fuzi) desvinculavam a ética do dogma religioso. O bramanismo, religião que evoluíra do vedismo – a antiga crença baseada nos textos sagrados dos Vedas –, era a fé dominante no subcontinente indiano no século VI a.C. Sidarta Gautama foi o primeiro a desafiar tal sistema com seu raciocínio filosófico.

Ver também: Lao-Tsé 24-25 ▪ Pitágoras 26-29 ▪ Kong Fuzi 34-39 ▪ David Hume 148-153 ▪ Arthur Schopenhauer 186-188 ▪ Hajime Tanabe 244-245

As Quatro Nobres Verdades

O sofrimento é **parte inerente da existência** desde o nascimento, na doença e na velhice, até a morte. → A verdade do sofrimento (**Dukkha**).

A causa do sofrimento é o **desejo**: anseio pelos prazeres sensuais e apegos aos bens e ao poder mundano. → A verdade da origem do sofrimento (**Samudaya**).

O sofrimento pode acabar por meio do **desapego** do anseio e do apego. → A verdade do fim do sofrimento (**Nirodha**).

O **Caminho Óctuplo** é o meio para eliminar o desejo e superar o ego. → A verdade do caminho para o fim do sofrimento (**Magga**).

Sidarta Gautama

Quase tudo que sabemos sobre a vida de Sidarta Gautama vem das biografias escritas por seus seguidores séculos depois de sua morte, e que diferem muito em vários detalhes. Mas é certo que ele nasceu em Lumbini, atual Nepal, por volta de 560 a.C. Seu pai era um nobre, possivelmente o líder de um clã, e Sidarta levou uma vida privilegiada de luxo e grande status.

Insatisfeito com isso, deixou esposa e filho para dedicar-se à espiritualidade e descobrir o "caminho do meio" entre a indulgência sensual e o ascetismo. Atingiu a iluminação quando meditava à sombra da árvore de *bodhi* e dedicou o resto da vida a viajar e pregar por toda a Índia. Depois de sua morte, seus ensinamentos foram transmitidos oralmente por cerca de quatrocentos anos até serem escritos no *Tripitaka*.

Obra-chave

Século I D.C.
Tripitaka (ou "três cestos", relatado por discípulos, contendo: *Vinaya-pitaka*, *Sutta-pitaka* e *Abhidhamma-pitaka*)

Embora reverenciado pelos budistas por sua sabedoria, Gautama não era messias nem profeta, e não atuava como médium entre Deus e os mortais. Suas ideias eram concebidas por meio do raciocínio, não por revelação divina, e é por isso que o budismo pode ser considerado tanto filosofia quanto religião. Sua busca foi filosófica – para descobrir verdades – e ele sustentava que as verdades que propunha estavam disponíveis para todos pelo poder da razão. Como a maioria dos filósofos orientais, não se interessou pelas questões irrespondíveis da metafísica que tanto preocupavam os gregos. Por lidar com entidades além da nossa experiência, esse tipo de investigação lhe parecia especulação sem sentido. Em vez disso, ele se envolveu com a questão do objetivo da vida – o que, por sua vez, envolvia investigar os conceitos de felicidade, virtude e vida "correta".

O caminho do meio

No começo da vida, Gautama desfrutou do luxo e, dizem, de todos os prazeres sensuais. No entanto, compreendeu que isso não lhe bastava para trazer a verdadeira felicidade. Consciente acerca do sofrimento no mundo, percebeu que isso se devia em grande parte à doença, à velhice e à morte – e ao fato de que faltava às pessoas aquilo de que elas precisavam. Também reconheceu que o prazer sensual ao »

Buda raspou o cabelo como parte de sua renúncia ao mundo material. De acordo com o ensinamento budista, as tentações do mundo são a fonte de todo sofrimento e deve-se resistir a elas.

qual nos entregamos para aliviar o sofrimento raramente é satisfatório – e quando o é, seus efeitos revelam-se transitórios. Gautama considerava a experiência do ascetismo extremo (austeridade e abstinência) igualmente insatisfatória, incapaz de aproximá-lo do entendimento sobre como alcançar a felicidade.

Chegou à conclusão, então, de que devia haver um "caminho do meio" entre a autoindulgência e a automortificação. Esse caminho do meio, ele acreditava, levaria à felicidade verdadeira, ou "iluminação". Para encontrá-la, Gautama aplicou a razão às próprias experiências.

Ele percebeu que o sofrimento é universal. Faz parte da existência, e a causa principal do nosso sofrimento é a frustração de nossas expectativas e desejos. Tais desejos ele chamou de "apegos", os quais incluem não apenas os desejos sensuais e as ambições mundanas, mas o nosso mais básico instinto pela autopreservação. Satisfazer tais apegos, ele concluiu, poderia trazer gratificação a curto prazo, mas não a felicidade no sentido de contentamento e paz de espírito.

O "não eu"

No raciocínio de Gautama, o passo seguinte dizia respeito à eliminação dos apegos para evitar qualquer desapontamento e, então, impedir o sofrimento. Para conseguir isso, ele sugeriu uma causa para os apegos: nosso egoísmo, e por egoísmo ele queria dizer mais do que a tendência humana de buscar satisfação. Para Gautama, egoísmo é autocentrismo e autoapego – o domínio do que hoje chamaríamos de "ego". Para nos livrar dos apegos que causam dor, portanto, não basta apenas renunciar às coisas que desejamos. Devemos superar nosso vínculo com aquilo que deseja: o "eu".

Mas como isso pode ser conseguido? Desejo, ambição e expectativa fazem parte da natureza humana e, para a maioria de nós, constituem a própria razão de viver. A resposta, para Gautama, é que o mundo do ego é ilusório – como ele demonstrou, novamente, por um processo de raciocínio. Ele argumentou que nada no universo origina a si mesmo, porque tudo resulta de alguma ação prévia. Cada um de nós seria apenas uma parte transitória desse processo eterno – em última análise, impermanente e sem substância. Então, na realidade, não há "eu" que não seja parte de um todo maior – o "não eu". O sofrimento resulta de nosso fracasso em reconhecer isso. O que não significa que devemos rejeitar nossa existência ou identidade pessoal. Ao contrário, devemos entendê-las como são, ou seja, transitórias e sem substância. Entender o significado de ser uma parte constituinte de um "não eu" eterno, em vez de apegar-se à noção de ser um "eu" único, é a

chave para abandonar aquele apego e para encontrar um alívio ao sofrimento.

O Caminho Óctuplo

O raciocínio de Gautama – das causas do sofrimento até o caminho para conseguir a felicidade – é codificado nos ensinamentos budistas das Quatro Nobres Verdades: o sofrimento é universal; o desejo é a causa do sofrimento; o sofrimento pode ser evitado ao eliminar-se o desejo; seguir o Caminho Óctuplo elimina o desejo. Esta última verdade refere-se ao equivalente a um guia prático para o "caminho do meio", concebido por Gautama para seus seguidores em busca da iluminação. O Caminho

Óctuplo (ação correta, intenção correta, modo de vida correto, esforço correto, concentração correta, fala correta, compreensão correta, consciência correta) é, na verdade, um código de ética – uma prescrição para uma vida correta e para a felicidade que Gautama, em primeiro lugar, começou a alcançar.

Nirvana

Gautama considerava, como o objetivo final da vida na Terra, o fim do ciclo de sofrimento (nascimento, morte e renascimento) no qual nascemos. Ao seguir o Caminho Óctuplo, podemos superar nosso ego e viver uma vida sem sofrimento e, por meio da iluminação, podemos evitar a dor de renascer em outra vida de sofrimento. Percebemos nosso lugar no "não eu" e nos tornamos uno com o eterno. Atingimos o estado de nirvana – que pode ser traduzido como "desapego", "não ser" ou literalmente "apagar-se" (como uma vela).

No bramanismo da época de Gautama – e na religião hindu que o sucedeu –, o nirvana era entendido como tornar-se uno com Deus. Mas Gautama cuidadosamente evitou qualquer menção a uma deidade ou a um propósito final para a vida. Ele descreveu o nirvana apenas como "não nascido, não originado, não criado e não formado", transcendendo qualquer experiência sensorial. É o estado eterno e imutável de não ser e, assim, a libertação final do sofrimento da existência.

Depois de sua iluminação, Gautama passou muitos anos viajando pela Índia, pregando e ensinando. Durante a vida, ganhou um considerável número de seguidores, e o budismo estabeleceu-se como religião importante, e também como filosofia. Seus seguidores transmitiram os ensinamentos budistas oralmente até o século I d.C., quando foram escritos pela primeira vez. Várias escolas budistas começaram a aparecer na Índia e, depois, espalharam-se para o leste, para a China e o sudeste asiático, onde o budismo rivalizou com o confucionismo e o taoísmo em popularidade. Os ensinamentos de Gautama se espalharam até o império grego, por volta do século III a.C., mas tiveram pouca influência na filosofia ocidental. No entanto, havia similaridades entre a abordagem de Gautama e a filosofia dos gregos – entre elas, a ênfase na razão como meio de alcançar a felicidade e o uso dos diálogos filosóficos pelos discípulos para elucidar os ensinamentos do mestre. O pensamento budista também encontrou ecos nas ideias de filósofos ocidentais posteriores, como no conceito do "eu" de Hume e na concepção da condição humana de Schopenhauer. Mas foi apenas no século XX que o budismo passou a ter influência direta no pensamento ocidental. ∎

> A mente é tudo. O que você pensa, você se torna. **Sidarta Gautama**

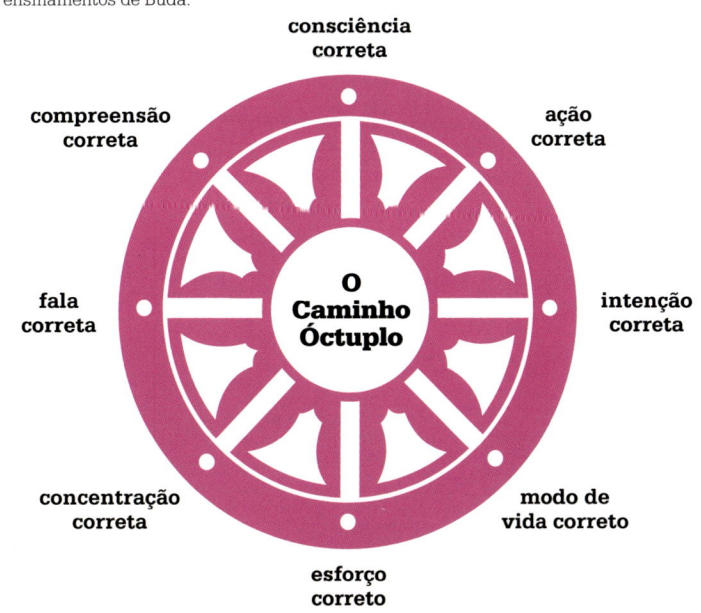

A roda do dharma, um dos mais antigos símbolos budistas, representa o Caminho Óctuplo para o nirvana. No budismo, a palavra "dharma" refere-se aos ensinamentos de Buda.

consciência correta

compreensão correta

ação correta

O Caminho Óctuplo

fala correta

intenção correta

concentração correta

modo de vida correto

esforço correto

MANTENHA A FIDELIDADE E A SINCERIDADE COMO PRINCÍPIOS BÁSICOS

KONG FUZI (CONFÚCIO) (551-479 a.C.)

EM CONTEXTO

ÁREA
Filosofia chinesa

ABORDAGEM
Confucionismo

ANTES
Século VII A.C. Surgem as Cem Escolas de Pensamento.

Século VI A.C. Lao-Tsé propõe agir de acordo com o *tao* (o Caminho).

DEPOIS
c.470-c.380 A.C. Mo Di (Mozi) refuta as ideias confucionistas.

372-289 A.C. O pensador chinês Meng Zi (Mêncio) retoma o confucionismo.

221-202 A.C. O confucionismo é reprimido pela dinastia Qin.

136 A.C. A dinastia Han introduz exames para o serviço público, tendo como modelo os textos confucionistas.

Século IX D.C. O confucionismo renasce como neoconfucionismo.

De 770 a 220 a.C., a China viveu uma era de grande desenvolvimento cultural. As filosofias surgidas nessa época ficaram conhecidas como as Cem Escolas de Pensamento. No século VI a.C., a dinastia Chou estava em declínio – passando da estabilidade dos Períodos de Primavera e Outono para o apropriadamente chamado Período dos Reinos Combatentes. Foi nessa época que nasceu Kong Fuzi, o mestre Kong ou Confúcio, como ficou conhecido no Ocidente. Como outros filósofos dessa era – como os gregos Tales, Pitágoras e Heráclito –, Kong Fuzi buscava constância em um mundo de mudanças. Para ele, isso significava encontrar valores morais que permitissem aos soberanos governar com justiça.

Os Analectos

Diferentemente de muitos dos primeiros filósofos chineses, Kong Fuzi se inspirava no passado. Conservador por natureza, tinha grande respeito pelo ritual e pelo culto aos ancestrais – ambos foram mantidos pela dinastia Chou, cujos governantes receberam a autoridade dos deuses por meio do chamado Mandato Divino.

> O homem superior faz o que é adequado à posição que ocupa; ele não deseja ir além disso.
> **Kong Fuzi**

Uma hierarquia social rígida existia na China, mas Kong Fuzi fazia parte de uma classe nova de acadêmicos que atuavam nas cortes como conselheiros – na verdade, era uma classe de funcionários públicos, que alcançavam seu status não por herança, mas por mérito. Foi a integração de Kong Fuzi dos ideais antigos com a meritocracia emergente que criou sua nova e exclusiva filosofia moral.

A principal fonte para os ensinamentos de Kong Fuzi são os *Analectos*, uma coleção de fragmentos de seus textos e provérbios compilados por seus discípulos. É basicamente um tratado

Kong Fuzi

De acordo com a tradição, Kong Fuzi nasceu em 551 a.C. em Qufu, na província de Lu, na China. Seu nome era Kong Qiu e somente mais tarde ganhou o título Kong Fuzi, ou "Mestre Kong". Pouco se sabe sobre sua vida, exceto que tinha origem abastada e que ainda jovem, depois da morte do pai, teve de trabalhar como criado para sustentar a família. Contudo, conseguiu estudar e tornou-se administrador na corte Chou. Quando suas sugestões aos governantes foram ignoradas, partiu para se concentrar no ensino. Como professor, viajou pelo império. No fim da vida, retornou a Qufu, onde morreu em 479 a.C.

Seus ensinamentos sobreviveram em fragmentos e frases transmitidos oralmente a discípulos e reunidos nos *Analectos* e em antologias compiladas por estudiosos confucionistas.

Obras-chave

Século V A.C.
Analectos
O caminho do meio
O grande ensinamento

Ver também: Tales de Mileto 22-23 ▪ Lao-Tsé 24-25 ▪ Pitágoras 26-29 ▪ Sidarta Gautama 30-33 ▪ Heráclito 40 ▪ Hajime Tanabe 244-245

político composto de aforismos e anedotas que, juntos, formam uma espécie de manual de regras para o bom governo, embora o uso da palavra *junzi* ("cavalheiro") para denotar um homem superior, virtuoso, também indique o interesse social por parte de Kong Fuzi. De fato, muitas passagens dos *Analectos* se assemelham a um livro de etiqueta. Mas considerar a obra um mero tratado social ou político é não perceber seu ponto central: no cerne, trata-se de um amplo sistema ético.

A vida virtuosa

Antes do surgimento das Cem Escolas de Pensamento, o mundo tinha sido explicado pela mitologia e pela religião, e o poder e a autoridade moral eram geralmente aceitos como dádiva dos deuses. Kong Fuzi não costumava falar sobre os deuses, mas às vezes se referia a tian, ou Céu, como a fonte da ordem moral. De acordo com os *Analectos*, nós, humanos, somos agentes escolhidos pelo Céu para personificar sua vontade e para unir o mundo com a ordem moral – uma ideia em sintonia com o pensamento tradicional chinês. O que rompe com a tradição, porém, é a crença de Kong Fuzi de que o *de* (virtude) não é algo enviado do Céu para as classes dominantes, mas algo que pode ser cultivado por qualquer pessoa. Tendo ele mesmo sido elevado a ministro da corte Chou, Kong Fuzi acreditava que era dever das classes médias, e dos governantes, empenhar-se para agir com virtude e benevolência (*ren*) a fim de alcançar uma sociedade justa e estável.

Para conciliar o fato de que a sociedade era um sistema de classes rígido com sua crença de que todos podem receber a benção do Mandato Divino, Kong Fuzi argumentou que os virtuosos não são simplesmente aqueles que estão no topo da hierarquia social, mas aqueles que compreendem seu lugar dentro da hierarquia e o aceitam plenamente. Para definir os vários meios de atuação em conformidade com *de*, ele se volta para valores tradicionais chineses: *zhong* (fidelidade), *xiao* (piedade filial), *li* (rituais apropriados) e *shu* (reciprocidade). Quem observa esses valores com sinceridade, Kong Fuzi chamava de *junzi* (homem superior ou cavalheiro), ou seja, uma pessoa virtuosa, culta e de boas maneiras.

Os valores do *de* habitavam o seio das classes governantes, mas tinham se tornado pouco mais do que gestos vazios no mundo em desintegração da dinastia Chou. Kong Fuzi tentou persuadir os soberanos a retomar esses ideais e restaurar um governo »

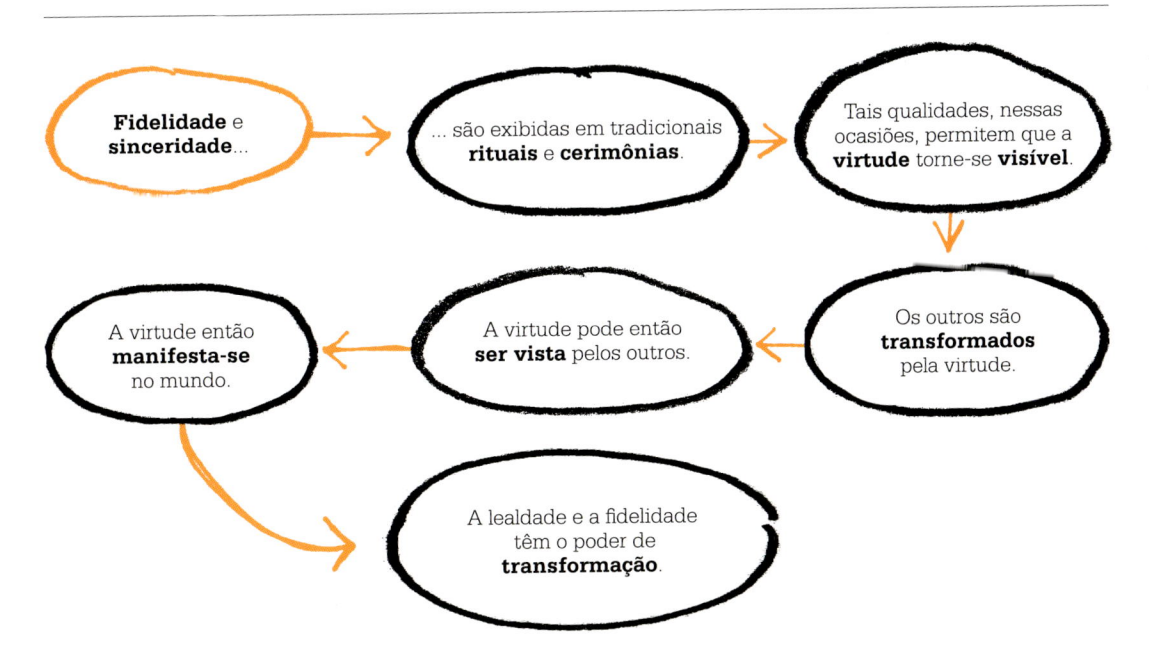

Fidelidade e **sinceridade**... → ... são exibidas em tradicionais **rituais** e **cerimônias**. → Tais qualidades, nessas ocasiões, permitem que a **virtude** torne-se **visível**.

Os outros são **transformados** pela virtude.

A virtude pode então **ser vista** pelos outros.

A virtude então **manifesta-se** no mundo.

A lealdade e a fidelidade têm o poder de **transformação**.

As Cinco Relações Constantes

Soberano – Súdito
Governantes devem ser benevolentes; os súditos, leais.

Pai – Filho
Um pai deve ser amoroso; um filho, obediente.

Marido – Esposa
Maridos devem ser bons e justos; esposas, compreensivas.

Irmão mais velho – Irmão mais novo
O irmão mais velho deve ser gentil; o irmão mais novo, respeitoso.

Amigo – Amigo
Amigos mais velhos devem ser gentis; amigos mais novos, reverentes.

justo, mas também acreditava no poder da benevolência, argumentando que governar pelo exemplo em vez de pelo medo inspiraria o povo a seguir uma vida igualmente virtuosa. O mesmo princípio, ele acreditava, deveria governar os relacionamentos pessoais.

Fidelidade e ritual

Em sua análise sobre as relações, Kong Fuzi usou *zhong* (a virtude da lealdade) como um princípio básico. De início, enfatizou a importância da lealdade de um ministro a seu soberano, depois mostrou que existe uma relação parecida entre pai e filho, marido e esposa, irmãos mais velhos e mais novos, e entre amigos. A ordem em que organizou essas relações é importante: primeiro, lealdade política; depois, à família e ao clã e, por fim, a amigos e desconhecidos. Para Kong Fuzi, essa hierarquia reflete o fato de que todos deveriam saber sua posição na sociedade como um todo, assim como seu lugar na família e no clã.

Esse aspecto de "saber o seu lugar" é exemplificado por *xiao* (piedade filial) que, para Kong Fuzi, era muito mais do que apenas respeitar os pais e os mais velhos. Trata-se do que há de mais próximo de ideias religiosas dentro dos *Analectos*, porque *xiao* está conectado com a tradição chinesa do culto aos ancestrais. Acima de tudo, *xiao* reforça a relação entre inferior e superior, ponto central do pensamento confucionista.

É em sua insistência em *li* (os rituais) que Kong Fuzi foi mais conservador. *Li* não se refere simplesmente a ritos como o culto aos ancestrais, mas também às normas que sustentam cada aspecto da vida chinesa contemporânea. Estas envolvem desde cerimônias como casamentos, funerais e sacrifícios até a etiqueta para

Ritual e tradição, para Kong Fuzi, são vitais para vincular uma pessoa à sua comunidade. Ao saber seu lugar na sociedade, o indivíduo é livre para se tornar *junzi*, uma pessoa de virtude.

receber convidados e oferecer presentes, além de simples gestos cotidianos de cortesia, como a mesura e a forma de dirigir a palavra. De acordo com Kong Fuzi, esses são os sinais externos de um de interior – mas apenas quando realizados com sinceridade, o que ele considera ser o caminho para o Céu. Por meio da demonstração clara de lealdade com sinceridade interior, a pessoa superior pode transformar a sociedade.

Sinceridade

Para Kong Fuzi, a sociedade pode ser modificada pelo exemplo. Ele escreveu: "A sinceridade torna-se visível. Sendo visível, ela se torna manifesta. Sendo manifesta, torna-se brilhante. Afetando outros, eles são modificados por ela. Modificados por ela, eles são transformados. Somente aquele que possui a mais completa sinceridade existente sob o Céu pode transformar."

Aqui, Kong Fuzi foi menos conservador e explicou que o processo de transformação pode funcionar nos dois sentidos. O conceito de *zhong* (fidelidade) também implica "consideração pelos

O que você sabe, sabe;
o que você desconhece,
desconhece. Esta é a
verdadeira sabedoria.
Kong Fuzi

outros". Ele acreditava que é possível aprender a se tornar uma pessoa superior reconhecendo primeiro o que não se sabe (uma ideia repetida um século depois pelo filósofo grego Sócrates, que declarou que sua sabedoria consistia em aceitar que ele nada sabia), e depois observando outras pessoas: se elas demonstrarem virtude, tente ser igual a elas; se forem inferiores, seja um guia para elas.

Reflexo

A noção de *zhong* como consideração pelos outros também está ligada ao último dos valores confucionistas ligados a *de*: *shu*, reciprocidade, ou "reflexo de si", que deve governar nossas ações em relação aos outros. A chamada Regra de Ouro, "faça como desejaria que fizessem a você", aparece no confucionismo como negativa: "O que você não deseja para si mesmo, não faça aos outros." A diferença é sutil, mas crucial: Kong Fuzi não disse o que fazer, apenas o que não fazer, enfatizando a

A devoção de Kong Fuzi pela ideia de estabelecer uma sociedade humanitária o levou a viajar pelo império chinês por doze anos, ensinando as virtudes da lealdade e da sinceridade.

contenção em vez da ação. Isso implica modéstia e humildade – valores tradicionalmente apreciados na sociedade chinesa e que, para Kong Fuzi, expressam nossa verdadeira natureza. Fomentar tais valores é uma forma de fidelidade consigo mesmo – e expressa outro tipo de sinceridade.

Confucionismo

Kong Fuzi não teve muito sucesso em persuadir os soberanos de sua época a adotar suas ideias de governo e voltou sua atenção para o ensino. Seus discípulos, incluindo Mêncio (Meng Zi), continuaram a reunir e expandir seus textos, que sobreviveram à repressora dinastia Qin e inspiraram um *revival* de confucionismo na dinastia Han do início da era cristã. A partir de então, o impacto das ideias de Kong Fuzi foi profundo, inspirando quase todos os aspectos da sociedade chinesa, desde a administração até a política e a filosofia. As principais religiões, o taoísmo e o budismo, também floresceram nos tempos de Kong Fuzi, substituindo crenças tradicionais. Embora Kong Fuzi não tenha opinado

sobre elas, silenciando-se sobre os deuses, ainda assim influenciou aspectos das duas novas religiões

Uma escola neoconfucionista revitalizou o movimento no século IX e alcançou o auge no século XII, quando sua influência foi sentida ao longo do sudeste asiático, Coreia e Japão. Embora missionários jesuítas tenham levado as ideias de Kong Fuzi para a Europa (latinizando seu nome para Confúcio) no século XVI, o confucionismo era estranho para o pensamento europeu e teve pouca influência até que traduções de sua obra aparecessem no final do século XVII.

Apesar da queda da China imperial em 1911, as ideias de Kong Fuzi continuaram como base de muitas das convenções morais e sociais chinesas, ainda que desaprovadas oficialmente. Nos últimos anos, a República Popular da China demonstrou um interesse renovado em Kong Fuzi, integrando suas ideias tanto com o pensamento chinês moderno quanto com a filosofia ocidental, e criando uma filosofia híbrida conhecida como "Novo Confucionismo". ∎

TUDO É FLUXO

HERÁCLITO (c.535-475 a.C.)

Enquanto outros antigos filósofos gregos procuraram explicações científicas para a natureza física do cosmos, Heráclito o entendia como governado por um *logos* divino. Às vezes interpretado como "razão" ou "argumento", Heráclito considerava o *logos* uma lei universal, cósmica, de acordo com a qual todas as coisas começam a existir e todos os elementos materiais do universo são mantidos em equilíbrio.

Heráclito sugeriu que o equilíbrio de opostos – dia e noite, quente e frio, por exemplo – levava à unidade do universo. Tudo seria parte de um único e fundamental processo ou substância – o princípio central do monismo. Mas ele também afirmou que uma tensão é constantemente gerada entre esses pares de opostos e, então, concluiu que tudo está em permanente estado de fluxo – ou mudança. O dia, por exemplo, muda para noite, que por sua vez muda novamente para dia.

Usando o exemplo de um rio, Heráclito ilustrou sua teoria: "Ninguém se banha duas vezes no mesmo rio." Com isso, ele queria dizer que, no instante em que se entra num rio, águas novas imediatamente substituirão aquelas nas quais a pessoa imergiu – e ainda assim o próprio rio é sempre descrito como coisa fixa e imutável.

A crença de Heráclito de que todo objeto no universo está em estado de constante fluxo se opunha ao pensamento dos filósofos da escola de Mileto, como Tales e Anaxímenes, que definiram todas as coisas por sua essência fundamentalmente imutável. ∎

O caminho acima
e o caminho abaixo
são um só e o mesmo.
Heráclito

Ver também: Tales de Mileto 22-23 ▪ Anaxímenes de Mileto 330 ▪ Pitágoras 26-29 ▪ Parmênides 41 ▪ Platão 50-55 ▪ Georg W. F. Hegel 178-185

TUDO É UNO
PARMÊNIDES (c.515-445 a.C.)

EM CONTEXTO

ÁREA
Metafísica

ABORDAGEM
Monismo

ANTES
Século VI a.C. Pitágoras considera a estrutura matemática, e não uma substância, a base do cosmos.

c.500 a.C. Heráclito afirma que tudo é fluxo.

DEPOIS
Final do século V a.C. Zenão de Eleia expõe seus paradoxos e demonstra a natureza ilusória de nossa experiência.

c.400 a.C. Demócrito e Leucipo afirmam que o cosmos é composto de átomos num vazio.

Final do século IV a.C. Platão expõe a Teoria das Formas e diz que as ideias abstratas são a forma mais elevada de realidade.

1927 Martin Heidegger escreve *Ser e Tempo*, atualizando a questão do sentido do ser.

As ideias propostas por Parmênides marcam um momento decisivo na filosofia grega. Influenciado pelo pensamento lógico e científico de Pitágoras, Parmênides empregou o raciocínio dedutivo na tentativa de revelar a verdadeira natureza física do mundo. Suas investigações o levaram a assumir uma visão oposta à de Heráclito.

A partir da premissa de que algo existe ("é"), Parmênides deduziu que esse algo não pode também não existir ("não é"), pois isso envolveria uma contradição lógica. Portanto, seria impossível existir um estado de nada – não haveria vazio. Assim, algo não pode vir do nada: deve sempre ter existido em alguma forma. Essa forma permanente não pode mudar, porque algo que é permanente não pode mudar para outra coisa sem deixar de ser permanente. A mudança fundamental seria, portanto, impossível.

Parmênides concluiu, a partir desse padrão de pensamento, que tudo que é real deve ser eterno e imutável e ter uma unidade

Entender o cosmos é uma das mais antigas questões filosóficas. No século XX, surgiram evidências da física quântica que sustentam ideias defendidas por Parmênides apenas com o uso da razão.

indivisível. "Tudo é uno." De maneira mais significativa para filósofos posteriores, Parmênides mostrou que nossa percepção do mundo é imperfeita e cheia de contradições. Nós parecemos sentir a mudança, ainda que nossa razão nos diga que a mudança é impossível. A conclusão a que podemos chegar é que nunca devemos confiar na experiência que nos é transmitida pelos nossos sentidos. ■

Ver também: Pitágoras 26-29 ■ Heráclito 40 ■ Demócrito e Leucipo 45 ■ Zenão de Eleia 331 ■ Platão 50-55 ■ Martin Heidegger 252-255

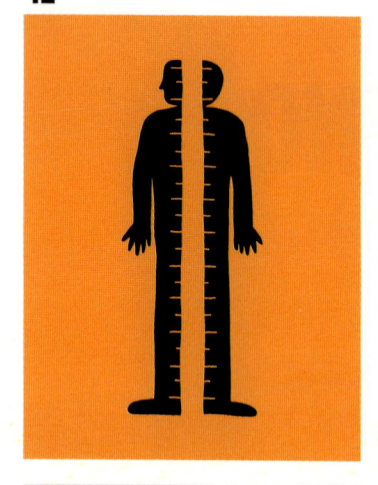

O HOMEM É A MEDIDA DE TODAS AS COISAS

PROTÁGORAS (c.490-420 a.C.)

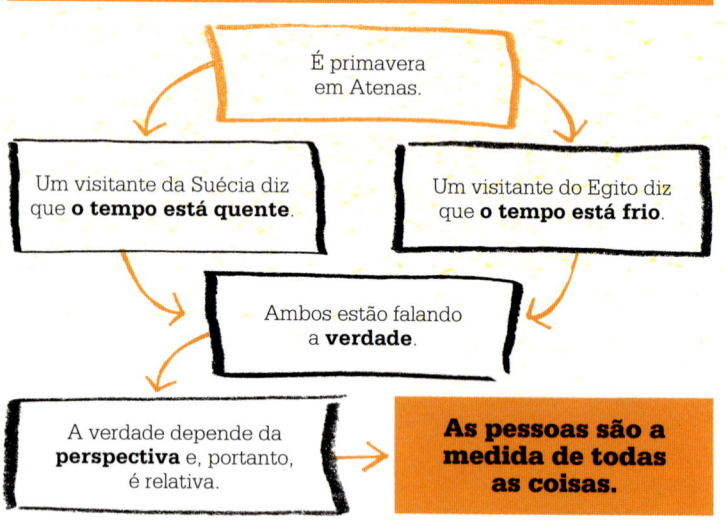

É primavera em Atenas.

Um visitante da Suécia diz que **o tempo está quente**.

Um visitante do Egito diz que **o tempo está frio**.

Ambos estão falando a **verdade**.

A verdade depende da **perspectiva** e, portanto, é relativa.

As pessoas são a medida de todas as coisas.

No século v a.C., Atenas tornou-se uma cidade-estado importante e próspera e, sob a liderança de Péricles (445-429 a.C.), entrou em sua "Era de Ouro" de erudição e cultura. Isso atraiu pessoas de toda a Grécia – e, para aquelas que conheciam e sabiam interpretar a lei, havia vantagens. A cidade era administrada sob princípios democráticos, com um sistema legal estabelecido. Qualquer pessoa levada à corte precisava defender o próprio caso. Não havia advogados, mas logo surgiu uma classe reconhecida de conselheiros. Nesse grupo estava Protágoras.

Tudo é relativo

Protágoras ensinava legislação e retórica para qualquer um que pudesse pagar. Seus ensinamentos eram objetivos – preparavam alguém para debater e ganhar uma causa, em vez de provar um ponto de vista –,

Ver também: Parmênides 41 ▪ Sócrates 46-49 ▪ Platão 50-55 ▪ Michel de Montaigne 108-109 ▪ Jacques Derrida 312-317

Muitas coisas impedem o conhecimento, incluindo a obscuridade do tema e a brevidade da vida humana.
Protágoras

mas ele conseguia ver as implicações filosóficas do que ensinava. Para Protágoras, todo argumento tem dois lados e ambos podem ser válidos. Ele afirmou que podia "transformar o argumento mais fraco em mais forte", provando não o valor do argumento, mas a persuasão de seu proponente. Dessa forma, reconheceu que a crença é subjetiva e que é a pessoa defendendo a visão ou opinião que mede seu valor. Esse estilo de raciocínio, comum na justiça e na

política daquele tempo, era novo na filosofia. Ao colocar seres humanos em seu centro, seguiu a tradição de retirar a religião do argumento filosófico e também mudou o foco da filosofia – da compreensão da natureza do universo para a investigação do comportamento humano. Protágoras voltou-se principalmente para questões práticas. Especulações filosóficas sobre a substância do cosmos ou a existência dos deuses soam sem sentido para ele, que considerava tais coisas incognoscíveis.

A principal implicação de "O homem é a medida de todas as coisas" é que a crença é subjetiva e relativa. Isso levou Protágoras a rejeitar a existência de definições absolutas de verdade, justiça ou virtude. O que é verdadeiro para uma pessoa pode ser falso para outra, ele afirmou. Esse relativismo também se aplicava a valores morais, tais como o certo e o errado. Para Protágoras, nada é inerentemente bom em si mesmo. Algo é ético ou certo apenas porque uma pessoa (ou sociedade) o julga assim.

Protágoras foi o mais influente de um grupo de professores itinerantes de legislação e retórica que se tornou conhecido como sofistas (do grego *sophia*, sabedoria). Sócrates e Platão ridicularizaram os sofistas como meros retóricos, mas, com Protágoras, a ética avançou significativamente rumo à visão de que não há absolutos e de que todos os julgamentos, incluindo os morais, são subjetivos. ∎

Segundo Protágoras, qualquer "verdade" revelada por esses dois filósofos retratados numa ânfora grega do século V a.C. dependeria do uso da retórica e da habilidade para debater.

Protágoras

Nascido em Abdera, no nordeste da Grécia, Protágoras viajou muito como professor itinerante. Em certo momento, mudou-se para Atenas, onde se tornou conselheiro do governante da cidade-estado, Péricles, que o encarregou de escrever a constituição para a colônia de Thuri, em 444 a.C. Protágoras defendia o agnosticismo. Diz a lenda que foi posteriormente acusado de impiedade e que seus livros acabaram queimados em público.

Apenas fragmentos de seus textos sobreviveram, embora Platão, em seus diálogos, trate detalhadamente das concepções de

Protágoras. Acredita-se que ele viveu até os setenta anos, mas a data e o local exatos da sua morte são desconhecidos.

Obras-chave

Século V a.C.
Sobre os deuses
A verdade ou as mudanças
Do ser
As antilogias
Da matemática
Da república
Da ambição
Das virtudes
Do estado das coisas no princípio

QUANDO ALGUÉM ME ATIRA UM PÊSSEGO, EU LHE DEVOLVO UMA AMEIXA
MO DI (MOZI) (c.470-391 a.C.)

Nascido em 479 a.C., logo após a morte de Kong Fuzi (Confúcio), Mo Di (também conhecido como Mozi) teve uma educação tradicional chinesa baseada em textos clássicos. No entanto, mais tarde passou a repudiar a ênfase nas relações de clã que atravessa o confucionismo, e isso o levou a fundar sua própria escola de pensamento, defendendo o amor universal, ou *jian ai*. Com *jian ai*, Mo Di queria dizer que devemos cuidar de todos igualmente, sem importar seu status ou sua relação conosco. Ele via essa filosofia – conhecida como moísmo e que "alimenta e ampara toda vida" – como sendo fundamentalmente benevolente e em conformidade com o mandato do céu.

Mo Di acreditava que sempre há reciprocidade em nossas ações. Ao tratar os outros como desejaríamos ser tratados, receberemos tratamento similar em troca. Esse é o significado de "quando alguém me atira um pêssego, eu lhe devolvo uma ameixa". Mo Di afirmou que, quando esse princípio de cuidar de todos de modo imparcial fosse seguido pelos soberanos, isso evitaria

Mao Tsé-Tung considerava Mo Di como o verdadeiro filósofo do povo, por causa de sua origem humilde. A ideia de Mo Di de que todos devem ser tratados igualmente ainda é incentivada na China moderna.

conflitos e guerras. Quando esse princípio é praticado por todos, isso resulta uma sociedade mais harmoniosa e, portanto, mais produtiva. Essa ideia é similar em espírito à do utilitarismo proposta por filósofos ocidentais do século XIX. ∎

Ver também: Lao-Tsé 24-25 ▪ Sidarta Gautama 30-33 ▪ Kong Fuzi 34-39 ▪ Wang Bi 337 ▪ Jeremy Bentham 174 ▪ Hajime Tanabe 244-245

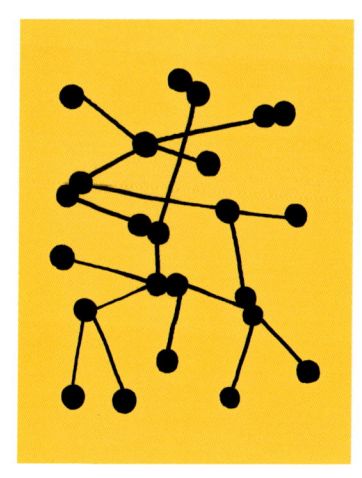

NADA EXISTE, EXCETO ÁTOMOS E ESPAÇO VAZIO
DEMÓCRITO (c. 460-371 a.C.) E LEUCIPO (INÍCIO DO SÉCULO V a.C.)

EM CONTEXTO

ÁREA
Metafísica

ABORDAGEM
Atomismo

ANTES
Início do século VI a.C. Tales afirma que o cosmos é formado por uma substância fundamental.

c. 500 a.C. Heráclito declara que tudo está em estado de constante mudança.

DEPOIS
c. 300 a.C. Os epicuristas concluem que não há vida depois da morte, já que os átomos do corpo morto se dispersam.

1805 John Dalton propõe que todas as substâncias puras contêm átomos de um único tipo que se combinam para formar compostos.

1897 O físico britânico J.J. Thomson descobre que os átomos podem ser divididos em partículas ainda menores.

Do século VI a.C. em diante, os filósofos começaram a considerar se o universo era formado de uma única substância fundamental. Durante o século V a.C., dois filósofos de Abdera, na Grécia, Demócrito e Leucipo, sugeriram que tudo era composto de partículas minúsculas, indivisíveis e imutáveis, que eles denominaram átomos (*atomos* é a palavra grega para o que não pode ser cortado).

Primeira teoria atômica
Demócrito e Leucipo também afirmaram que um espaço vazio separa os átomos, permitindo-lhes que se movam livremente. Como os átomos se movem, podem colidir um com outro para formar novas disposições de átomos, de modo que os objetos no mundo parecem mudar. Os dois pensadores consideraram que há um número infinito desses átomos eternos, mas que o número de diferentes combinações aos quais eles podem se ajustar é finito. Isso explicaria o aparente número fixo de diferentes substâncias existentes. Os átomos que formam nossos corpos, por exemplo, não se deterioram ou desaparecem quando morremos, mas se dispersam e podem ser reconstituídos.

Conhecida como atomismo, a teoria concebida por Demócrito e Leucipo ofereceu a primeira visão mecanicista completa do universo, sem qualquer recurso à noção de um ou mais deuses. Ela também identificou propriedades fundamentais da matéria que se provaram cruciais ao desenvolvimento das ciências físicas – particularmente a partir do século XVII – até as teorias atômicas que revolucionaram a ciência no século XX. ∎

Cada um de nós é um microcosmo do universo.
Demócrito

Ver também: Tales de Mileto 22-23 ▪ Heráclito 40 ▪ Epicuro 64-65

A VIDA IRREFLETIDA NÃO VALE A PENA SER VIVIDA

SÓCRATES (469-399 A.C.)

EM CONTEXTO

ÁREA
Epistemologia

ABORDAGEM
Método dialético

ANTES
c.600-450 A.C. Os filósofos pré-socráticos na Jônia e na Itália tentam explicar a natureza do cosmos.

Início do século V A.C. Parmênides afirma que só podemos compreender o universo por meio da razão.

c.450 A.C. Protágoras e os sofistas aplicam a retórica às questões filosóficas.

DEPOIS
c.399-355 A.C. Platão retrata o caráter de Sócrates na *Apologia* e em outros diálogos.

Século IV A.C. Aristóteles reconhece seu débito ao método de Sócrates.

Sócrates é citado com frequência como um dos fundadores da filosofia ocidental. Contudo, nada escreveu, não criou escola alguma nem elaborou qualquer teoria. O que ele fez foi formular insistentemente perguntas que o interessavam e, ao fazê-lo, desenvolveu uma nova maneira de pensar, um novo modo de investigar o que pensamos. Isso foi chamado de método socrático, ou dialético (porque se encaminha como um diálogo entre visões opostas), e lhe rendeu vários inimigos em Atenas, onde vivia. Difamado como sofista (alguém que argumenta para vencer a discussão, e não para chegar à verdade), foi condenado à morte sob acusação de

Ver também: Tales de Mileto 22-23 ▪ Pitágoras 26-29 ▪ Heráclito 40 ▪
Parmênides 41 ▪ Protágoras 42-43 ▪ Platão 50-55 ▪ Aristóteles 56-63

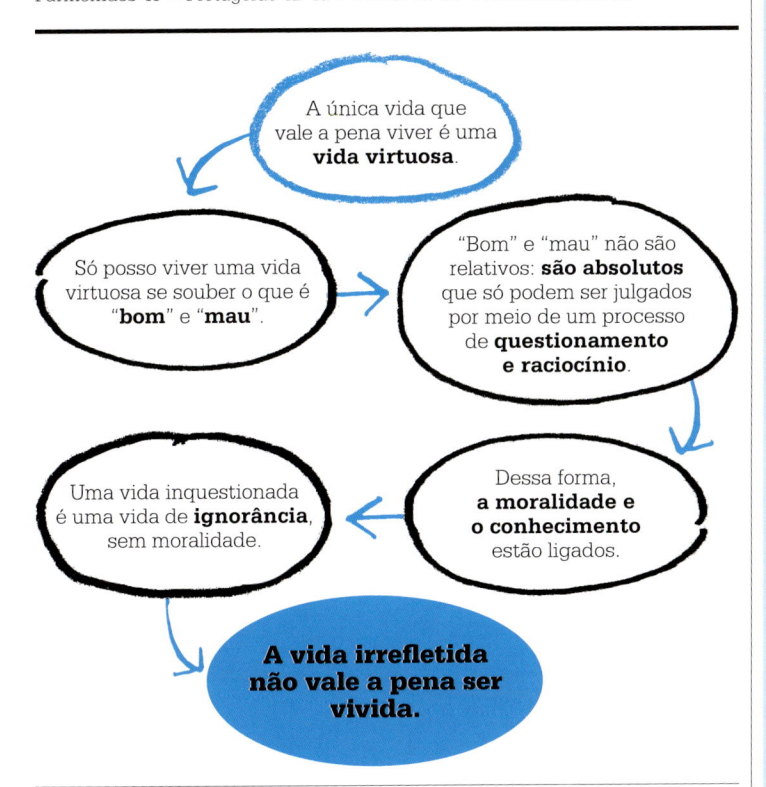

A única vida que vale a pena viver é uma **vida virtuosa**.

Só posso viver uma vida virtuosa se souber o que é "**bom**" e "**mau**".

"Bom" e "mau" não são relativos: **são absolutos** que só podem ser julgados por meio de um processo de **questionamento e raciocínio**.

Uma vida inquestionada é uma vida de **ignorância**, sem moralidade.

Dessa forma, **a moralidade e o conhecimento** estão ligados.

A vida irrefletida não vale a pena ser vivida.

Sócrates

Nascido em Atenas em 469 a.C., Sócrates era filho de um pedreiro e uma parteira. É provável que tenha seguido a profissão do pai, mas teve a oportunidade de estudar filosofia antes de ser convocado para o serviço militar. Depois de se destacar na Guerra do Peloponeso, retornou para Atenas e por um período envolveu-se na política. No entanto, quando seu pai morreu, herdou dinheiro suficiente para viver com a esposa Xantipa sem precisar trabalhar.

A partir de então, Sócrates tornou-se uma figura conhecida em Atenas, envolvendo-se em discussões filosóficas com concidadãos e conquistando um séquito de jovens alunos. Ao fim, acusado de corromper o espírito da juventude, foi condenado à morte. Embora lhe tivesse sido oferecida a alternativa do exílio, ele aceitou o veredito de culpado e recebeu sua dose fatal de cicuta em 399 a.C.

Obras-chave

Séculos IV-III A.C.
Relatos de Platão sobre a vida e a filosofia de Sócrates na *Apologia* e em vários diálogos.

corromper a juventude com ideias que solapavam as tradições. Mas também teve muitos seguidores, entre eles Platão, que registrou as ideias socráticas numa série de obras escritas, chamadas diálogos, nas quais Sócrates examina vários temas. Em grande parte, é graças a tais diálogos – que incluem *Apologia*, *Fédon* e *Simpósio* – que seu pensamento sobreviveu para guiar o curso da filosofia ocidental.

O objetivo da vida

Sócrates viveu em Atenas na segunda metade do século V a.C. Quando jovem, acredita-se que tenha estudado filosofia natural, examinando as várias explicações sobre a natureza do universo, até se envolver com a política da cidade-estado e interessar-se por assuntos práticos, como a natureza da justiça. No entanto, não estava interessado em vencer polêmicas ou debater para ganhar dinheiro – acusação lançada a muitos de seus contemporâneos. Ele não procurava respostas ou explicações definitivas: somente investigava a base dos conceitos que aplicamos a nós mesmos (como "bom", "ruim" e "justo"), porque acreditava que compreender o que somos é a primeira tarefa da filosofia.

A preocupação central de Sócrates foi a investigação sobre a vida. Seu implacável questionamento sobre as »

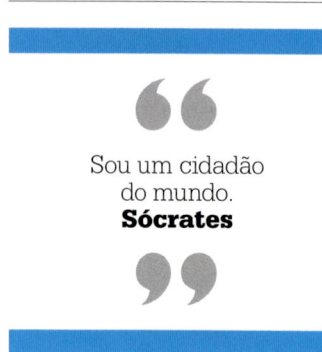

> Sou um cidadão
> do mundo.
> **Sócrates**

crenças mais estimadas (e, em grande parte, sobre as próprias pessoas crentes) lhe rendeu inimigos, mas ele permaneceu comprometido com sua empreitada até o fim. De acordo com o relato da defesa em seu julgamento, registrado por Platão, Sócrates preferiu a morte a ter de encarar uma vida de ignorância: "A vida irrefletida não vale a pena ser vivida."

Mas o que exatamente está envolvido nessa investigação sobre a vida? Para Sócrates, era um processo de questionamento do significado de conceitos essenciais que usamos todos os dias, mas sobre os quais nunca pensamos, revelando desse modo seu significado real e nosso próprio conhecimento (ou ignorância). Sócrates foi um dos primeiros filósofos a considerar o que constituía uma vida "virtuosa"; para ele, tratava-se de alcançar a paz de espírito como resultado de fazer a coisa certa, em vez de viver de acordo com os códigos morais da sociedade. E a "coisa certa" somente pode ser determinada por meio de um exame rigoroso.

Sócrates rejeitou a noção de que conceitos como virtude eram relativos, insistindo que constituíam valores absolutos, aplicáveis não apenas aos cidadãos de Atenas ou da Grécia, mas a pessoas de todo o mundo. Ele acreditava que a virtude (*areté* em grego, que na época implicava excelência e concretização) era "o mais valioso dos bens", e que ninguém realmente deseja fazer o mal. Qualquer pessoa que fizesse algo ruim estaria agindo contra sua consciência e, portanto, sentir-se-ia desconfortável – e, como todos lutamos pela paz de espírito, não seria algo que faríamos de boa vontade. O mal, ele pensava, era perpetrado pela falta de sabedoria e conhecimento. A partir disso, concluiu que "há apenas uma coisa boa: conhecimento; e uma coisa má: ignorância". O conhecimento é indissociável da moralidade. É a "única coisa boa", e por essa razão devemos sempre "examinar" nossas vidas.

Cuidado com a alma

Para Sócrates, o conhecimento também pode desempenhar um papel na vida após a morte. Na *Apologia*, o Sócrates de Platão introduz sua famosa citação sobre uma vida irrefletida: "Digo-lhes que não deixem passar um dia sem falar da bondade e de todos os outros assuntos sobre os quais vocês me ouvem falar, e que investigar a mim

O método dialético de Sócrates era um sistema simples de questionamento que trazia à luz pressuposições, muitas vezes falsas, que servem de base para um suposto conhecimento.

P: Você acha que os deuses sabem tudo?

R: Sim, porque eles são deuses.

P: Alguns deuses discordam de outros?

R: Sim, claro que sim. Eles estão sempre brigando.

P: Então, os deuses discordam sobre o que é verdadeiro e certo?

R: Imagino que sim.

P: Então, alguns deuses podem às vezes estar errados?

R: Pode ser.

Então os deuses não podem saber tudo!

e aos outros é realmente a melhor coisa que um homem pode fazer." Esse cultivo do conhecimento, em vez de riqueza ou status, seria o objetivo supremo da vida. Não uma questão de diversão ou curiosidade, mas a razão pela qual existimos. Além disso, conhecimento seria essencialmente autoconhecimento, porque define a pessoa que se é nesse mundo e fomenta o cuidado pela alma imortal. Em *Fédon*, Sócrates diz que uma vida irrefletida leva a alma a ficar "confusa e aturdida, como se estivesse bêbada", enquanto uma alma sábia alcança a estabilidade e seu vagar chega a um fim.

Método dialético

Sócrates rapidamente tornou-se figura conhecida em Atenas, com reputação de espírito questionador. Diz a lenda que um amigo dele perguntou à sacerdotisa de Apolo em Delfos quem era a pessoa mais sábia do mundo: a resposta do oráculo foi que não havia ninguém mais sábio do que Sócrates. A resposta do oráculo foi que ninguém era mais sábio do que Sócrates. Ao saber disso, o próprio Sócrates ficou pasmo e recorreu às pessoas mais cultas que pôde encontrar para tentar refutar o oráculo. Descobriu que essas pessoas apenas achavam que tinham respostas, mas diante do questionamento de Sócrates esse conhecimento revelou-se limitado ou falso.

O método que ele usou para questionar o conhecimento desses sábios foi inovador. Sócrates assumiu o ponto de vista de quem nada sabia e simplesmente fez perguntas, expondo contradições nas argumentações e brechas nas respostas para, gradualmente, extrair *insights*. Ele

Sócrates foi condenado à morte em 399 a.C. basicamente por questionar a base da moralidade ateniense. Aqui, ele aceita o cálice de cicuta que iria matá-lo e faz gestos desafiadores aos céus.

comparava o processo à profissão de sua mãe, parteira, auxiliando no nascimento de ideias.

Por meio dessas discussões, Sócrates percebeu que o oráculo de Delfos estava certo: ele era a pessoa mais sábia em Atenas, não por causa de seu conhecimento, mas por professar que nada sabia. Ele também percebeu que a inscrição na entrada do templo em Delfos, *gnothi seauton* ("conhece-te a ti mesmo"), era igualmente significativa. Para adquirir conhecimento acerca do mundo e de si mesmo era necessário compreender os limites da própria ignorância e remover as ideias preconcebidas. Só então se poderia ter esperança de determinar a verdade.

Sócrates começou a envolver as pessoas de Atenas em debates sobre tópicos como a natureza do amor, da justiça e da lealdade. Sua missão, mal interpretada como forma perigosa de sofisma (ou esperteza para proveito próprio), não era a de instruir as pessoas, nem mesmo aprender o que elas sabiam, mas explorar as ideias que elas tinham. Era a conversa em si, com a condução de Sócrates, que proporcionava *insights*. Por meio de uma série de perguntas, ele revelava as ideias e pressuposições de seu interlocutor e, então, expunha as contradições nesse discurso e levava o

Só sei que nada sei.
Sócrates

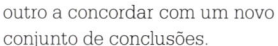

outro a concordar com um novo conjunto de conclusões.

Esse método de examinar um argumento por meio da discussão racional a partir de uma posição de ignorância revolucionou o pensamento filosófico. Foi o primeiro uso conhecido do argumento indutivo, no qual um conjunto de premissas baseadas em experiências é inicialmente confirmado como verdadeiro e, então, leva a uma verdade universal na conclusão. Essa forma poderosa de argumento foi desenvolvida por Aristóteles e, mais tarde, por Francis Bacon, que a utilizava como ponto de partida de seu método científico. Tornou-se, por consequência, o alicerce não apenas da filosofia ocidental, mas de todas as ciências empíricas. ∎

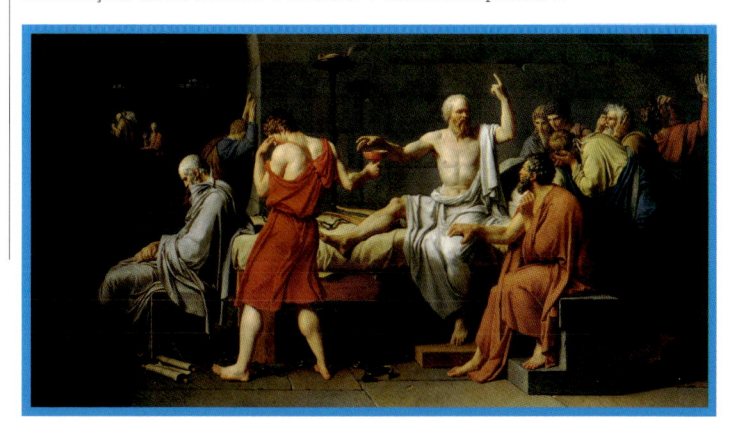

O CONHECIMENTO NA TERRA SÃO SOMBRAS

PLATÃO (c.427-347 a.C.)

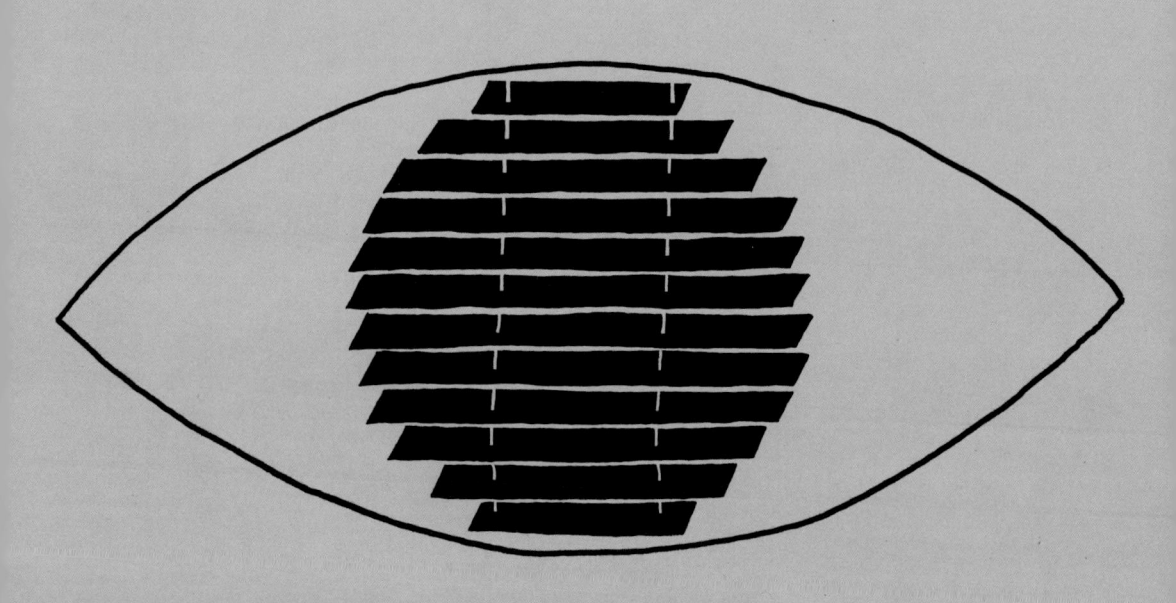

EM CONTEXTO

ÁREA
Epistemologia

ABORDAGEM
Racionalismo

ANTES
Século VI A.C. Os filósofos de Mileto propõem teorias para explicar a natureza e a substância do cosmos.

c.500 A.C. Heráclito argumenta que tudo está em estado de fluxo ou mudança.

c.450 A.C. Protágoras diz que a verdade é relativa.

DEPOIS
c.335 A.C. Aristóteles diz que podemos encontrar a verdade ao observar o mundo.

c.250 D.C. Plotino funda a escola neoplatônica, que reinterpreta as ideias de Platão.

386 Santo Agostinho integra as teorias de Platão à doutrina cristã.

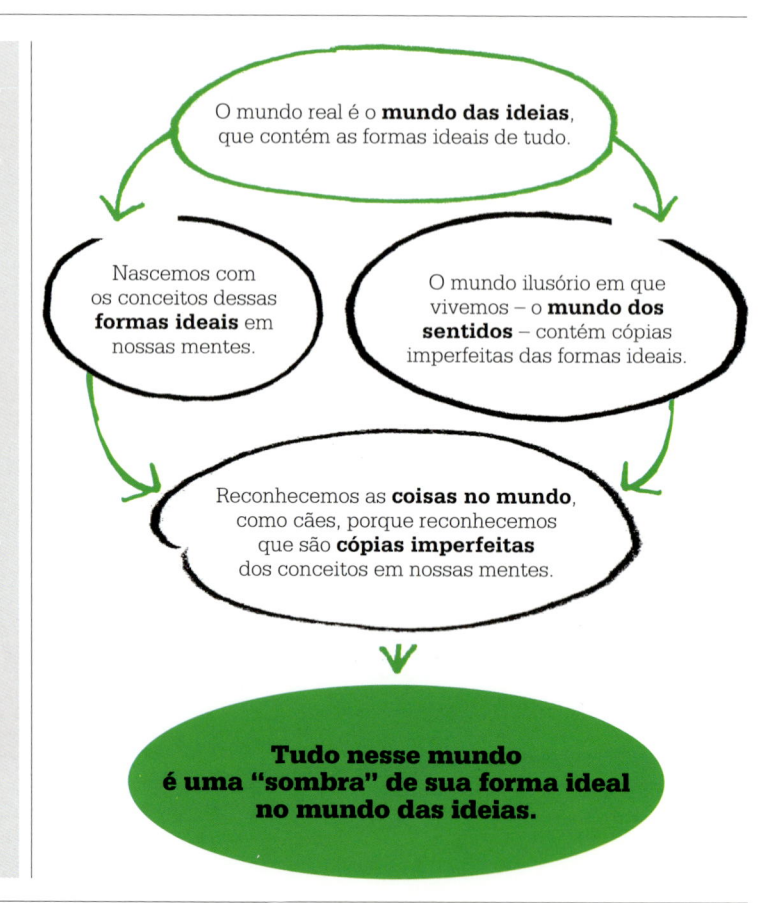

O mundo real é o **mundo das ideias**, que contém as formas ideais de tudo.

Nascemos com os conceitos dessas **formas ideais** em nossas mentes.

O mundo ilusório em que vivemos – o **mundo dos sentidos** – contém cópias imperfeitas das formas ideais.

Reconhecemos as **coisas no mundo**, como cães, porque reconhecemos que são **cópias imperfeitas** dos conceitos em nossas mentes.

Tudo nesse mundo é uma "sombra" de sua forma ideal no mundo das ideias.

Em 399 a.C., o mentor de Platão, Sócrates, foi condenado à morte. Como Sócrates não havia deixado nada escrito, Platão assumiu a responsabilidade de preservar para a posteridade o que tinha aprendido com o mestre – primeiro na *Apologia*, relato sobre a defesa de Sócrates em seu julgamento, e depois ao usá-lo como personagem de uma série de diálogos. Nesses diálogos, às vezes, é difícil distinguir quais pensamentos são do mestre e quais ideias partiram do discípulo, mas evidencia-se um retrato de Platão usando os métodos do mestre para explorar e explicar suas próprias ideias.

Inicialmente, as preocupações de Platão eram como muitas de seu mentor: buscar definições de valores morais abstratos, como "justiça" e "virtude", assim como refutar a noção de Protágoras de que certo e errado são termos relativos. Em *A república*, Platão explicou sua visão de cidade-estado ideal e explorou aspectos da virtude, mas, ao fazê-lo, também tratou de outros temas além da filosofia moral. Como os antigos pensadores gregos, questionou a natureza e a substância do cosmos e explorou como o imutável e o eterno podiam existir num mundo em aparente transformação. No entanto, diferentemente de seus

predecessores, concluiu que o "imutável" na natureza é o mesmo que o "imutável" em moral e sociedade.

Procura do ideal

Em *A república*, Platão descreve Sócrates fazendo perguntas sobre as virtudes, ou conceitos morais, a fim de estabelecer definições claras e precisas. Sócrates tinha dito que "a virtude é conhecimento" e que, para agir de maneira justa, por exemplo, você devia primeiro perguntar o que é justiça. Platão sugeriu que, antes de nos referirmos a qualquer conceito moral em nosso pensamento ou raciocínio, devemos primeiro explorar o

Ver também: Tales de Mileto 22-23 ▪ Heráclito 40 ▪ Protágoras 42-43 ▪ Sócrates 46-49 ▪ Aristóteles 56-63 ▪ Plotino 337 ▪ Santo Agostinho 72-73

que queremos dizer com esse conceito e o que o torna precisamente o tipo de coisa que é. Ele levantou, ainda, a questão de como reconheceríamos a forma correta, ou perfeita, de qualquer coisa: uma forma que fosse verdadeira para todas as sociedades e épocas. Ao fazer isso, Platão sugere que deve existir alguma espécie de forma ideal das coisas no mundo em que vivemos – sejam essas coisas conceitos morais ou objetos físicos –, da qual estamos cientes, de alguma forma.

Platão falou sobre objetos no mundo ao nosso redor. Quando vemos uma cama, ele disse, sabemos que é uma cama e podemos reconhecer todas as camas, mesmo que elas possam diferir em vários aspectos. Cães, em suas várias espécies, são ainda mais variados, apesar de todos os cães compartilharem a característica "canina", que é algo que podemos reconhecer e que nos permite dizer que sabemos o que é um cão. Platão argumentou que, para além do fato de existir uma "característica canina" compartilhada ou uma "característica cama" compartilhada, todos nós temos em nossas mentes uma ideia de uma cama ideal ou de um cão ideal, que usamos para reconhecer qualquer exemplar específico.

Usando um exemplo matemático para reforçar seu argumento, Platão mostrou que o verdadeiro conhecimento é alcançado pela razão em vez dos sentidos. Ele afirmou que podemos formular em bases lógicas que o quadrado da hipotenusa de um triângulo retângulo é igual à soma dos quadrados dos catetos, ou que a soma

dos três ângulos internos de qualquer triângulo é sempre 180 graus. Sabemos da veracidade dessas afirmações, ainda que o triângulo perfeito não exista em nenhum lugar no mundo natural. Apesar disso, conseguimos apreender o triângulo perfeito (ou a linha reta perfeita, ou o círculo perfeito) em nossas mentes, usando a razão. Platão especulou, então, se tais formas perfeitas poderiam existir em algum lugar.

Mundo das ideias

O raciocínio levou Platão a uma única conclusão: deve haver um mundo de ideias, ou formas, totalmente separado do mundo material. Lá, a ideia do triângulo perfeito, ao lado das ideias de cama e de cão perfeitos, existiria. Ele concluiu que os sentidos humanos não conseguem perceber tal lugar; ele só nos é perceptível pela razão. Platão foi mais além ao afirmar que o reino de ideias é de fato a "realidade", e o mundo que nos cerca é moldado por essa outra realidade.

Para ilustrar seu pensamento, Platão apresentou o que se tornaria conhecido como a "teoria da caverna". Ele nos

> Se o particular tem significado, deve haver universais.
> **Platão**

convidou a imaginar uma caverna na qual as pessoas estão aprisionadas desde o nascimento, amarradas, encarando a parede ao fundo, na escuridão. Elas só podem olhar para a frente. Atrás dos prisioneiros há uma chama brilhante que lança sombras na parede para a qual eles olham. Há também uma plataforma entre o fogo e os prisioneiros, na qual pessoas andam e exibem vários objetos de tempos em tempos, de modo que as sombras desses objetos são lançadas na parede. Tais sombras são tudo o que os »

Platão usa a teoria da caverna, na qual o conhecimento sobre o mundo é limitado a sombras da realidade, para explicar sua tese de um mundo de formas ou ideias perfeitas.

Segundo a teoria das formas de Platão, todo cavalo encontrado no mundo à nossa volta é uma versão menor de um cavalo "ideal", ou perfeito, que existe num mundo de formas ou ideias – um reino que os humanos só podem acessar por meio da razão.

O mundo das ideias

O mundo dos sentidos

de constantes num mundo aparentemente em transformação. O mundo material pode estar sujeito à mudança, mas o mundo das ideias de Platão é eterno e imutável. Platão aplica sua teoria não apenas às coisas concretas, como camas e cães, mas também a conceitos abstratos. No mundo das ideias de Platão há uma ideia de justiça, que é a justiça verdadeira, enquanto todos os exemplos de justiça do mundo material ao nosso redor são apenas modelos ou variantes menores. O mesmo é verdadeiro em relação ao conceito de bondade, que Platão considera ser a ideia suprema e o objetivo de toda investigação filosófica.

Conhecimento inato

Persiste o problema de como podemos nos familiarizar com essas ideias, para que tenhamos a capacidade de reconhecer os exemplos imperfeitos no mundo em que vivemos. Platão argumentou que nossa concepção das formas ideais deve ser inata, ainda que não estejamos conscientes disso. Ele acreditava que os seres humanos são divididos em duas partes: corpo e alma. Nossos corpos possuem os sentidos, por meio dos quais somos capazes de apreender o mundo material, enquanto a alma possui a razão, com a qual podemos apreender o reino das ideias. Platão concluiu que a alma, imortal e eterna, habitou o

prisioneiros conhecem do mundo, e eles não têm noção alguma sobre os objetos reais. Se um dos prisioneiros conseguir se desamarrar e se virar, verá por si mesmo os objetos. Mas, depois de uma vida inteira aprisionado, é possível que fique confuso e talvez fascinado pelo fogo, e provavelmente se voltará de novo para a parede e para a única realidade que conhece.

Platão disse que tudo que nossos sentidos apreendem no mundo material não passa de imagens na parede da caverna, ou seja, são simples sombras da realidade. Essa crença é a base de sua teoria das formas: para cada coisa na terra que temos o poder

de apreender com nossos sentidos há uma correspondente "forma" (ou "ideia") – uma eterna e perfeita realidade daquela coisa – no mundo das ideias. Como o que apreendemos pelos sentidos é baseado em uma experiência de "sombras" imperfeitas ou incompletas da realidade, não podemos ter um conhecimento real das coisas. No máximo, podemos ter opiniões, mas conhecimento genuíno só pode vir do estudo das ideias, e isso só pode ser alcançado pela razão. Essa separação em dois mundos distintos – um, da aparência, e o outro, do que Platão considerou como realidade de fato – solucionou o problema da busca

A alma do homem
é imortal e imperecível.
Platão

Marco Aurélio, poderoso imperador de Roma de 161 a 180 d.C., foi célebre erudito e pensador, materializando o ideal platônico de que filósofos deveriam comandar a sociedade.

mundo das ideias antes do nosso nascimento e ainda deseja retornar àquele reino após nossa morte. Por isso, as variantes de ideias que o mundo dos sentidos apresenta nos soam como uma reminiscência. Rememorar as lembranças inatas dessas ideias exige razão, um atributo da alma.

Para Platão, a tarefa do filósofo é usar a razão para descobrir as formas ideais ou ideias. Em *A república*, ele também sugeriu que os filósofos – ou mais exatamente aqueles que são fiéis à vocação da filosofia – deveriam ser a classe dominante, pois somente o verdadeiro filósofo poderia entender a natureza do mundo e a verdade dos valores morais. No entanto, assim como o prisioneiro da teoria da caverna que prefere as sombras aos objetos reais, muitos acabam se voltando para o único mundo no qual se sentem confortáveis: Platão muitas vezes achou difícil convencer seus colegas filósofos da verdadeira natureza de sua vocação.

Legado incomparável

O próprio Platão era a personificação de seu filósofo ideal ou verdadeiro. Debateu questões de ética antes levantadas por seguidores de Protágoras e Sócrates, mas durante o processo explorou pela primeira vez o próprio caminho para o conhecimento. Exerceu influência profunda sobre seu discípulo Aristóteles, ainda que este discordasse da teoria das formas. As

O que chamamos de aprendizado é só um processo de reminiscência.
Platão

ideias de Platão chegaram até o islamismo medieval e os pensadores cristãos, incluindo Santo Agostinho, que combinou as ideias de Platão com as da Igreja católica.

Ao propor que o uso da razão, em vez da observação, é o único caminho para adquirir conhecimento, Platão lançou os alicerces para o racionalismo do século XVII. A influência platônica ainda sobrevive. O amplo leque de temas sobre os quais escreveu levou Alfred North Whitehead, lógico britânico do século XX, a dizer que toda a filosofia ocidental subsequente "consiste num conjunto de notas de rodapé a Platão". ∎

Platão

Apesar do volume de textos atribuídos a Platão que sobreviveram, pouco é conhecido sobre sua vida. Nascido numa família nobre em Atenas por volta de 427 a.C., foi batizado como Arístocles, mas ganhou o apelido "Platão" (amplo). Embora provavelmente destinado a uma vida na política, tornou-se aluno de Sócrates. A condenação à morte imputada ao mestre teria desiludido Platão, que abandonou Atenas. Viajou bastante, passando um período no sul da Itália e na Sicília, antes de retornar por volta de 385 a.C.

Fundou em Atenas uma escola conhecida como Academia, permanecendo como seu líder até a morte, em 347 a.C.

Obras-chave

c.399-387 a.C. *Apologia, Críton, Górgias, Hípias maior, Mênon, Protágoras* (primeiros diálogos)
c.380-360 a.C. *Fédon, Fedro, A república, O banquete* (diálogos intermediários)
c.360-355 a.C. *Parmênides, Sofista, Teeteto* (diálogos finais)

A VERDADE ESTÁ NO MUNDO À NOSSA VOLTA

ARISTÓTELES (384-322 A.C.)

EM CONTEXTO

ÁREA
Epistemologia

ABORDAGEM
Empirismo

ANTES
399 A.C. Sócrates argumenta que a virtude é sabedoria.

c.380 A.C. Platão apresenta sua teoria das formas no diálogo socrático *A república*.

DEPOIS
Século IX D.C. Os textos de Aristóteles são traduzidos para o árabe.

Século XIII Traduções das obras de Aristóteles aparecem em latim.

1690 John Locke funda uma escola de empirismo britânico.

1735 O zoólogo Carl Lineu lança as bases da moderna taxonomia em *Systema naturae*, baseado no sistema de classificação biológica de Aristóteles.

Aristóteles tinha dezessete anos quando chegou a Atenas para estudar na Academia do grande filósofo Platão, que, na época, com sessenta anos, já tinha delineado sua teoria das formas. De acordo com ela, todos os fenômenos da Terra (da justiça à cor verde, por exemplo) são sombras de correlatos ideais, ou formas, que conferem identidades particulares a seus modelos mundanos.

Estudioso, Aristóteles sem dúvida aprendeu muito com o mestre, mas tinha um temperamento muito diferente. Onde Platão era brilhante e intuitivo, Aristóteles era erudito e metódico. Contudo, havia um óbvio respeito mútuo e Aristóteles permaneceu na Academia, como aluno e professor, até a morte de Platão, vinte anos depois. Como surpreendentemente não foi escolhido como sucessor do mestre, deixou Atenas e fez uma viagem para a Jônia que se provaria fértil.

Questionamento de Platão

A ruptura com o ensino deu a Aristóteles a oportunidade de satisfazer sua paixão pelo estudo da vida selvagem, o que intensificou a impressão de que a teoria das formas de Platão estava errada. É tentador imaginar que os argumentos de Aristóteles já tivessem exercido alguma influência sobre Platão, que em seus diálogos finais reconheceu falhas nas teorias mais antigas, mas é impossível ter certeza. Sabe-se, no entanto, que Platão conhecia o argumento do "terceiro homem", usado por Aristóteles para refutar a teoria das formas. Tal argumento diz: se no reino das formas existe uma perfeita forma do homem a partir da qual os homens da Terra são moldados, essa forma, para ter qualquer essência concebível, teria de ser baseada em uma "forma da forma do homem" – que também teria de ser baseada numa forma mais elevada, na qual as "formas das formas são baseadas", e assim por diante, *ad infinitum*.

O argumento posterior de Aristóteles contra a teoria das formas foi mais simples e diretamente relacionado com estudos sobre o mundo natural. Ele percebeu que era simplesmente desnecessário assumir que há um mundo hipotético das formas, quando a realidade das coisas já

Vemos **diferentes exemplos** de "cão" no mundo à nossa volta.

Usando nossos **sentidos** e nossa razão, compreendemos o que torna um cão um cão.

Reconhecemos as **características comuns** dos cães no mundo.

Encontramos a verdade a partir das evidências no mundo à nossa volta.

Ver também: Sócrates 46-49 ▪ Platão 50-55 ▪ Ibn Sînâ 76–79 ▪ Ibn Rushd 82-83 ▪ René Descartes 116-123 ▪ John Locke 130-133 ▪ Gottfried Leibniz 134-137 ▪ George Berkeley 138-141 ▪ David Hume 148-153 ▪ Immanuel Kant 164-171

Platão e Aristóteles divergiam em suas opiniões sobre a natureza das qualidades universais. Para Platão, elas residem no elevado mundo das formas; para Aristóteles, aqui na Terra.

"aspecto canino" (ou "forma", como dizia Aristóteles) que define um cão. A partir de nossa experiência do mundo, aprendemos quais as características compartilhadas que tornam as coisas aquilo que elas são. E a única maneira de experimentar o mundo é por meio dos sentidos.

A forma essencial das coisas

Como Platão, Aristóteles preocupou-se em encontrar algum fundamento imutável e eterno num mundo caracterizado pela mudança. Mas concluiu que não há necessidade de procurar por esse lastro num mundo de formas perceptíveis apenas à alma. A evidência estaria aqui, no mundo à nossa volta, perceptível pelos sentidos. Aristóteles acreditava que as coisas no mundo material não são cópias imperfeitas de alguma forma ideal de si mesmas, mas que a forma essencial de uma coisa é, na verdade, inerente a cada exemplo dessa coisa. Por »

pode ser vista aqui na Terra, inerente às coisas cotidianas.

Talvez pelo fato de seu pai ter sido médico, os interesses científicos de Aristóteles se voltaram para o que hoje chamamos de ciências biológicas, enquanto a formação de Platão tinha sido firmemente baseada na matemática. Essa diferença de formação ajuda a explicar as distintas abordagens. A matemática, especialmente a geometria, lida com conceitos abstratos distantes do mundo cotidiano, ao passo que a biologia trabalha com o mundo à nossa volta e baseia-se quase unicamente na observação. Platão buscou a confirmação de um reino das formas a partir de noções como o círculo perfeito (que não pode existir na natureza). Aristóteles considerava que certas constantes podem ser descobertas investigando-se o mundo natural.

Confiando nos sentidos

O que Aristóteles propôs mudou completamente a teoria de Platão. Sem desconfiar dos nossos sentidos, Aristóteles contava com eles na busca da evidência para apoiar suas teorias. Ao estudar o mundo natural, aprendeu que, ao observar as características de cada exemplo de planta ou animal específico, podia criar um retrato completo sobre o que o distinguia de outras plantas e animais, e deduzir o que o tornava o que ele era. Tais estudos confirmaram o que Aristóteles já acreditava: não nascemos com a capacidade inata para reconhecer formas, como defendia Platão.

Cada vez que uma criança encontra um cão, por exemplo, ela nota o que existe de comum entre esse animal e outros cães, de modo que pode consequentemente reconhecer as coisas que tornam algo um cão. A criança então forma uma ideia do

> Tudo que depende da ação da natureza é, por natureza, tão bom quanto pode ser.
> **Aristóteles**

Todos os homens têm, por
natureza, desejo de conhecer.
Aristóteles

Aristóteles classificou várias das
diferentes áreas do conhecimento e do
ensino, como física, lógica, metafísica,
poética, ética, política e biologia.

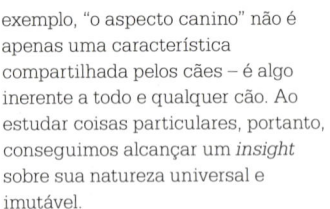

exemplo, "o aspecto canino" não é apenas uma característica compartilhada pelos cães – é algo inerente a todo e qualquer cão. Ao estudar coisas particulares, portanto, conseguimos alcançar um *insight* sobre sua natureza universal e imutável.

O que é verdadeiro em relação aos exemplos no mundo natural, raciocinou Aristóteles, também é verdadeiro acerca dos conceitos relacionados aos seres humanos. Noções como "virtude", "justiça", "beleza" e "bom" podem ser examinadas da mesma forma. Como ele observou, quando nascemos nossas mentes são como "folhas em branco", e quaisquer ideias que alcançamos só podem ser recebidas por meio dos nossos sentidos. Ao nascer, não temos ideias inatas, então não podemos ter noção de certo ou errado. No entanto, quando encontramos exemplos de justiça ao longo de nossas vidas, aprendemos a reconhecer as qualidades que tais exemplos têm em comum e, aos poucos, construímos e refinamos a compreensão do que é justiça. Em outras palavras, a única maneira com

a qual podemos vir a conhecer a ideia eterna e imutável de justiça é observando como ela se manifesta no mundo à nossa volta.

Assim, Aristóteles afastou-se de Platão não ao negar que as qualidades universais existam, mas ao questionar sua natureza e os meios pelos quais chegamos a conhecê-las (esta última é a questão fundamental da "epistemologia", ou teoria do conhecimento). Essa mesma diferença de opinião sobre como chegamos a verdades universais, mais tarde, dividiu os filósofos em dois campos separados: os racionalistas (como René Descartes, Immanuel Kant e Gottfried Leibniz), que acreditam num conhecimento *a priori* ou inato; e os empiristas (incluindo John Locke, George Berkeley e David Hume), que afirmam que todo conhecimento vem da experiência.

Classificação biológica

A maneira pela qual Platão e Aristóteles chegaram a suas teorias nos diz muito sobre seus temperamentos. A teoria das formas de Platão é grandiosa e relaciona-se a outro mundo, o que é refletido no modo

como ele discute sua questão, usando criativos diálogos ficcionais entre Sócrates e seus contemporâneos. Em contraste, a teoria de Aristóteles é mais prática, apresentada em linguagem prosaica, acadêmica. Tão convencido estava Aristóteles de que a verdade do mundo deve ser encontrada na Terra – e não numa dimensão mais elevada –, que ele começou a colecionar espécimes de fauna e flora e as classificou de acordo com suas características.

A partir dessa classificação biológica, montou um sistema hierárquico – o primeiro do gênero, e tão bem construído que forma até hoje a base da taxonomia. Primeiro, ele dividiu o mundo natural em coisas vivas e não vivas. Então, voltou sua atenção para classificar o mundo vivo. Sua divisão classificatória seguinte foi entre plantas e animais, o que envolveu o mesmo tipo de pensamento que sustenta sua teoria de qualidades universais: conseguimos ser capazes de distinguir entre uma planta e um animal quase sem pensar, mas como sabemos o modo de fazer essa distinção? A resposta, para Aristóteles, está nas características compartilhadas. Todas as plantas compartilham a forma "planta" e todos os animais compartilham a forma "animal". Uma vez que entendemos a natureza dessas formas, conseguimos reconhecê-las em todo e qualquer espécime.

Esse fato se torna mais visível quanto mais Aristóteles subdivide o mundo natural. A fim de classificar uma espécie, como um peixe, por exemplo, temos de reconhecer o que é que o torna um peixe – o que, mais uma vez, pode ser conhecido pela experiência e não requer conhecimento inato. Conforme Aristóteles desenvolveu uma completa classificação dos seres vivos, dos organismos mais simples até os seres humanos, essa tese foi confirmada.

Explicação teleológica

Outro fato que se tornou óbvio para Aristóteles enquanto ele classificava o mundo natural é que a "forma" de uma criatura não se limita a características físicas (tais como pele, pelo, pena ou escamas), mas inclui uma questão acerca do que essa criatura faz e como ela se comporta – o que, para Aristóteles, tem implicações éticas.

Para entender a ligação com a ética, precisamos primeiro ter em conta que, para Aristóteles, tudo no mundo era explicado por quatro causas inteiramente responsáveis pela existência de algo. Quais sejam: a causa material, ou de que algo é feito; a causa formal, ou a disposição ou forma de algo; a causa eficaz, ou como algo é levado a existir; e a causa final, ou a função ou o objetivo de algo. E é esse último tipo de causa, a "causa final", que se relaciona à ética, um tópico que, para Aristóteles, não está separado da ciência, mas é essencialmente uma extensão lógica da biologia.

Aristóteles forneceu o exemplo de um olho: a causa final do olho (sua função) é ver. Essa função é a finalidade, ou *telos*, do olho (*telos* é a palavra grega da qual deriva "teleologia", ou o estudo da finalidade na natureza). Uma explicação teleológica sobre algo é, portanto, uma explanação sobre a finalidade de algo. E conhecer a finalidade de algo implica, também, saber o que é uma versão "boa" ou "má" de algo: o olho bom, por exemplo, enxerga bem.

No nosso caso, uma vida "de bem" é, portanto, uma vida na qual cumprimos nosso objetivo ou usamos ao máximo todas as características que nos tornam humanos. Uma pessoa pode ser considerada "boa" se usar as características com as quais nasceu, e só pode ser feliz usando todas as suas capacidades em busca da virtude – da qual, para Aristóteles, a mais elevada é a sabedoria. O que nos leva de volta à questão sobre como podemos reconhecer aquilo que chamamos virtude – e, segundo Aristóteles, a resposta é, novamente, por meio da observação. Compreendemos a natureza da "vida virtuosa" ao vê-la nas pessoas à nossa volta. »

A classificação dos seres vivos de Aristóteles é a primeira investigação detalhada sobre o mundo natural. Ela origina-se da observação geral das características compartilhadas por todos os animais e, então, subdivide-se em categorias mais específicas.

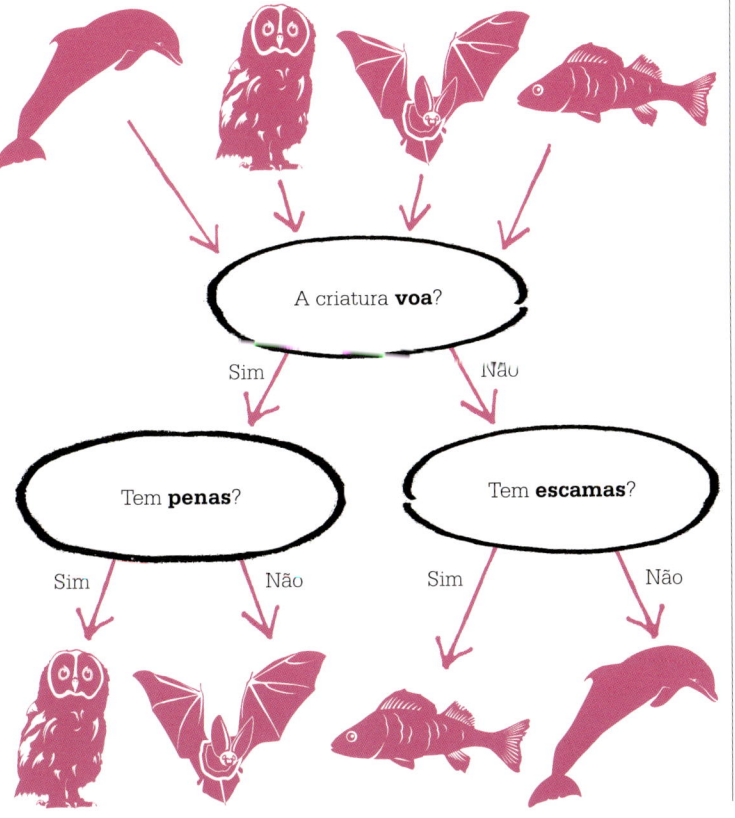

A criatura **voa**?

Sim — Não

Tem **penas**?

Tem **escamas**?

Sim — Não — Sim — Não

Lineu e Cuvier têm sido meus dois deuses, embora de maneiras bem diferentes, mas são meros alunos diante do velho Aristóteles.
Charles Darwin

"Sócrates é mortal" é a conclusão incontestável do mais famoso silogismo da história. O silogismo de Aristóteles – uma simples dedução a partir de duas premissas até uma conclusão – foi o primeiro sistema lógico formal.

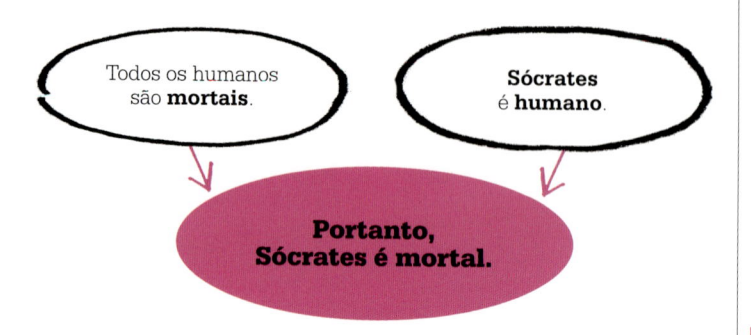

> Toda ação deve-se
> a uma ou outra das
> sete causas: acaso,
> natureza, compulsão,
> hábito, raciocínio, ira
> ou apetite.
> **Aristóteles**

O silogismo

No processo de classificação, Aristóteles formulou uma forma sistemática de lógica que aplica a cada espécime para determinar se ele pertence a certa categoria. Por exemplo, uma característica comum a todos os répteis é o sangue frio. Então, se um espécime particular tem sangue quente, não pode ser réptil. Da mesma forma, uma característica comum a todos os mamíferos é que amamentam seus filhotes. Então, se um espécime é mamífero, irá amamentar seu filhote. Aristóteles observou um padrão nessa forma de pensamento: um padrão de três proposições que consistem em duas premissas e uma conclusão, exemplificado na forma "se As são Xs, e B é um A, então B é um X". Essa forma de raciocínio – o "silogismo" – foi o primeiro sistema formal de lógica concebido e permaneceu como modelo básico para a lógica até o século XIX.

Mas o silogismo era mais do que simples subproduto da classificação sistemática de Aristóteles do mundo natural. Ao usar o raciocínio analítico na forma de lógica, Aristóteles compreendeu que o poder da razão era algo que não se baseava nos sentidos, e que deve, portanto, ser uma característica inata – parte daquilo que é ser humano. Embora não tenhamos ideias inatas, possuímos essa capacidade inata, necessária para aprender a partir da experiência. Quando aplicou esse fato ao seu sistema hierárquico, Aristóteles percebeu que o poder inato da razão nos distingue de todas as outras criaturas vivas, colocando-nos no topo da hierarquia.

Declínio da Grécia clássica

O alcance das ideias de Aristóteles e o modo revolucionário pelo qual ele subverteu a Teoria das Formas de Platão deveriam ter assegurado que sua filosofia tivesse impacto bem maior do que ele pôde verificar em vida. Isso não quer dizer que seu trabalho era perfeito – sua geografia e astronomia eram falhas; sua ética apoiava o uso do trabalho escravo; ele considerava as mulheres seres inferiores; e sua lógica era incompleta para os padrões modernos. No entanto, seu pensamento deflagrou uma revolução tanto na filosofia quanto na ciência.

Aristóteles, contudo, viveu no fim de uma era. Alexandre, o Grande, a quem ele instruiu, morreu pouco antes dele, e então começou o período helenístico da história grega, que viu o declínio da influência de Atenas. O Império Romano, que adotou da filosofia grega as ideias dos estoicos, estava se tornando o poder dominante no Mediterrâneo. A Academia de Platão e a escola rival fundada por Aristóteles em Atenas, o Liceu, continuaram a funcionar, mas tinham perdido sua antiga proeminência.

Como resultado, muitos dos textos de Aristóteles foram perdidos. Acredita-se que ele escreveu várias centenas de tratados e diálogos que explicavam suas teorias, mas tudo o que restou foram fragmentos de sua obra, principalmente na forma de palestras e notas de professor. Felizmente para a posteridade, esses textos foram preservados por seus seguidores, e restou o suficiente para dar uma visão geral da amplitude de sua obra.

O legado de Aristóteles

Com o surgimento do Islamismo no século VII d.C., as obras de Aristóteles foram traduzidas para o árabe e se espalharam pelo mundo islâmico, tornando-se leitura essencial para estudiosos do Oriente Médio, como Ibn Sînâ e Ibn Rushd. Entretanto,

A influência de Aristóteles na história do pensamento é vista na Grande Cadeia do Ser, descrição medieval cristã da vida como uma hierarquia em que Deus reina acima de tudo.

na Europa ocidental, a tradução latina de Boécio do tratado aristotélico de lógica, realizada no século VI, permaneceu como única obra do filósofo disponível até o século IX, quando todos os textos de Aristóteles começaram a ser traduzidos do árabe para o latim. Também foi nessa época que suas ideias foram reunidas nos livros que conhecemos hoje, como *Física, Ética a Nicômaco* e *Organon*. No século XIII, Tomás de Aquino desafiou a censura à obra de Aristóteles e a integrou à filosofia cristã, da mesma forma que Santo Agostinho tinha adotado Platão. Assim, Platão e Aristóteles voltaram a se enfrentar.

Os estudos sobre lógica de Aristóteles (apresentados em *Organon*) foram a base sobre o assunto até o surgimento da lógica matemática no século XIX. Sua classificação dos seres vivos também dominou o pensamento ocidental na Idade Média, tornando-se a *scala naturae* ("escada da natureza") cristã, ou a Grande Cadeia do Ser. Isso retratava toda a criação dominada pelos seres humanos, que só ficavam atrás de Deus. Durante a Renascença europeia, o método empírico de investigação de Aristóteles prevaleceu.

No século XVII, o debate entre empiristas e racionalistas alcançou o ápice depois que René Descartes publicou seu *Discurso sobre o método*. Descartes – e, depois dele, Leibniz e Kant – escolheu o caminho racionalista. Em resposta, Locke, Berkeley e Hume se alinharam como

a oposição empirista. Novamente, as diferenças entre os filósofos eram tanto de temperamento quanto de essência – o continental *versus* o britânico, o poético *versus* o acadêmico, o platônico *versus* o aristotélico. Embora o debate tenha definhado no século XIX, houve um renascimento do interesse em Aristóteles em épocas recentes e uma reavaliação de seu significado. Sua ética, em particular, tem tido grande apelo para os filósofos modernos, que viram em sua definição funcional de "bom" uma chave para entender o modo como usamos a linguagem ética. ∎

Aristóteles

Nascido em Estagira, Calcídica, nordeste da Grécia moderna, Aristóteles era filho do médico da família real da Macedônia e foi educado como membro da aristocracia. Enviado à Academia de Platão aos dezessete anos, passou quase vinte anos lá, como aluno e professor. Quando Platão morreu, Aristóteles trocou Atenas pela Jônia e passou vários anos estudando a vida selvagem da região. Foi então designado preceptor na corte macedônica, onde instruiu o jovem Alexandre, o Grande, e continuou seus estudos. Em 335 a.C., retornou a Atenas

encorajado por Alexandre e fundou o Liceu, uma escola para rivalizar com a de Platão. Foi ali que escreveu a maior parte de seus textos e formalizou suas ideias. Depois da morte de Alexandre em 323 a.C., um sentimento antimacedônico espalhou-se por Atenas. Aristóteles fugiu para Cálcis, na ilha de Eubeia, onde morreu no ano seguinte.

Obra-chave

Organon, Física (reunido em livro no século IX).

A MORTE NÃO É NADA PARA NÓS

EPICURO (341-270 A.C.)

Epicuro cresceu numa época
em que a filosofia da antiga
Grécia já tinha alcançado o
auge com as ideias de Platão e
Aristóteles. O foco principal do
pensamento filosófico estava
mudando da metafísica para a ética, e
também da ética política para a ética
pessoal. No entanto, Epicuro encontrou
a semente de uma nova escola de
pensamento nas investigações de
antigos filósofos, como a análise de
Sócrates sobre a verdade dos
conceitos e valores humanos básicos.

Imagens aterrorizantes do deus da
morte, Tânatos, mostravam os tormentos
que os antigos gregos podiam sofrer por
seus pecados, tanto na morte quanto na
vida posterior.

Fundamental à filosofia
desenvolvida por Epicuro é a visão
da paz de espírito, ou tranquilidade,
como objetivo da vida. Ele
argumentou que o prazer e a dor são
as raízes do bem e do mal, e que
qualidades como virtude e justiça
derivam dessas raízes, porque "é
impossível viver uma vida agradável
sem viver de maneira sábia,
honrada e justa, e é impossível viver
de maneira sábia, honrada e justa
sem viver de maneira agradável".
O epicurismo muitas vezes é
erroneamente interpretado como
simples busca dos prazeres
sensuais. Para Epicuro, o maior
prazer só é alcançável por meio do
conhecimento, da amizade e de
uma vida moderada, livre do medo
e da dor.

Medo da morte

Um dos obstáculos para desfrutar da
paz de uma mente tranquila, Epicuro
raciocinou, é o medo da morte,
intensificado pela crença religiosa de
que, se incorrer na ira dos deuses,
você será severamente punido na
vida após a morte. Em vez de agir
contra esse medo, propondo um
estado alternativo de imortalidade,
Epicuro tentou explicar a natureza
da própria morte. Ele começou

Ver também: Demócrito e Leucipo 45 ▪ Sócrates 46-49 ▪ Platão 50-55 ▪ Aristóteles 56-63 ▪ Jeremy Bentham 174 ▪ John Stuart Mill 190-193

O objetivo da vida é a **felicidade**.

A morte é o fim da sensação, então **não pode ser fisicamente dolorosa**.

A morte é o fim da consciência, então não **pode ser emocionalmente dolorosa**.

Nossa infelicidade é causada pelo medo, e **nosso maior medo é o da morte**.

Não há nada a temer na morte.

Se pudermos **superar o medo da morte**, poderemos ser felizes.

Epicuro

Filho de pais atenienses, nascido na ilha egeia de Samos, Epicuro aprendeu filosofia com um discípulo de Platão. Em 323 a.C., Alexandre, o Grande, morreu. Durante os conflitos políticos que se seguiram, Epicuro e sua família se mudaram para Colófon (hoje na Turquia), onde ele continuou seus estudos com Nausífanes, um seguidor de Demócrito.

Epicuro lecionou em Mitilene, na ilha de Lesbos, e em Lâmpsaco, no continente grego, antes de se mudar para Atenas em 306 a.C. Fundou uma escola, conhecida como O Jardim, que consistia numa comunidade de amigos e seguidores. Lá, escreveu com detalhes a filosofia que ia se tornar conhecida como epicurismo.

Apesar da saúde frágil – e frequentemente sentindo muita dor –, Epicuro viveu até os 72 anos. Fiel a suas crenças, antevia seu último dia de vida como um dia verdadeiramente feliz.

Obras-chave

Início do século III A.C.
Da natureza
Máximas capitais
Escritos vaticanos

propondo que, quando morremos, não estamos cientes da morte, já que nossa consciência (nossa alma) para de existir quando a vida cessa. Para explicar isso, Epicuro assumiu a visão de que o universo inteiro consiste em átomos ou espaços vazios, como manifestado pelos atomistas Demócrito e Leucipo. Epicuro ponderou que a alma não pode ser um espaço vazio porque ela opera dinamicamente com o corpo e, então, deve ser composta de átomos. Ele descreveu esses átomos da alma distribuídos ao redor do corpo, mas tão frágeis que se dissolvem quando morremos, e então não somos mais capazes de sentir nada. Se quando morremos perdemos a capacidade de sentir as coisas, mental ou fisicamente, é tolice deixar o medo da morte causar-nos dor enquanto ainda vivemos.

Epicuro atraiu um séquito pequeno, mas dedicado, durante sua vida, porém era visto como alguém indiferente à religião, o que o tornou impopular. Seu pensamento foi amplamente ignorado pela filosofia predominante por séculos, ressurgindo no século XVIII nas ideias de Jeremy Bentham e John Stuart Mill. Na política revolucionária, os princípios do epicurismo ecoam nas palavras da Declaração de Independência dos Estados Unidos: "vida, liberdade e a busca pela felicidade". ▪

TÊM MAIS AQUELES QUE SE SATISFAZEM COM MENOS

DIÓGENES DE SÍNOPE (c.404-323 a.C.)

Certa vez, Platão descreveu Diógenes como "um Sócrates que ficou louco". Embora a intenção fosse insultuosa, não está longe da verdade. Diógenes compartilhou da paixão pela virtude e da rejeição ao conforto material de Sócrates, mas levou essas ideias ao extremo. Ele argumentava que, para levar uma vida virtuosa, ou que valesse a pena viver, era necessário libertar-se das restrições externas impostas pela sociedade e do descontentamento interno causado pelo desejo, pela emoção e pelo medo. Isso podia ser conseguido, segundo ele, por quem fosse feliz vivendo uma vida simples, governada pela razão e por impulsos naturais, rejeitando sem pudor as convenções e renunciando ao desejo por propriedade e conforto.

Diógenes foi o primeiro de um grupo de pensadores que se tornaram conhecidos como cínicos, termo extraído do grego *kynikos*, que significa "parecido com cão". Ele refletiu a determinação dos cínicos em desprezar todas as formas de hábito social e etiqueta e, em vez disso, viver num estado tão natural quanto

Rejeitando os valores mundanos, Diógenes escolheu viver nas ruas. Zombava das convenções alimentando-se de restos de comida e vestindo-se, quando muito, com trapos sujos.

possível: Diógenes encarou uma vida de extrema pobreza, tendo como abrigo apenas um barril velho. Os cínicos asseguravam que quanto maior o despojamento, mais próximo estaríamos de viver uma vida ideal.

A pessoa mais feliz (ou que "tem mais", na frase de Diógenes) é, por consequência, alguém que vive de acordo com os ritmos do mundo natural, livre das convenções e dos valores da sociedade civilizada e "se satisfaz com o mínimo". ∎

Ver também: Sócrates 46-49 ▪ Platão 50-55 ▪ Zenão de Cítio 67 ▪ Santo Agostinho 72-73 ▪ Friedrich Nietzsche 214-221

O OBJETIVO DA VIDA É VIVER DE ACORDO COM A NATUREZA

ZENÃO DE CÍTIO (c.332-265 a.C.)

Duas escolas importantes de pensamento filosófico surgiram depois da morte de Aristóteles: a ética hedonista e agnóstica de Epicuro, que teve apelo limitado, e o mais popular e duradouro estoicismo de Zenão de Cítio.

Zenão estudou com um discípulo de Diógenes de Sínope, o Cínico, e compartilhou de sua abordagem singela. Ele tinha pouca paciência com especulações metafísicas e chegou a acreditar que o cosmos era governado por leis naturais estabelecidas por um legislador supremo. As pessoas, declarou, são impotentes para mudar essa realidade o, além de desfrutar de seus benefícios, também devem simplesmente aceitar sua crueldade e injustiça.

Livre-arbítrio

Contudo, Zenão também dizia que as pessoas receberam uma alma racional com a qual podem exercer o livre-arbítrio. Ninguém é obrigado a buscar uma vida "boa". Fica a critério de cada um escolher se quer ignorar as coisas sobre as quais tem pouco ou nenhum controle, e ser indiferente à dor, ao prazer, à pobreza e à riqueza. Mas, segundo Zenão, a pessoa que fizesse isso teria uma vida em harmonia com a natureza em todos os seus aspectos, bons ou ruins, vivendo de acordo com as regras do legislador supremo.

O estoicismo conquistou apoio em grande parte da Grécia helenista, mas atraiu ainda mais seguidores no Império Romano, que estava em expansão, onde floresceu como uma base para a ética pessoal e política, até ser suplantado pelo cristianismo no século VI. ∎

A felicidade é
o bem fluir da vida.
Zenão de Cítio

Ver também: Platão 50-55 ∎ Aristóteles 56-63 ∎ Epicuro 64-65 ∎ Diógenes de Sínope 66

O MUNDO MEDIEVAL

250-1500

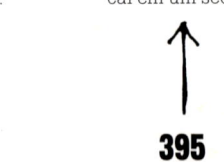

Plotino funda o **neoplatonismo**, escola de filosofia mística baseada nos textos de Platão.

c.260

Crises internas e externas levam à **divisão do Império Romano** em oriental e ocidental. O império ocidental cai em um século.

395

Boécio começa a traduzir a obra de Aristóteles sobre lógica.

c.510

O profeta Maomé realiza a **Hégira**, sua jornada de Meca a Medina, marcando o início da era muçulmana.

622

313

Constantino I decreta a liberdade religiosa dentro do Império Romano no **Édito de Milão**.

397-398

Santo Agostinho escreve suas *Confissões*.

618

A dinastia Tang assume a China, trazendo uma **Era de Ouro** de desenvolvimento cultural.

711

Conquista da península Ibérica cristã (Espanha e Portugal) pelos muçulmanos.

A filosofia não desempenhou grande papel na cultura romana, salvo o estoicismo, que era admirado pelos romanos por sua ênfase na conduta virtuosa e no cumprimento dos deveres. A tradição filosófica mais ampla estabelecida pelos gregos clássicos ficou, portanto, marginalizada sob o Império Romano. A filosofia continuou a ser ensinada em Atenas, mas sua influência diminuiu e nenhum filósofo de relevo surgiu até Plotino, no século III, que fundou uma importante escola neoplatônica.

Durante o primeiro milênio da era cristã, a influência romana também diminuiu, política e culturalmente. O cristianismo foi assimilado e, depois da queda do império no século V, a Igreja tornou-se a autoridade dominante na Europa ocidental, permanecendo assim por quase mil anos. A noção grega de filosofia como uma investigação racional independente de doutrinas religiosas foi contida com a ascensão do cristianismo. As questões sobre a natureza do universo e o que constitui uma vida virtuosa, acreditava-se, deveriam ser respondidas nas Escrituras: não eram consideradas temas para discussão filosófica.

Filósofos cristãos antigos como Santo Agostinho buscaram integrar. Esse processo foi a principal tarefa da escolástica, uma abordagem filosófica que se originou das escolas monásticas e ficou famosa por seu rigoroso raciocínio dialético. O trabalho de filósofos escolásticos como Agostinho não foi uma exploração de questões como "Deus existe?" ou "Nossa alma é imortal?", mas a busca por uma justificativa racional para a crença em Deus e na alma imortal.

A "Idade das Trevas"

No momento em que o Império Romano se encolheu e finalmente caiu, a Europa afundou na "Idade das Trevas" e a maior parte da cultura herdada da Grécia e de Roma desapareceu. A Igreja manteve o monopólio sobre o ensino e a única filosofia verdadeira a sobreviver foi uma forma de platonismo considerada compatível com o cristianismo, bem como a tradução da *Lógica* de Aristóteles por Boécio.

No entanto, em outros lugares, a cultura prosperava. A China e o Japão, em particular, desfrutavam de uma "Era de Ouro" na poesia e na arte, enquanto tradicionais filosofias orientais coexistiam livremente com suas religiões. Nas terras que tinham

A "**Casa da Sabedoria**" é fundada em Bagdá, atraindo estudiosos de todo o mundo para compartilhar e traduzir ideias.

Santo Anselmo escreve o *Proslogion*.

A **Peste Negra** alcança a Europa e mata mais de um terço da população.

Queda do Império Bizantino, a porção oriental do Império Romano, com sua capital Constantinopla tomada pelos turcos otomanos.

↑ **832** ↑ **1077-1078** ↑ **1347** ↑ **1453**

c.1014-1020 **1099** **1445** **1492**

↓ **Ibn Sînâ (Avicena)** escreve seu *Kitab al-Shifa* (*Livro da cura*).

↓ Os **cruzados cristãos** capturam a cidade sagrada de **Jerusalém**.

↓ Johannes Gutenberg, da Alemanha, inventa a **prensa tipográfica**, permitindo maior disseminação do conhecimento.

↓ **Cristóvão Colombo** cruza o Atlântico e alcança as Índias Ocidentais.

---

sido parte do império de Alexandre, o Grande, o legado grego inspirava mais respeito do que na Europa. Estudiosos árabes e persas preservaram e traduziram as obras dos filósofos gregos clássicos, incorporando suas ideias na cultura islâmica do século VI em diante.

Quando o Islã se espalhou para o leste na Ásia, na África setentrional e na Espanha, sua influência começou a ser sentida na Europa. Por volta do século XII, novas ideias e invenções do mundo islâmico estavam alcançando regiões setentrionais tão remotas quanto a Grã-Bretanha, e estudiosos europeus começaram a redescobrir a matemática e a filosofia grega por meio de fontes islâmicas. As obras de Aristóteles, em particular, surgiram como uma espécie de revelação e provocaram um

ressurgimento do pensamento filosófico dentro da Igreja cristã medieval. Embora a filosofia de Platão tenha sido relativamente fácil de assimilar no pensamento cristão – porque fornecia justificação racional para a crença em Deus e na alma humana imortal –, Aristóteles foi tratado com desconfiança pelas autoridades da Igreja. Todavia, filósofos cristãos como Roger Bacon, Tomás de Aquino, Duns Scotus e Guilherme de Ockham abraçaram entusiasticamente o novo aristotelismo e convenceram a Igreja de sua compatibilidade com a fé cristã.

Uma nova racionalidade
Junto com a filosofia que revitalizou a Igreja, o mundo islâmico também introduziu uma abundância de conhecimento tecnológico e científico

na Europa medieval. Os métodos científicos de Aristóteles haviam sido refinados para níveis sofisticados na Pérsia, e avanços na química, física, medicina e astronomia abalaram a autoridade da Igreja quando chegaram à Europa.

A reintrodução do pensamento grego e das novas ideias que levaram à Renascença na Europa no final do século XV provocou uma mudança de ânimo, à medida que as pessoas começaram a considerar mais a razão do que a fé em busca de respostas. Houve discordância até dentro da Igreja, a ponto de humanistas como Erasmo provocarem a Reforma. Os próprios filósofos desviaram sua atenção para longe das questões sobre Deus e alma imortal para os problemas apresentados pela ciência e pelo mundo natural. ■

DEUS NÃO É A ORIGEM DO MAL

SANTO AGOSTINHO (354-430)

Os humanos são **seres racionais**.

Para que sejam racionais, os humanos devem ter **livre-arbítrio**.

Isso significa que devem ser capazes de **escolher** entre o **bem** e o **mal**.

Os humanos podem, portanto, agir bem ou mal.

Deus não é a origem do mal.

Agostinho tinha interesse particular sobre a questão do mal. Se Deus é inteiramente bom e todo-poderoso, por que há o mal no mundo? Para cristãos como Agostinho, assim como para os adeptos do judaísmo e do islamismo, esse era, e ainda é, um problema central. Isso ocorre porque transforma um fato óbvio sobre o mundo – que ele contém o mal – em argumento contra a existência de Deus.

Agostinho foi capaz de responder a um aspecto do problema facilmente. Ele defendia que, embora tenha criado tudo o que existe, Deus não criou o mal porque o mal não é algo, mas a falta ou a deficiência de algo. Por exemplo, o mal padecido por um homem cego é a ausência de visão; o mal em um ladrão é a falta de honestidade. Agostinho tomou emprestado esse modo de pensar de Platão e seus seguidores.

Liberdade essencial

Mas Agostinho precisava explicar por que Deus teria criado o mundo de tal maneira a permitir que existissem tais males ou deficiências naturais e morais. Sua resposta girou em torno da ideia de que os humanos são seres racionais. Ele argumentou que, para que Deus criasse criaturas racionais,

Ver também: Platão 50-55 ▪ Plotino 337 ▪ Boécio 74-75 ▪ Pedro Abelardo 339 ▪ David Hume 148-153

como os seres humanos, tinha de lhes dar livre-arbítrio. Ter livre-arbítrio significa ser capaz de escolher – inclusive escolher entre o bem o o mal. Por essa razão, Deus teve de deixar aberta a possibilidade de que o primeiro homem, Adão, escolhesse o mal em vez do bem. De acordo com a Bíblia, isso é o que aconteceu, visto que Adão desobedeceu a ordem de Deus para não comer a fruta da Árvore do Conhecimento.

O argumento de Agostinho se sustenta mesmo sem se referir à Bíblia. A racionalidade é a capacidade de avaliar as escolhas por meio do processo de raciocínio. O processo só é possível onde há liberdade de escolha, incluindo a liberdade de se escolher o errado.

Agostinho também sugeriu uma terceira solução para o problema, convidando-nos a ver o mundo como algo belo. Ele dizia que, embora exista o mal no universo, este contribui para um bem total, que é maior do que poderia existir sem o mal – exatamente como a dissonância na música pode tornar uma harmonia mais agradável ou fragmentos escuros contribuem para a beleza de um quadro.

Explicando o mal natural

Desde Agostinho, a maioria dos filósofos cristãos tem abordado o problema do mal usando uma de suas abordagens, enquanto seus oponentes, como David Hume, têm apontado para suas fragilidades como argumentos contra o cristianismo. Chamar a doença de ausência de saúde, por exemplo, parece apenas um jogo de palavras: a doença pode se originar de uma deficiência de algo, mas o sofrimento do doente é real o suficiente. E como o mal natural, tais como terremotos e pragas, é explicado?

Alguém sem uma crença anterior em Deus pode argumentar que a presença do mal no mundo prova que não há um Deus todo-poderoso e benevolente. Mas, para aquele que já acredita em Deus, os argumentos de Agostinho devem conter a resposta. ∎

Um mundo sem o mal, diz Agostinho, seria um mundo sem humanos, seres capazes de decidir sobre seus atos. Assim como para Adão e Eva, as escolhas morais permitem a possibilidade do mal.

O que tornou Adão capaz de obedecer as ordens de Deus também o tornou capaz de pecar.
Santo Agostinho

Santo Agostinho

Aurélio Agostinho nasceu em 354 em Tagaste, pequena cidade no norte da África, de mãe cristã e pai pagão. Foi educado para ser um orador e, depois, lecionou retórica em sua cidade natal, em Cartago, em Roma e em Milão, onde ocupou posição de prestígio.

Por um tempo, Agostinho seguiu o maniqueísmo – religião que considera o bem e o mal como forças duplas regendo o universo –, mas, por influência do arcebispo Ambrósio, de Milão, foi atraído para o cristianismo. Em 386, sofreu uma crise espiritual e se converteu. Abandonou a carreira e dedicou-se a escrever obras cristãs, muitas de natureza altamente filosófica. Em 395 tornou-se bispo de Hipona, no norte da África, e manteve o posto pelo resto da vida. Morreu ali aos 75 anos, quando a cidade foi sitiada e saqueada pelos vândalos.

Obras-chave

c.388-95 *O livre-arbítrio*
c.397-401 *Confissões*
c.413-27 *A cidade de Deus*

DEUS ANTEVÊ NOSSOS PENSAMENTOS E ATOS AUTÔNOMOS

BOÉCIO (c.480-525)

EM CONTEXTO

ÁREA
Epistemologia

ABORDAGEM
Platonismo cristão

ANTES
c.350 a.C. Aristóteles esboça os problemas de se tomar como verdadeira qualquer afirmação sobre o resultado de um acontecimento futuro.

c.300 a.C. O filósofo sírio Jâmblico diz que o que pode ser conhecido depende da capacidade do conhecedor.

DEPOIS
c.1250-1270 Tomás de Aquino concorda com Boécio que Deus existe fora do tempo: é transcendente e está além da compreensão humana.

c.1300 John Duns Scot diz que a liberdade humana baseia-se na própria liberdade de Deus para agir, e que Deus conhece nossos atos autônomos e futuros por conhecer seu próprio arbítrio – imutável, mas livre.

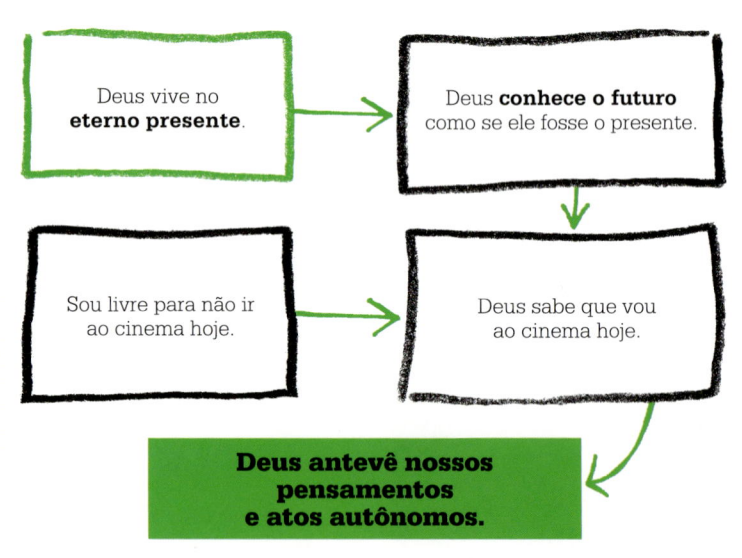

Deus vive no **eterno presente**.

Deus **conhece o futuro** como se ele fosse o presente.

Sou livre para não ir ao cinema hoje.

Deus sabe que vou ao cinema hoje.

Deus antevê nossos pensamentos e atos autônomos.

O filósofo romano Boécio foi educado na tradição filosófica platônica e era cristão. Ganhou fama por sua solução a um problema que antecede Aristóteles: se Deus já sabe o que vamos fazer no futuro, como podemos dizer que temos livre-arbítrio?

A melhor maneira de entender o dilema é imaginar uma situação na vida cotidiana. Por exemplo, esta tarde posso ir ao cinema ou passar o tempo escrevendo. Como acaba acontecendo, vou ao cinema. Sendo este o caso, é verdade agora (antes do acontecimento) que vou ao cinema esta tarde. Mas se é verdade agora, então tudo indica que eu realmente não tenho a escolha de passar a tarde escrevendo. Aristóteles foi o primeiro a definir tal problema, mas sua resposta não é clara: ele parece ter pensado que uma frase como "devo ir ao cinema esta tarde" não é verdadeira nem falsa ou, pelo

Ver também: Aristóteles 56-63 ▪ Tomás de Aquino 88-95 ▪ John Duns Scot 339 ▪ Bento de Espinosa 126-129 ▪ Immanuel Kant 164-171

menos, não do mesmo modo que "fui ao cinema ontem".

Um Deus além do tempo

Boécio enfrentou uma versão mais difícil do mesmo problema. Ele acreditava que Deus conhece tudo, não apenas o passado e o presente, mas também o futuro. Então, se estou indo ao cinema à tarde, Deus já sabe disso de manhã. Parece, portanto, que não sou realmente livre para escolher passar a tarde escrevendo, visto que isso entraria em conflito com o que Deus já sabe.

Tudo é conhecido,
não conforme si mesmo,
mas de acordo com a
capacidade do conhecedor.
Boécio

Boécio solucionou o problema argumentando que uma mesma coisa pode ser conhecida de diferentes maneiras, dependendo da natureza do conhecedor. Meu cão, por exemplo, conhece o sol apenas como algo com qualidades que ele pode sentir pela visão e pelo tato. Entretanto, uma pessoa também pode raciocinar sobre a categoria do sol, pode saber quais elementos o compõem, sua distância da Terra, e assim por diante.

Boécio considera o tempo de forma similar. Como vivemos no fluxo do tempo, só podemos conhecer os acontecimentos como passado (se eles ocorreram), presente (se estão ocorrendo agora) ou futuro (se vão ocorrer). Não podemos saber o resultado de acontecimentos futuros incertos. Deus, por outro lado, não está no fluxo do tempo. Ele vive em um eterno presente e o que para nós é passado, presente e futuro do mesmo modo que conhecemos o presente. E, exatamente como o meu conhecimento sobre o fato de você estar sentado agora não interfere na sua liberdade para permanecer assim, então também o conhecimento de Deus sobre nossas

A Filosofia e Boécio discutem o livre-arbítrio, o determinismo e a visão de Deus sobre o eterno presente em seu influente livro *A consolação da filosofia*.

ações futuras, como se elas fossem presente, também não as impede de serem livres.

Hoje, alguns pensadores argumentam que, já que ainda não decidi se vou ao cinema esta tarde, não há simplesmente nada para se conhecer sobre isso. Então, nem mesmo um Deus que fosse onisciente saberia (e conseguiria saber) se vou ou não. ▪

Boécio

Anicius Boethius, ou Boécio, foi um aristocrata romano cristão, nascido na época em que o Império Romano estava se desintegrando e os ostrogodos governavam a Itália. Ficou órfão aos sete anos, tendo sido criado por uma família aristocrática em Roma. Extremamente bem-educado, falava grego e tinha amplo conhecimento sobre literatura e filosofia grega e latina. Dedicou a vida a traduzir e a comentar textos gregos, especialmente as obras de Aristóteles sobre lógica, até ser designado como principal conselheiro do rei ostrogodo

Teodorico. Cerca de cinco anos depois, por uma intriga da corte, foi injustamente acusado de traição e sentenciado à morte. Escreveu sua obra mais famosa, *A consolação da filosofia*, na prisão, aguardando o julgamento.

Obras-chave

c.510 *Comentários às "Categorias" de Aristóteles*
c.513-516 *Comentários a "Da interpretação" de Aristóteles*
c.523-526 *A consolação da filosofia*

A ALMA É DISTINTA DO CORPO

IBN SÎNÂ (AVICENA) (980-1037)

EM CONTEXTO

ÁREA
Metafísica

ABORDAGEM
Aristotelismo árabe

ANTES
c.400 a.C. Platão argumenta que a mente e o corpo são substâncias distintas.

Século IV a.C. Aristóteles argumenta que a mente é a "forma" do corpo.

c.800-950 d.C. As obras de Aristóteles são traduzidas para o árabe pela primeira vez.

DEPOIS
1250-1260 Santo Tomás de Aquino adapta a explicação de Aristóteles sobre mente e corpo.

1640 René Descartes sustenta o dualismo em suas *Meditações*.

1949 Ryle define o dualismo como "erro categorial" em *O conceito da mente*.

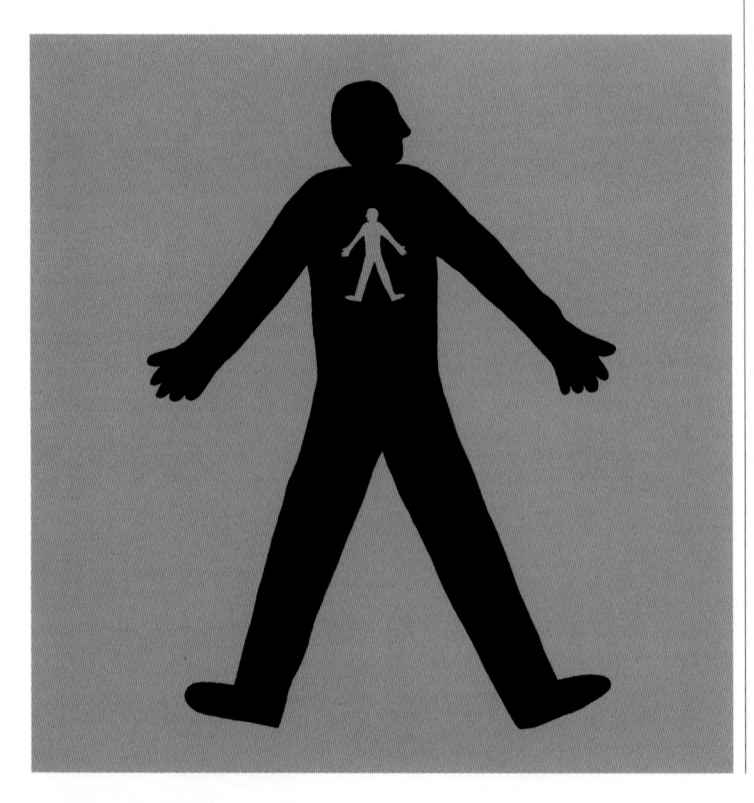

I bn Sînâ, também conhecido como Avicena, é o filósofo mais importante na tradição árabe e um dos maiores pensadores do mundo. Como seus antecessores, al-Kindî e al-Fârâbî, e seu sucessor, Ibn Rushd, Ibn Sînâ destacou-se como filósofo em vez de teólogo islâmico, optando por seguir a sabedoria grega e o caminho do raciocínio e da evidência. Em particular, via a si mesmo como seguidor de Aristóteles, e seus principais textos são enciclopédias de filosofia aristotélica.

Contudo, essas obras explicam a filosofia de Aristóteles repensada e sintetizada por Ibn Sînâ. Em algumas doutrinas, como a ideia de que o universo sempre existiu, Ibn Sînâ

Ver também: Platão 50-55 ▪ Aristóteles 56-63 ▪ Al-Kindî 332 ▪ Al-Fârâbî 338 ▪ Tomás de Aquino 88-95 ▪ René Descartes 116-123 ▪ Gilbert Ryle 343

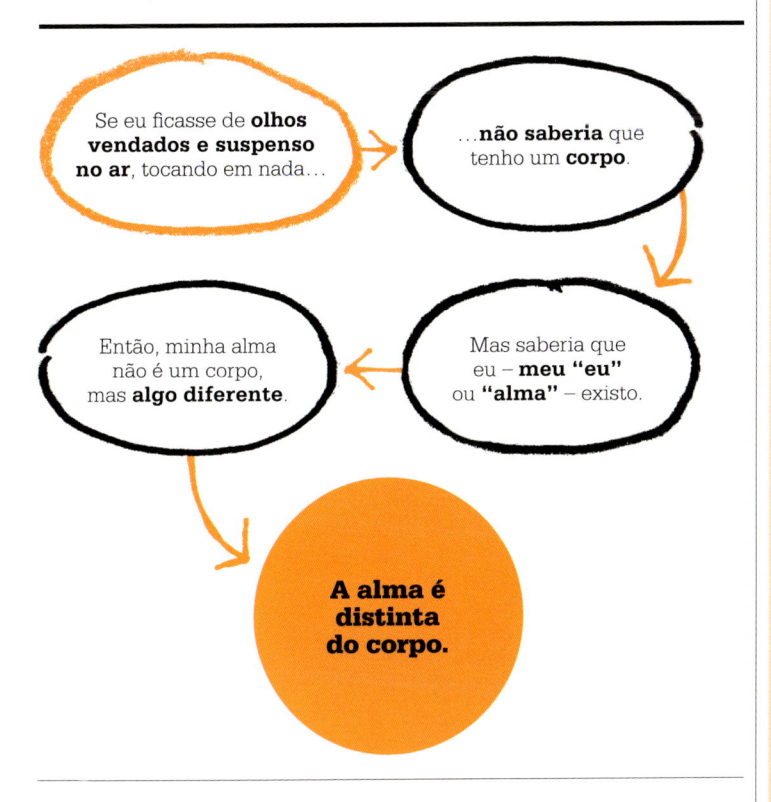

Se eu ficasse de **olhos vendados e suspenso no ar**, tocando em nada…

…**não saberia** que tenho um **corpo**.

Mas saberia que eu – **meu "eu"** ou **"alma"** – existo.

Então, minha alma não é um corpo, mas **algo diferente**.

A alma é distinta do corpo.

Ibn Sînâ

Ibn Sînâ – ou Avicena, como os europeus o chamaram – nasceu em 980 numa vila perto de Bukhara, atualmente no Uzbequistão. Embora escrevesse principalmente em árabe, língua escolar em todo o mundo islâmico, seu idioma era o persa. Ibn Sînâ foi uma criança prodígio que rapidamente superou seus tutores não só em lógica e filosofia, mas também em medicina. Adolescente, foi reconhecido como médico brilhante pelo governante samânida Nuh ibn Mansur, que lhe abriu acesso a uma magnífica biblioteca. A vida de Ibn Sînâ se deu a serviço de vários príncipes, tanto como médico quanto como conselheiro político. Começou a escrever aos 21 anos, produzindo mais de duzentos textos sobre assuntos tão diversos quanto metafísica, fisiologia animal, mecânica de sólidos e sintaxe árabica. Morreu quando seus remédios para cólica foram adulterados, possivelmente com más intenções, enquanto estava em campanha de guerra com seu protetor Ala al-Dawla.

Obras-chave

c.1014-20 *O livro da cura*
c.1015 *Cânone da medicina*
c.1030 *Livro dos teoremas e dos avisos*

manteve a visão aristotélica mesmo quando ela entrava em conflito com a ortodoxia islâmica, mas, em outras, ele se permitiu afastar-se radicalmente de Aristóteles. Um exemplo notável é sua explicação da relação entre a mente ("eu" ou alma) e o corpo.

Mente e corpo são distintos

Aristóteles afirmava que o corpo e a mente dos humanos (e outros animais) não são duas coisas (ou "substâncias") diferentes, mas uma unidade, e que a mente é a "forma" do corpo humano. Como tal, é responsável por todas as atividades que um ser humano pode executar, incluindo pensar. Por essa razão, Aristóteles dava a impressão de não

considerar possível que qualquer ser sobrevivesse à morte do corpo.

Por outro lado, Ibn Sînâ foi um dos "dualistas" mais famosos na história da filosofia – ele via o corpo e a mente como duas substâncias distintas. Seu grande antecessor nessa visão, Platão, considerava a mente algo distinto e aprisionado no corpo. Platão acreditava que, no momento da morte, a mente seria liberada de sua prisão para reencarnar posteriormente em outro corpo.

Para comprovar a natureza separada entre mente e corpo, Ibn Sînâ criou um experimento mental conhecido como "homem voador": este aparece como um tratado, *Da alma*, dentro do *Livro da cura*, com a meta de remover qualquer » conhecimento que possa ser possivelmente refutado, restando apenas verdades absolutas. É uma antecipação à obra de Descartes, o famoso dualista do século XVII, que também decidiu não acreditar em nada, exceto naquilo que ele próprio poderia saber com certeza. Ibn Sînâ e Descartes quiseram demonstrar que a mente (ou o "eu") existe porque sabe que existe; e que é a diferente do corpo humano.

O homem voador

No experimento homem voador, Ibn Sînâ quis investigar o que conseguimos saber se formos efetivamente privados de nossos sentidos e não pudermos depender deles para obter informação. Ele nos convidou a imaginar o seguinte: suponha que eu tenha acabado de começar a existir, mas tenho toda a minha inteligência normal. Suponha também que estou com os olhos vendados e que flutuo no ar, com meus membros separados uns dos outros, de modo que não posso tocar em nada. Suponha que estou completamente

sem qualquer sensação. Apesar de tudo, tenho certeza de que eu existo. Mas o que é esse "eu" que sou eu? Ele não pode ser qualquer parte do meu corpo, porque não sei se o tenho. O "eu" que afirmo como existente não tem comprimento, largura ou profundidade. Não tem extensão ou atributos físicos. E se eu fosse capaz de imaginar, por exemplo, uma mão, não a imaginaria como pertencente a esse "eu" que sei que existe.

Conclui-se que o "eu" humano – o que sou – é distinto do meu corpo ou de qualquer coisa física. O experimento do homem voador, segundo Ibn Sînâ, é um modo de alertar e se lembrar da existência da mente como algo além e diferente do corpo.

Ibn Sînâ também tinha outras formas de demonstrar que a mente não pode ser material. A maioria dos argumentos baseia-se no fato de que o conhecimento intelectual que a mente consegue apreender não pode estar contido por nada material. É fácil ver como as partes de coisas físicas

> A conversa secreta é um encontro direto entre Deus e a alma, abstraída de todas as restrições materiais.
> **Ibn Sînâ**

ajustam-se às partes de um órgão dos sentidos: a imagem da parede que vejo se estende à lente de meu olho, cada uma de suas partes correspondendo a uma parte da lente. Mas a mente não é um órgão dos sentidos: o que ela compreende são definições como "O homem é um animal racional e mortal". As partes dessa frase precisam ser apreendidas de uma vez, juntas. A mente, portanto, não pode ser de modo algum como o corpo ou como parte do corpo.

A alma imortal

Ibn Sînâ concluiu que a mente não é destruída quando o corpo morre e que ela é imortal. Isso não ajudou a tornar seu pensamento mais palatável para os muçulmanos ortodoxos, que acreditam que o indivíduo inteiro, corpo e mente, ressuscita e desfruta das alegrias da vida após a morte. Consequentemente, no século XII, Ibn Sînâ foi atacado pelo grande teólogo islâmico al-Ghazâlî, que o chamou de herege por abandonar o princípio islâmico central da ressurreição. Mas,

O conhecimento médico de Ibn Sînâ era tão vasto que lhe rendeu apoio real. Sua obra *Canône da medicina* influenciou as escolas de medicina europeias até meados do século XVII.

> Mas o que é isso que sou?
> Sou uma coisa que pensa.
> **René Descartes**

no mesmo século, a obra de Ibn Sînâ foi traduzida para o latim, e seu dualismo tornou-se popular entre os filósofos e teólogos cristãos. Eles apreciaram o modo como suas interpretações dos textos de Aristóteles tornaram-nos compatíveis com a ideia de uma alma imortal.

O "eu" indubitável

Cerca de duzentos anos depois, na década de 1250, Santo Tomás de Aquino defendeu uma interpretação mais fiel de Aristóteles, na qual mente e corpo estão muito mais intimamente ligados, e suas concepções foram aceitas pelos teólogos dos séculos XVI e XVII. No entanto, em 1640, Descartes retornou ao dualismo que era mais próximo de Platão do que de Aristóteles, e seu motivo para isso era muito parecido com o de Ibn Sînâ.

Descartes imaginava que havia um demônio que tentava enganá-lo sobre tudo que ele possivelmente podia ser enganado. A única coisa sobre a qual não podia ser enganado,

A história *A bússola de ouro*, de Philip Pullman, retoma a antiga ideia grega da alma, ou *daimon*, separada do corpo, exibindo-a como um ser inteiramente à parte, tal como um gato.

ele percebeu, seria sobre sua própria existência. Esse "eu" é exatamente o mesmo que Ibn Sînâ encontrou no "homem voador", quando não tem nenhum outro conhecimento. Como Ibn Sînâ, Descartes concluiu que o "eu" é totalmente distinto do corpo e deve ser imortal.

O fantasma na máquina

Uma forte objeção ao dualismo de Ibn Sînâ ou de Descartes é o argumento usado por Aquino. Ele dizia que o "eu" que pensa é o mesmo "eu" que sente através do corpo. Por exemplo: não apenas percebo que há dor na minha perna da mesma maneira como um marinheiro percebe um buraco em seu navio. A dor pertence a mim tanto quanto meus pensamentos sobre filosofia ou sobre o que vou comer no almoço.

A maioria dos filósofos contemporâneos rejeita o dualismo mente-corpo, em grande parte por conta do crescente conhecimento científico sobre o cérebro. Ibn Sînâ e Descartes tinham grande interesse em fisiologia e fizeram estudos científicos de atividades como movimento e sensação. Mas o processo de pensamento racional era inexplicável com as ferramentas científicas então disponíveis. Hoje

somos capazes de explicar com precisão como o pensamento funciona em áreas diferentes do cérebro – mas não está claro se isso significa que podemos explicar o pensamento sem referência a um "eu". Um influente filósofo britânico do século XX, Gilbert Ryle, caricaturou o "eu" dos dualistas como "um fantasma na máquina" e tentou demonstrar que podemos explicar como os seres humanos compreendem e atuam dentro do mundo sem recorrer a esse "fantasma do eu".

Hoje, os filósofos estão divididos entre um pequeno número de dualistas, um número maior de pensadores que dizem que a mente é simplesmente um cérebro, e a maioria que concorda que o pensamento é o resultado da atividade física do cérebro, mas que insiste que há uma distinção entre os estados físicos do cérebro (a matéria cinza, os neurônios etc.) e o pensamento que deriva deles.

Muitos filósofos, principalmente pensadores da Europa continental, ainda aceitam os resultados do experimento mental de Ibn Sînâ de forma central: cada um de nós teria um "eu" com uma visão do mundo em primeira pessoa que não está acomodado com a visão objetiva das teorias científicas. ■

BASTA PENSAR EM DEUS PARA SABERMOS QUE ELE EXISTE

SANTO ANSELMO (1033-1109)

EM CONTEXTO

ÁREA
Filosofia da religião

ABORDAGEM
Platônica-aristotélica

ANTES
c.400 D.C. Santo Agostinho defende a existência de Deus por meio da nossa compreensão de verdades imutáveis.

1075 Em seu *Monológio*, Santo Anselmo aperfeiçoa a demonstração de Agostinho da existência de Deus.

DEPOIS
Anos 1260 Santo Tomás de Aquino rejeita a prova ontológica de Santo Anselmo.

1640 Descartes usa uma das formas da prova ontológica de Santo Anselmo nas *Meditações*.

1979 O norte-americano Alvin Plantinga reformula a prova ontológica de Santo Anselmo usando uma forma de lógica modal para estabelecer a verdade da prova.

Embora os pensadores cristãos tomem a existência de Deus como questão de fé, na Idade Média tentaram demonstrar também que ela podia ser provada por meio de argumentos racionais. A prova ontológica concebida por Anselmo – filósofo italiano do século XI que trabalhou com base na lógica aristotélica, no pensamento platônico e na própria genialidade – é provavelmente a mais famosa de todas.

Anselmo imaginou-se argumentando com um louco, que nega que Deus exista (ver pág. ao lado). O argumento é baseado na aceitação de duas premissas: primeiro, que Deus é

Acreditamos que Vós [Deus] sois algo que nada se pode conceber que Vos seja maior.
Santo Anselmo

"o ser do qual nada maior pode ser pensado" e, segundo, que a existência é superior à inexistência. No final do argumento, o louco é forçado a aceitar uma posição contraditória ou admitir que Deus existe.

O argumento foi aceito por filósofos eminentes, como René Descartes e Bento de Espinosa. Muitos outros, contudo, assumiram o lado do louco. Um contemporâneo de Anselmo, Gaunilo de Marmoutiers, disse que poderíamos usar o mesmo argumento para provar que, em algum lugar, existe uma ilha maravilhosa, maior do que qualquer outra que possa ser imaginada. No século XVIII, Immanuel Kant objetou que o argumento trata a existência como se fosse um atributo das coisas – como se eu pudesse descrever meu paletó da seguinte forma: "É verde, feito de tweed e existe." Existir não é como ser verde: se não existisse, não haveria paletó para ser verde ou de tweed.

Kant sustentou que Anselmo também errou ao dizer que aquilo que existe tanto na realidade quanto na mente é maior do que aquilo que existe apenas na mente, mas outros filósofos discordam. O que garante, afinal, que uma pintura real seja maior do que o conceito mental que o pintor tem antes de começar a trabalhar? ∎

Ver também: Platão 50-55 ▪ Santo Agostinho 72-73 ▪ Tomás de Aquino 88-95 ▪ René Descartes 116-123 ▪ Bento de Espinosa 126-129

Anselmo	**O louco**

Você concorda que se Deus existisse ele seria a maior coisa que poderia haver – "um ser do qual não é possível pensar nada maior"?

Sim.

E você concorda que "um ser do qual não é possível pensar nada maior" existe na sua mente?

Sim, na minha mente, mas não na realidade.

Mas você concordaria que algo que existe na realidade, assim como na mente, é maior do que algo que existe apenas na mente?

Sim, acho que sim: um sorvete na minha mão é maior do que aquele que está só na minha imaginação.

Então, se "um ser do qual não é possível pensar nada maior" existe apenas na mente, é menor do que se existisse apenas na realidade.

Verdade. O ser que realmente existe seria maior.

Então, agora você está dizendo que há algo maior do que "um ser do qual não é possível pensar nada maior"?

Isso nem mesmo faz sentido.

Exatamente. E a única alternativa para essa contradição é admitir que Deus ("um ser do qual não é possível pensar nada maior") realmente existe – tanto no pensamento quanto na realidade.

A **prova ontológica de Anselmo** foi escrita em 1077-78, mas ganhou esse título do filósofo alemão Kant, em 1781.

Santo Anselmo

Santo Anselmo da Cantuária nasceu em Aosta, Itália, em 1033. Deixou sua casa quando tinha por volta de vinte anos para estudar no monastério de Bec, França, aos cuidados de um eminente lógico, gramático e comentador bíblico chamado Lanfranc. Tornou-se monge de Bec em 1060, depois prior e, finalmente, abade, em 1078. Viajou para a Inglaterra e, em 1093, tornou-se arcebispo da Cantuária, apesar de seus protestos devido à saúde frágil e à falta de habilidade política. Essa posição o colocou em conflito com os reis anglo-normandos Guilherme II e Henrique I, quando tentou defender a Igreja contra o poder real. Tais disputas levaram a dois períodos de exílio, durante os quais visitou o papa para defender a causa da Igreja inglesa e pleitear sua remoção do cargo. No fim, reconciliado com o rei Henrique I, Anselmo morreu na Cantuária aos 76 anos.

Obras-chave

1075-76 *Monológio*
1077-78 *Proslógio*
1095-98 *Por que Deus se fez homem?*
1080-86 *Sobre a queda do demônio*

FILOSOFIA E RELIGIÃO NÃO SÃO INCOMPATÍVEIS

IBN RUSHD (AVERRÓIS) (1126-1198)

EM CONTEXTO

ÁREA
Filosofia da religião

ABORDAGEM
Aristotélica-árabe

ANTES
Anos 1090 Abu Hamid al-Ghazali ataca os filósofos aristotélicos islâmicos.

Anos 1120 Ibn Bajja (Avempace) estabelece a filosofia aristotélica na Espanha islâmica.

DEPOIS
1270 Tomás de Aquino critica os averroístas por aceitar verdades conflitantes do cristianismo e da filosofia aristotélica.

Anos 1340 Moses ben Joshua publica comentários sobre a obra de Ibn Rushd.

1852 O filósofo francês Ernest Renan publica um estudo sobre Ibn Rushd, com base no qual ele se torna uma influência importante para o pensamento político islâmico moderno.

I bn Rushd (também conhecido como Averróis) trabalhou na área jurídica. Ele foi um *qâdî* (juiz islâmico) que atuou para o Almôadas, um dos regimes islâmicos mais rigorosos da Idade Média. Ainda assim, passava suas noites escrevendo comentários sobre a obra de um antigo filósofo pagão, Aristóteles – e um de seus leitores mais ávidos era ninguém menos que o soberano almôada, Abû Yaqûb Yûsuf.

Ibn Rushd conciliou religião e filosofia por meio de uma teoria hierárquica da sociedade. Ele julgava que apenas uma elite educada seria capaz de pensar filosoficamente, e todo o resto deveria ser obrigado a aceitar literalmente os ensinamentos do Alcorão. Ibn Rushd não acreditava que o Alcorão fizesse um relato totalmente preciso sobre o universo se lido de forma literal, mas dizia que era uma aproximação poética da verdade, e isso era o máximo que os incultos poderiam compreender.

Contudo, Ibn Rushd acreditava que os instruídos tinham uma obrigação religiosa de usar o raciocínio filosófico. Sempre que o raciocínio mostrasse que o significado literal do Alcorão era falso, Ibn Rushd dizia que o texto deveria ser

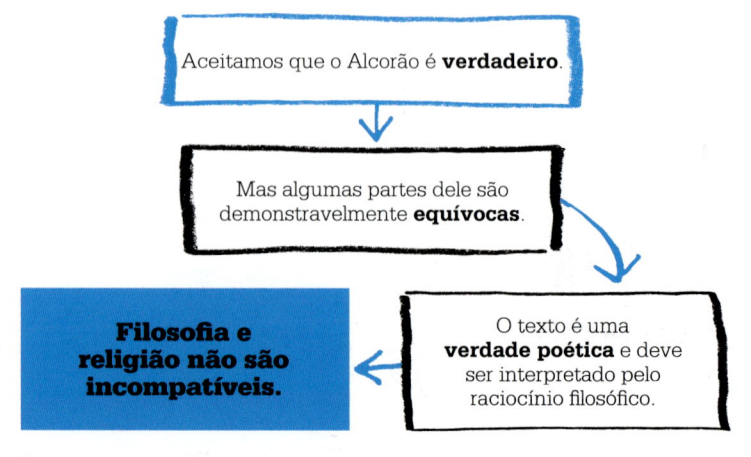

Aceitamos que o Alcorão é **verdadeiro**.

Mas algumas partes dele são demonstravelmente **equívocas**.

O texto é uma **verdade poética** e deve ser interpretado pelo raciocínio filosófico.

Filosofia e religião não são incompatíveis.

Ver também: Platão 50-55 ▪ Aristóteles 56-63 ▪ Al-Ghazâlî 338 ▪ Ibn Bâjja 339 ▪ Tomás de Aquino 88-95 ▪ Moses ben Joshua 340

Os filósofos acreditam que as leis religiosas são artes políticas necessárias.
Ibn Rushd

"interpretado". Em outras palavras, o significado óbvio das palavras tinha de ser desconsiderado, com a aceitação da teoria científica demonstrada pela filosofia aristotélica em seu lugar.

O intelecto imortal

Ibn Rushd estava disposto a sacrificar algumas doutrinas islâmicas amplamente aceitas para manter a compatibilidade entre filosofia e religião. Por exemplo, quase todos os muçulmanos acreditam que o universo teve um início, mas Ibn Rushd concordava com Aristóteles que ele sempre existiu e dizia que nada no Alcorão contradizia essa ideia. No entanto, a ressurreição dos mortos, princípio básico do Islã, era mais difícil de incluir no universo aristotélico. Ibn Rushd aceitava que devemos acreditar na imortalidade pessoal e que qualquer um que negue isso é um herege que deve ser morto. Mas ele assumia uma posição diferente de seus antecessores ao dizer que o tratado *Da alma*, de Aristóteles, não afirmava que os indivíduos humanos têm almas imortais. Segundo a interpretação de Ibn Rushd, Aristóteles afirmou que a humanidade é imortal somente por meio de um intelecto compartilhado. Ibn Rushd parecia dizer que há verdades imperecíveis a serem descobertas, mas que nós, como indivíduos, pereceremos quando nossos corpos morrerem.

Averroístas posteriores

A defesa da filosofia aristotélica por Ibn Rushd (mesmo que só para a elite) foi rejeitada por seus colegas muçulmanos. Mas suas obras, traduzidas para o hebraico e latim, tiveram enorme influência nos séculos XIII e XIV. Os estudiosos que apoiaram as opiniões de Aristóteles e Ibn Rushd ficaram conhecidos como averroístas; entre eles estavam estudiosos judeus, como Moses ben Joshua, e latinos, como Boécio de Dacia e Siger de Brabante. Segundo Ibn Rushd, os averroístas latinos aceitaram Aristóteles como a verdade de acordo com a razão – apesar de também afirmarem um conjunto aparentemente conflitante de "verdades" cristãs. Eles foram descritos como defensores de uma teoria de "verdade dupla", mas sua visão é, mais precisamente, a de que a verdade relaciona-se ao contexto da investigação. ▪

No século XII, alguns muçulmanos não viam a filosofia como um assunto legítimo para estudo, mas Ibn Rushd defendia que era essencial se envolver com a religião de forma crítica e filosófica.

Ibn Rushd

Ibn Rushd, conhecido na Europa como Averróis, nasceu em 1126 em Córdoba, então parte da Espanha islâmica. Pertencia a uma família de advogados ilustres e educou-se em direito, ciência e filosofia. Sua amizade com outro médico e filósofo, Ibn Tufayl, o levou a conhecer o califa Abû Yacqûb Yûsuf, que nomeou Ibn Rushd como juiz-chefe e, depois, médico da corte. Abû Yacqûb também compartilhava com Ibn Rushd o interesse por Aristóteles e o encarregou de escrever uma série de paráfrases de todas as obras aristotélicas, destinadas a não especialistas como ele. Apesar das visões cada vez mais liberais do califado almóada, a comunidade não aprovava a filosofia pouco ortodoxa de Ibn Rushd, e a pressão pública levou ao banimento de suas obras e seu exílio em 1195. Dois anos depois, retornou a Córdoba, mas morreu no ano seguinte.

Obras-chave

1179-80 *Discurdo decisivo*
1179-80 *Incoerência do incoerente*
c.1186 *Grande comentário ao "Da alma" de Aristóteles*

DEUS NÃO TEM ATRIBUTOS

MOISÉS MAIMÔNIDES (MOSHE BEN MAIMON) (1135-1204)

Moisés Maimônides (Moshe ben Maimon) escreveu tanto sobre a lei judaica (em hebreu) quanto sobre o pensamento aristotélico (em árabe). Em ambas as áreas, uma de suas principais preocupações foi evitar a antropomorfização de Deus – ou seja, pensar em Deus como se fosse um ser humano. Para Maimônides, o pior erro de todos era tomar a Torá (a primeira parte da Bíblia hebraica) como verdade literal e pensar que Deus é um ser corpóreo. Qualquer um que pensasse isso, ele dizia, devia ser excluído da comunidade judaica. Mas em *Guia dos perplexos*, Maimônides levou essa ideia ao máximo, criando uma vertente de pensamento conhecida como "teologia negativa". Ela já existia na teologia cristã e focava na descrição de Deus apenas em termos daquilo que Ele não é.

Maimônides afirmou que Deus não tem atributos. Não podemos dizer com exatidão que Deus é "bom" ou

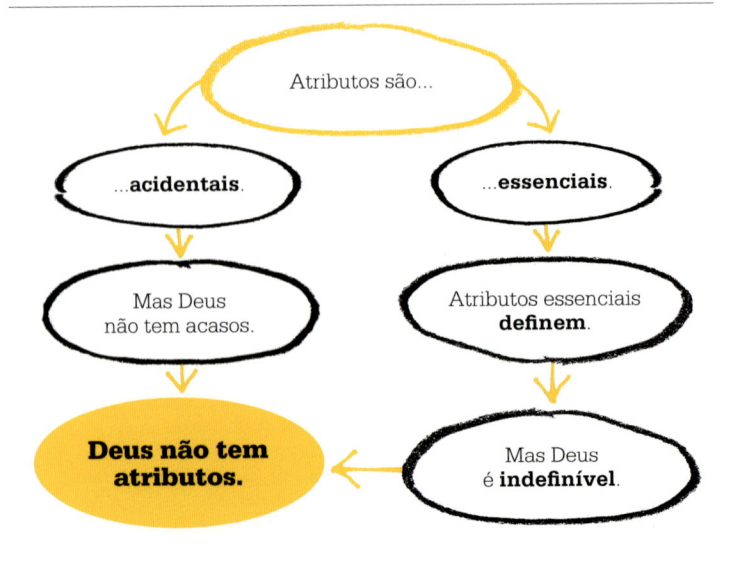

Ver também: Johannes Scotus Eriugena 332 ▪ Tomás de Aquino 88-95 ▪ Meister Eckhart 339 ▪ Søren Kierkegaard 194-195

"poderoso". Isso ocorre porque um atributo só pode ser acidental (passível de mudança) ou essencial. Um dos meus atributos acidentais, por exemplo, é que estou sentado; outros, são meu cabelo grisalho e meu nariz longo. Mas eu ainda seria o que essencialmente sou mesmo que estivesse de pé, tivesse cabelos ruivos e nariz arrebitado. Ser humano – isto é, ser um animal racional e mortal – é meu atributo essencial: ele me define. Em geral, aceita-se que Deus não tem atributos acidentais porque é imutável. Além disso, segundo Maimônides, Deus também não pode ter atributos essenciais, pois eles seriam definidores, e Deus não pode ser definido. Então, Deus não tem atributos.

Falando sobre Deus

Maimônides afirmava que podemos falar sobre Deus, mas que isso deve ser entendido como algo que se nos fala sobre as ações de Deus e não sobre quem é Deus. A maior parte das discussões na Torá deve ser entendida desse modo. Então, quando nos dizem

> Quando os intelectos contemplam a essência de Deus, sua apreensão torna-se incapacidade.
> **Moisés Maimônides**

que "Deus é um criador", devemos entender isso como uma afirmação sobre o que Deus faz, em vez do tipo de coisa que Deus é. Se considerarmos a sentença "John é escritor", normalmente podemos entender o significado de que ser escritor é a profissão de John. Mas Maimônides nos convidou a considerar só o que foi feito: nesse sentido, John escreveu palavras. A escrita foi obra de John, mas ela não nos conta nada sobre ele.

Maimônides também aceitou que declarações que parecem atribuir qualidades a Deus podem ser compreendidas se forem tomadas como negativas duplas. "Deus é poderoso", por exemplo, devia ser interpretado com o significado de que Deus não é impotente. Imagine um jogo em que penso em algo e lhe conto apenas o que esse algo não é ("não é grande, não é vermelho..."), até você adivinhar. A diferença, no caso de Deus, é que temos apenas as negações a nos guiar: não podemos dizer o que Deus é. ▪

*O **Mishná Torá** foi uma reformulação completa da lei oral judaica, que Maimônides escreveu em hebraico simples, para que "jovens e idosos" pudessem conhecer e entender todas as práticas judaicas.*

Moisés Maimônides

Também conhecido como Moshe ben Maimon e Rambam, Moisés Maimônides nasceu em 1135 em Córdoba, na Espanha, em uma família judaica. Sua infância foi rica em influências culturais: educado em hebraico e árabe, aprendeu a lei judaica com seu pai, um juiz rabínico, dentro do contexto da Espanha islâmica. Sua família fugiu dali quando a dinastia berbere almóada chegou ao poder em 1148, e viveu de forma nômade por dez anos até se estabelecer em Fez (hoje no Marrocos) e, depois, no Cairo. Problemas financeiros da família levaram Maimônides a estudar medicina, e sua habilidade o levou a uma nomeação pela corte em poucos anos. Também trabalhou como juiz rabínico, mas não recebia remuneração por essa atividade. Foi reconhecido como chefe da comunidade judaica do Cairo em 1191. Depois de sua morte, seu túmulo tornou-se local de peregrinação judaica.

Obras-chave

1168 *Comentário sobre a mishná*
1168-78 *Torá mishná*
1190 *Guia dos perplexos*

NÃO LAMENTE. O QUE SE PERDE RETORNA EM OUTRA FORMA

JALAL AD-DIN MUHAMMAD RUMI (1207-1273)

Tudo no universo, incluindo o homem, é parte de um infinito fluxo da vida. Qualquer ser que cesse de existir numa forma sempre renasce em outra forma. O passado é ligado ao presente e o presente ao futuro num continuum infinito.

O sufismo, a interpretação mística e estética do Alcorão, é parte do Islã desde sua fundação, mas nem sempre foi aceito pelos estudiosos islâmicos predominantes. Jalal ad-Din Muhammad Rumi, mais conhecido como Rumi, foi criado no Islã ortodoxo e teve o primeiro contato com o sufismo quando sua família se mudou das fronteiras orientais da Pérsia para Anatólia, em meados do século XIII. O conceito sufi de unir-se a Deus por meio do amor chamou sua atenção e, a partir disso, criou uma versão do sufismo para explicar a relação entre as pessoas e o divino.

Rumi se tornou professor em uma ordem sufi e, como tal, acreditava ser um médium entre Deus e as pessoas. Em contraste com a prática geral islâmica, enfatizou muito mais o *dhikr*

Ver também: Sidarta Gautama 30-33 ▪ Ibn Sînâ 76-79 ▪ Ibn Rushd 82-83 ▪ Hajime Tanabe 244-245 ▪ Arne Naess 282-283

A **Ordem Mevlevi**, ou Dervixes Giratórios, dança como parte da cerimônia sufi da Sema. A dança representa a jornada espiritual do homem da ignorância à perfeição por meio do amor.

– a oração ou litania ritual – em vez da análise racional do Alcorão como guia divino, tornando-se conhecido por suas revelações em transe. Acreditava que era seu dever transmitir essas visões e, então, descreveu-as em forma de poesia. Fundamental para a sua filosofia visionária era a ideia de que o universo e tudo nele são um fluxo de vida infinito, no qual Deus é presença eterna. Como parte do universo, também somos parte desse *continuum*, o Rumi buscou explicar nosso lugar dentro dele.

Ele acreditava que as pessoas são um elo entre o passado e o futuro em um processo contínuo de vida, morte e renascimento – não como um ciclo, mas em progressão, de uma forma para outra, que se estende pela eternidade. A morte e a decadência são inevitáveis e partes desse fluxo de vida infinito, mas, ao mesmo tempo em que algo cessa de existir em uma forma, renasce em outra. Por causa disso, não devemos ter medo da morte nem lamentar as perdas. No entanto, a fim de assegurar nosso desenvolvimento de

uma forma até outra, temos de nos empenhar para o crescimento espiritual e para uma compreensão da relação divino-humano. Rumi defendia que essa compreensão vem da emoção, em vez da razão – emoção intensificada por música, canto e dança.

O legado de Rumi

Os elementos místicos das ideias de Rumi foram inspiradores dentro do sufismo, mas também influenciaram o Islã predominante. Também se revelaram essenciais para converter grande parte da Turquia do cristianismo ortodoxo para o islamismo. Mas esse aspecto de seu pensamento não influenciou muito a Europa, onde o racionalismo era a ordem do dia. No entanto, no século XX, suas ideias se popularizaram no Ocidente, principalmente por causa da mensagem de amor em sintonia com os valores New Age da década de 1960. Talvez seu maior admirador no século XX tenha sido o poeta e político Muhammed Iqbal, conselheiro de Muhammad Ali Jinnah, que na década de 1930 fez campanha por um Estado paquistanês islâmico. ▪

Morri como mineral e virei planta, morri como planta e renasci como animal, morri como animal e me tornei humano.
Jalal ad-Din Rumi

Jalal ad-Din Muhammad Rumi

Jalal ad-Din Muhammad Rumi, também conhecido como Mawlana (Nosso Guia) ou simplesmente Rumi, nasceu em Balkh, numa província da Pérsia. Quando as invasões mongóis ameaçaram a região, sua família estabeleceu-se na Anatólia, Turquia, onde Rumi conheceu os poetas persas Attar e Shams al-Din Tabrizi. Decidiu dedicar-se ao sufismo e escreveu milhares de versos de poesia persa e árabe.

Em 1244, Rumi tornou-se o *shaykh* (mestre) de uma ordem sufi e ensinou sua interpretação místico-emocional do Alcorão, assim como a importância da música e da dança em cerimônias religiosas. Depois de sua morte, seus seguidores fundaram a Ordem Mevlevi de Sufismo, famosa pelos Dervixes Giratórios, que executam uma dança característica na cerimônia da Sema – forma de *dhikr* particular à seita.

Obras-chave

Início-meados século XIII
Dísticos espirituais
As obras de Shams de Tabriz
Nele o que estiver Nele
Sete sessões

O UNIVERSO NEM SEMPRE EXISTIU

SANTO TOMÁS DE AQUINO (c.1225-1274)

EM CONTEXTO

ÁREA
Metafísica

ABORDAGEM
Aristotélica-cristã

ANTES
c.340 A.C. Aristóteles afirma que o universo é eterno.

c.540 D.C. João Filopono argumenta que o universo deve ter um início.

Anos 1250-1260 Teólogos franceses adotam a tese de Filopono.

DEPOIS
Anos 1290 Henrique de Gand critica Tomás de Aquino, dizendo que o universo não pode ter existido sempre.

1781 Immanuel Kant afirma poder demonstrar que o universo sempre existiu e que nem sempre existiu.

1931 Georges Lemaître propõe a teoria do "Big Bang" sobre a origem do universo.

A s opiniões das pessoas costumam se dividir entre as que sustentam que o universo teve um início e aquelas que defendem que ele sempre existiu. Hoje tendemos a procurar a resposta na física e na astronomia, mas no passado essa era uma questão para filósofos e teólogos. A resposta dada pelo sacerdote católico Tomás de Aquino, o mais famoso dos filósofos medievais cristãos, é especialmente interessante. Continua sendo uma forma plausível de refletir sobre o problema, e também nos conta muito sobre como Aquino combinou sua fé com o raciocínio filosófico, apesar de suas aparentes contradições.

Influência de Aristóteles

A figura central no pensamento de Santo Tomás de Aquino é Aristóteles, o antigo filósofo grego cuja obra fascinou os pensadores medievais. Aristóteles tinha a certeza de que o universo sempre abrigou diferentes seres – de objetos inanimados, como pedras, a espécies vivas, como humanos, cães e cavalos. Ele afirmava que o universo muda e se move, e isso só pode ser causado por mudança e movimento. Então, nunca poderia ter havido uma primeira mudança ou um primeiro movimento: o universo estaria constantemente se movendo e mudando através dos tempos.

Os grandes filósofos árabes Ibn Sînâ (Avicena) e Ibn Rushd (Averróis) estavam dispostos a aceitar a visão de Aristóteles, ainda que isso os colocasse em desacordo com a ortodoxia islâmica. Os pensadores judeus e cristãos medievais, contudo, tinham mais empecilhos. Eles sustentavam que, de acordo com a Bíblia, o universo tem um início, então Aristóteles devia estar errado: o universo nem sempre existiu. Mas essa visão era algo que tinha de ser aceito baseado na fé ou podia ser refutado pelo raciocínio?

João Filopono, escritor cristão grego do século VI, acreditou ter encontrado um argumento para demonstrar que Aristóteles estava errado e que o universo nem sempre havia existido. Seu raciocínio foi copiado e desenvolvido por vários pensadores do século XIII, que precisavam encontrar uma falha no raciocínio de Aristóteles a fim de proteger os ensinamentos da Igreja. A linha de argumento era especialmente engenhosa: usou as próprias ideias de Aristóteles sobre o

Santo Tomás de Aquino

Nascido em 1225, em Roccasecca, na Itália, Tomás de Aquino estudou na Universidade de Nápoles e ingressou na Ordem Dominicana (então, uma nova ordem de frades altamente intelectualizada) contra a vontade da família. Como noviço, estudou em Paris e depois em Colônia, com o teólogo aristotélico alemão Alberto Magno. Retornando a Paris tornou-se mestre de teologia, lecionando por dez anos antes de viajar pela Itália. De maneira incomum, Aquino recebeu uma oferta para um segundo período como mestre em Paris. Em 1273, sofreu algo que podia ser tanto um derrame quanto um tipo de visão mística. Depois disso, afirmou que tudo o que fizera era "simples ninharia" e nunca mais escreveu. Morreu aos 49 anos e, em 1323, foi declarado santo pela Igreja católica.

Obras-chave

1256-1259 *Questões disputadas: "da verdade"*
c.1265-1274 *Suma teológica*
1271 *Da eternidade do mundo*

Ver também: Aristóteles 56-63 ▪ Ibn Sînâ 76-79 ▪ Ibn Rushd 82-83 ▪ João Filopono 338 ▪ John Duns Scot 339 ▪ Pedro Abelardo 339 ▪ Guilherme de Ockham 340 ▪ Immanuel Kant 164-171

Aquino está entre Aristóteles e Platão em *O triunfo de São Tomás de Aquino*. Sua compreensão da filosofia antiga era considerada maior do que a de Ibn Rushd, que está a seus pés.

Aristóteles diz que o universo **sempre existiu**.

A Bíblia diz que o universo **nem sempre existiu**.

O mundo teve um começo, mas Deus pode tê-lo criado de forma a ter **existido eternamente**.

infinito como ponto de partida para refutar sua visão do universo como algo eterno.

Uma infinitude de humanos

De acordo com Aristóteles, infinito é o que não tem limite. Por exemplo, a sequência de números é infinita: para cada número há outro número maior que o segue. De maneira similar, o universo tem existido por um tempo infinito, porque para cada dia há um dia anterior. Entretanto, na opinião de Aristóteles, essa é uma infinitude "virtual", visto que esses dias não coexistem ao mesmo tempo; uma infinitude "atual" – na qual um número infinito de seres existem ao mesmo tempo – é impossível.

Filopono e seus seguidores do século XIII consideraram que esse argumento apresentava problemas que o próprio Aristóteles não percebera. Eles apontaram para o fato

de que ele acreditava que todos os tipos de seres vivos no universo sempre existiram. Se isso fosse verdade, significaria que já havia um número infinito de seres humanos na época em que Sócrates tinha nascido – porque, se eles sempre existiram, também existiam naquela época. Mas desde a época de Sócrates muitos mais humanos nasceram, e portanto o número de humanos nascidos até então devia ser maior do que o infinito. Mas nenhum número pode ser maior do que o infinito.

Além disso, acrescentaram esses autores, os pensadores cristãos creem que as almas humanas são imortais. Se fosse assim, e um número infinito de humanos já existia, deveria haver um número infinito de almas humanas em existência. Então, haveria uma infinitude atual de almas, não uma infinitude virtual – e Aristóteles dissera que a infinitude atual era impossível.

Com esses argumentos, usando os próprios princípios de Aristóteles como ponto de partida, Filopono e seus seguidores estavam confiantes

de ter demonstrado que o universo não pode ter existido sempre. Aristóteles estava, portanto, errado. O universo não é eterno e isso se encaixava perfeitamente com a doutrina cristã de que Deus criou o mundo.

Santo Tomás de Aquino não perdeu tempo com esse tipo de raciocínio. Ele salientou que o universo pode ter sempre existido, mas que espécies como humanos e animais podem ter tido um início – as dificuldades levantadas por Filopono e seus seguidores, assim, »

Nunca houve tempo em que não houvesse movimento.
Aristóteles

> Deus poderia ter criado o universo sem humanos e, depois, criá-los.
>
> **Tomás de Aquino**

podiam ser evitadas. Apesar de sua defesa do raciocínio de Aristóteles, Aquino não aceitava a afirmação aristotélica de que o universo é eterno, porque a fé cristã diz o contrário, mas não julgava que a posição de Aristóteles fosse ilógica.

Como Filopono e seus seguidores, Aquino queria mostrar que o universo teve um início, mas também desejava demonstrar que não houve falha no raciocínio de Aristóteles. Ele afirmava que seus contemporâneos cristãos confundiram dois pontos diferentes: o primeiro é que Deus criou o universo, e o segundo é que o universo teve um início. Aquino começou a provar que, de fato, a posição de Aristóteles – o universo sempre existiu – *poderia* ser verdadeira, ainda que também fosse verdade que Deus criou o universo.

Criando o eterno

Aquino se afastou de Filopono e seus seguidores ao insistir que embora fosse verdade, como a Bíblia diz, que o universo teve um início, essa não era uma verdade necessária

(incontestável) sobre bases lógicas. Como todos concordavam, Deus criou o universo com um início – mas Ele poderia com igual facilidade ter criado um universo eterno. Se algo é criado por Deus, então deve sua existência a Deus, mas isso não significa que deva ter existido um tempo em que esse algo não existiu. Seria, portanto, possível crer em um universo eterno que tenha sido criado por Deus.

Aquino deu um exemplo de como isso pode acontecer. Imagine que um pé deixa uma marca na areia, e que esta tenha sempre estado lá. Mesmo que nunca houvesse um momento anterior à marca, ainda reconheceríamos o pé como a causa da marca: se não fosse pelo pé, não haveria marca.

Aquino e síntese

Os historiadores às vezes dizem que Aquino "sintetizou" o cristianismo e a filosofia aristotélica, como se tivesse pegado as partes que queria e composto uma mistura homogênea. De fato, para Aquino, como para a maioria dos cristãos, os ensinamentos da Igreja devem ser aceitos, sem exceção ou concessão. No entanto, Aquino era incomum, porque pensava que, adequadamente compreendido, Aristóteles não contradizia o ensinamento cristão. A questão sobre se o universo sempre existiu é a exceção que prova a regra. Nesse caso particular, Aquino julgou que Aristóteles estava errado, mas não em seu princípio ou raciocínio. O universo realmente pode ter existido desde sempre, até onde os antigos filósofos sabiam. O problema era apenas o fato de que Aristóteles, não tendo acesso à revelação cristã, não

Aquino acreditava na narrativa da criação por fé, mas afirmava que alguns elementos da fé cristã podiam ter demonstração racional. Para ele, a Bíblia e a razão não precisam estar em conflito.

Aristóteles dizia que o universo era infinito, visto que cada hora e cada dia são sucedidos por outras horas e outros dias. Tomás de Aquino discordava, acreditando que o universo teve um começo, mas seu respeito pela obra de Aristóteles levou-o a argumentar que sua filosofia podia estar certa.

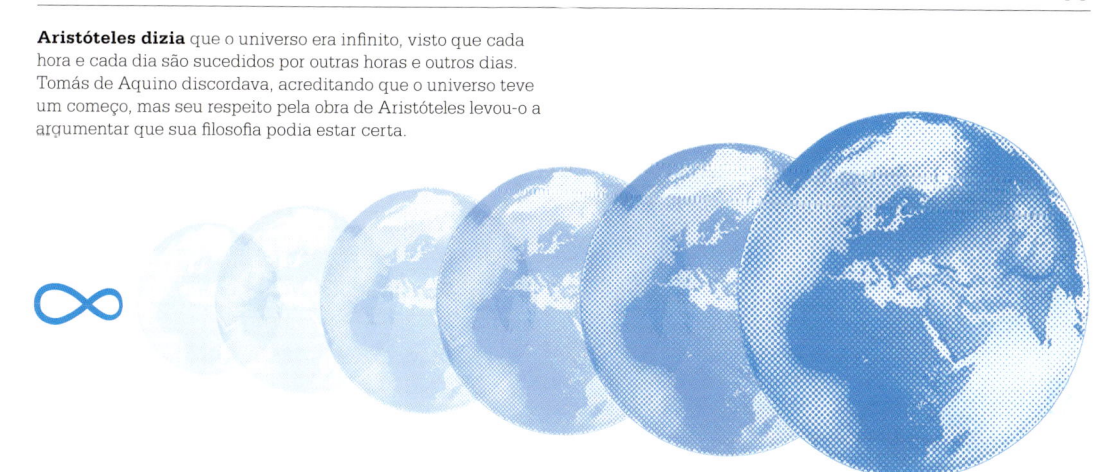

tinha como saber que o universo não tinha existido desde sempre. Aquino acreditava que havia várias outras doutrinas centrais ao cristianismo que os antigos filósofos não conheciam nem podiam ter conhecido – como a crença de que Deus é uma Trindade, e que uma pessoa da Trindade, o Filho, tornou-se humano. Mas, na opinião de Aquino, quando os humanos raciocinam corretamente, não podem chegar a qualquer conclusão que contradiga a doutrina cristã. Isso ocorreria porque a razão humana e o ensinamento cristão viriam da mesma fonte – Deus – e não poderiam se contradizer.

Aquino ensinou em mosteiros e universidades na França e na Itália, e a ideia de que a razão humana nunca poderia entrar em conflito com a doutrina cristã muitas vezes o colocou em conflito violento com alguns de seus colegas acadêmicos, especialmente aqueles especializados em ciências, que na época derivavam da obra de Aristóteles. Aquino acusou seus colegas eruditos de aceitar certas teses acerca da fé – por exemplo, a posição de que cada um de nós tem

uma alma imortal –, mas de ao mesmo tempo dizer que, de acordo com a razão, tais teses podiam ser demonstradas como erradas.

Como adquirimos conhecimento

Aquino foi fiel a seus princípios em toda a sua obra, mas eles estão particularmente claros em duas áreas centrais de seu pensamento: suas descrições sobre como adquirimos conhecimento e seu tratamento da relação entre mente e corpo. De acordo com Aquino, seres humanos adquirem conhecimento por meio do uso dos seus sentidos: visão, audição, olfato, tato e paladar. No entanto, tais impressões sensoriais apenas nos dizem como são as coisas superficialmente. Por exemplo, John, de onde está sentado, tem uma impressão visual de um objeto tridimensional, que é verde e marrom. Eu, por outro lado, estou sentado ao lado de uma árvore e posso sentir a rigidez de sua casca e o cheiro da floresta. Se John e eu fôssemos cães, nosso conhecimento sobre a árvore seria limitado a essas impressões sensoriais. Mas, como seres humanos, somos capazes de ir além e entender

de forma racional o que é uma árvore de forma racional, definindo-a e distinguindo-a de outros tipos de plantas e seres. Aquino chamou isso de "conhecimento intelectual" porque o adquirimos usando o poder inato do intelecto para apreender, com base nas impressões sensoriais, a realidade que está por trás delas. Animais diferentes dos humanos não têm essa capacidade inata – daí que seu conhecimento não pode se estender além dos sentidos. Toda a nossa compreensão científica sobre o mundo se basearia no conhecimento intelectual. A teoria do conhecimento »

Devemos considerar se há uma contradição entre algo ser criado por Deus e seu existir perpétuo.
Tomás de Aquino

de Aquino deve muito a Aristóteles, ainda que esclareça e elabore mais o pensamento do filósofo grego. Para Aquino, como pensador cristão, os humanos são apenas um tipo entre as várias espécies de seres capazes de conhecer as coisas intelectualmente: almas separadas de seus corpos na vida após a morte, anjos e o próprio Deus também podem fazer isso. Esses outros seres conscientes não têm de adquirir conhecimento por meio dos sentidos: conseguem apreender diretamente as definições das coisas. Esse aspecto da teoria de Aquino não tinha paralelo em Aristóteles, mas foi um desenvolvimento coerente dos princípios aristotélicos. Mais uma vez, Aquino conseguiu manter as crenças cristãs sem contradizer Aristóteles, mas indo além dele.

A alma humana

De acordo com Aristóteles, o intelecto é o princípio da vida, ou "alma", de um ser humano. Todos os seres vivos teriam uma alma, o que explicaria sua capacidade para níveis diferentes do que chama de "atividade vital": crescer e reproduzir, para as plantas; mover-se, sentir, procurar e evitar, para os animais; e pensar, para os humanos.

Aristóteles crê que a "forma" transforma a matéria naquilo que ela é. Dentro do corpo humano, essa forma é a alma, que transforma o corpo no ser vivo que é ao lhe dar um conjunto particular de atividades vitais. Como tal, a alma está ligada ao corpo, e então Aristóteles crê que, mesmo no caso dos humanos, a alma-vida sobrevive apenas enquanto anima o corpo, perecendo na morte.

Aquino seguiu o ensinamento de Aristóteles sobre os seres vivos e suas almas, insistindo que o ser humano tem apenas uma forma: seu intelecto. Embora outros pensadores dos séculos XIII e XIV também adotassem as linhas principais de Aristóteles, eles romperam o nexo que o pensador grego estabelecera entre o intelecto e o corpo, pois assim podiam acomodar o ensinamento cristão de que a alma humana sobrevive à morte. Aquino recusou-se a tal distorção. Isso tornou bem mais difícil para ele defender – como fez – a imortalidade da alma, em outro exemplo de sua determinação em ser um bom aristotélico, e bom filósofo, sem renunciar a sua fé.

Depois de Aquino

Desde a Idade Média, Tomás de Aquino veio a ser considerado o filósofo ortodoxo oficial da Igreja católica. Em sua própria época, quando traduções de filosofia grega estavam sendo feitas a partir do árabe, cheias de comentários, foi um dos pensadores mais interessados em seguir a série de raciocínios filosóficos de Aristóteles, mesmo quando não se encaixavam com a doutrina cristã. Sempre permaneceu fiel aos ensinamentos da Igreja, o

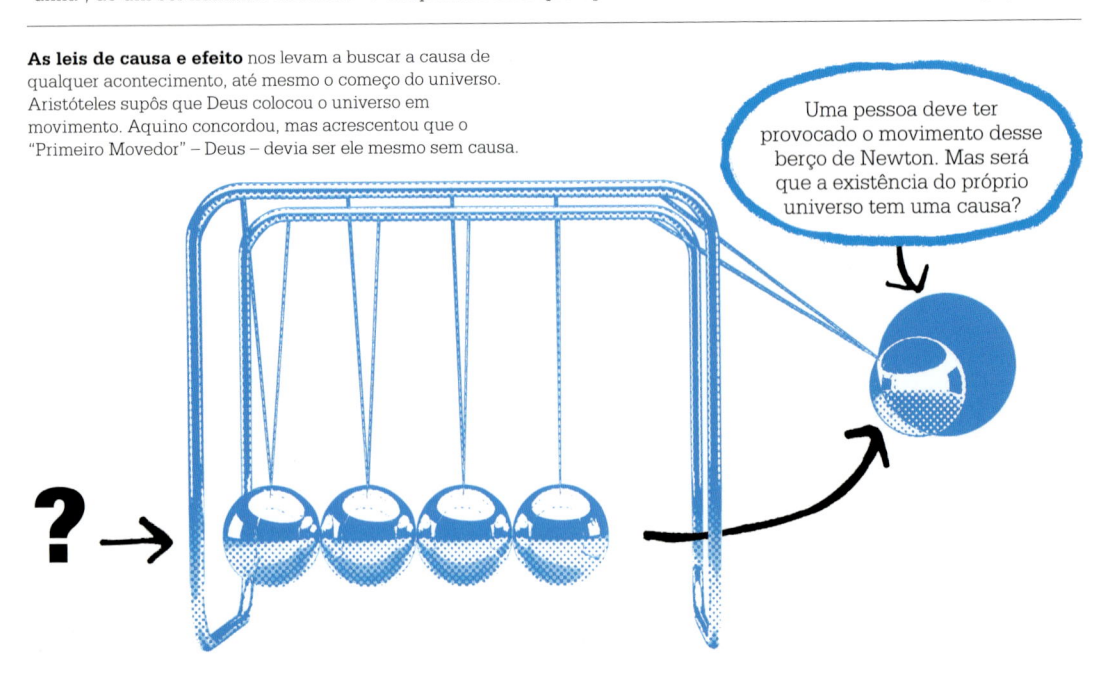

As leis de causa e efeito nos levam a buscar a causa de qualquer acontecimento, até mesmo o começo do universo. Aristóteles supôs que Deus colocou o universo em movimento. Aquino concordou, mas acrescentou que o "Primeiro Movedor" – Deus – devia ser ele mesmo sem causa.

Uma pessoa deve ter provocado o movimento desse berço de Newton. Mas será que a existência do próprio universo tem uma causa?

A radiação cósmica de fundo fornece a evidência do "Big Bang" que iniciou o universo. Mas ainda podemos argumentar, como Aquino, que essa não foi a única maneira possível para sua criação.

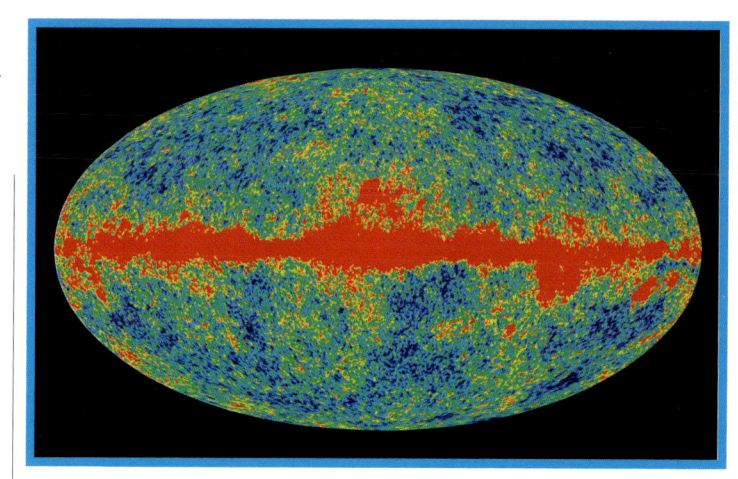

que não evitou que seu pensamento quase fosse condenado como herético logo após sua morte. Os grandes pensadores e professores do século seguinte, como o filósofo secular Henrique de Gand e os franciscanos John Duns Scot e Guilherme de Ockham, se inclinaram muito mais a dizer que o raciocínio filosófico, como representado no mais alto grau pelos argumentos de Aristóteles, estava muitas vezes errado.

Scot considerava inadequada a visão aristotélica de Aquino sobre a alma. Ockham rejeitou a descrição de conhecimento de Aristóteles quase completamente. Henrique de Gand criticou a visão de Aquino de que Deus poderia ter criado um universo que sempre existiu. Se ele sempre existiu, argumentou Gand, não haveria possibilidade de não existir, então Deus não teria possuído autonomia para criá-lo ou não. A suprema confiança de Aquino no poder da razão denotava que ele tinha mais em comum com o maior filósofo do século anterior, o teólogo francês Pedro Abelardo, do que com seus contemporâneos e sucessores.

Crença coerente

Tanto a visão geral sobre a relação entre filosofia e doutrina cristã de Aquino quanto seu tratamento particular da eternidade do universo permanecem relevantes no século XXI. Hoje, poucos filósofos acreditam que posições religiosas, como a existência de Deus ou a imortalidade da alma, possam ser provadas pelo raciocínio filosófico. Mas o que alguns reivindicam para a filosofia é que ela

pode demonstrar que, embora os religiosos mantenham certas doutrinas como questão de fé, suas visões gerais não são menos racionais ou coerentes do que as dos agnósticos e ateus. Essa visão é uma extensão e um desenvolvimento do esforço de Aquino para desenvolver um sistema de pensamento filosoficamente coerente, ao mesmo tempo em que mantinha suas crenças. Ler as obras de Aquino é uma lição de tolerância, para cristãos e não cristãos.

O papel da filosofia

Hoje não procuramos a filosofia para que ela diga se o universo sempre existiu ou não, e a maioria de nos não se volta para a Bíblia, como Aquino e outros pensadores medievais fizeram. Em vez disso, buscamos a física, em particular a teoria do "Big Bang" proposta por cientistas modernos, incluindo o físico e cosmólogo britânico Stephen Hawking. Essa teoria afirma que o universo se expandiu a partir de um estado de temperatura e densidade altíssimas num instante particular no tempo. Embora a maioria de nós agora se volte para a ciência em busca de uma explicação sobre como o universo começou, os argumentos

de Aquino mostram que a filosofia ainda é relevante no modo como pensamos sobre a questão. Ele demonstra como a filosofia pode fornecer ferramentas para a investigação inteligente, permitindo-nos investigar não o que acontece, mas o que é possível e o que é impossível acontecer, e quais são as questões inteligíveis a serem feitas. É ou não é coerente acreditar que o universo teve um começo? Essa ainda permanece uma questão para filósofos, e nem toda a física teórica seria capaz de respondê-la. ∎

Alguém pode dizer que o tempo teve início no Big Bang, no sentido de que tempos anteriores simplesmente não seriam definidos.
Stephen Hawking

DEUS É O NÃO OUTRO

NICOLAU DE CUSA (1401-1464)

EM CONTEXTO

ÁREA
Filosofia da religião

ABORDAGEM
Platonismo cristão

ANTES
380-360 A.C. Platão escreve sobre "o Bem" ou "o Uno" como fonte suprema da razão, do conhecimento e da existência.

Fim do século V D.C.
O teólogo e filósofo grego Dionísio, o Areopagita, descreve Deus como "além do ser".

c.860 Duns Scot Eriugena promove as ideias de Dionísio, o Areopagita.

DEPOIS
1492 A obra *Do ser e o uno*, de Giovanni Pico della Mirandola, marca uma reviravolta no pensamento renascentista europeu sobre Deus.

1991 O filósofo francês Jean-Luc Marion explora o tema de Deus como não ser.

Nicolau de Cusa pertence a uma longa tradição de filósofos medievais que tentaram descrever a natureza de Deus, realçando como Deus é diferente de qualquer ser que a mente humana é capaz de apreender. De Cusa começou com a ideia de que adquirimos conhecimento ao usar a razão para definir os seres. Então, a fim de conhecer Deus, ele deduziu que deveríamos tentar definir a natureza básica de Deus.

Platão descreveu "o Bem" ou "o Uno" como fonte suprema de todas as outras formas de conhecimento, e alguns antigos teólogos cristãos falaram de Deus como "além do ser". De Cusa, que escreveu por volta de 1440, foi além, afirmando que Deus é o que vem antes de tudo, antes mesmo da possibilidade de algo existir. Ainda que a razão nos fale acerca da possibilidade de qualquer fenômeno, existir deve vir antes da existência real. É impossível que algo venha a existir antes que essa possibilidade se manifeste. De Cusa concluiu, então, que algo capaz de fazer isso deveria ser descrito como "Não outro".

Além da apreensão

No entanto, o uso da palavra "ser" na linha de raciocínio que De Cusa adota é enganoso, visto que o "Não outro" não tem substância. Ele estaria, segundo De Cusa, "além da apreensão" e antes de todos os seres, de tal forma que estes "não são subsequentes a ele, mas existem através dele". Por tal razão, igualmente, De Cusa considerava que o "Não outro" aproximava-se mais de uma definição de Deus do que qualquer outro termo. ■

O-que-conheço não
é Deus e o-que-concebo
não é parecido com Deus.
Nicolau de Cusa

Ver também: Platão 50-55 ■ Johannes Scotus Eriugena 338 ■ Meister Eckhart 339 ■ Giovanni Pico della Mirandola 340

NÃO SABER NADA É A VIDA MAIS FELIZ

ERASMO DE ROTERDÃ (1466-1536)

EM CONTEXTO

ÁREA
Filosofia da religião

ABORDAGEM
Humanismo

ANTES
354-430 d.C. Santo Agostinho integra o platonismo ao cristianismo.

c.1265-1274 Tomás de Aquino combina a filosofia aristotélica e a filosofia cristã em sua *Suma teológica*.

DEPOIS
1517 O teólogo Martinho Lutero publica as *Noventa e cinco teses*, protestando contra os abusos do clero. Elas dão início à Reforma.

1637 René Descartes escreve *Discurso sobre o método*, colocando os seres humanos no centro da filosofia.

1689 John Locke se manifesta pela separação entre governo e religião na *Carta acerca da tolerância*.

O tratado *O Elogio da loucura*, que Erasmo redigiu em 1509, reflete as ideias humanistas que começavam a se espalhar pela Europa nos primeiros anos da Renascença europeia e que desempenhariam um papel fundamental na Reforma. É uma sátira espirituosa sobre a corrupção e as disputas doutrinárias da Igreja católica. No entanto, tem também uma mensagem séria, afirmando que a loucura – como Erasmo chamou a ignorância ingênua – é parte essencial do ser humano, sendo o que essencialmente nos traz a maior felicidade e contentamento. Ele foi adiante para afirmar que o conhecimento, por outro lado, pode ser um fardo e levar a complicações passíveis de contribuir para uma vida opressiva.

Fé e loucura

A religião também é uma forma de loucura, afirmou Erasmo, pois a crença verdadeira só pode se basear na fé, nunca na razão. Ele rejeitou a mistura de racionalismo grego com teologia cristã feita por filósofos medievais como Santo Agostinho e Santo Tomás de Aquino, consideradas intelectualização teológica – segundo ele, a causa fundamental da corrupção da fé religiosa. Em vez disso, defendeu um retorno às crenças sinceras, com indivíduos construindo uma relação pessoal com Deus, e não uma conexão prescrita pela doutrina católica.

Erasmo nos aconselhou a abraçar o que ele considerava o verdadeiro espírito das Escrituras: simplicidade, ingenuidade e humildade. Estas, ele disse, são as características humanas decisivas para uma vida feliz. ∎

A felicidade é alcançada quando a pessoa está pronta para ser o que ela é.
Erasmo de Roterdã

Ver também: Santo Agostinho 72-73 ▪ Tomás de Aquino 88-95 ▪ René Descartes 116-123 ▪ John Locke 130-133

A RENASC
EUROPEIA
A IDADE D
1500-1750

ENÇA
E
A RAZÃO

Nicolau Maquiavel publica *O príncipe*.

Nicolau Copérnico propõe que a **Terra gira ao redor do Sol**, em oposição à visão cristã de que a Terra está no centro do universo.

O *Novum organum*, de **Francis Bacon**, propõe uma nova abordagem à investigação da natureza.

René Descartes escreve suas *Meditações*.

1513 **1543** **1620** **1641**

1517 **1593** **1633** **1644**

Martinho Lutero afixa suas *Noventa e cinco teses* na porta da Igreja do Castelo, em Wittenberg, dando início à **Reforma**.

O **Édito de Nantes** é promulgado por Henrique IV, concedendo direitos aos protestantes que vivem na França católica.

Galileu Galilei é excomungado pela Igreja e condenado à prisão perpétua por defender a teoria de que a Terra gira em torno do Sol.

Último poder dinástico da China, a dinastia **Qing (Manchu)** assume o poder.

A Renascença europeia – um "renascimento" cultural de intensa criatividade na Europa – começou em Florença, no século XIV. Ela se espalhou por todo o continente, durando até o século XVII, e hoje é vista como a ponte entre os períodos medieval e moderno. Marcada por um renovado interesse no conjunto da cultura clássica grega e latina – não apenas os textos filosóficos e matemáticos assimilados pela escolástica medieval –, foi um movimento que considerou os humanos, e não Deus, como seu centro. O novo humanismo acabou refletido primeiro na arte e depois na estrutura política e social da sociedade italiana: repúblicas como Florença e Veneza logo abandonaram o feudalismo medieval em favor de plutocracias nas quais o comércio floresceu ao lado das novas descobertas científicas. No fim do século XV, as ideias renascentistas europeias já tinham se espalhado pelo continente e praticamente eclipsaram o monopólio de aprendizado da Igreja. Embora filósofos cristãos, como Erasmo e Thomas More, tivessem contribuído para os argumentos no seio da Igreja que levaram à Reforma, uma filosofia puramente secular estava por surgir. Não surpreende que o primeiro filósofo renascentista tenha sido um florentino – Nicolau Maquiavel –, e sua filosofia marcou o movimento definitivo do teológico ao político.

A idade da razão

O último prego no caixão da autoridade da Igreja foi batido pela ciência. Primeiro, Nicolau Copérnico, depois Johannes Kepler e, finalmente, Galileu Galilei mostraram que o modelo ptolomaico do universo, com a Terra em seu centro, estava errado, o que subverteu séculos de ensinamento cristão. A Igreja reagiu – aprisionou Galileu por heresia –, mas avanços em todas as ciências logo seguiram os da astronomia, fornecendo explicações alternativas para o funcionamento do universo e uma base para um novo tipo de filosofia.

Uma nova preferência pela descoberta racional e científica em detrimento da doutrina cristã resumiu o pensamento do século XVII. Os filósofos britânicos, especialmente Francis Bacon e Thomas Hobbes, tomaram a iniciativa de integrar o raciocínio científico com o filosófico. Foi o início de um período que se tornou conhecido como Idade da Razão, que produziu os primeiros grandes filósofos "modernos" e ressuscitou a conexão entre filosofia e

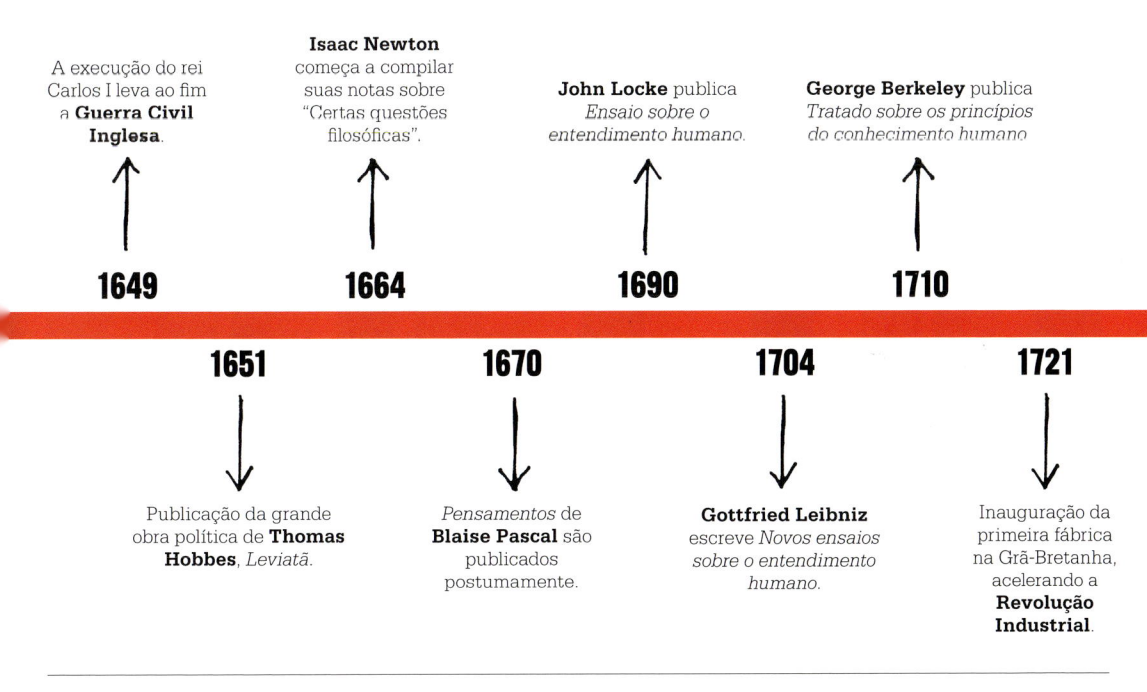

Isaac Newton começa a compilar suas notas sobre "Certas questões filosóficas".

A execução do rei Carlos I leva ao fim a **Guerra Civil Inglesa**.

John Locke publica *Ensaio sobre o entendimento humano*.

George Berkeley publica *Tratado sobre os princípios do conhecimento humano*

1649 **1664** **1690** **1710**

1651 **1670** **1704** **1721**

Publicação da grande obra política de **Thomas Hobbes**, *Leviatã*.

Pensamentos de **Blaise Pascal** são publicados postumamente.

Gottfried Leibniz escreve *Novos ensaios sobre o entendimento humano*.

Inauguração da primeira fábrica na Grã-Bretanha, acelerando a **Revolução Industrial**.

---

ciência, especialmente a matemática, que datava da Grécia pré-socrática.

O nascimento do racionalismo

No século XVII, muitos dos filósofos mais importantes da Europa eram também matemáticos. Na França, René Descartes e Blaise Pascal fizeram grandes contribuições à disciplina, assim como Gottfried Leibniz na Alemanha. Eles acreditavam que seu processo de raciocínio matemático fornecia o melhor modelo para o modo de aquisição do conhecimento do mundo. A investigação de Descartes sobre a questão "O que posso conhecer?" levou-o a uma posição de racionalismo – a crença de que o conhecimento vem apenas da razão – que se tornaria a crença predominante no continente europeu

no século seguinte. Ao mesmo tempo, uma tradição filosófica bem diferente se estabelecia na Grã-Bretanha. Seguindo o raciocínio científico adotado por Francis Bacon, John Locke chegou à conclusão de que nosso conhecimento do mundo não provém da razão, mas da experiência. Tal visão, chamada empirismo, caracterizou a filosofia britânica nos séculos XVII e XVIII.

Apesar da divisão entre racionalismo continental e empirismo britânico (a mesma que apartara as filosofias de Platão e Aristóteles), ambos tinham em comum a centralidade do ser humano: um ser cuja razão ou experiência leva ao conhecimento. Filósofos dos dois lados do canal da Mancha deixaram de questionar a natureza do universo – que cientistas como Isaac Newton se encarregavam de responder – para

questionar sobre como podemos conhecer o que conhecemos, e começavam a investigar a natureza da mente humana e do "eu". Mas essas novas linhas filosóficas tinham implicações morais e políticas. Assim como a autoridade da Igreja fora minada pelas ideias da Renascença europeia, as aristocracias e monarquias também foram ameaçadas pelas novas ideias do Iluminismo, como esse período ficou conhecido. Se os antigos governantes fossem removidos do poder, que tipo de sociedade iria substituí-los?

Na Grã-Bretanha, Hobbes e Locke lançaram as bases para o pensamento democrático durante o turbulento século XVII, mas outros cem anos se passariam antes que um questionamento sério do *status quo* começasse intensamente em outros lugares. ■

OS FINS JUSTIFICAM OS MEIOS

NICOLAU MAQUIAVEL (1469-1527)

EM CONTEXTO

ÁREA
Filosofia política

ABORDAGEM
Realismo

ANTES
Século v a.C. Platão defende em sua obra *A república que o Estado* deve ser regido por um soberano filósofo.

Século i a.C. O escritor romano Cícero sustenta que a República Romana é a melhor forma de governo.

DEPOIS
Século xvi Colegas de Maquiavel adotam o adjetivo "maquiavélico" para descrever atos de astúcia ardilosa.

1762 Jean-Jacques Rousseau prega que as pessoas devem se agarrar à liberdade e resistir ao domínio dos príncipes.

1928 O ditador italiano Benito Mussolini descreve *O príncipe* como o "guia supremo do político".

P ara compreender a visão de Maquiavel sobre o poder é necessário entender o cenário de suas preocupações políticas. Maquiavel nasceu em Florença, Itália, durante uma época de agitações quase constantes. A família Médici detinha o controle público, mas não oficial, da cidade-estado havia 35 anos. O ano do nascimento de Maquiavel testemunhou Lorenzo de Médici (Lorenzo, o Magnífico) suceder o pai como governante, conduzindo um período de grande atividade artística em Florença. Lorenzo foi sucedido em 1492 pelo filho Piero

(Piero, o Desafortunado), cujo reinado foi curto. Sob Carlos VIII, em 1494 os franceses invadiram a Itália com um exército numeroso. Forçado a se render, Piero fugiu da cidade quando os cidadãos se rebelaram contra ele. Florença foi declarada uma república naquele mesmo ano.

O prior dominicano da ordem São Marcos, Girolamo Savonarola, passou a dominar a vida política florentina. A cidade-estado entrou num período democrático sob seu comando, mas, depois de acusar o papa de corrupção, Savonarola acabou preso e queimado como herege. Isso levou ao primeiro

envolvimento conhecido de Maquiavel na política florentina, quando ele se tornou secretário da Segunda Chancelaria, em 1498.

Carreira e influências

A invasão de Carlos VIII em 1494 iniciou um período turbulento na história da Itália, que na época dividia-se em cinco poderes: o papado, Nápoles, Veneza, Milão e Florença. O Estado florentino combateu diversas potências estrangeiras, principalmente a França, a Espanha e o Sacro Império Romano. Florença era frágil diante desses exércitos, e

Ver também: Platão 50-55 ▪ Francis Bacon 110-111 ▪ Jean-Jacques Rousseau 154-159 ▪ Karl Marx 196-203

Lorenzo, o Magnífico (1449-1492) governou Florença a partir da morte do pai, em 1469, até morrer. Embora governasse como um déspota, a república floresceu sob seu domínio.

deram em nada. Decidiu então presentear o chefe da família Médici em Florença, Juliano, com um livro. Na época em que o texto ficou pronto, Juliano tinha morrido, o que fez Maquiavel mudar a dedicatória para o sucessor, Lorenzo. O livro se alinhava a um gênero popular na época: conselhos a um príncipe.

O príncipe

O livro de Maquiavel, *O príncipe*, era espirituoso, cínico e revelava fina compreensão da Itália em geral, e de Florença, em particular. Nele, Maquiavel inicia seu argumento de que os objetivos de um governante justificam os meios usados para obtê--los. *O príncipe* se diferenciava de outros livros do gênero por sua resoluta rejeição da moralidade cristã. Maquiavel queria dar conselhos implacavelmente práticos a um príncipe e – como sua experiência com papas e cardeais bem-sucedidos demonstrara – os valores cristãos »

Maquiavel passou catorze anos viajando entre várias cidades em missões diplomáticas, tentando fortalecer a república.

No decorrer de suas atividades diplomáticas conheceu César Bórgia, filho ilegítimo do papa Alexandre VI. O papa era figura poderosa na Itália setentrional e uma ameaça significativa para Florença. Embora César fosse inimigo de Florença, Maquiavel – apesar de suas visões republicanas – ficou impressionado com seu vigor, inteligência e capacidade. Foi uma das fontes para a futura obra de Maquiavel, *O príncipe*.

O papa Alexandre VI morreu em 1503, e seu sucessor, o papa Júlio II, era outro homem forte e bem-sucedido que fascinou Maquiavel com sua capacidade militar e astúcia. Mas a tensão entre a França e o papado levou Florença a lutar com os franceses contra o papa e seus aliados, os espanhóis. Os franceses perderam a guerra – e Florença também. Em 1512, os espanhóis dissolveram o governo da cidade-estado, os Médicis retornaram, e instaurou-se uma virtual tirania sob o cardeal Médici. Maquiavel foi exonerado de seu cargo oficial e ficou exilado em sua fazenda florentina. Sua carreira política poderia ter se renovado sob o domínio dos Médicis, mas em fevereiro de 1513, falsamente implicado numa trama contra o clã governante, foi torturado, multado e aprisionado.

Maquiavel saiu da prisão em um mês, mas suas chances de recolocação eram pequenas. Suas tentativas de conseguir um novo cargo político

Como é difícil para um povo acostumado a viver sob o domínio de um príncipe preservar sua liberdade!
Nicolau Maquiavel

deviam ser postos de lado, se atrapalhassem o caminho.

A abordagem de Maquiavel centrava-se na noção da *virtú* – não na moderna concepção de virtude moral, mas mais próxima da percepção medieval de virtudes como poderes ou funções dos seres, como o poder curativo das plantas ou minerais. Como Maquiavel escreveu sobre as virtudes dos príncipes, elas eram os poderes e funções que diziam respeito ao domínio político. A raiz latina de *virtú* também se relaciona com "virilidade", e isso embasou o que Maquiavel tinha a dizer em relação ao próprio príncipe e ao Estado – onde, às vezes, a *virtú* foi usada para significar "sucesso" e descrever um Estado que devia ser admirado e imitado.

Parte do argumento de Maquiavel era que um governante não pode ser limitado pela moralidade, mas deve fazer o que for preciso para garantir sua própria glória e o sucesso do Estado que governa – uma abordagem que ficou conhecida como realismo. Mas Maquiavel não argumenta que os fins justificam os meios em todos os casos. Há certos meios que um soberano sábio deve evitar, porque, embora possam atingir os fins desejados, o expõe a perigos futuros.

Os principais meios a serem evitados são aqueles que fariam o povo odiar seu governante. O povo pode amá-lo, temê-lo – de preferência ambos, dizia Maquiavel, embora seja mais importante que um soberano seja temido do que amado. Mas o povo não deve odiá-lo, pois isso provavelmente levaria a uma rebelião. Além disso, um governante que maltrata seu povo sem necessidade seria desprezado – ele deve ser conhecido por sua compaixão, não pela crueldade. Isso pode envolver punições duras para uns poucos, a fim de alcançar uma ordem social geral que beneficie mais pessoas a longo prazo.

Nos casos em que Maquiavel de fato acreditava que os fins justificam os meios, essa regra se aplica somente aos governantes. A conduta adequada dos cidadãos do Estado não é, de nenhuma forma, a mesma que a do soberano. Mas mesmo em relação aos cidadãos comuns, Maquiavel desdenhou da moralidade convencional cristã, considerada fraca e imprópria para uma cidade sólida.

Príncipe ou república

Há razões para suspeitar que *O príncipe* não representava ideias do próprio Maquiavel. Talvez o mais importante seja a disparidade entre as teorias que ele contém e as expressas em outra obra principal, *Discursos sobre a primeira década de Tito Lívio*. Nos *Discursos*, Maquiavel defendeu a república como regime ideal que deve ser instituído quando um razoável grau de igualdade existe ou pode ser estabelecido. Um principado só seria apropriado quando a igualdade não existe num

O governante precisa saber agir como uma fera, diz Maquiavel em *O príncipe*, e deve imitar as qualidades da raposa, assim como as do leão.

O governante deve ter a **ferocidade do leão** para amedrontar aqueles que tentam destituí-lo.

O governante deve ter a **astúcia da raposa** para reconhecer ciladas e armadilhas.

Deve-se entender que um príncipe não pode constatar tudo que é considerado bom nas pessoas.
Nicolau Maquiavel

Estado e não pode ser introduzida. Pode-se argumentar que *O príncipe* representava as ideias genuínas de Maquiavel sobre como o soberano deve governar em tais casos; se principados são às vezes um mal necessário, melhor que sejam tão bem administrados quanto possível. Além disso, Maquiavel acreditava que Florença estava em tal agitação política que precisava de um governante forte para deixá-la em ordem.

Agradando aos leitores

O fato de *O príncipe* ter sido escrito para que Maquiavel se aproximasse dos Médicis é outra razão para tratar seu conteúdo com precaução. Entretanto, ele também dedicou os *Discursos* a membros do governo republicano de Florença. Em sua defesa, pode-se dizer que Maquiavel teria escrito o que seu público da dedicatória queria ler.

No entanto, *O príncipe* contém muito do que se julga que Maquiavel genuinamente acreditava, como a necessidade de uma milícia de cidadãos, em vez de se contar com mercenários. O problema está em discernir que partes são suas crenças reais e quais não são. É tentador

A crueldade tem sido uma característica de líderes ao longo da história. No século xx, o ditador Benito Mussolini inspirou terror e admiração para manter-se no poder na Itália.

O mundo se tornou mais parecido com aquele de Maquiavel.
Bertrand Russell

dividi-las de acordo com o quanto elas se harmonizam com as próprias crenças do leitor-alvo, mas é improvável que isso forneça um resultado preciso.

Também foi sugerido que Maquiavel ensaiava uma sátira e que seu público-alvo eram os republicanos, não a elite governante. Essa ideia é sustentada pelo fato de que Maquiavel não escreveu em latim, a linguagem da elite, mas em italiano, a linguagem

do povo. Certamente, às vezes *O príncipe* é lido de forma satírica, como se o público devesse concluir: "Se é assim que um bom soberano deve se comportar, temos que evitar a todo custo sermos governados por um!" Se Maquiavel também satirizava a ideia de que "os fins justificam os meios", então o objetivo desse pequeno e ilusoriamente simples livro é muito mais intrigante do que se poderia supor. ∎

Nicolau Maquiavel

Maquiavel nasceu em Florença, em 1469. Pouco se conhece sobre os primeiros 28 anos de sua vida. À parte poucas menções inconclusivas no diário de seu pai, a primeira evidência direta é uma carta de negócios escrita em 1497. Contudo, a partir de seus textos está claro que recebeu uma boa educação, talvez na Universidade de Florença.

Por volta de 1498, havia se tornado político e diplomata na República Florentina. Depois de um afastamento forçado durante o retorno dos Médicis a Florença, em 1512 dedicou-se a várias atividades literárias, assim como a tentativas

de retornar à arena política. Finalmente, recuperou a confiança do poder: o cardeal Júlio Médici o encarregou de escrever uma história de Florença. O livro foi concluído em 1525, depois de o cardeal ter se tornado papa Clemente VII. Maquiavel morreu em 1527, sem alcançar sua ambição de retornar à vida pública.

Obras-chave

1513 *O príncipe*
1517 *Discursos sobre a primeira década de Tito Lívio*

A FAMA E A TRANQUILIDADE NUNCA PODEM SER COMPANHEIRAS

MICHEL DE MONTAIGNE (1533-1592)

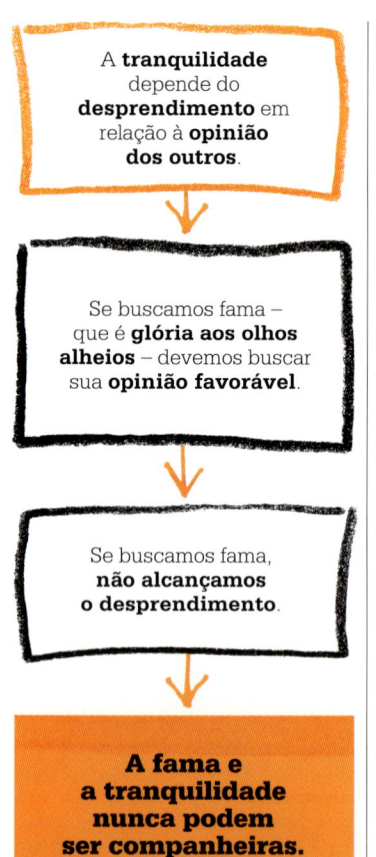

A **tranquilidade** depende do **desprendimento** em relação à **opinião dos outros**.

Se buscamos fama – que é **glória aos olhos alheios** – devemos buscar sua **opinião favorável**.

Se buscamos fama, **não alcançamos o desprendimento**.

A fama e a tranquilidade nunca podem ser companheiras.

Em seu ensaio *Da solidão* (no primeiro volume de seus *Ensaios*), Montaigne dedicou-se a um tema que tem sido popular desde os tempos antigos: os perigos intelectuais e morais de se viver entre os outros e o valor da solidão. Montaigne não salientou a importância da solidão física, mas, mais exatamente, o desenvolvimento da capacidade de resistir à tentação de aquiescer indiferentemente às opiniões e ações da massa. Ele relacionou nosso desejo pela aprovação de colega com o de estar demasiadamente ligado à riqueza e à posse. Ambas as paixões nos diminuem, afirmou Montaigne, mas ele não concluiu que devemos renunciar a elas: apenas devemos cultivar o desprendimento. Ao fazer isso, podemos desfrutá-las – e até mesmo nos beneficiarmos –, mas não nos tornaremos emocionalmente escravizados por elas ou ficaremos devastados se as perdermos.

Da solidão considera como nosso desejo de aprovação pela massa está ligado à busca pela glória ou fama. Ao contrário de pensadores como Nicolau Maquiavel, que via a glória como um objetivo digno, Montaigne acreditava que o empenho constante pela fama é a maior barreira à paz de espírito – ou

Ver também: Aristóteles 56-63 ▪ Nicolau Maquiavel 102-107 ▪ Friedrich Nietzsche 214-221

tranquilidade. Ele dizia, sobre aqueles que apresentam a glória como um objetivo desejável, que "só têm seus braços e pernas destacados da multidão; suas almas, suas vontades, estão mais comprometidas com ela do que nunca".

Montaigne não se preocupava se alcançamos ou não a glória. Seu ponto principal é que devemos nos livrar do desejo de glória aos olhos das outras pessoas – que não devemos sempre pensar na aprovação e na admiração alheias como sendo valiosas. Ele foi além ao recomendar que, em vez de procurar a aprovação daqueles à nossa volta, devemos imaginar que algum ser verdadeiramente notável e nobre está sempre conosco, observando nossos pensamentos mais íntimos: um ser em cuja presença até os loucos esconderiam seus defeitos. Ao fazer isso, aprenderemos a pensar clara e objetivamente, nos comportando de maneira mais séria e racional. Montaigne afirmava que preocupar-se demasiadamente com a opinião dos outros pode nos corromper, porque acabamos imitando aqueles que são maus ou ficando tão consumidos pelo ódio contra eles que perdemos a razão.

As ciladas da glória

Montaigne retomou seu ataque contra a busca pela glória em textos posteriores, mostrando que a aquisição da glória é tão recorrentemente uma questão de sorte que faz pouco sentido considerá-la com tal reverência. "Muitas vezes vi [a sorte] sair à frente do mérito, e frequentemente muito à frente", ele escreveu. Montaigne também disse que encorajar homens de Estado e líderes políticos a valorizar a glória acima de todas as coisas, como Maquiavel fez, apenas os ensina a nunca se esforçar a menos que um público que manifeste aprovação esteja disponível, pronto e ávido para testemunhar a extraordinária natureza de seus poderes e realizações. ∎

Montaigne sentiu os resultados da violência da massa irracional durante as Guerras Religiosas na França (1562-98), incluindo as atrocidades do Massacre do Dia de São Bartolomeu, em 1572.

O contágio é muito perigoso nas multidões. Ou você imita o perverso ou o odeia.
Michel de Montaigne

Michel de Montaigne

Michel Eyquem de Montaigne nasceu e cresceu no *château* da sua rica família, perto de Bordeaux. No entanto, foi enviado para viver com uma família pobre de camponeses até a idade de três anos, para se familiarizar com a vida dos trabalhadores comuns. Recebeu toda a sua educação em casa e, até os seis anos, só lhe foi permitido falar em latim: o francês era, de fato, sua segunda língua.

A partir de 1557 Montaigne passou treze anos como membro do parlamento local, mas renunciou em 1571, ao herdar as propriedades da família.

Publicou o primeiro volume dos *Ensaios* em 1580, escrevendo mais dois volumes antes da morte, em 1592. Em 1580, iniciou uma extensa viagem pela Europa, em parte para encontrar a cura para cálculos renais. Retornou à política em 1581, quando foi eleito prefeito de Bordeaux, cargo que manteve até 1585.

Obras-chave

1569 *Apologia de Raymond Sebond*
1580-1581 *Diário de viagem*
1580, 1588, 1595 *Ensaios* (3 volumes)

CONHECIMENTO É PODER

FRANCIS BACON (1561-1626)

EM CONTEXTO

ÁREA
Filosofia da ciência

ABORDAGEM
Empirismo

ANTES
Século IV a.C. Aristóteles coloca a observação e o raciocínio indutivo no centro do pensamento científico.

Século XIII Os estudiosos Robert Grosseteste e Roger Bacon acrescentam a experimentação à abordagem indutiva de Aristóteles ao conhecimento científico.

DEPOIS
1739 *Tratado da natureza humana*, de Hume, questiona a racionalidade do pensamento indutivo.

1843 O *Sistema de lógica dedutiva e indutiva*, de Stuart Mill, descreve os cinco princípios que regulam as ciências.

1934 Karl Popper afirma que a falsificação, não a indução, define o método científico.

Bacon com frequência é reconhecido como o primeiro de uma tradição de pensamento conhecida como empirismo britânico, caracterizado pela visão de que todo conhecimento deve vir essencialmente da experiência sensorial. Ele nasceu em uma época em que havia uma mudança do interesse renascentista europeu, que migrava das conquistas redescobertas do mundo antigo para uma abordagem mais científica do conhecimento. Já haviam surgido alguns trabalhos inovadores de cientistas renascentistas, como o astrônomo Nicolau Copérnico e o anatomista André Vesálio, mas o novo período – às vezes chamado de Revolução Científica – produziu um número espantoso de pensadores científicos, incluindo Galileu Galilei, William Harvey, Robert Boyle, Robert Hooke e Isaac Newton.

Embora a Igreja fosse, de modo geral, receptiva à ciência durante grande parte do período medieval, isso cessou com o aumento da oposição à autoridade do Vaticano durante a Renascença. Vários reformadores religiosos, como Martinho Lutero, se queixavam que a Igreja havia sido muito indulgente com os desafios científicos às concepções do mundo baseadas na Bíblia. Em resposta, a Igreja católica, que já perdera

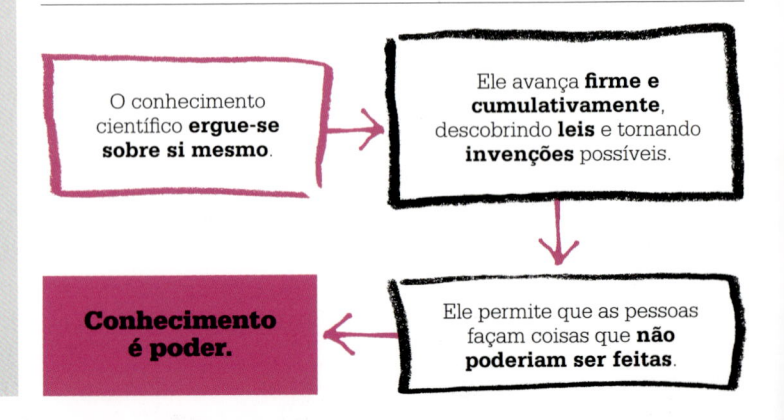

O conhecimento científico **ergue-se sobre si mesmo**.

Ele avança **firme e cumulativamente**, descobrindo **leis** e tornando **invenções** possíveis.

Ele permite que as pessoas façam coisas que **não poderiam ser feitas**.

Conhecimento é poder.

Ver também: Aristóteles 56-63 ▪ Robert Grosseteste 339 ▪ David Hume 148-153 ▪ John Stuart Mill 190-193 ▪ Karl Popper 262-265

A ciência, não a religião, foi vista cada vez mais como a chave do conhecimento a partir do século XVI. A gravura revela o observatório do astrônomo dinamarquês Tycho Brahe (1546-1601).

seguidores para a nova forma de cristianismo de Lutero, mudou de postura e voltou-se contra o esforço científico. Essa oposição, de ambos os lados da divisão religiosa, dificultou o desenvolvimento das ciências.

Bacon afirmava aceitar os ensinamentos da Igreja cristã. Mas também argumentou que a ciência deve ser separada da religião, a fim de tornar a aquisição de conhecimento mais rápida e fácil, de modo que pudesse ser usada em prol da qualidade de vida das pessoas. Bacon enfatizou esse papel transformador da ciência. Para ele, a capacidade da ciência de elevar a existência humana havia sido anteriormente ignorada, em favor do foco sobre a glória acadêmica e pessoal do cientista.

Bacon elaborou uma lista de barreiras psicológicas à busca de conhecimento científico em termos do que chamou coletivamente de "ídolos da mente", quais sejam: os "ídolos da tribo", a tendência dos seres humanos como espécie (ou "tribo") que generaliza; os "ídolos da caverna", nossa inclinação para impor pre-

concepções sobre a natureza, em vez de examinar o que realmente está lá; os "ídolos do mercado", facilidade com que deixamos as convenções sociais distorcerem nossa experiência; e os "ídolos do teatro", a influência deformadora dos dogmas filosóficos e científicos predominantes. O cientista, de acordo com Bacon, deve lutar contra todos eles para adquirir conhecimento sobre o mundo.

Método científico

Argumentando que o avanço das ciências depende da formulação de leis de generalidade crescente, Bacon propôs um método científico que incluiu uma variação dessa abordagem. Em lugar de fazer uma série de observações – como a de metais que se expandem quando aquecidos, para concluir que o calor deve provocar expansão em todos os metais –, ele enfatizou a necessidade de testar uma nova teoria, prosseguindo em busca de exemplos negativos (no caso, metais que não se expandem quando aquecidos).

A influência de Bacon pôs em primeiro plano a experiência prática na ciência. No entanto, ele foi criticado por negligenciar a importância dos saltos imaginativos que impulsionam todo progresso científico. ∎

A melhor prova é a experiência.
Francis Bacon

Francis Bacon

Nascido em Londres, Francis Bacon foi educado em casa, antes de seguir para o Trinity College, Cambridge, aos doze anos. Depois da graduação começou a atuar como advogado, mas abandonou a profissão para assumir um posto diplomático na França. A morte de seu pai em 1579 o empobreceu, obrigando-o a voltar para a advocacia.

Bacon foi eleito para o parlamento em 1584, mas sua amizade com o traiçoeiro conde de Essex impediu sua carreira política até 1603, quando Jaime VI da Escócia sucedeu ao trono inglês como Jaime I. Em 1618, foi promovido a lorde chanceler, mas foi exonerado dois anos depois, quando foi condenado por aceitar subornos.

Bacon passou o resto da vida escrevendo e realizando seu trabalho científico. Morreu de bronquite, contraída enquanto recheava uma galinha com neve, como parte de um experimento sobre preservação de alimentos.

Obras-chave

1597 *Ensaios*
1605 *O progresso do conhecimento*
1620 *Novum organum*
1624 *Nova Atlantis*

O HOMEM É UMA MÁQUINA

THOMAS HOBBES (1588-1679)

EM CONTEXTO

ÁREA
Metafísica

ABORDAGEM
Fisicalismo

ANTES
Século IV a.C. Aristóteles discorda da teoria de alma humana distinta de Platão, argumentando que a alma é uma forma ou função do corpo.

1641 Descartes publica *Meditações sobre a filosofia primeira*, argumentando que mente e corpo são entidades diferentes.

DEPOIS
1748 *O Homem-máquina*, de Julien Offray de la Mettrie, apresenta uma visão mecanicista dos humanos.

1949 Ryle define a ideia de Descartes de que mente e corpo são "substâncias" separadas como "erro categorial".

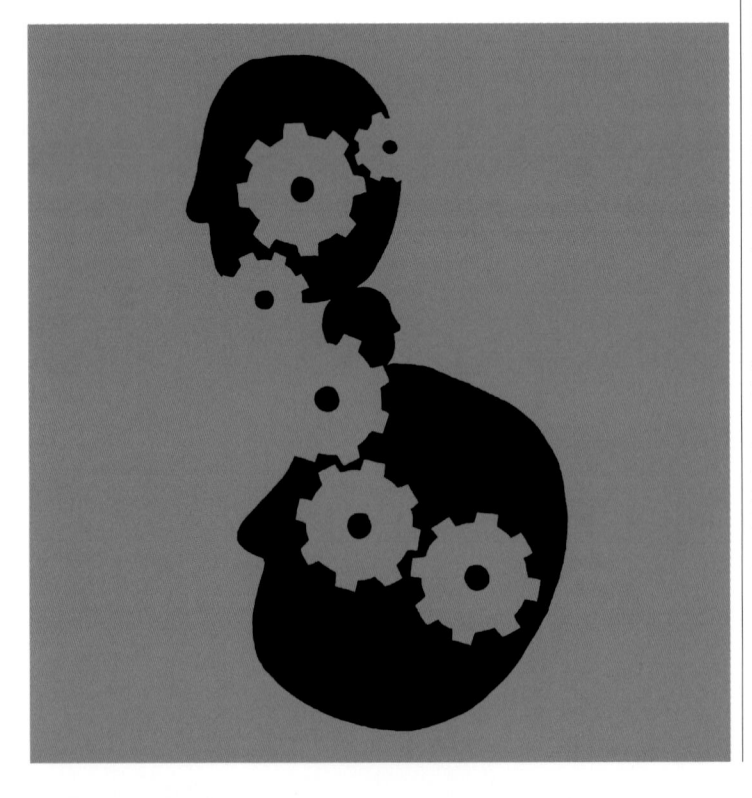

Embora seja mais conhecido por sua filosofia política, Thomas Hobbes escreveu sobre grande variedade de temas. Muitas de suas concepções são controversas, e não menos importante é sua defesa do fisicalismo, a teoria que tudo no mundo é exclusivamente físico na natureza, não admitindo lugar para a existência de outras entidades naturais, como a mente, nem para seres sobrenaturais. De acordo com Hobbes, todos os animais, incluindo os humanos, não são nada mais do que máquinas de carne e osso.

O tipo de teoria metafísica apoiada por Hobbes estava se tornando cada vez mais popular na

Ver também: Aristóteles 56-63 ▪ Francis Bacon 110-111 ▪ René Descartes 116-123 ▪ Julien Offray de la Mettrie 341 ▪ Gilbert Ryle 343

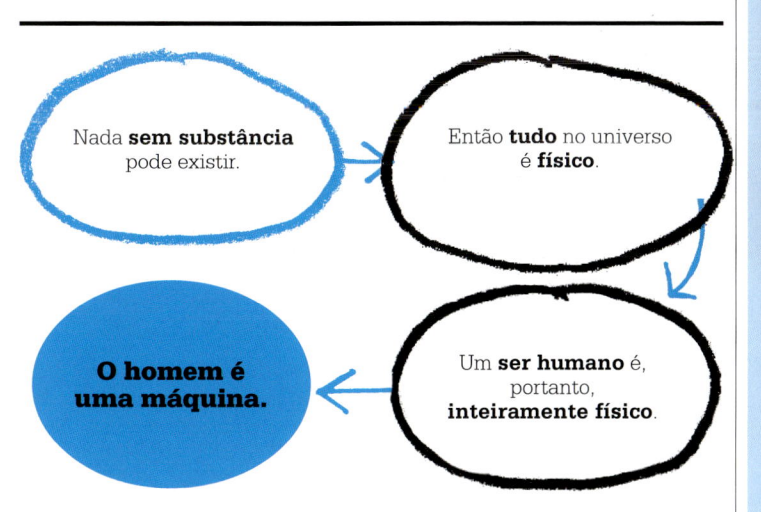

Nada **sem substância** pode existir.

Então **tudo** no universo é **físico**.

O homem é uma máquina.

Um **ser humano** é, portanto, **inteiramente físico**.

Thomas Hobbes

Órfão na infância, por sorte Thomas Hobbes foi acolhido por um tio rico, que lhe ofereceu uma boa educação. Uma graduação na Universidade de Oxford lhe rendeu o cargo de preceptor dos filhos do conde de Devonshire. O emprego deu a Hobbes a oportunidade de viajar pela Europa e conhecer cientistas e pensadores famosos, como o astrônomo italiano Galileu Galilei, assim como os filósofos franceses Marin Mersenne, Pierre Gassendi e René Descartes.

Em 1640, a fim de escapar da Guerra Civil Inglesa, Hobbes mudou-se para a França, lá permanecendo por onze anos. Seu primeiro livro, *Do cidadão*, foi publicado em Paris em 1643. Suas ideias sobre moralidade, política e as funções da sociedade e do Estado, expostas no *Leviatã*, o tornaram famoso.

Também respeitado como tradutor e matemático, Hobbes seguiu escrevendo até a morte, aos 91 anos.

Obras-chave

1642 *Do cidadão*
1651 *Leviatã*
1656 *Do corpo*
1658 *Do homem*

época em que ele escreveu, em meados do século XVII. O conhecimento sobre as ciências físicas crescia rapidamente, trazendo explicações mais claras sobre os fenômenos que há tempos eram obscuros ou mal interpretados. Hobbes conhecera o astrônomo italiano Galileu, considerado o "pai da ciência moderna", e estivera intimamente ligado a Francis Bacon, cujo pensamento ajudara a revolucionar a prática científica.

Hobbes viu na ciência e na matemática o oposto da filosofia escolástica medieval, que tinha procurado reconciliar as aparentes contradições entre razão e fé. Em comum com vários pensadores da época, ele acreditava que não havia limite para o alcance da ciência, assumindo como fato que qualquer questão sobre a natureza do mundo podia ser respondida com uma explicação formulada cientificamente.

A teoria de Hobbes

No *Leviatã*, sua principal obra política, Hobbes declarou: "O universo – isto é, a massa total das coisas que existem – é corpóreo, isto quer dizer, tem corpo". Ele seguiu dizendo que cada um desses corpos tem "comprimento, largura e profundidade" e "aquilo que não é corpo não é parte do universo". Embora Hobbes sustentasse que a natureza de tudo é puramente física, não afirmou que por causa dessa fisicalidade tudo pode ser percebido. Alguns corpos ou objetos, Hobbes declarou, são imperceptíveis, ainda que ocupem espaço físico e tenham dimensões físicas. Seriam os »

A vida é apenas um movimento dos membros.
Thomas Hobbes

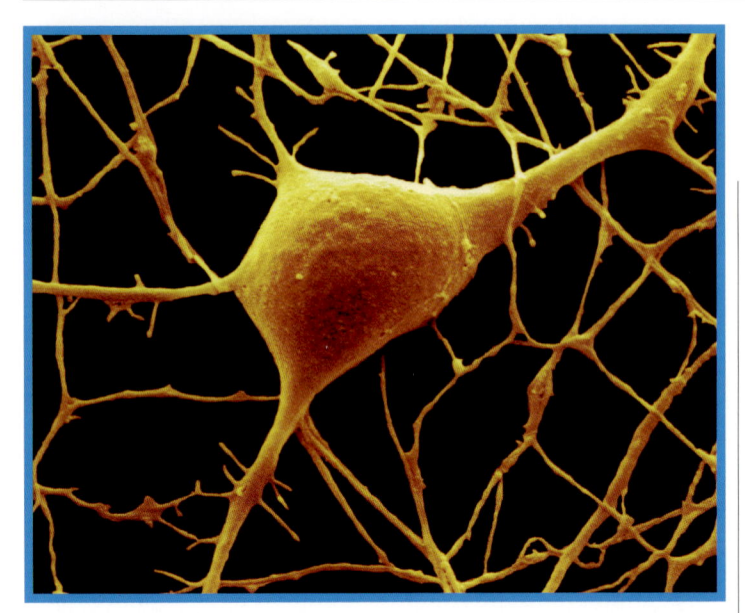

chamados "espíritos". Alguns deles, denominados "espíritos animais" (conforme a visão comum à época), seriam responsáveis pela maioria da atividade animal, especialmente a humana: mover-se-iam ao redor do corpo, carregando e passando informação, mais ou menos da mesma forma como a hoje conhecida ação do sistema nervoso.

Às vezes, Hobbes parecia aplicar seu conceito de espíritos físicos a Deus e outros entes encontrados na religião, como anjos. No entanto, ele afirmava que Deus, mas não outros espíritos físicos, devia ser descrito como "incorpóreo". Para Hobbes, a natureza divina dos atributos de Deus não era inteiramente compreensível pela mente humana; por consequência, o termo "incorpóreo" seria o único a reconhecer e também a reverenciar a substância incognoscível de Deus. Hobbes deixou claro que acreditava que a existência e a natureza de todos os entes religiosos são matéria da fé, não da ciência, e que Deus, em particular,

permanecia além da compreensão. Tudo o que seria possível aos seres humanos saber sobre Deus é que Ele existe e que é a primeira causa, ou criador, de tudo no universo.

O que é consciência?

Como Hobbes considerava os seres humanos puramente físicos e, portanto, não mais do que máquinas biológicas, ele foi então confrontado com o problema de como ser responsável pela nossa natureza mental. E não tentou fornecer uma explanação sobre como a mente pode ser explicada. Simplesmente ofereceu uma descrição geral e um tanto vaga do que julgamos que a ciência eventualmente deveria demonstrar. Mesmo assim, ele apenas cobriu atividades mentais como movimento voluntário, apetite e repulsa – todos fenômenos que podem ser estudados e explicados a partir do ponto de vista mecanicista. Hobbes não tinha nada a dizer sobre o que o filósofo australiano contemporâneo David Chalmers chama de "o difícil

problema da consciência". Chalmers mostra que certas funções da consciência, como o uso da linguagem e o processamento da informação, podem ser explicadas de maneira relativamente fácil em termos dos mecanismos que realizam essas funções, e que os filósofos fisicalistas tinham oferecido variantes dessa abordagem há séculos. No entanto, o problema mais complexo – explicar a natureza da experiência da consciência subjetiva em primeira pessoa – permaneceu não esclarecido por eles. Parecia haver uma incompatibilidade intrínseca entre os objetos das ciências físicas, por um lado, e os sujeitos da experiência consciente, por outro – algo que Hobbes pareceu ignorar.

Ao descrever suas crenças, Hobbes oferece poucas bases para sua convicção de que tudo no mundo, incluindo os seres humanos, é totalmente físico. Ele parecia não notar que suas premissas para a

O que é o coração, senão uma mola; e os nervos, senão várias cordas; e as articulações, senão várias rodas, dando movimento ao corpo inteiro.
Thomas Hobbes

existência de espíritos materiais imperceptíveis podiam igualmente ser premissas para uma crença em substâncias não materiais. Para a maioria das pessoas, algo ser imperceptível é mais consistente com um conceito mental do que com um físico. Além disso, como os espíritos materiais de Hobbes só podiam possuir as mesmas propriedades que outros tipos de seres físicos, nunca puderam oferecer ajuda para uma explicação da natureza mental dos seres humanos.

O dualismo de Descartes

Hobbes também teve de rivalizar com um pensamento bem diferente sobre mente e corpo apresentado por Descartes em suas *Meditações*, de 1641. Descartes sustentou a "distinção real": a noção de que mente e corpo são tipos de substâncias completamente distintos. Embora na época fizesse objeção às ideias de Descartes, Hobbes não fez comentários específicos sobre essa distinção. No entanto, catorze anos depois, dedicou-se ao problema novamente numa passagem da obra *De corpore*, apresentando e criticando o que julgava ser uma forma confusa do argumento de Descartes. Ele rejeitou a conclusão cartesiana – de mente e corpo como substâncias distintas – com base no fato de que o uso da frase "substância incorpórea" por Descartes era um exemplo de linguagem vazia. Hobbes considerou que ela significava "um corpo sem corpo", o que parece não ter sentido. No entanto, tal consideração baseava-se em sua própria visão de que todas as substâncias são corpos. O que Hobbes tentou apresentar como

Enquanto Hobbes formulava suas ideias mecanicistas, cientistas como o médico William Harvey usavam técnicas empíricas para explorar o funcionamento do corpo humano.

fundamento para sua posição (de que não podia haver mentes incorpóreas) estava fundamentado na sua premissa equivocada de que a única forma de substância é o corpo (e que, portanto, não haveria possibilidade de existirem seres incorpóreos).

Um simples preconceito

Em última análise, como a definição de espíritos físicos de Hobbes indicava, não ficou claro o que ele julgou que significasse "físico" ou "corpóreo". Se isso significava qualquer coisa que tivesse três dimensões espaciais, então ele estaria excluindo muito do que nós, no início do século XXI, podemos considerar como "físico": suas teorias sobre a natureza do mundo excluiriam, por exemplo, a física subatômica.

Na ausência de uma noção clara do significado de seu termo principal, a obsessão de Hobbes de que tudo no mundo podia ser explicado em termos físicos começou a ficar cada vez menos parecida com uma declaração de princípio científico. Em vez disso, parece ser um preconceito não

> Além dos sentidos, dos pensamentos e da série de pensamentos, a mente do homem não tem outro movimento.
> **Thomas Hobbes**

científico (e não filosófico) contra o conceito mental. Essas teorias mecanicistas sobre a natureza do mundo, contudo, em grande medida seguiam o espírito de uma época que desafiaria radicalmente a maior parte das concepções predominantes sobre a natureza humana e a ordem social, assim como aquelas que diziam respeito a substâncias e ao funcionamento do universo. ∎

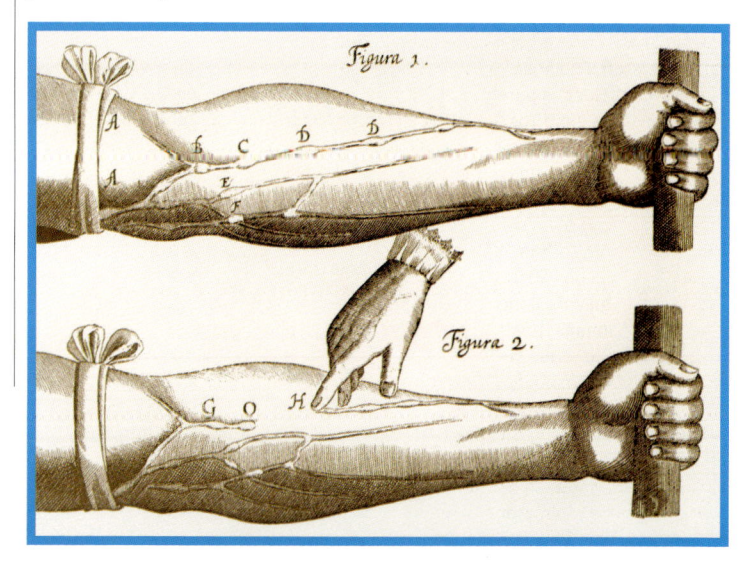

PENSO, LOGO EXISTO

RENÉ DESCARTES (1596-1650)

René Descartes viveu no começo do século XVII, num período por vezes chamado de Revolução Científica, uma era de rápidos avanços nas ciências. O cientista e filósofo britânico Francis Bacon havia estabelecido um novo método para conduzir experiências científicas, baseado em observações detalhadas e raciocínio dedutivo, e suas metodologias forneceram um novo sistema para investigar o mundo. Descartes compartilhava de sua empolgação e otimismo, mas por razões diferentes. Bacon considerava que as aplicações práticas das descobertas científicas eram seu objetivo e ponto principal, enquanto Descartes estava mais fascinado com o projeto de expandir o conhecimento e a compreensão do mundo.

Durante a Renascença europeia – o período histórico anterior –, as pessoas ficaram mais céticas sobre a ciência e a possibilidade de conhecimento genuíno em geral, e essa visão continuou tendo influência na era de Descartes. Assim, uma grande motivação para seu "projeto de investigação pura", como sua obra ficou conhecida, foi o desejo de livrar a ciência do ceticismo perturbante.

Em *Meditações sobre filosofia primeira*, sua obra mais completa e rigorosa sobre metafísica (o estudo do ser e da realidade) e epistemologia (o estudo da natureza e dos limites do conhecimento), Descartes tentou demonstrar a possibilidade do conhecimento mesmo a partir das posições mais céticas e, a partir disso, estabelecer um alicerce firme para as ciências.

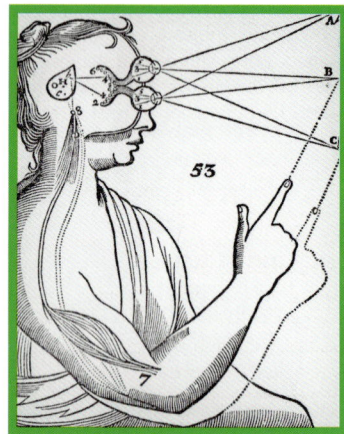

O livro de Descartes, *De homine figuris*, adota um olhar biológico em relação às causas do conhecimento. Na obra, ele sugere que a glândula pineal é a ligação entre a visão e a ação consciente.

Um **gênio maligno** pode tentar **me fazer acreditar** em coisas falsas.

Não há **nada** do qual posso ter **certeza**.

Mas quando digo "Eu sou, eu existo", **não posso estar errado** sobre isso.

Um gênio maligno poderia tentar me fazer acreditar nisso **se eu realmente existir**.

Penso, logo existo.

As *Meditações* estão escritas em primeira pessoa porque ele não estava apresentando argumentos para provar ou refutar certas afirmações, mas, em vez disso, desejava guiar o leitor pelo caminho que ele próprio percorreu. Dessa forma, o leitor é forçado a adotar o ponto de vista daquele que reflete, ponderando sobre as coisas e descobrindo a verdade, como Descartes fizera. Essa abordagem faz lembrar o método socrático, no qual o filósofo gradualmente extrai a compreensão da própria pessoa, em vez de apresentá-la embrulhada e pronta para ser consumida.

O mundo ilusório

A fim de estabelecer que suas crenças tenham estabilidade e resistência, o que considerava duas importantes marcas do conhecimento, Descartes usou a chamada "dúvida metódica", que se baseia numa reflexão que deixa de lado qualquer crença cuja verdade possa ser contestada, leve ou completamente. O objetivo de Descartes era mostrar que, ainda que comecemos com o mais renhido ceticismo, podemos alcançar o conhecimento. A dúvida "hiperbólica" era usada apenas como ferramenta filosófica: como Descartes frisou, "nenhuma pessoa sã já duvidou seriamente dessas coisas".

Descartes começou submetendo suas crenças a uma série de argumentos céticos cada vez mais rigorosos, questionando como podemos ter certeza da existência de qualquer coisa. O mundo que conhecemos pode ser apenas uma ilusão? Não podemos confiar em nossos sentidos como base segura para o conhecimento, porque todos já fomos "enganados" por eles uma vez ou outra. Ele dizia que talvez estivéssemos sonhando, e o mundo aparentemente real não fosse mais que um mundo de sonho. Ele percebeu que isso seria possível, pois não há indícios certos entre estar acordado ou dormindo. Mas, mesmo assim, essa situação deixaria aberta a possibilidade de que algumas verdades, como os axiomas matemáticos, podem ser conhecidas, embora não por meio dos sentidos. E até essas "verdades" podem, de fato, não ser verdadeiras, porque Deus, que é todo-poderoso, pode nos enganar até mesmo nesse nível. »

É necessário que ao menos uma vez na vida você duvide, tanto quanto possível, de todas as coisas.
René Descartes

A ilusão ótica de linhas paralelas, feitas para parecerem tortas, pode enganar nossos sentidos. Descartes julga que não devemos aceitar nada como verdadeiro ou dado mas, em vez disso, devemos nos despojar das ideias preconcebidas a fim de poder chegar a uma posição de conhecimento.

Um gênio maligno, capaz de iludir a humanidade sobre tudo, não pode me fazer duvidar da minha existência: se ele tenta, e se sou forçado a questionar minha própria existência, isso apenas a confirma.

Ainda que acreditemos que Deus é bom, é possível que Ele nos tenha feito de tal modo que somos inclinados a erros em nosso raciocínio. Ou talvez não haja Deus – nesse caso, temos ainda mais probabilidade de sermos seres imperfeitos, passíveis de enganos o tempo todo.

Tendo chegado a uma posição em que não se podia ter certeza sobre nada, Descartes então criou uma ferramenta poderosa para ajudá-lo a evitar que acabasse novamente na opinião preconcebida: ele imaginou que haveria um gênio poderoso e maligno capaz de enganá-lo sobre qualquer coisa. Quando se visse considerando uma opinião, ele se perguntaria: "O gênio pode estar me fazendo acreditar nisso, mesmo que seja falso?" Se a resposta fosse "sim", ele devia deixar a opinião de lado, pois é duvidosa.

Nesse ponto, aparentemente Descartes havia se colocado numa situação impossível – se tudo está sujeito a dúvida, então ele não tem qualquer base sólida sobre a qual trabalhar. Ele descreveu a si mesmo como se estivesse sacudido por um redemoinho de dúvida universal, impotente, incapaz de encontrar um apoio. O ceticismo parecia ter-lhe impossibilitado iniciar sua jornada de volta ao conhecimento e à verdade.

A primeira certeza

Nesse ponto, Descartes compreendeu que havia uma crença da qual ele não podia duvidar: a crença na própria existência. Cada um de nós pensa ou diz: "Sou, existo" – e, enquanto pensamos ou dizemos isso, não podemos estar errados. Quando Descartes tentou aplicar o teste do gênio maligno a sua crença, percebeu que o gênio só podia levá-lo a acreditar que ele existe se ele, Descartes, de fato existir – como ele poderia duvidar da própria existência, se é preciso existir para ter dúvida?

O axioma "Eu sou, eu existo" constitui a primeira certeza de Descartes. Em sua obra anterior, o *Discurso sobre o método*, ele a apresentou como "Penso, logo existo", mas abandonou a frase ao escrever suas *Meditações*, pois o uso de "logo" leva a afirmação a ser lida como premissa e conclusão. Descartes queria que o leitor – o "eu" que medita – percebesse que, assim que considero o fato de que existo, sei que isso é verdadeiro. Tal verdade é instantaneamente apreendida. A percepção de que existo é uma intuição direta, não a conclusão de um argumento.

Apesar do avanço de Descartes para uma expressão mais clara de sua posição, a formulação anterior era tão poderosa que se mantém na memória das pessoas até hoje: a primeira

> Essa proposição – Eu sou, eu existo – é necessariamente verdadeira quando formulada por mim ou concebida na minha mente.
> **René Descartes**

certeza é, em geral, conhecida como a sentença latina *cogito ergo sum*, que significa "Penso, logo existo". Santo Agostinho tinha usado um argumento similar em *A cidade de Deus*, quando disse "se eu estiver errado, existo", querendo dizer que se ele não existia, não podia estar errado. No entanto, Agostinho fez pouco uso disso em seu pensamento – e não chegou a ele da mesma maneira que Descartes.

Contudo, qual o propósito de uma única crença? O argumento lógico mais simples é um silogismo, que tem duas premissas e uma conclusão, tal como: todos os pássaros têm asas; um sabiá é um pássaro; portanto, todos os sabiás têm asas. Nós certamente não conseguimos chegar a lugar algum a partir de uma única crença verdadeira. Mas Descartes não estava esperando chegar a esses tipos de conclusões com sua primeira certeza. Ele argumentou: "Arquimedes exigia apenas um ponto de apoio a fim de mover a Terra inteira." Para Descartes, a certeza sobre a própria existência era esse apoio – ela o salvava daquele redemoinho de dúvida, fornecia-lhe uma base firme e permitia iniciar a jornada de volta, do ceticismo ao conhecimento. Foi crucial para seu projeto de investigação, mas não o alicerce de sua epistemologia.

O que é este "eu"?

A principal função da primeira certeza foi fornecer uma base sólida para o conhecimento. Mas Descartes percebeu que também podemos ser capazes de adquirir conhecimento a partir da própria certeza. Isso ocorre porque a compreensão do que penso é limitada pela compreensão de minha existência. Assim, "pensar" é também algo do qual não posso racionalmente duvidar, já que duvidar é um tipo de pensamento: duvidar que estou pensando é pensar. Como Descartes concluiu que existia e que pensava, entendeu que ele – assim como todos os que meditam – era coisa que pensa.

Descartes deixou claro que isso era o máximo que podia extrair a partir da primeira certeza. Ele certamente não se permitia dizer que era apenas algo pensante – uma mente – porque não tinha como saber o que mais poderia ser. Ele podia ser algo físico que também possuísse a capacidade de pensar, ou, ainda, qualquer outra coisa que ainda nem tivesse concebido. Nesse estágio de suas meditações, ele sabia apenas que era algo pensante – algo pensante "somente no sentido **»**

Ao usar o método da dúvida, **a única questão** que Descartes pode definitivamente responder é se ele pensa. Isso não lhe permite provar a existência de seu corpo ou do mundo exterior.

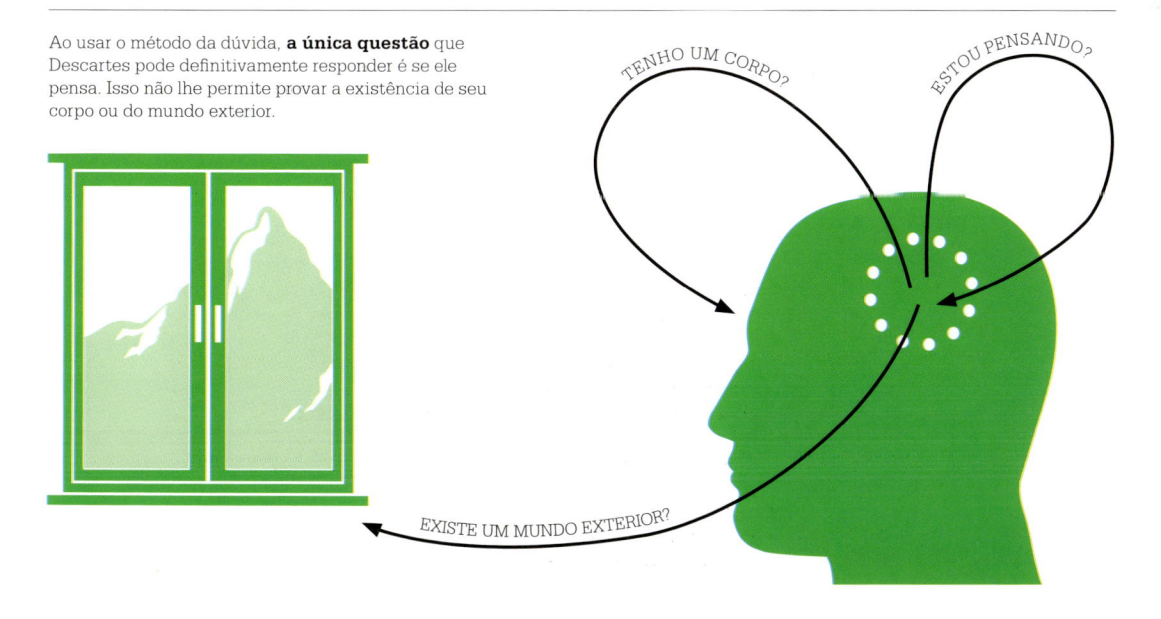

TENHO UM CORPO?

ESTOU PENSANDO?

EXISTE UM MUNDO EXTERIOR?

> Quando alguém diz 'penso, logo sou', reconhece isso como algo evidente por simples intuição mental.
> **René Descartes**

estrito", ele frisou. Só mais tarde, no sexto livro das *Meditações*, Descartes apresentaria o argumento de que a mente e o corpo são tipos diferentes de coisas – de que eles são substâncias distintas. Mas ele ainda não estava em condições de prová-lo.

Duvidando de Descartes

A primeira certeza tem sido alvo de crítica de muitos escritores, que sustentam que a abordagem do ceticismo cartesiano está condenada desde o início. Um dos principais argumentos contrários refuta o uso da primeira pessoa em "Sou, existo". Embora Descartes talvez não tenha errado ao dizer que o ato de pensar estava ocorrendo, como ele sabia que havia "um pensador" (uma consciência única, unificada) realizando esse pensamento? O que lhe dava o direito de assegurar a existência de algo além dos pensamentos? Por outro lado, podemos aceitar a noção de pensamentos circulando por aí sem um pensador?

É difícil imaginar pensamentos coerentes e avulsos. Para Descartes, isso era inconcebível. No entanto, se alguém discordasse e acreditasse que um mundo de pensamentos sem pensadores é genuinamente possível, Descartes não teria direito à crença de que ele existe, e assim fracassaria em alcançar sua primeira certeza. A existência de pensamentos não lhe forneceria a base sólida de que necessitava.

O problema com a noção de pensamento flutuando pelo ar sem pensador é que o raciocínio seria impossível. Para raciocinar, é necessário relacionar ideias de maneira particular. Por exemplo, se Patrick tem o pensamento "Todos os homens são mortais" e Patrícia tem o pensamento "Sócrates é um homem", nenhum dos dois pode concluir nada. Mas se Paula tem os dois pensamentos, ela pode concluir que "Sócrates é mortal". Não bastaria ter os pensamentos "Todos os homens são mortais" e "Sócrates é um homem" flutuando no nada – para que a razão seja possível, é preciso fazer com que ambos se relacionem, conectando-os da forma correta. Tornar os pensamentos subordinados a algo que não seja um pensador (por exemplo, a um lugar ou a uma época) não ajuda a realizar a tarefa. E já que o raciocínio é possível, Descartes pode concluir que há um pensador.

Alguns filósofos modernos negam que a certeza de Descartes acerca da própria existência seja capaz de realizar a tarefa que ele imaginou. O argumento de que "eu existo" não tem conteúdo, porque simplesmente se refere a um sujeito, mas não diz nada significativo ou importante sobre ele – simplesmente indica o sujeito. Por essa razão, nada pode seguir a partir disso, abortando o projeto de Descartes já no início. Isso parece uma interpretação equivocada de Descartes. Como vimos, ele não usou a primeira certeza como

René Descartes

Nascido perto de Tours, na França, René Descartes foi educado no Jesuit Collège Royale, em La Flèche. Devido à saúde frágil, permitiam-lhe que permanecesse na cama até tarde da manhã, e ele criou o hábito de meditar. A partir dos dezesseis anos, concentrou-se no estudo da matemática, interrompendo seus estudos por quatro anos para servir como voluntário na Guerra dos Trinta Anos. Nessa época descobriu sua vocação filosófica. Depois de deixar o exército, estabeleceu-se em Paris e, depois, na Holanda, onde passou a maior parte do resto da vida. Em 1649 foi convidado pela rainha Cristina para discutir filosofia na Suécia, onde passou a se levantar bem cedo, contrariando sua prática habitual. Esse novo regime e o clima sueco, segundo o próprio Descartes, o levaram a contrair pneumonia, mal que o mataria um ano depois.

Obras-chave

1637 *Discurso sobre o método*
1641 *Meditações sobre filosofia primeira*
1644 *Princípios de filosofia*
1662 *De homine figuris*

premissa da qual se obtém o conhecimento: tudo o que ele precisava é que existisse um "eu" como evidência. Mesmo que "eu existo" só resultasse em apontar para aquele que pensa, isso bastava para Descartes vislumbrar uma saída do redemoinho da dúvida.

Um pensador irreal

Para aqueles que interpretaram Descartes equivocadamente por seu argumento em que o fato do pensamento leva ao fato da existência, pode-se salientar que a primeira certeza é uma intuição direta, não um argumento lógico. Ainda assim, qual o problema em Descartes oferecer tal argumento?

Assim como se apresenta, falta uma premissa importante na aparente dedução "estou pensando, logo existo". Isto é, para que funcione, o argumento precisa de outra premissa, tal como "algo que está pensando, existe". Às vezes, uma premissa óbvia não é enunciada em um argumento: é a chamada premissa oculta. Mas alguns dos críticos de Descartes reclamam que tal premissa oculta não é, de modo algum, óbvia. Por exemplo, o personagem Hamlet, de Shakespeare, pensava bastante. Todos

concordam, porém, que ele não existia – então, não é verdade que algo que pensa, existe.

Pode-se dizer que, na medida em que Hamlet pensou, o fez no mundo fictício da peça, e que também existiu naquele mundo fictício; se ele não existia, não existia no mundo real. Sua "realidade" e seu pensamento estão ligados ao mesmo mundo. Os críticos de Descartes podem responder que este é precisamente o ponto: saber que alguém chamado Hamlet estava pensando – e não mais do que isso – não nos assegura que essa pessoa exista no mundo real. Para isso, teríamos de saber o que ele estava pensando no mundo real. Saber que algo ou alguém está pensando não é suficiente para provar sua realidade nesse mundo.

A resposta para esse dilema está na escrita em primeira pessoa das *Meditações*. As razões para o uso do "eu" por Descartes, do princípio ao fim do texto, agora ficam claras. Embora eu possa não ter certeza se Hamlet estava pensando (e, portanto, existia) num mundo fictício ou no mundo real, não posso estar incerto a respeito de mim mesmo.

Filosofia moderna

No "Prefácio" das *Meditações*, Descartes profetizou que muitos leitores abordariam sua obra de tal forma que a maioria "não se incomodará em apreender a ordem adequada dos meus argumentos e a conexão entre eles, mas simplesmente tentará reclamar de frases individuais, como é a moda". Por outro lado, ele também escreveu que "não espero nenhuma aprovação popular ou mesmo uma ampla audiência". Nisso, ele estava enganado. Descartes é frequentemente descrito como pai da filosofia moderna. Ele buscou dar à filosofia a certeza da matemática sem recorrer a qualquer tipo de dogma ou

autoridade, estabelecendo um fundamento firme e racional para o conhecimento. Também ficou conhecido por propor que mente e corpo são duas substâncias distintas – uma material, outra imaterial –, mas, apesar disso, são capazes de interação. Essa distinção famosa, que ele explica na sexta *Meditação*, ficou conhecida como o dualismo cartesiano.

O rigor do pensamento de Descartes e sua rejeição a qualquer dependência da autoridade talvez representem seu mais importante legado. Os séculos após sua morte foram dominados por filósofos que ou desenvolveram as ideias cartesianas ou assumiram como tarefa a contestação do seu pensamento, tais como Thomas Hobbes, Bento de Espinosa e Gottfried Leibniz. ■

> Devemos investigar que tipo de conhecimento a razão humana é capaz de atingir, antes que comecemos a adquirir conhecimento sobre as coisas em particular.
> **René Descartes**

A separação entre mente e corpo defendida por Descartes abre uma questão: já que tudo que podemos ver de nós mesmos são nossos corpos, como podemos provar que um robô não é consciente?

A IMAGINAÇÃO DISPÕE DE TUDO

BLAISE PASCAL (1623-1662)

A imaginação é uma **força poderosa** no ser humano.

Ela pode **ultrapassar nossa razão**.

Mas pode levar a **verdades ou falsidades**.

Podemos ver beleza, justiça ou felicidade onde elas **não existem realmente**.

A imaginação nos desvia do caminho.

A obra mais conhecida de Pascal, *Pensamentos*, não era originalmente filosófica. Trata-se de uma compilação de fragmentos, a partir de suas notas para uma obra futura sobre teologia cristã. Suas ideias eram direcionadas para o que ele chamava *libertins*, ex-católicos que tinham abandonado a religião por conta de uma espécie de livre pensamento, encorajados por escritores céticos como Montaigne. Num dos fragmentos mais longos, Pascal discutiu a imaginação. Ofereceu pouco ou nenhum fundamento para suas alegações, preocupado apenas em anotar pensamentos sobre o tema.

Do ponto de vista de Pascal, a imaginação é a força mais poderosa nos seres humanos e uma de nossas principais fontes de equívoco. A imaginação, ele dizia, leva-nos a confiar nas pessoas, apesar do que nos diz a razão. Por exemplo, como médicos e advogados vestem-se com distinção, tendemos a confiar neles. Por outro lado, prestamos menos atenção àqueles que parecem maltrapilhos ou estranhos, mesmo que estejam falando com sensatez.

O que piora as coisas é que, embora geralmente leve à falsidade, a imaginação por vezes conduz à verdade: se fosse sempre apenas falsa,

Ver também: Aristóteles 56-63 ▪ Michel de Montaigne 108-109 ▪ René Descartes 116-123 ▪ David Hume 148-153 ▪ Immanuel Kant 164-171

então poderíamos usá-la como fonte de certeza ao aceitar simplesmente sua negação. Depois de tratar da questão contra a imaginação detalhadamente, Pascal de súbito termina sua explanação escrevendo: "A imaginação dispõe de tudo: ela produz beleza, justiça e felicidade, que é a maior coisa do mundo". Fora de contexto, poderia parecer um elogio à imaginação, mas a intenção do autor é bem diferente, como se depreende do texto que precede essa frase. Como a imaginação em geral leva ao equívoco, então a beleza, a justiça e a felicidade que ela

produz normalmente são falsas. No contexto mais amplo de uma obra de teologia cristã (e especialmente à luz da ênfase de Pascal no uso da razão para levar as pessoas à crença religiosa), percebemos que seu objetivo era mostrar aos *libertins* que a vida de prazer que haviam escolhido não era o que eles imaginavam. Embora acreditassem que tinham eleito o caminho da razão, eles teriam sido, de fato, iludidos pelo poder da imaginação.

A aposta de Pascal

Essa visão é relevante para uma das notas mais completas de *Pensamentos*: o famoso argumento conhecido como aposta de Pascal. Ela foi criada para dar aos *libertins* uma razão para retornar à Igreja e é um bom exemplo do "voluntarismo", a ideia de que a crença é questão de decisão. Pascal admitia que não era possível dar bons fundamentos racionais para a crença religiosa, mas tentou oferecer bons fundamentos racionais para se querer ter tais crenças. Estes consistiam em comparar os possíveis ganhos e perdas ao se fazer uma aposta na inexistência de Deus. Pascal

Segundo Pascal, somos constantemente iludidos pela imaginação, fazendo julgamentos errados – inclusive sobre as pessoas, baseados no modo de vestir.

argumentou que, ao apostar que Deus não existe, há a possibilidade de perder muito (a felicidade infinita no céu) ou ganhar pouco (um sentido finito de independência nesse mundo). Já a aposta de que Deus existe traz o risco de perder pouco ou a chance de ganhar muito. Seria mais racional, sob esse aspecto, acreditar em Deus. ∎

O homem não é mais que um caniço, o mais fraco da natureza, mas é um caniço pensante.
Blaise Pascal

Blaise Pascal

Blaise Pascal nasceu em Clermont--Ferrand, na França, filho de um funcionário do governo muito interessado em ciência e matemática e que educou Pascal e suas duas irmãs. Publicou seu primeiro texto matemático aos dezesseis anos e inventou a primeira calculadora mecânica por volta dos dezoito anos. Também se correspondeu com o famoso matemático Pierre Fermat, com quem lançou as bases da teoria das probabilidades.

Pascal passou por duas conversões religiosas: primeiro ao jansenismo (variante do cristianismo posteriormente declarada herética), depois ao catolicismo. Isso o levou a abandonar seu trabalho matemático e científico em favor dos textos religiosos, incluindo os *Pensamentos*. Em 1660-1662, instituiu o primeiro serviço de transporte público do mundo, doando o lucro aos pobres. Sofreu graves problemas de saúde, desde a década de 1650 até a morte, em 1662.

Obras-chave

1657 *Cartas provinciais*
1670 *Pensamentos*

DEUS É A CAUSA DE TUDO QUE EXISTE; TUDO QUE EXISTE EXISTE EM DEUS

BENTO DE ESPINOSA (1632-1677)

EM CONTEXTO

ÁREA
Metafísica

ABORDAGEM
Monismo substancial

ANTES
c.1190 O filósofo judeu Moisés Maimônides cria uma versão desmitologizada da religião que, depois, inspiraria Espinosa.

Século XVI O cientista italiano Giordano Bruno desenvolve uma forma de panteísmo.

1640 René Descartes publica suas *Meditações*, outra influência para Espinosa.

DEPOIS
Final do século XX
Os filósofos Stuart Hampshire, Donald Davidson e Thomas Nagel desenvolvem abordagens à filosofia da mente que têm similaridades com o pensamento monista de Espinosa.

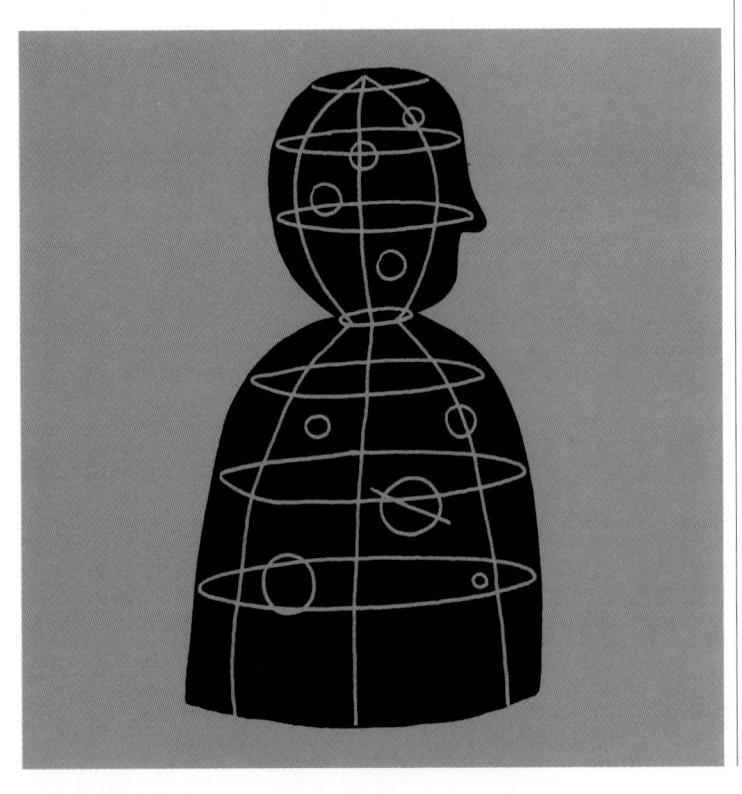

Como a maioria das filosofias do século XVII, o sistema filosófico de Espinosa tem a noção de "substância" em seu cerne. Esse conceito pode ser remontado a Aristóteles, que questionou a natureza do objeto que permanece o mesmo ainda que passe por uma mudança. A cera, por exemplo, pode derreter e mudar de forma, tamanho, cor, cheiro e textura, e ainda assim permanecer "cera", instigando a questão: a que nos referimos quando falamos em "cera"? Já que pode mudar de todas as formas perceptíveis, a cera também deve ser algo além de suas propriedades perceptíveis, e para Aristóteles esse algo imutável era a substância da cera. De maneira mais geral,

Ver também: Aristóteles 56-63 ▪ Moisés Maimônides 84-85 ▪ René Descartes 116-123 ▪ Donald Davidson 344

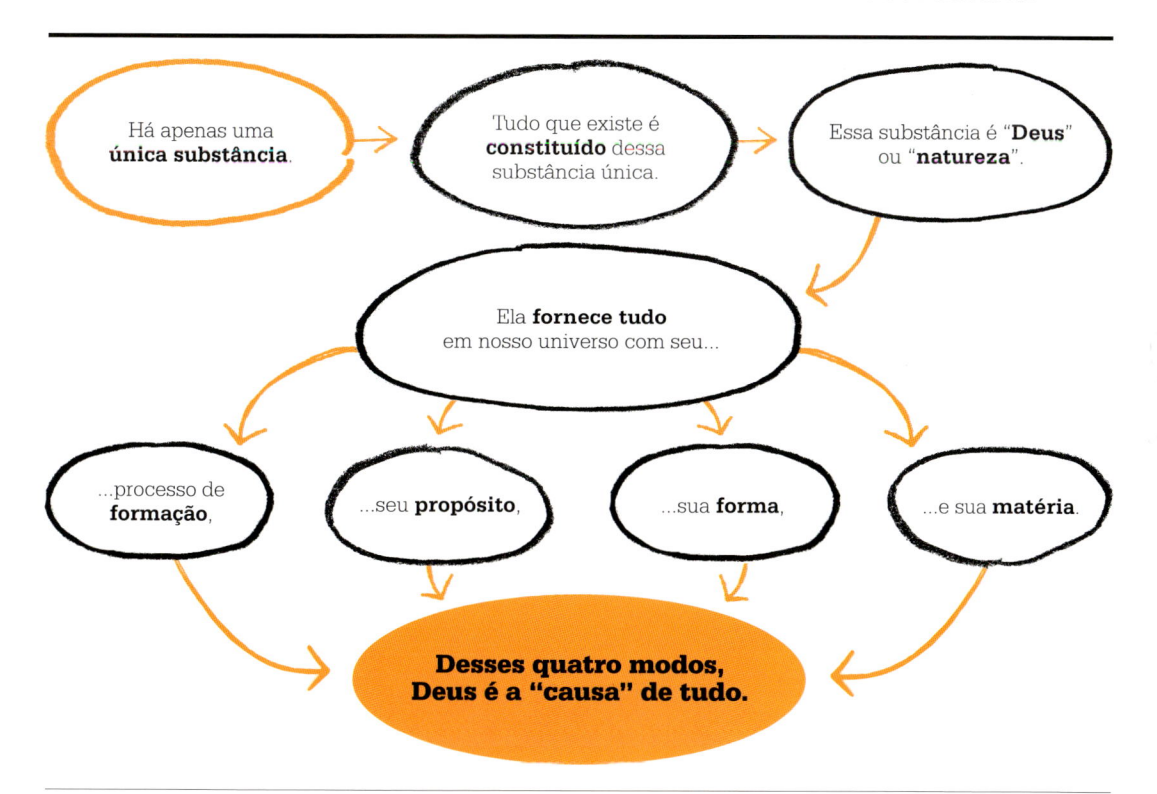

Há apenas uma **única substância**. → Tudo que existe é **constituído** dessa substância única. → Essa substância é "**Deus**" ou "**natureza**".

Ela **fornece tudo** em nosso universo com seu...

...processo de **formação**,   ...seu **propósito**,   ...sua **forma**,   ...e sua **matéria**.

Desses quatro modos, Deus é a "causa" de tudo.

substância seria algo que tem propriedades, ou aquilo que está sob o mundo da aparência.

Espinosa empregou o termo "substância" de maneira similar, definindo-a como aquilo que explica a si mesmo – ou aquilo que pode ser compreendido conhecendo-se apenas sua natureza, em oposição a todas as outras coisas que podem ser conhecidas apenas por meio de sua relação com outras coisas. Por exemplo, só se compreende o conceito "carroça" com referência a outros conceitos, tais como "movimento", "transporte", e assim por diante. Além disso, para Espinosa, só podia haver uma substância, porque se houver duas, compreender uma acarretaria entender sua relação com a outra, o que seria uma contradição à definição de substância. Ele argumentou que, já que há apenas uma única substância, não pode haver nada, de fato, *exceto* essa substância, e tudo o mais é, em certo sentido, uma parte dela. A posição de Espinosa é conhecida como "monismo da substância": afirma que todas as coisas são essencialmente aspectos de uma única coisa, em oposição ao "dualismo da substância", que defende que há essencialmente dois tipos de coisas no universo, em geral definidos como "mente" e "matéria".

Deus ou natureza

Para Espinosa, a substância subjaz a nossa experiência, mas também pode ser conhecida por seus vários atributos. Ele não especificou quantos atributos, mas disse que os seres humanos, ao menos, podem conceber dois: o atributo da extensão (fisicalidade) e o atributo do pensamento (mentalidade). Por essa razão, Espinosa também é conhecido como "dualista do atributo". Ele afirmou que os dois atributos não podiam ser explicados um pelo outro, e deviam ser incluídos em qualquer explanação completa do mundo. Quanto à substância em si, Espinosa argumentou que estaríamos certos ao chamá-la "Deus" ou "natureza" (*Deus sive natura*): aquilo que explica a si mesmo, que na forma humana vê a si mesmo sob os atributos do corpo e da mente. »

Todas as mudanças – do humor de alguém à forma de uma vela – são, para Espinosa, alterações que ocorrem a uma única substância que tem atributos mentais e físicos.

No nível das coisas individuais, incluindo seres humanos, o dualismo de atributo de Espinosa foi projetado em parte para lidar com a questão de como interagem mentes e corpos. As coisas que sentimos como corpos ou mentes individuais são, de fato, modificações da substância única, conforme concebidas sob um dos atributos. Cada modificação é algo físico (na medida em que concebido sob o atributo da extensão) e algo mental (na medida em que concebido sob o atributo do pensamento). Em particular, a mente humana é uma modificação da substância concebida sob o atributo do pensamento, e o cérebro humano é a mesma modificação da substância concebida sob o atributo da extensão. Dessa forma, Espinosa evitou qualquer questão sobre a interação entre mente e corpo: não há interação, apenas uma correspondência.

No entanto, a teoria de Espinosa o comprometeu com a visão de que não apenas os seres humanos são tanto mente quanto corpo. Mesas, pedras, árvores – todas as coisas seriam modificações de uma substância sob os atributos de pensamento e extensão. Tais objetos seriam tanto físicos quanto mentais, embora sua mentalidade seja muito simples, de modo que não deveríamos chamá-la de mente. Esse aspecto da teoria de Espinosa é difícil de aceitar ou entender para muitas pessoas.

O mundo é Deus

A teoria de Espinosa, explicada inteiramente na *Ética*, é frequentemente classificada como uma forma de panteísmo: a crença de que Deus é o mundo e de que o mundo

Mente e corpo são um só.
Bento de Espinosa

é Deus. O panteísmo costuma ser criticado pelos teístas (crentes em Deus), que o classificam como um ateísmo com outro nome. No entanto, a teoria de Espinosa é de fato muito mais próxima do panteísmo: a visão de que o mundo é Deus, mas que Deus é mais do que o mundo. Para o sistema de Espinosa, o mundo não é uma massa de coisas materiais e mentais. Em vez disso, o mundo das coisas materiais é uma forma de Deus, como concebida sob o atributo da extensão; e o mundo das coisas mentais é essa mesma forma de Deus, concebida sob o atributo do pensamento. Portanto, a substância única ou Deus é mais do que o mundo,

Bento de Espinosa

Bento de Espinosa nasceu em Amsterdã, na Holanda, em 1632. Aos 23 anos foi excomungado pela sinagoga de judeus portugueses da cidade, que provavelmente queria se distanciar dos ensinamentos de Espinosa. Seu *Tratado teológico-político* sofreu ataques posteriores de teólogos cristãos e acabou banido em 1674 – destino comum à obra do filósofo francês René Descartes. O furor motivou Espinosa a adiar a publicação de sua maior obra, *Ética*, lançada postumamente.

Espinosa era um homem modesto, cioso da moral, que recusou vários cargos bem remunerados, como o de professor, para preservar a liberdade intelectual. Levou uma vida frugal em vários lugares da Holanda, sobrevivendo do ensino particular de filosofia e como polidor de lentes. Morreu de tuberculose em 1677.

Obras-chave

1670 *Tratado teológico-político*
1677 *Ética*

> A mente humana
> é parte do intelecto infinito
> de Deus.
> **Bento de Espinosa**

mas o próprio mundo é inteiramente substância ou Deus.

Contudo, o Deus de Espinosa é claramente diferente do Deus do cristianismo ou do judaísmo. Além de não ser uma pessoa, não pode ser considerado o criador do mundo no sentido encontrado no Livro do Gênesis. O Deus de Espinosa não existe por si só antes da criação, e daí a faz surgir.

Deus como causa

O que Espinosa quis dizer, então, quando se referiu a Deus como a causa de tudo? A substância única é "Deus ou natureza" – então, mesmo que para Deus exista mais do que aquelas modificações da substância que constituem nosso mundo, como pode a relação entre Deus e natureza ser causal?

Primeiro, vale notar que Espinosa, em harmonia com a maioria dos filósofos antes dele, usou a palavra "causa" num sentido muito mais rico do que usamos hoje – um sentido que se origina na definição dos quatro tipos de causa de Aristóteles. Estas são: a causa formal, ou a relação entre as partes de algo (contorno ou forma, tomando-se uma estátua como exemplo); a causa material, ou a matéria da qual algo é feito (bronze, mármore etc.); a causa eficiente, ou aquilo que leva algo a existir (o

De acordo com Espinosa, todos os objetos – sejam animais, vegetais ou minerais – têm mentalidade. Seus corpos e mentes são parte de Deus, que é maior do que todos os atributos físicos e mentais do mundo. Deus, para Espinosa, é a "substância" que subjaz à realidade.

Cada objeto no universo, mesmo uma pedra, tem **corpo e mente**.

Corpo e mente são atributos da **substância**.

A **substância é Deus**, no qual tudo é explicado.

processo de esculpir); e a causa final, ou o objetivo para o qual algo existe (a criação de uma obra de arte, o desejo pelo dinheiro, e assim por diante).

Para Aristóteles e Espinosa, todas juntas definem "causa" e fornecem uma explicação completa sobre algo, diferentemente do significado contemporâneo, que tende a se referir apenas às causas "eficiente" e "final". Portanto, quando Espinosa falou de Deus ou substância sendo causados por si, ele se referiu àquilo que explica a si mesmo, em vez de apenas gerar a si mesmo. Quando ele citou Deus como

causa de todas as coisas, ele quis dizer que todas as coisas encontram sua explicação em Deus.

Deus, portanto, não é o que Espinosa chamou de causa "transitiva" do mundo - algo externo que traz o mundo à existência. Em vez disso, Deus é a causa "imanente" do mundo. Isso significa que Deus está no mundo, que o mundo está em Deus, e que a existência e a essência do mundo são explicadas pela existência e essência de Deus. Para Espinosa, apreciar esse fato é atingir o mais elevado estado de liberdade e salvação possíveis: um estado que ele chama de "bem-aventurança" ∎

O CONHECIMENTO DE NENHUM HOMEM PODE IR ALÉM DE SUA PRÓPRIA EXPERIÊNCIA

JOHN LOCKE (1632-1704)

EM CONTEXTO

ÁREA
Epistemologia

ABORDAGEM
Empirismo

ANTES
c.380 a.C. Em *Mênon*, Platão diz ser possível lembrar do conhecimento de vidas passadas.

Meados do século XIII Santo Tomás de Aquino propõe: "O que quer que esteja em nosso intelecto deve ter existido previamente nos sentidos."

DEPOIS
Final do século XVII Leibniz diz que a mente pode dar a impressão de ser uma tábula rasa no nascimento, mas contém conhecimento inato que a experiência revela gradualmente.

1966 Noam Chomsky, na *Linguística cartesiana*, explica sua teoria de gramática inata.

Tradicionalmente, John Locke é incluído no grupo de filósofos conhecidos como empiristas britânicos, ao lado de dois pensadores posteriores, George Berkeley e David Hume. Os empiristas são vistos como defensores da concepção de que todo conhecimento humano deve vir direta ou indiretamente da experiência de mundo adquirida por meio do uso exclusivo dos sentidos. Isso contrasta com o pensamento dos racionalistas – tais como René Descartes, Bento de Espinosa e Gottfried Leibniz –, que sustentam que, ao menos em princípio, é possível adquirir conhecimento unicamente com o uso da razão.

Ver também: Platão 50-55 ▪ Tomás de Aquino 88-95 ▪ René Descartes 116-123 ▪ Bento de Espinosa 126-129 ▪ Gottfried Leibniz 134-137 ▪ George Berkeley 138-141 ▪ David Hume 148-153 ▪ Noam Chomsky 306-307

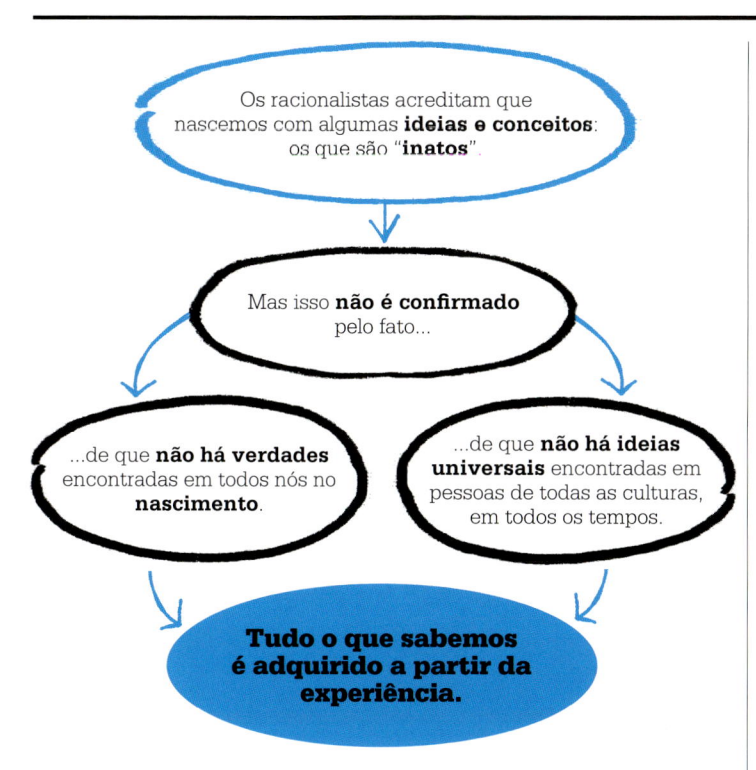

Os racionalistas acreditam que nascemos com algumas **ideias e conceitos**: os que são "**inatos**".

Mas isso **não é confirmado** pelo fato...

...de que **não há verdades** encontradas em todos nós no **nascimento**.

...de que **não há ideias universais** encontradas em pessoas de todas as culturas, em todos os tempos.

Tudo o que sabemos é adquirido a partir da experiência.

Se considerarmos atentamente as crianças recém-nascidas, temos poucas razões para crer que elas trazem consigo muitas ideias ao mundo.
John Locke

com certa minúcia, em seu *Ensaio sobre o entendimento humano*, contra a teoria dos racionalistas que explicava como o conhecimento pode ser acessado sem experiência – a teoria das ideias inatas.

O conceito de que seres humanos nascem com ideias inatas, e que elas podem nos proporcionar conhecimento sobre a natureza do mundo, independentemente de qualquer coisa que possamos experimentar, remonta ao início da filosofia. Platão desenvolveu o conceito de que todo conhecimento genuíno está essencialmente localizado dentro de nós, e que, quando morremos, nossas almas reencarnam em novos corpos e o choque do nascimento nos faz esquecer tudo. A educação não é, portanto, aprender fatos novos, mas "não esquecer", e o educador não é um professor, mas um parteiro.

Muitos pensadores posteriores opuseram-se à teoria de Platão, propondo que todo o conhecimento não pode ser inato – talvez só um número limitado de conceitos pudesse ser, tais como o conceito de »

A divisão entre esses dois grupos não é tão bem definida como muitas vezes se presume. Os racionalistas admitem que, na prática, o conhecimento do mundo origina-se essencialmente da experiência, especialmente da investigação científica. Locke elaborou suas concepções relativas à natureza do mundo ao aplicar um processo de raciocínio conhecido posteriormente como abdução (inferência da melhor explicação a partir da evidência disponível) aos fatos da experiência sensorial. Ele começou por demonstrar, por exemplo, que a melhor explicação do mundo como o sentimos é a teoria corpuscular. A teoria diz que tudo no mundo é constituído de partículas submicroscópicas, ou corpúsculos, das quais não se pode ter conhecimento direto, mas que, pela sua própria existência, dão sentido a fenômenos que, de outro modo, seriam difíceis ou impossíveis de explicar. A teoria corpuscular, popular no pensamento científico do século XVII, é fundamental para a concepção de mundo físico de Locke.

Ideias inatas

A afirmação de que nosso conhecimento não pode ultrapassar nossa experiência pode, portanto, parecer inadequada, ou pelo menos exagerada, quando atribuída a Locke. No entanto, ele de fato argumentou

Deus ou o conceito de uma estrutura geométrica perfeita, como o triângulo equilátero. Esse tipo de conhecimento, na visão desses pensadores, podia ser adquirido sem qualquer experiência sensorial direta, da mesma forma que é possível criar uma fórmula matemática recorrendo apenas aos poderes da razão e da lógica. René Descartes, por exemplo, declarou que, embora acreditasse que todos temos uma ideia de Deus dentro de nós – como a marca que um ceramista deixa na argila de suas obras –, esse conhecimento da existência de Deus só pode ser imbuído em nossa consciência por meio de um processo de raciocínio.

Objeções de Locke

Locke refutava a ideia de que seres humanos têm qualquer tipo de conhecimento inato. Ele adotou a visão de que a mente, no nascimento, é uma tábula rasa, uma folha de papel em branco na qual a experiência inscreve, da mesma forma que a luz pode criar imagens no filme fotográfico. De acordo com Locke, não acrescentamos nada ao processo,

exceto a capacidade humana básica de aplicar a razão à informação reunida por meio dos sentidos. Ele argumentou que não existia nenhuma evidência empírica sugerindo que as mentes dos bebês não estavam vazias ao nascer e acrescentou que isso também se aplicava à mente das pessoas com deficiências intelectuais, afirmando que "elas não têm a menor percepção ou consciência sobre elas próprias". Locke, assim, declarou falsa qualquer doutrina que apoiasse a existência de ideias inatas.

Locke atacou, ainda, a própria noção de ideias inatas, por sua incoerência. A fim de que algo seja uma ideia, Locke dizia, esse algo teria de ter estado presente em algum lugar na mente de alguém. Mas, como Locke salientou, qualquer ideia que se afirme verdadeiramente inata também deveria afirmar que precede qualquer forma de experiência humana. Mas Locke aceitou como verdadeiro, como afirma Gottfried Leibniz, que uma ideia possa existir tão profundamente na memória de uma pessoa que, por um tempo, é difícil ou mesmo impossível relembrá-la, pois não está

> Parece-me quase uma contradição afirmar que há verdades impressas na alma que não são percebidas ou entendidas.
> **John Locke**

acessível à mente consciente. Por outro lado, acredita-se que as ideias inatas existam de algum modo em algum lugar, antes da presença de qualquer tipo de mecanismo capaz de concebê-las e trazê-las à consciência.

Os partidários da existência de ideias inatas argumentam também que, como tais ideias estão presentes em todos os seres humanos no nascimento, devem ser universais por natureza, ou seja, presentes em todas as sociedades humanas, em todos os momentos da história. Platão, por exemplo, afirmou que todos potencialmente têm acesso ao mesmo corpo básico de conhecimento, negando qualquer diferença a esse respeito entre homens e mulheres, ou entre pessoas livres e pessoas escravizadas. De maneira similar, na época de Locke, a teoria era apresentada da seguinte forma: como as ideias inatas só nos podem ser dadas por Deus, devem ser universais, porque Deus não é injusto a ponto de distribuí-las somente a um grupo seleto de pessoas. Locke atacou o argumento a favor das ideias universais ao chamar a atenção, mais uma vez, para o fato de que um simples exame do mundo à nossa volta mostra facilmente que elas não

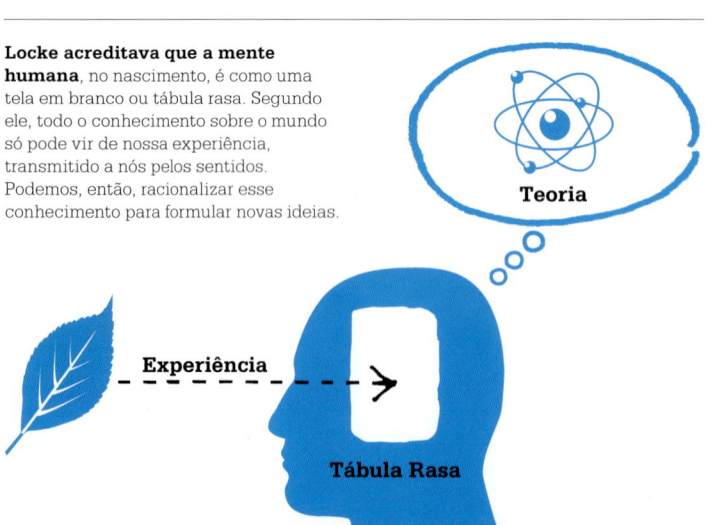

Locke acreditava que a mente humana, no nascimento, é como uma tela em branco ou tábula rasa. Segundo ele, todo o conhecimento sobre o mundo só pode vir de nossa experiência, transmitido a nós pelos sentidos. Podemos, então, racionalizar esse conhecimento para formular novas ideias.

Teoria

Experiência

Tábula Rasa

> Vamos, cntão, imaginar a mente como um papel em branco, destituída de todas as marcas, sem quaisquer ideias: como ela é suprida?
> **John Locke**

existem. Mesmo que existissem conceitos, ou ideias, rigorosamente comuns a todos os seres humanos, Locke argumentou que não teríamos uma base sólida para concluir que eles também fossem inatos. Ele declarou que sempre seria possível descobrir outras explicações para sua universalidade, como o fato de que se originam das formas mais básicas pelas quais os seres humanos vivenciam o mundo ao seu redor, algo que todos nós devemos compartilhar.

Em 1704, Gottfried Leibniz escreveu uma réplica aos argumentos empiristas de Locke em seu *Novos ensaios sobre o entendimento humano*. Leibniz afirmou que as ideias inatas são o único modo claro por meio do qual podemos adquirir conhecimento sem base em experiência sensorial, e que Locke estava errado em negar sua possibilidade. O debate sobre a possibilidade de os seres conhecerem algo sem o uso dos cinco sentidos básicos continua até hoje.

Linguagem inata

Embora rejeitasse a doutrina das ideias inatas, Locke não refutou o conceito de que seres humanos têm capacidades inatas. A posse de qualidades inatas, como a percepção e o raciocínio, é fundamental para sua explanação sobre o mecanismo do conhecimento e da compreensão humana. No fim do século XX, o filósofo norte-americano Noam Chomsky aprofundou essa ideia ao apresentar a teoria de que há um processo inato de pensamento em cada mente humana, capaz de gerar uma "estrutura profunda" de linguagem. Chomsky acredita que, independentemente das aparentes diferenças estruturais, todas as línguas humanas foram geradas a partir dessa base comum. Locke teve um papel importante ao questionar como os

Como no nascimento **a mente é uma tela branca**, Locke acredita que qualquer um pode ser transformado por uma boa educação, que estimule o pensamento racional e os talentos individuais.

seres humanos adquirem conhecimento, em uma era em que a compreensão humana de mundo estava se expandindo em um ritmo sem precedentes. Os antigos filósofos – especialmente os escolásticos medievais como Tomás de Aquino – tinham concluído que alguns aspectos da realidade estavam além da apreensão da mente humana. Locke levou isso a outro estágio: por meio de uma análise detalhada de nossas faculdades mentais, ele buscou estabelecer os limites exatos do que é possível conhecer. ■

John Locke

Nascido em 1632, filho de um advogado inglês, John Locke recebeu uma boa educação graças a ricos protetores. Estudou primeiro na Westminster School, em Londres, depois em Oxford. Ficou impressionado com a abordagem empírica da ciência, adotada pelo químico pioneiro Robert Boyle, de quem se tornou ajudante no trabalho experimental.

Embora as ideias empíricas de Locke sejam importantes, foram seus textos políticos que o tornaram famoso. Ele propôs uma teoria de contrato social da legitimidade do governo e a ideia de direitos naturais à propriedade privada. Locke fugiu da Inglaterra duas vezes como exilado político, mas retornou em 1688, após a ascensão de Guilherme e Maria ao trono. Ali permaneceu, escrevendo e ocupando vários cargos no governo, até sua morte em 1704.

Obras-chave

1689 *Carta sobre a tolerância*
1690 *Ensaio sobre o entendimento humano*
1690 *Dois tratados sobre o governo*

HÁ DOIS TIPOS DE VERDADE: A VERDADE DE RAZÃO E A VERDADE DE FATO

GOTTFRIED LEIBNIZ (1646-1716)

EM CONTEXTO

ÁREA
Epistemologia

ABORDAGEM
Racionalismo

ANTES
1340 Nicolau de Autrecourt argumenta que não há verdades necessárias sobre o mundo, apenas verdades contingentes.

1600 Descartes afirma que as ideias surgem de três maneiras: derivadas da experiência, inferidas a partir da razão ou conhecidas de maneira inata (criadas na mente por Deus).

DEPOIS
1748 David Hume explora a distinção entre verdades necessárias e contingentes.

1927 Alfred North Whitehead postula os "entes reais", similar às mônadas de Leibniz, que refletem todo o universo em si mesmas.

Com frequência, a filosofia moderna é apresentada dividida em duas escolas, a dos racionalistas (incluindo René Descartes, Bento de Espinosa e Immanuel Kant) e a dos empiristas (incluindo John Locke, George Berkeley e David Hume). Vários filósofos não se encaixaram automaticamente neste ou naquele grupo, cada qual sendo ao mesmo tempo semelhante e diferente dos outros de maneira complexa. Entretanto, a diferença essencial entre as duas escolas era epistemológica: elas divergiam em suas opiniões sobre o que podemos saber e como sabemos o que sabemos. Dito de maneira simples, os empiristas sustentavam que o conhecimento deriva da experiência,

Ver também: Nicolau de Autrecourt 334 ▪ René Descartes 116-123 ▪ David Hume 148-153 ▪ Immanuel Kant 164-171 ▪ Alfred North Whitehead 342

Toda coisa no mundo tem uma **noção distinta**.

Essa noção contém **toda verdade sobre essa coisa**, incluindo sua conexão com outras coisas.

Podemos analisar essas conexões por meio da **reflexão racional**.

Quando a **análise é finita**, podemos alcançar a verdade final.

Quando a **análise é infinita**, não podemos alcançar a verdade final pela razão, somente pela experiência.

Essas são as verdades de razão.

Essas são as verdades de fato.

Gottfried Leibniz

Filósofo e matemático alemão, Gottfried Leibniz nasceu em Leipzig. Depois da universidade, trabalhou no serviço público de Mainz por cinco anos, durante os quais se concentrou principalmente em textos políticos. Após um período viajando, assumiu o cargo de bibliotecário do duque de Brunswick, em Hanover, e lá permaneceu até a morte. Durante o último período da vida, desenvolveu a maior parte de seu excepcional sistema filosófico.

Leibniz é famoso na matemática pela invenção do chamado "cálculo infinitesimal" e pela polêmica subsequente, pois tanto Leibniz quanto Newton reivindicaram a autoria da descoberta. Parece estar claro que ambos a alcançaram, de fato, independentemente, mas Leibniz desenvolveu uma notação muito mais prática, ainda hoje empregada.

Obras-chave

1673 *A profissão de fé do filósofo*
1685 *Discurso de metafísica*
1695 *O novo sistema da natureza*
1710 *Teodiceia*
1714 *A monadologia*

enquanto os racionalistas afirmavam que o conhecimento pode ser adquirido exclusivamente por meio da reflexão racional.

Leibniz era um racionalista e sua distinção entre verdades de razão e verdades de fato marca um desvio interessante do debate entre racionalismo e empirismo. Sua alegação, revelada em sua obra famosa, *A monadologia*, é que, em princípio, todo conhecimento pode ser acessado pela reflexão racional. No entanto, devido a deficiências de suas faculdades racionais, os seres humanos também devem contar com »

Sabemos de quase nada adequadamente, de poucas coisas *a priori*, e da maioria por meio da experiência.
Gottfried Wilhelm Leibniz

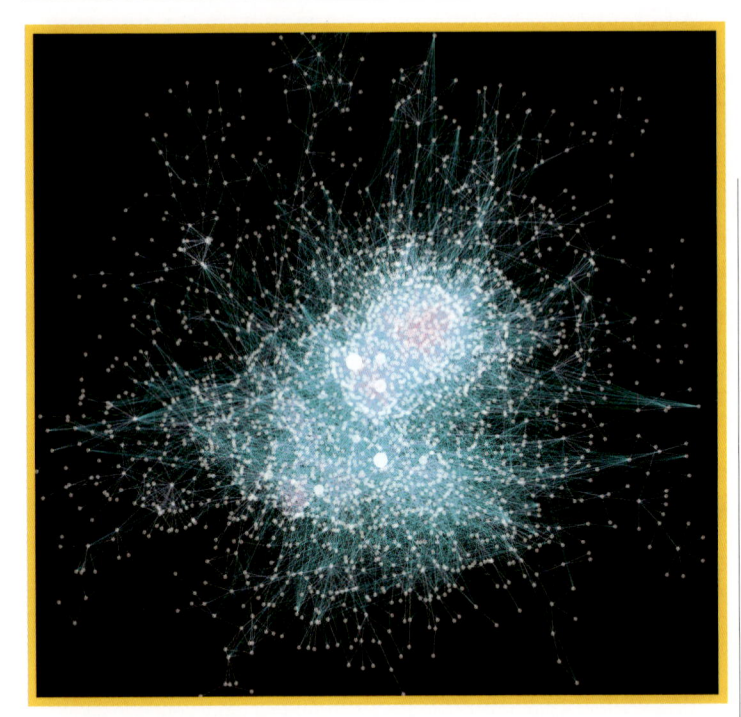

Deus criou as coisas – em um estado de "harmonia preestabelecida".

Leibniz afirmou que toda mente humana é uma mônada que contém uma representação completa do universo. Portanto, é possível para nós, em princípio, aprender tudo o que há para saber sobre o mundo, e o que está além, simplesmente explorando nossas mentes. Assim, ao fazer uma análise simples de minha noção da estrela Betelgeuse, por exemplo, eu seria capaz, ao fim, de determinar a temperatura na superfície da estrela Betelgeuse real. No entanto, na prática, a análise que é exigida de mim para alcançar essa informação é impossivelmente complexa – Leibniz chama-a de "infinita" –, e, como não posso acessá-la, a única maneira de que disponho para descobrir a temperatura de Betelgeuse é medindo-a empiricamente com um equipamento astronômico.

A temperatura na superfície de Betelgeuse é uma verdade de razão ou uma verdade de fato? De fato, ainda que eu tenha recorrido a métodos empíricos para descobrir a resposta, se

a experiência como meio de aquisição de conhecimento.

O universo em nossas mentes

Para entender como Leibniz chegou a essa conclusão, precisamos compreender um pouco de sua metafísica, de sua visão sobre como o universo é construído. Ele dizia que cada parte do mundo, cada coisa individual, tem um conceito distinto, ou "noção", associado a ela, e que cada uma dessas noções contém em si tudo o que é verdadeiro sobre si mesmo, incluindo suas relações com outras coisas. Segundo Leibniz, como tudo no universo está conectado, cada noção está conectada a outra noção, de modo que é possível – ao menos em princípio – rastrear essas conexões e descobrir verdades sobre o universo inteiro exclusivamente por meio da reflexão racional. Tal reflexão conduz

às "verdades de razão" de Leibniz. Entretanto, como a mente humana pode apreender apenas um pequeno número de tais verdades (como aquelas da matemática), tem então de contar também com a experiência – o que produz as "verdades de fato".

Desse modo, como é possível progredir do conhecimento de que agora está nevando, por exemplo, para saber o que vai acontecer amanhã em algum lugar do outro lado do mundo? Para Leibniz, a resposta está no fato de que o universo é composto de substâncias simples, individuais, chamadas "mônadas". Cada mônada está isolada de outras mônadas, e cada uma contém uma completa representação de todo o universo em seu estado passado, presente e futuro. Essa representação está sincronizada entre todas as mônadas, de modo que cada uma delas tem o mesmo conteúdo. De acordo com Leibniz, é assim que

Cada substância singular exprime todo o universo à sua própria maneira.
Gottfried Wilhelm Leibniz

minhas faculdades racionais fossem melhores eu também poderia ter descoberto a mesma resposta por meio da reflexão racional. Se é uma verdade de razão ou uma verdade de fato, portanto, parece depender apenas da maneira como chego à resposta – mas seria isso que Leibniz está afirmando?

Verdades necessárias

O problema em Leibniz é que ele sustentou que as verdades de razão são "necessárias", querendo dizer que é impossível contradizê-las, enquanto as verdades de fato seriam "contingentes", passíveis de contestação sem contradição lógica. Uma verdade matemática é uma verdade necessária porque contestar suas conclusões contradiz os significados de seus próprios termos. Mas a proposição "está chovendo na Espanha" é contingente, porque contestá-la não envolve uma contradição em termos – embora ainda seja factualmente incorreta.

A distinção de Leibniz entre verdades de razão e verdades de fato não é simplesmente epistemológica (sobre os limites do conhecimento), mas também metafísica (sobre a natureza do mundo), e não é evidente que seus argumentos sustentem sua alegação metafísica. A teoria de Leibniz das mônadas parece sugerir

> Deus compreende tudo por meio da verdade eterna, já que Ele não precisa da experiência.
> **Gottfried Wilhelm Leibniz**

que todas as verdades são verdades de razão, às quais teríamos acesso se pudéssemos concluir nossa análise racional. Mas se uma verdade de razão é uma verdade necessária, de que maneira é impossível que a temperatura em Betelgeuse seja de 2.401 Kelvin em vez de 2.400 Kelvin? Certamente não é impossível no mesmo sentido de que a proposição 2 + 2 = 5 é impossível, porque esta contém uma contradição lógica.

Da mesma maneira, se seguirmos Leibniz e separarmos verdades necessárias e contingentes, teremos o seguinte problema: posso descobrir o teorema de Pitágoras refletindo sobre a ideia de triângulos, então o teorema de Pitágoras deve ser uma verdade de razão. Mas a temperatura de Betelgeuse e o teorema de Pitágoras são igualmente verdadeiros e igualmente partes da mônada que é a minha mente. Então, por que um deve ser considerado contingente e o outro necessário?

Além disso, Leibniz nos dizia que, ao passo que ninguém pode alcançar o fim de uma análise infinita, Deus pode apreender o universo todo de uma vez: para Ele, só há verdades necessárias. A diferença entre uma verdade de razão e uma verdade de fato, portanto, parece ser uma questão de como alguém chega a conhecê-la – e, nesse caso, é difícil entender por que a primeira deve sempre ser considerada como necessariamente verdadeira, enquanto a segunda pode ou não ser verdadeira.

Um futuro incerto

Ao explicar um plano no qual um Deus onipotente e onisciente cria o universo, Leibniz inevitavelmente enfrentou o problema de explicar a noção do livre--arbítrio. Como posso escolher agir de certa maneira se Deus já sabe como vou agir? Mas o problema vai mais fundo: parece não haver nenhum lugar para contingência genuína. A teoria de Leibniz só permite uma distinção:

A calculadora mecânica foi uma das muitas invenções de Leibniz. A criação é uma prova de seu interesse em matemática e lógica, campos nos quais se destacou como inovador.

entre verdades cuja necessidade podemos descobrir e verdades cuja necessidade somente Deus pode ver. Sabemos (se aceitamos a teoria de Leibniz) que o futuro do mundo é estabelecido por um deus onisciente e benevolente, que, portanto, criou o melhor mundo possível. Mas chamamos o futuro de contingente, ou indeterminado, porque, como seres humanos limitados, não podemos ver o seu conteúdo.

O legado de Leibniz

Apesar das dificuldades inerentes à teoria de Leibniz, suas ideias continuaram a dar corpo ao trabalho de numerosos filósofos, incluindo David Hume e Immanuel Kant. Kant refinou as verdades de razão e verdades de fato de Leibniz numa distinção entre afirmações "analíticas" e "sintéticas" – divisão que permaneceu como fundamental para a filosofia europeia desde então.

A teoria das mônadas de Leibniz não mereceu igual reverência, tendo sido criticada por sua extravagância metafísica. No século XX, a ideia foi redescoberta por cientistas que se intrigaram com a descrição de Leibniz do espaço e do tempo como um sistema de relações, em vez dos absolutos da física newtoniana tradicional. ∎

SER É SER PERCEBIDO

GEORGE BERKELEY (1685-1753)

EM CONTEXTO

ÁREA
Metafísica

ABORDAGEM
Idealismo

ANTES
c.380 a.C. Na *República*, Platão apresenta sua teoria das formas, que afirma que o mundo da experiência é uma sombra imperfeita da realidade.

DEPOIS
1781 Immanuel Kant desenvolve a teoria de Berkeley num "idealismo transcendental", segundo o qual o mundo que experimentamos é apenas aparência.

1807 Georg W. F. Hegel substitui o idealismo de Kant por "idealismo absoluto", teoria na qual a realidade absoluta é o espírito.

1982 Em seu livro *The case for idealism*, o filósofo britânico John Foster defende uma versão do idealismo de Berkeley.

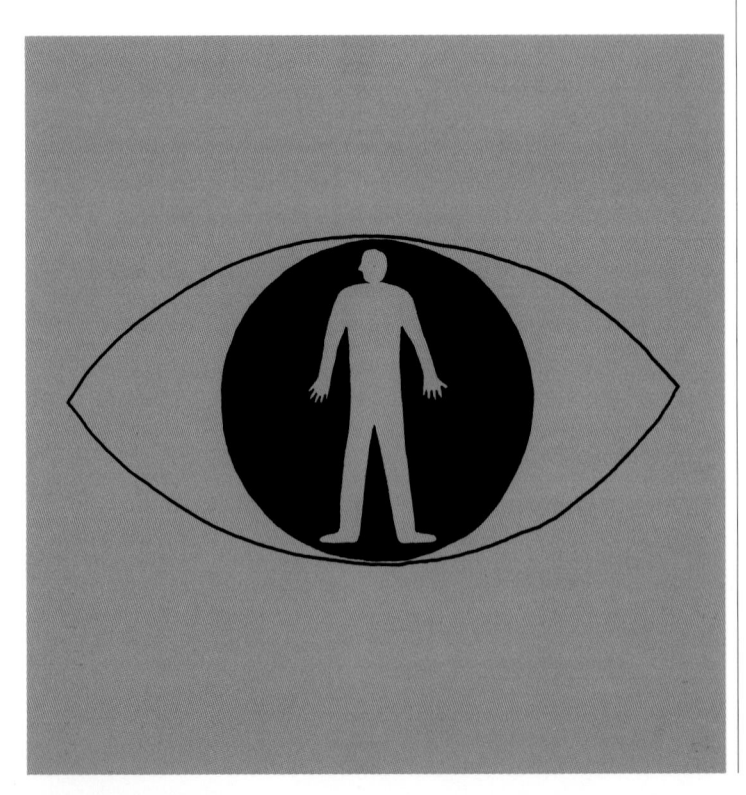

Como John Locke antes dele, George Berkeley foi um empirista, o que significa que via a experiência como fonte primária do conhecimento. Essa abordagem, que pode ser remontada a Aristóteles, contrasta com a visão racionalista de que, em princípio, todo conhecimento pode ser adquirido exclusivamente por meio da reflexão racional. Berkeley compartilhava dos mesmos pressupostos de Locke, mas chegou a conclusões bem diferentes. De acordo com Berkeley, o empirismo lockeano era moderado, pois ainda admitia a existência de um mundo independente dos sentidos e seguia René Descartes

Ver também: Platão 50-55 ▪ Aristóteles 56-63 ▪ René Descartes 116-123 ▪ John Locke 130-133 ▪ Immanuel Kant 164-171 ▪ Georg W. F. Hegel 178-185

George Berkeley

George Berkeley nasceu e foi criado no Castelo Dysart, perto da cidade de Kilkenny, Irlanda. Primeiro, ingressou no Kilkenny College; depois, no Trinity College, Dublin. Em 1707, foi eleito *fellow* em Trinity e ordenado ministro anglicano. Em 1714, tendo escrito todas as suas principais obras filosóficas, deixou a Irlanda para viajar pela Europa, passando a maior parte do tempo em Londres.

Ao retornar, tornou-se deão de Derry. No entanto, seu principal interesse era um projeto para fundar um seminário nas Bermudas. Em 1728, viajou até Newport, Rhode Island, com a esposa Anne Foster, e passou três anos tentando levantar fundos para o seminário. Em 1731, quando ficou claro que o projeto não vingaria, retornou a Londres. Três anos depois tornou-se bispo de Cloyne, Dublin, onde viveu pelo resto da vida.

Obras-chave

1710 *Tratado sobre os princípios do conhecimento humano*
1713 *Três diálogos entre Hylas e Philonous*

ao considerar os humanos como seres constituídos de duas substâncias distintas, mente e corpo.

O empirismo de Berkeley era muito mais extremo, e o levou a uma posição conhecida como "idealismo imaterialista". Isso significa que ele era monista, acreditando que há apenas um tipo de substância no universo e, também, idealista, defendendo que essa substância única é a mente, ou pensamento, em vez da matéria.

A posição de Berkeley costuma ser resumida pela frase latina *esse est percipi* ("ser é ser percebido"), mas talvez tenha melhor tradução com *esse est aut perciperi aut percipi* ("ser é »

Não existe essa coisa que os filósofos chamam de substância material.
George Berkeley

> Se existissem corpos externos, seria impossível que viéssemos a conhecê-los.
> **George Berkeley**

> Uma ideia não se assemelha a nada, senão a uma ideia; uma cor ou figura não se assemelham a nada, exceto a uma outra cor ou figura.
> **George Berkeley**

a outras ideias. E como nossa única experiência do mundo vem de nossas ideias, estaria equivocada qualquer alegação de que até podemos entender a noção de "coisas físicas". O que realmente compreendemos são coisas mentais. O mundo é construído puramente de pensamento; qualquer cor que não esteja percebendo (um perceptor) só existe como uma de nossas percepções.

A causa da percepção

Se as coisas que não são perceptores só existem na medida em que são percebidas, contudo, isso parece significar que, quando saio da sala, minha mesa, meu computador e meus livros deixam de existir, porque não estão mais sendo perceptíveis. A resposta de Berkeley a tal tipo de impasse: nada é sempre não percebido – quando não estou em minha sala, ela ainda assim é percebida por Deus. Sua teoria, portanto, não depende apenas da existência de Deus, mas de um tipo particular de Deus, constantemente envolvido no mundo.

Para Berkeley, o envolvimento de Deus no mundo vai além. Como vimos, ele afirmou que não há causas físicas, mas apenas "volições", ou atos de vontade, de onde resulta que só um

perceber ou ser percebido"). Porque, de acordo com Berkeley, o mundo consiste apenas em mentes, que percebem, e suas ideias. Isso não quer dizer que negue a existência do mundo externo ou afirme que este seja, de alguma maneira, diferente do que percebemos. Sua alegação é de que todo conhecimento deve vir da experiência, e que tudo a que temos acesso são nossas percepções. E já que essas percepções são apenas "ideias" (ou representações mentais), não temos motivo para acreditar que qualquer coisa exista, senão ideias e aqueles que percebem as ideias.

Causalidade e volição

O alvo de Berkeley era a visão de mundo de Descartes elaborada por Locke e pelo cientista Robert Boyle. Nessa abordagem, o mundo físico é constituído de um vasto número de partículas físicas, ou "corpúsculos", cuja natureza e cujas interações dão origem ao mundo como o compreendemos. O que era mais controverso, para Berkeley, é que essa visão também sustentava que o mundo origina as ideias perceptivas que temos dele, segundo o modo como o mundo interage com nossos sentidos.

Berkeley tinha duas objeções principais a essa teoria. Primeiro, ele

argumentava, nossa compreensão da causalidade (o fato de que certos eventos causam outros) é baseada inteiramente na experiência de nossas próprias volições (o modo como provocamos os eventos para que ocorram conforme a ação de nossa vontade). Segundo Berkeley, não é errado projetar nossa experiência de ação volitiva sobre o mundo – o que fazemos quando dizemos que o mundo causa as ideias que temos sobre ele. O problema é que não existe, de fato, algo como uma "causa física" das ideias, porque não haveria um mundo físico para além do mundo de ideias que possivelmente possa ser a causa de nossas ideias. O único tipo de causa que há no mundo, de acordo com Berkeley, é precisamente o tipo volitivo de causa que é o exercício da vontade.

Em sua segunda objeção, Berkeley afirmou que, como as ideias são entes mentais, não podem se assemelhar a entes físicos, porque os dois tipos de coisa têm propriedades completamente diferentes. Uma pintura ou uma fotografia podem se assemelhar a um objeto físico porque elas mesmas são uma coisa física. Mas pensar em uma ideia assemelhando-se a um objeto físico é confundi-la com uma coisa física. Ideias, então, só podem se assemelhar

Ilusões óticas são impossíveis para Berkeley, já que um objeto é como ele aparenta ser. Um canudo submerso na água, por exemplo, realmente está dobrado; visto na lupa, realmente está maior.

ato de vontade pode produzir as ideias que temos sobre o mundo. No entanto, não tenho o controle da minha experiência do mundo e não posso escolher o que sinto: o mundo simplesmente apresenta-se a mim do modo que é. Portanto, as volições que originam minhas ideias sobre o mundo não são minhas, mas de Deus. Assim, para Berkeley, Deus não apenas nos cria como perceptores, mas também é a causa e o gerador constante de todas as nossas percepções. Isso levanta uma quantidade de questões. A mais urgente: por que e como, às vezes, percebemos as coisas incorretamente? Deus quer nos iludir?

Berkeley tentou responder essa questão afirmando que nossas percepções nunca estão, de fato, equivocadas; erramos nos julgamentos sobre aquilo que percebemos. Por exemplo, se um remo mergulhado até a metade na água me parece dobrado, então ele realmente está dobrado: a circunstância em que incorro no erro é ao pensar que ele somente aparenta estar dobrado.

No entanto, o que acontece se toco a água e apalpo o remo? Ele certamente dá a sensação de estar reto. E já que o remo não pode ser reto

Todos os coros do céu e bens da terra – em uma palavra, todos aqueles corpos que compõem a estrutura do mundo – não têm qualquer subsistência sem uma mente.
George Berkeley

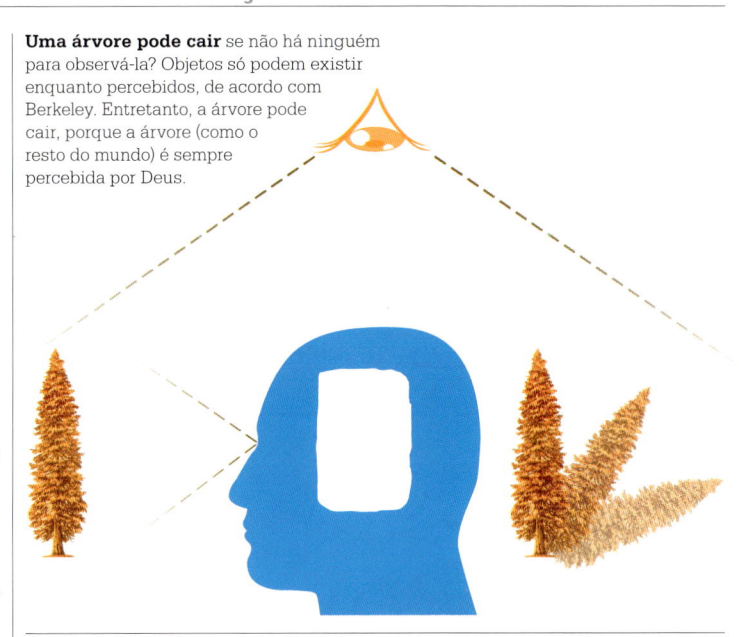

Uma árvore pode cair se não há ninguém para observá-la? Objetos só podem existir enquanto percebidos, de acordo com Berkeley. Entretanto, a árvore pode cair, porque a árvore (como o resto do mundo) é sempre percebida por Deus.

e dobrado ao mesmo tempo, deve haver, de fato, dois remos: um que eu vejo e um que eu toco. Ainda mais problemático para Berkeley, contudo, seria o fato de que duas pessoas diferentes vendo o mesmo remo devem, de fato, estar vendo dois remos diferentes, uma vez que não há um único e "real" remo para o qual suas percepções convirjam.

O problema do solipsismo

Um fato inevitável do sistema Berkeley, portanto, parecer ser que nunca percebemos as mesmas coisas. Todos estamos presos em nosso próprio mundo e isolados do mundo das outras pessoas. O fato de que Deus tenha a ideia de um remo não nos ajuda aqui, porque essa seria uma terceira ideia e, por consequência, um terceiro remo. Deus originou minha ideia e a sua ideia, mas, a menos que compartilhemos de uma única mente entre nós e com Deus, ainda há três diferentes ideias – então, há três remos diferentes. Isso nos conduz ao

problema do solipsismo: a possibilidade de que a única coisa que posso ter certeza de que exista, ou que possa de fato existir, sou eu mesmo.

Há uma solução possível ao solipsismo. Já que posso produzir mudanças no mundo – tal como levantar minha própria mão – e já que percebo mudanças similares nos corpos de outras pessoas, posso concluir que aqueles corpos são também modificados por uma "consciência" dentro deles. O problema para Berkeley, porém, é que não existe uma mão "real" sendo erguida – o máximo que uma pessoa pode fazer é ser a causa da ideia da própria mão se levantando –, mas apenas a sua ideia, não a de outra pessoa. Em outras palavras, eu ainda dependo de Deus para fornecer minha própria ideia de outras pessoas levantando a mão. Assim, longe de nos suprir com certeza empírica, Berkeley deixou-nos dependentes – para nossa ideia de mundo e da existência de outras mentes – da fé num Deus que nunca nos iludiria. ■

A ERA DA REVOLU

1750-1900

ÇÃO

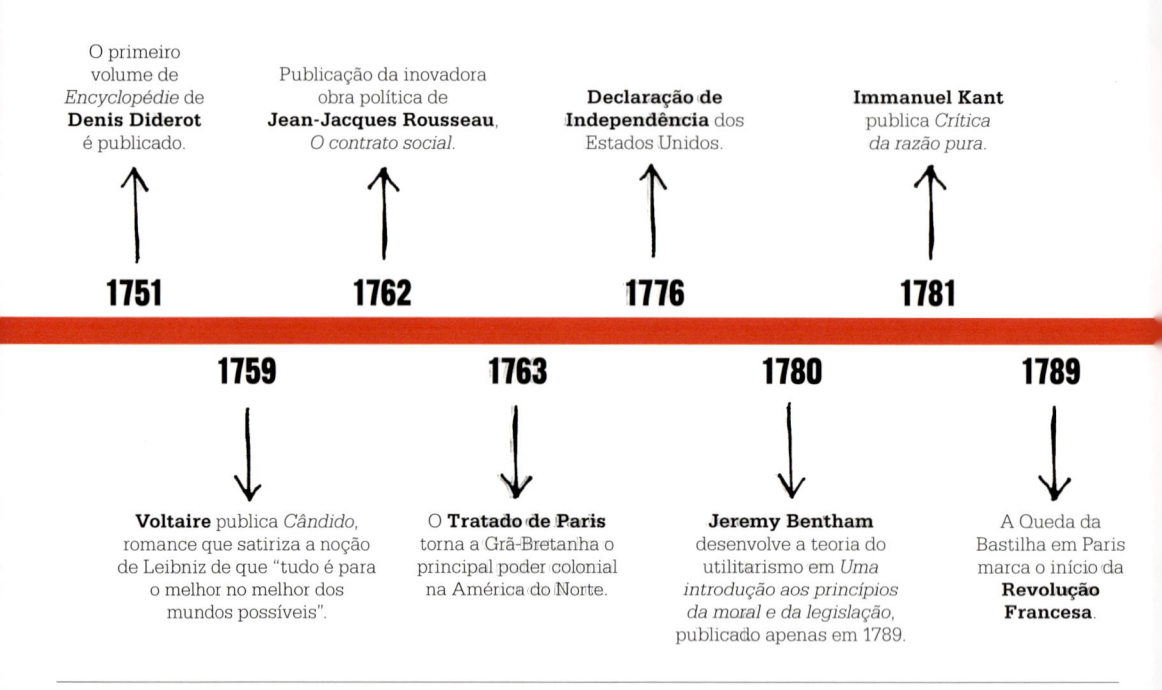

O primeiro volume de *Encyclopédie* de **Denis Diderot** é publicado.

Publicação da inovadora obra política de **Jean-Jacques Rousseau**, *O contrato social*.

Declaração de Independência dos Estados Unidos.

Immanuel Kant publica *Crítica da razão pura*.

1751　　**1762**　　**1776**　　**1781**

1759　　**1763**　　**1780**　　**1789**

Voltaire publica *Cândido*, romance que satiriza a noção de Leibniz de que "tudo é para o melhor no melhor dos mundos possíveis".

O **Tratado de Paris** torna a Grã-Bretanha o principal poder colonial na América do Norte.

Jeremy Bentham desenvolve a teoria do utilitarismo em *Uma introdução aos princípios da moral e da legislação*, publicado apenas em 1789.

A Queda da Bastilha em Paris marca o início da **Revolução Francesa**.

Durante a Renascença europeia, o continente evoluiu para um conjunto de estados-nações separados, que anteriormente foram um continente unificado sob o controle da Igreja. Enquanto o poder era transferido a países autônomos, distintas culturas nacionais se formaram, o que se verificava nas artes e na literatura, mas também nos estilos filosóficos que surgiram no século XVII.

Na Idade da Razão havia uma nítida diferença entre o racionalismo da Europa continental e o empirismo dos filósofos britânicos, e no século XVIII a filosofia continuou a se concentrar na França e na Grã--Bretanha, enquanto se desenrolava o período do iluminismo. Valores antigos e sistemas feudais se esfacelaram ao mesmo tempo em que as novas nações fundadas sobre o comércio deram origem a uma classe média urbana com prosperidade sem precedentes. As nações mais ricas, como Grã-Bretanha, França, Espanha, Portugal e Holanda, invadiram e colonizaram muitos países ao redor do mundo.

França e Grã-Bretanha

A filosofia progressivamente concentrou-se em questões sociais e políticas, também segundo visões nacionais. Na Grã-Bretanha, onde uma revolução já tinha começado e terminado, o empirismo alcançou o auge nas obras de David Hume, enquanto o novo utilitarismo dominava a filosofia política. Tudo isso evoluiu ao lado da Revolução Industrial iniciada na década de 1730, quando pensadores como John Stuart Mill refinaram o utilitarismo de Jeremy Bentham e ajudaram a estabelecer tanto uma democracia liberal quanto um sistema para os direitos civis modernos.

A situação na França era menos estável. O racionalismo de René Descartes deu lugar a uma geração de *philosophes*, filósofos políticos radicais que popularizariam o novo modo de pensamento científico. Entre eles, estavam o satirista Voltaire e o enciclopedista Denis Diderot, mas o mais revolucionário foi Jean-Jacques Rousseau. Sua visão de sociedade governada pelos princípios de *liberté*, *egalité* e *fraternité* (liberdade, igualdade e fraternidade) propiciou o grito de guerra da Revolução Francesa de 1789, e desde então inspira pensadores revolucionários. Rousseau acreditava que a civilização era uma influência corruptora sobre as pessoas, que são instintivamente boas. Essa parte de seu pensamento

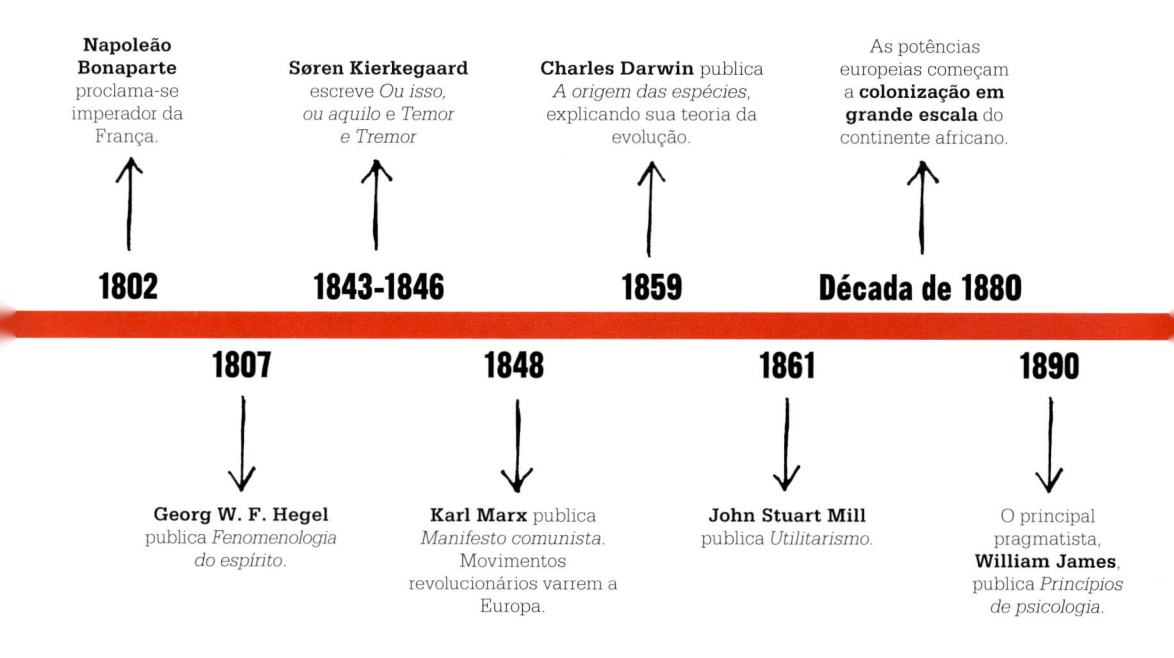

Napoleão Bonaparte proclama-se imperador da França.

Søren Kierkegaard escreve *Ou isso, ou aquilo* e *Temor e Tremor*

Charles Darwin publica *A origem das espécies*, explicando sua teoria da evolução.

As potências europeias começam a **colonização em grande escala** do continente africano.

1802 **1843-1846** **1859** **Década de 1880**

1807 **1848** **1861** **1890**

Georg W. F. Hegel publica *Fenomenologia do espírito*.

Karl Marx publica *Manifesto comunista*. Movimentos revolucionários varrem a Europa.

John Stuart Mill publica *Utilitarismo*.

O principal pragmatista, **William James**, publica *Princípios de psicologia*.

---

deu o tom para o movimento seguinte do romantismo.

No período romântico, a literatura, a pintura e a música europeias adotaram uma visão idealizada da natureza, em acentuado contraste com a elegância urbana sofisticada do iluminismo. A diferença principal talvez fosse a maneira pela qual os românticos valorizavam o sentimento e a intuição acima da razão. O movimento dominou toda a Europa, prosseguindo até o fim do século XIX.

Idealismo alemão

A filosofia alemã veio dominar o século XIX, em grande parte, devido à obra de Immanuel Kant. Sua filosofia idealista – que afirmava que nunca podemos saber nada sobre as coisas que existem para além de nós mesmos – alterou radicalmente o curso do pensamento filosófico. Embora apenas alguns anos mais jovem do que Hume e Rousseau, Kant pertencia à geração seguinte: suas principais obras filosóficas foram escritas depois da morte dos antecessores, e sua nova interpretação sobre o universo e o conhecimento conseguiu integrar as abordagens do racionalismo e do empirismo de maneira mais conveniente tanto ao romantismo quanto à cultura alemã.

Os seguidores de Kant incluíam Fichte, Schelling e Hegel (que, juntos, se tornaram conhecidos como idealistas alemães), mas também Schopenhauer, cuja interpretação singular da filosofia de Kant incorporava ideias da filosofia oriental.

Entre os herdeiros do rígido idealismo de Hegel estava Karl Marx, que de maneira brilhante uniu os métodos filosóficos alemães, a revolucionária filosofia política francesa e a teoria econômica britânica. Depois de escrever *Manifesto comunista* com Friedrich Engels, publicou *O capital*, uma das obras filosóficas mais influentes de todos os tempos. Mesmo décadas após sua morte, nações de todo o mundo tinham organizado estados de acordo com princípios marxistas.

Nesse ínterim, nos Estados Unidos, que derrubara o governo colonial britânico para estabelecer uma república baseada em valores iluministas, começou a se desenvolver uma cultura americana independente das raízes europeias. A princípio romântica, no final do século XIX essa cultura produziu uma linha local de filosofia, o pragmatismo, que investiga a natureza da verdade, acompanhando os matizes democráticos da nação e adequando-se bem à cultura do novo século. ∎

A DÚVIDA NÃO É UMA CONDIÇÃO AGRADÁVEL, MAS A CERTEZA É ABSURDA

VOLTAIRE (1694-1778)

Voltaire foi um intelectual francês que viveu durante o iluminismo, período caracterizado pelo questionamento intenso sobre o mundo e sobre como as pessoas viviam nele. Os filósofos e escritores europeus voltaram sua atenção para as autoridades reconhecidas, tais como Igreja e Estado, a fim de questionar sua validade e suas ideias, ao mesmo tempo em que buscavam novas perspectivas. Até o século XVII, os europeus tinham aceitado irrestritamente as explicações da Igreja sobre o que, por que e como as coisas existiam, mas tanto os cientistas quanto os filósofos já apresentavam abordagens diferentes para estabelecer a verdade. Em 1690, o filósofo John Locke argumentou que nenhuma ideia era inata – todas as ideias nasciam exclusivamente da experiência. Seu argumento ganhou peso adicional por causa do cientista Isaac Newton, cujos experimentos forneceram novas formas de descobrir verdades sobre o mundo. Foi contra

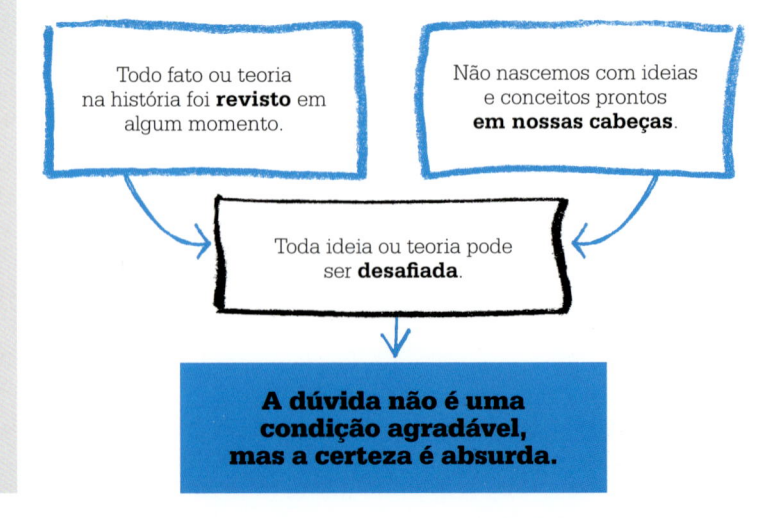

Todo fato ou teoria na história foi **revisto** em algum momento.

Não nascemos com ideias e conceitos prontos **em nossas cabeças**.

Toda ideia ou teoria pode ser **desafiada**.

A dúvida não é uma condição agradável, mas a certeza é absurda.

Ver também: Aristóteles 56-63 ▪ John Locke 130-133 ▪ David Hume 148-153 ▪ John Stuart Mill 190-193 ▪ Hans-Georg Gadamer 260-261 ▪ Karl Popper 262-265

Para Voltaire, os experimentos científicos do iluminismo pareciam conduzir a um mundo melhor, baseado em evidência empírica e curiosidade sem restrições.

esse pano de fundo de rebelião contra as tradições que Voltaire declarou que a certeza é absurda.

Voltaire refuta a ideia de certeza de duas maneiras. Primeiro, ele mostrou que, à exceção de algumas poucas verdades necessárias da matemática e da lógica, quase todo fato e teoria na história foi revisto em algum momento. Então, o que parece ser "fato" é realmente pouco mais do que uma hipótese de trabalho. Segundo, ele concordou com Locke de que não existem ideias inatas, e mostrou que as ideias que temos a impressão de conhecer como verdadeiras desde o nascimento podem ser apenas culturais, já que elas variam de nação para nação.

Dúvida revolucionária

Voltaire não chegou a afirmar que não existem verdades absolutas, mas não via meios de alcançá-las. Por essa razão, enunciou que a dúvida é o único ponto de vista lógico. Supondo que o desacordo sem fim é, por consequência, inevitável, Voltaire enfatizou a importância de desenvolver um sistema, como a ciência, para estabelecer o acordo.

Ao afirmar que a certeza é mais agradável do que a dúvida, Voltaire insinua o quanto é mais fácil simplesmente aceitar as declarações oficiais – como as da monarquia ou da Igreja – do que desafiá-las e pensar por si mesmo. Mas Voltaire acreditava que é de vital importância duvidar de todo "fato" e desafiar toda autoridade. Ele defendeu a limitação do poder do governo, mas a liberdade de expressão não pode ser censurada, afirmando que a ciência e a educação levam ao progresso material e moral. Esses eram ideais fundamentais tanto do iluminismo quanto da Revolução Francesa, deflagrada 11 anos depois da morte de Voltaire. ▪

Voltaire

Voltaire era o pseudônimo do escritor e pensador francês François Marie Arouet. Ele nasceu numa família de classe média, em Paris, como o mais jovem de três filhos. Estudou direito na universidade, mas sempre preferiu escrever. Por volta de 1715, era famoso pelo talento literário. Seus textos satíricos com frequência o deixavam em dificuldade: foi preso diversas vezes por insultar a nobreza e até exilado. Isso o levou a um período na Inglaterra, onde sucumbiu à influência da filosofia e da ciência inglesa. De volta à França, enriqueceu por meio da especulação financeira e, finalmente, pôde dedicar-se apenas aos livros. Teve vários casos amorosos longos e escandalosos, e viajou muito pela Europa. No final da vida, fez campanha vigorosa pela reforma legal e contra a intolerância religiosa, na França e em outros lugares.

Obras-chave

1733 *Cartas filosóficas*
1734 *Tratado de metafísica*
1759 *Cândido*
1764 *Dicionário filosófico*

O HÁBITO É O GRANDE GUIA DA VIDA HUMANA

DAVID HUME (1711-1776)

David Hume nasceu numa época em que a filosofia europeia era dominada pelo debate sobre a natureza do conhecimento. René Descartes tinha, na prática, preparado o palco para a filosofia moderna em *Discurso sobre o método*, deflagrando um movimento de racionalismo que afirmava que o conhecimento pode ser alcançado exclusivamente pela reflexão racional. Na Grã-Bretanha, John Locke lançara o contra-ataque com seu argumento empirista de que o conhecimento pode ser obtido somente a partir da experiência. George Berkeley aderiu, formulando sua própria versão de empirismo, de acordo com a qual o mundo só existe na medida em que é percebido. Mas foi Hume, o terceiro dos principais empiristas britânicos, que aplicou o maior golpe no racionalismo com seu argumento apresentado em *Tratado da natureza humana*.

O dilema de Hume

Com uma clareza de linguagem notável, Hume lançou um olhar cético para o problema do conhecimento e argumentou energicamente contra a noção de "ideias inatas", um princípio central do racionalismo. Ele o fez primeiramente ao dividir o conteúdo da mente em dois tipos de fenômenos e, depois, perguntando como eles se relacionam um com o outro. Os dois fenômenos são "impressões" – ou percepções diretas, que Hume chama de "sensações, paixões e emoções" – e "ideias", ou seja, cópias pálidas das nossas impressões, tais como pensamentos, reflexões e imaginação. Ao analisar essa distinção, Hume chegou a uma conclusão inquietante, que põe em xeque nossas crenças mais estimadas, não apenas sobre lógica e ciência, mas sobre a natureza do mundo.

Em nossos raciocínios a respeito dos fatos, existem todos os graus imagináveis de certeza. Um homem sábio, portanto, ajusta sua crença à evidência.
David Hume

Nascido em Edimburgo, Escócia, em 1711, Hume foi criança prodígio: entrou na Universidade de Edimburgo aos doze anos. Por volta de 1729, dedicou seu tempo a encontrar "algum meio pelo qual a verdade possa ser estabelecida" e, depois de sofrer um colapso nervoso, mudou-se para La Flèche, em Anjou, França. Ali, escreveu o *Tratado da natureza humana*, que explica quase todas as suas ideias filosóficas, antes de retornar a Edimburgo.

Em 1763, foi nomeado para a embaixada em Paris, onde ficou amigo de Jean-Jacques Rousseau e tornou-se mais conhecido como filósofo. Os controversos *Diálogos sobre a religião natural* ocuparam os anos finais de Hume e, por causa do que chamava de sua "abundante precaução", só foram publicados após sua morte em Edimburgo, em 1776.

Obras-chave

1739 *Tratado da natureza humana*
1748 *Investigação acerca do entendimento humano*
1779 *Diálogos sobre a religião natural*

Ver também: Platão 50-55 ▪ Aristóteles 56-63 ▪ René Descartes 116-123 ▪ John Locke 130-133 ▪ George Berkeley 138-141 ▪ Immanuel Kant 164-171 ▪ Ludwig Wittgenstein 246-251 ▪ Karl Popper 262-265

O problema, para Hume, é que muito frequentemente temos ideias que não podem ser sustentadas por nossas impressões – e Hume se dispôs a examinar até que ponto este é o caso. Para entender o que ele quis dizer, devemos notar que para Hume existem apenas dois tipos de proposições: raciocínios "demonstrativos" e "prováveis". Segundo Hume, na experiência cotidiana de algum modo confundimos os dois tipos de conhecimento que eles expressam.

O raciocínio demonstrativo é aquele cuja verdade ou falsidade é autoevidente. Tome-se, por exemplo, o enunciado 2 + 2 = 4. Negar esse raciocínio envolve uma contradição lógica – em outras palavras, afirmar que 2 + 2 não é igual a 4 é ser incapaz de apreender os significados dos termos "2" ou "4" (ou "+" ou "="). Os raciocínios demonstrativos na lógica, na matemática e no raciocínio dedutivo são conhecidos por serem verdadeiros ou falsos *a priori* – ou seja, "prévio à experiência". Por outro lado, a verdade de um raciocínio provável não é autoevidente, pois diz respeito a »

A matemática e a lógica produzem o que Hume chama de verdades "demonstrativas", que não podem ser refutadas sem contradição. Essas são as únicas certezas na filosofia de Hume.

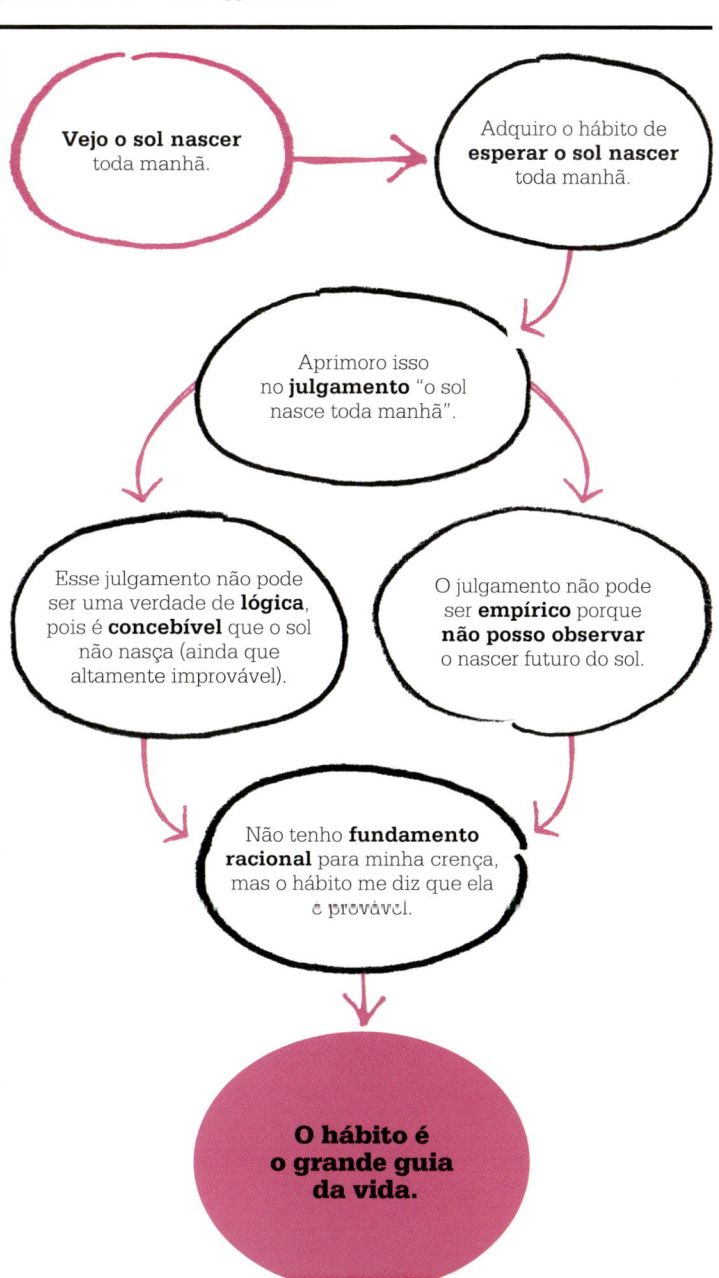

Vejo o sol nascer toda manhã.

Adquiro o hábito de **esperar o sol nascer** toda manhã.

Aprimoro isso no **julgamento** "o sol nasce toda manhã".

Esse julgamento não pode ser uma verdade de **lógica**, pois é **concebível** que o sol não nasça (ainda que altamente improvável).

O julgamento não pode ser **empírico** porque **não posso observar** o nascer futuro do sol.

Não tenho **fundamento racional** para minha crença, mas o hábito me diz que ela é provável.

O hábito é o grande guia da vida.

questões empíricas de fato. Por exemplo, qualquer afirmação sobre o mundo, tal como "Jim está no andar de cima", é um raciocínio provável porque requer a evidência empírica para ser considerada como verdadeira ou falsa. Em outras palavras, sua verdade ou falsidade só pode ser conhecida por meio de algum tipo de experimento – como ir ao andar de cima para ver se Jim está lá.

À luz disso, podemos indagar a respeito de qualquer raciocínio se ele é provável ou demonstrativo. Se não é nenhum deles, então não podemos saber se é verdadeiro ou falso; portanto, para Hume, não tem significado. Essa divisão de todos os raciocínios em dois tipos possíveis é, com frequência, chamado de "dilema de Hume".

Raciocínio indutivo

Não há surpresas no raciocínio de Hume até aqui, mas as coisas dão uma estranha guinada quando ele aplica essa linha de argumento à inferência indutiva – nossa capacidade de inferir coisas a partir de evidência passada. Ao observarmos um padrão constante, inferimos que ele vai continuar no futuro, assumindo tacitamente que a natureza continuará a se comportar de maneira uniforme. Por exemplo, podemos ver o sol nascer toda manhã e inferir que ele nascerá novamente amanhã. Mas a alegação de que a natureza segue esse padrão uniforme é justificável? Alegar que o sol nascerá amanhã não é um raciocínio demonstrativo (porque

alegar o oposto não envolve contradição lógica) nem um raciocínio provável (porque não podemos experimentar já o futuro nascer do sol).

O mesmo problema ocorre se aplicamos o dilema de Hume à evidência de causalidade. O enunciado "o acontecimento A provoca o acontecimento B" parece, diante disso, ser um enunciado que podemos verificar, mas, novamente, isso não resiste a um exame mais minucioso. Não há contradição lógica na negação de que A provoca B (como haveria em negar que $2 + 2 = 4$), então não pode ser um raciocínio demonstrativo. Nem pode ser provado empiricamente, já que não podemos observar todo o evento A para ver se é seguido por B – então, também não é um raciocínio provável. O fato de que, em nossa experiência limitada, B invariavelmente segue A não é um fundamento racional para acreditar que A sempre seguirá B, ou que A provoca B.

Se nunca há qualquer base racional para inferir causa e efeito, então que justificativa temos para fazer essa conexão? Hume explicou isso simplesmente como "natureza humana": um hábito mental que interpreta uniformidade na repetição regular, assim como uma conexão causal naquilo que ele chamou de "conjunção constante" de eventos. Na

De acordo com Hume, **os fundamentos para a nossa crença** de que o sol nascerá amanhã ou de que a água, e não frutas, fluirá da torneira não são lógicos. São simplesmente o resultado do condicionamento, que nos ensina que amanhã o mundo será o mesmo que é hoje.

A natureza, por uma necessidade absoluta e incontrolável, determinou-nos para julgar, assim como para respirar e sentir.
David Hume

A ciência nos supre com informações cada vez mais detalhadas sobre o mundo. No entanto, para Hume, a ciência lida apenas com teorias e jamais pode produzir uma "lei da natureza".

realidade, esse tipo de raciocínio indutivo, que é a base da ciência, nos instiga a interpretar nossas inferências como "lei" da natureza. Mas, apesar do que possamos pensar, essa prática não pode ser justificada pelo argumento racional.

Ao dizer isso, Hume apresentou suas mais fortes razões contra o racionalismo, porque ele afimou que é a crença (definida como "uma ideia vívida relacionada ou associada com a impressão presente"), guiada pelo hábito, que está no cerne de nossas pretensões ao conhecimento, e não a razão.

O hábito como nosso guia

Hume foi além ao reconhecer que, embora as inferências indutivas não sejam demonstráveis, isso não significa que sejam inúteis. Afinal, ainda temos uma pretensão razoável para supor que algo aconteça, julgando a partir da observação e da experiência passada. Na ausência de uma justificativa racional para a inferência indutiva, o hábito é um bom guia.

No entanto, Hume advertiu que esse "hábito mental" deve ser aplicado com precaução. Antes de inferir causa e efeito entre dois acontecimentos, devemos ter evidências de que essa sucessão de acontecimentos tenha sido invariável no passado e de que há uma conexão necessária entre eles. Podemos prever razoavelmente que quando soltamos um objeto ele cairá no chão, porque isso é o que sempre aconteceu no passado e há uma conexão óbvia entre soltar o objeto e sua queda. Por outro lado, dois relógios com alguns segundos de diferença tocarão um depois do outro – mas como não há conexão óbvia entre eles, não devemos inferir que o toque de um relógio é a causa do toque do outro.

O tratamento de Hume ao "problema da indução", como ficou conhecido, tanto abala as alegações do racionalismo quanto amplia o papel da crença e do hábito em nossas vidas. Como ele disse, as conclusões obtidas por nossas crenças são "tão satisfatórias à mente... quanto o tipo demonstrativo".

Uma ideia revolucionária

As ideias inovadoras apresentadas de maneira brilhante no *Tratado da natureza humana* foram quase ignoradas quando publicadas em 1739, apesar de serem o ponto alto do empirismo britânico. Hume ficou mais conhecido em seu país como o autor de *História da Grã-Bretanha* do que por sua filosofia. Na Alemanha, porém, a importância de sua epistemologia teve mais reconhecimento. Immanuel Kant admitiu ter sido despertado de seu "cochilo dogmático" ao ler Hume, que persistiu como influência significativa sobre os filósofos alemães do século XIX e os positivistas lógicos do século XX, os quais acreditavam que apenas afirmações significativas poderiam ser verificáveis. A explanação de Hume sobre o problema da indução permaneceu incontestada ao longo desse período e ressurgiu na obra de Karl Popper, que a utilizou para sustentar sua alegação de que uma teoria só pode ser considerada científica se for falsificável. ∎

Hume estava absolutamente certo ao indicar que a indução não pode ser logicamente justificada.
Karl Popper

O HOMEM NASCE LIVRE

E POR TODA PARTE ENCONTRA-SE ACORRENTADO

JEAN-JACQUES ROUSSEAU (1712-1778)

EM CONTEXTO

ÁREA
Filosofia política

ABORDAGEM
Teoria do contrato social

ANTES
1651 Thomas Hobbes apresenta a ideia de um contrato social em seu livro *Leviatã*.

1689 A obra *Dois tratados sobre o governo*, de John Locke, assevera o direito natural humano de defender "a vida, a saúde, a liberdade ou os bens".

DEPOIS
1791 *Os direitos do homem*, de Thomas Paine, argumenta que o único objetivo do governo é garantir os direitos do indivíduo.

1848 Karl Marx e Friedrich Engels publicam *Manifesto comunista*.

1971 John Rawls desenvolve a ideia da "justiça como equidade" em seu livro *Uma teoria da justiça*.

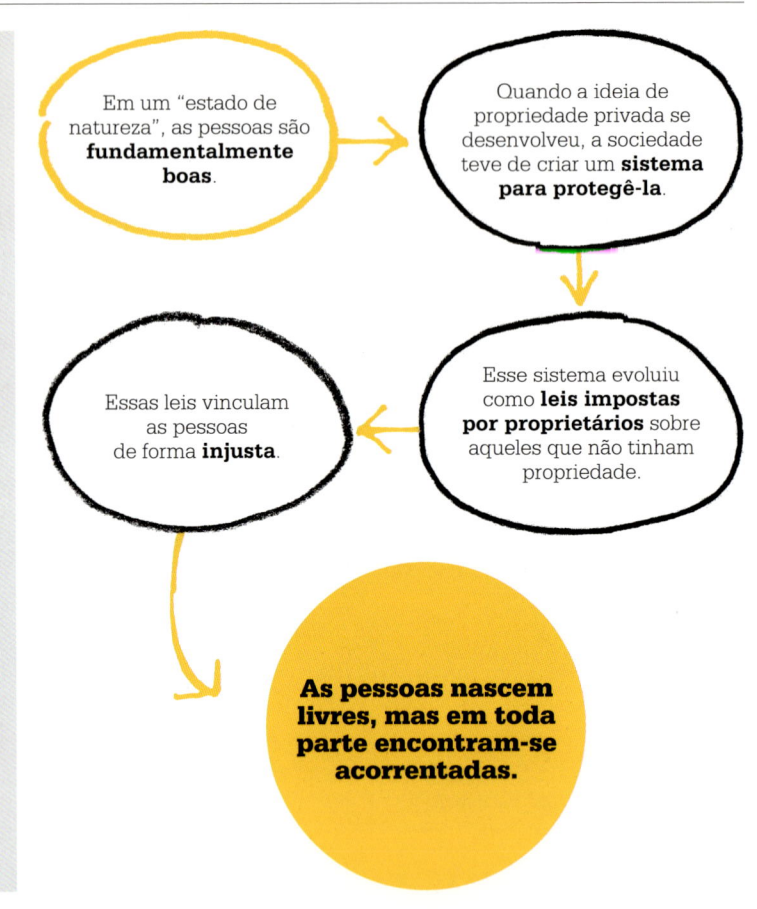

Em um "estado de natureza", as pessoas são **fundamentalmente boas**.

Quando a ideia de propriedade privada se desenvolveu, a sociedade teve de criar um **sistema para protegê-la**.

Esse sistema evoluiu como **leis impostas por proprietários** sobre aqueles que não tinham propriedade.

Essas leis vinculam as pessoas de forma **injusta**.

As pessoas nascem livres, mas em toda parte encontram-se acorrentadas.

Rousseau era, em grande parte, produto do período final do século XVIII, conhecido como iluminismo, e personificação da filosofia continental europeia da época. Quando jovem, tentou fazer seu nome tanto como músico quanto como compositor, mas em 1740 conheceu Denis Diderot e Jean d'Alembert, organizadores da nova *Encyclopédie*, e interessou-se pela filosofia. O ambiente político na França da época estava agitado. Os pensadores iluministas franceses e ingleses tinham começado a questionar o *status quo*, minando a autoridade da Igreja e da aristocracia e defendendo uma reforma social – tal como Voltaire continuamente desafiava a censura autoritária do *establishment*. Como era de se esperar nesse contexto, a principal área de interesse de Rousseau tornou-se a filosofia política. Seu pensamento foi influenciado não apenas por seus contemporâneos franceses, mas também por obras de filósofos ingleses – e, em particular, a ideia de um contrato social, como proposto por Thomas Hobbes e aperfeiçoado por John Locke. Como eles, Rousseau considerou a ideia de humanidade num "estado natural" hipotético, comparando-a com a maneira como as pessoas realmente viviam em sociedade civil. Mas ele assumiu uma perspectiva tão radicalmente própria desse estado natural (e do modo como ele é transformado pela sociedade) que poderia ser considerada uma forma de pensamento "contrailuminista". Sua abordagem continha em si as sementes do próximo grande movimento, o romantismo.

Ciência e arte corrompem

Hobbes tinha imaginado a vida em estado natural como "solitária, pobre,

Ver também: Thomas Hobbes 112-115 ▪ John Locke 130-133 ▪ Edmund Burke 172-173 ▪ John Stuart Mill 190-193 ▪ Karl Marx 196-203 ▪ John Rawls 294-295

repugnante, brutal e curta". Em sua opinião, a humanidade é instintivamente egocêntrica, e a civilização é necessária para impor restrições a esses instintos. De sua parte, Rousseau considerava a natureza humana bem mais gentil e via a sociedade civil como uma força muito menos benevolente.

A ideia de que a sociedade pode ser uma influência nociva ocorreu a Rousseau pela primeira vez quando ele escreveu um ensaio para um concurso organizado pela Academia de Dijon, respondendo à questão: "O restabelecimento das ciências e das artes contribuiu para aperfeiçoar os costumes?" A resposta que se esperava de pensadores da época, e especialmente de um músico como Rousseau, era um entusiástico sim. Mas Rousseau sustentou o oposto. Seu *Discurso sobre as ciências e as artes*, que ganhou o primeiro prêmio,

apresentava de maneira controversa a ideia de que as artes e as ciências corrompem e corroem a moral. Ele argumentou que, longe de desenvolver mentes e vidas, as artes e as ciências diminuem a virtude e a felicidade humana.

A desigualdade das leis

Tendo rompido com o pensamento estabelecido com seu texto, aclamado publicamente, Rousseau levou a ideia um passo além num segundo ensaio, *Discurso sobre a origem e os fundamentos da desigualdade entre os homens*. O tema condizia com o espírito da época, ecoando os apelos por reforma social de escritores como »

O movimento romântico na arte e na literatura que dominou o final do século XVIII e início do século XIX refletiu a visão de Rousseau sobre o estado de natureza como o da beleza, inocência e virtude.

Jean-Jacques Rousseau

Jean-Jacques Rousseau nasceu numa família calvinista em Genebra. Sua mãe morreu apenas alguns dias depois de seu nascimento. Alguns anos mais tarde, seu pai abandonou a casa após um duelo, deixando-o aos cuidados de um tio.

Aos dezesseis anos, Rousseau foi para a França e se converteu ao catolicismo. Enquanto tentava se tornar conhecido como compositor, trabalhou como funcionário público, tendo sido designado para Veneza por dois anos. Ao retornar, começou a escrever filosofia. Suas visões controversas levaram seus livros à proibição na Suíça e na França, onde foram dadas ordens para sua prisão. Foi forçado a aceitar o convite de David Hume para viver na Inglaterra por um curto período. Voltou para a França com um nome falso. Mais tarde, foi-lhe permitido retornar a Paris, onde morreu aos 66 anos.

Obras-chave

1750 *Discurso sobre as ciências e as artes*
1755 *Discurso sobre a origem e os fundamentos da desigualdade entre os homens*
1755 *Discurso sobre a economia política*
1762 *O contrato social*

Voltaire – mas em sua análise novamente Rousseau contrariou o pensamento tradicional. O estado da natureza egoísta, selvagem e injusta retratado por Hobbes é, para Rousseau, uma descrição não do "homem natural", mas do "homem civilizado". Ele argumentou que a sociedade civil é que induz esse estado selvagem. O estado natural da humanidade, ele frisou, é inocente, feliz e independente: o homem nasce livre.

A sociedade corrompe

O estado de natureza que Rousseau descreveu é um idílio pastoril, no qual as pessoas em seu estado natural são fundamentalmente boas. (Os britânicos interpretaram erroneamente a ideia de Rousseau sobre o homem natural como um "bom selvagem", mas devido a um erro de tradução do francês *sauvage*, que significa "natural", não selvagem.) As pessoas seriam dotadas de virtudes inatas e, mais importante, com atributos de compaixão e empatia.

Adão e Eva representam o tipo de seres humanos "naturais" que Rousseau julgava que existiam antes da sociedade: corrompidos pelo conhecimento, tornaram-se mais egoístas e infelizes.

Mas, uma vez que esse estado de inocência é destruído e o poder da razão começa a distinguir a humanidade do resto da natureza, as pessoas são apartadas de suas virtudes naturais. A imposição da sociedade civil sobre o estado de natureza, portanto, resulta em um afastamento da virtude em direção ao vício – e da felicidade idílica em direção à miséria.

Rousseau via a queda do estado de natureza e o estabelecimento da sociedade civil como algo lamentável, mas inevitável, porque isso resultou da faculdade racional humana. Segundo ele, o processo começou na primeira vez que uma pessoa cercou um pedaço de terra para uso próprio, introduzindo assim a noção de propriedade. Conforme grupos de pessoas começaram a viver lado a lado dessa forma, formaram sociedades que só podiam se manter por meio de um sistema de leis. Mas Rousseau afirmou que toda sociedade perde contato com as virtudes naturais da humanidade, inclusive a compaixão, e impõe leis injustas, feitas para proteger a propriedade e infligidas aos pobres pelos ricos. O deslocamento de um estado natural para um estado civilizado, portanto, ocasionaria um deslocamento não apenas da virtude para o vício, salientou Rousseau, mas também da inocência e da liberdade para a injustiça e a escravização. Embora a humanidade seja naturalmente virtuosa, ela é corrompida pela sociedade; e embora as pessoas nasçam livres, as leis impostas pela sociedade as condenam a uma vida "acorrentada".

O contrato social

O segundo *Discurso* de Rousseau causou ainda mais polêmica do que o primeiro, mas proporcionou-lhe maior reputação e até seguidores. Seu retrato do estado de natureza como desejável e não brutal constituiu uma base vital do emergente movimento

A tranquilidade também está nos calabouços, mas isso basta para torná-los lugares desejáveis de se viver?
Jean-Jacques Rousseau

literário romântico. A palavra de ordem de Rousseau ("de volta à natureza!") e sua análise pessimista sobre a sociedade moderna, cheia de desigualdades e injustiças, afinou-se com a crescente inquietação social da década de 1750, especialmente na França. Não contente em apenas apresentar o problema, Rousseau tratou de oferecer uma solução, no que parece ser sua obra mais influente, *O contrato social*.

Rousseau abriu sua obra com uma declaração desafiadora – "O homem nasce livre e por toda parte está acorrentado" –, considerada uma convocação para uma mudança radical e que foi adotada como *slogan* da Revolução Francesa, 27 anos depois. Lançado seu desafio, Rousseau então explicou sua concepção de sociedade civil alternativa, governada não por aristocratas, monarquia e Igreja, mas por todos os cidadãos, que participariam da formulação das leis. Moldado nas clássicas ideias republicanas de democracia, Rousseau imaginou o corpo de cidadãos operando como uma unidade, prescrevendo leis de acordo com a *volonté générale*, ou vontade geral. As leis proviriam de todos e se aplicariam a todos – todos sendo considerados iguais. Em contraste ao contrato social imaginado

A vontade geral deve emanar de todos para ser aplicada a todos.
Jean-Jacques Rousseau

por Locke, concebido para proteger os direitos e a propriedade dos indivíduos, Rousseau defendeu a cessão de poder legislativo ao povo como um todo, para o benefício de todos e administrado pela vontade geral. Ele acreditava que a liberdade de participar do processo legislativo levaria a uma eliminação da desigualdade e da injustiça e promoveria um sentimento de participação na sociedade – o que levaria ao trio *liberté, égalité, fraternité* (liberdade, igualdade, fraternidade), que tornou-se o mote da nova república francesa.

Os males da educação

Em outra obra escrita no mesmo ano, intitulada *Emílio, ou Da educação*, Rousseau expandiu seu tema, explicando que a educação era responsável por corromper o estado de natureza e perpetuar os males da sociedade moderna. Em outros livros e ensaios, ele se concentrou nos efeitos adversos tanto da religião quanto do ateísmo. No centro de todas as suas obras está a ideia de que a razão

A Revolução Francesa, iniciada onze anos após a morte de Rousseau, foi inspirada em sua alegação de que era injusto que poucos ricos governassem os pobres, impotentes e sem voz.

ameaça a inocência humana e, sucessivamente, a liberdade e a felicidade. Em vez da educação do intelecto, ele propõe uma educação dos sentidos e sugere que a fé religiosa seja guiada pelo coração, não pela cabeça.

Influência política

A maioria dos textos de Rousseau foi imediatamente proibida na França, proporcionando-lhe mais notoriedade e um número maior de seguidores. Por volta da época de sua morte, em 1778, a revolução na França e em outros lugares era iminente. Sua ideia de um contrato social no qual a vontade geral do corpo de cidadãos controlaria o processo legislativo ofereceu aos revolucionários uma alternativa viável ao sistema corrupto reinante. Mas a filosofia de Rousseau estava em desacordo com o pensamento corrente, e sua insistência de que um estado de natureza era superior à civilização levou-o a indispor-se com colegas reformistas, como Voltaire e

Hume. A influência política de Rousseau foi sentida mais fortemente durante o período de revolução logo depois de sua morte, mas sua influência na filosofia (e na filosofia política em particular) teve maior alcance no século XIX. Georg W. F. Hegel integrou as ideias de contrato social de Rousseau a seu próprio sistema filosófico. Mais tarde, e de maneira mais notável, Karl Marx ficou impressionado com algumas das obras de Rousseau sobre desigualdade e injustiça. Diferentemente de Robespierre – um dos líderes da Revolução Francesa, que ajustara a filosofia de Rousseau a seus próprios fins durante o Terror –, Marx compreendeu-a com precisão, desenvolvendo a análise de Rousseau sobre a sociedade capitalista e os meios de substituí-la. *Manifesto comunista* de Marx termina com um aceno a Rousseau, ao conclamar os proletários que "não têm nada a perder, exceto seus grilhões". ∎

O HOMEM É UM ANIMAL QUE FAZ BARGANHAS

ADAM SMITH (1723-1790)

EM CONTEXTO

ÁREA
Filosofia política

ABORDAGEM
Economia clássica

ANTES
c.350 A.C. Aristóteles enfatiza a importância da produção doméstica ("economia") e explica o papel do dinheiro.

Início de 1700 O pensador holandês Bernard Mandeville argumenta que ações egoístas podem levar a consequências socialmente desejáveis.

DEPOIS
Anos 1850 O escritor John Ruskin diz que as concepções de Smith são muito materialistas e anticristãs.

A partir de 1940 Filósofos aplicam a ideia de barganha em todas as ciências sociais como um modelo para explicar o comportamento humano.

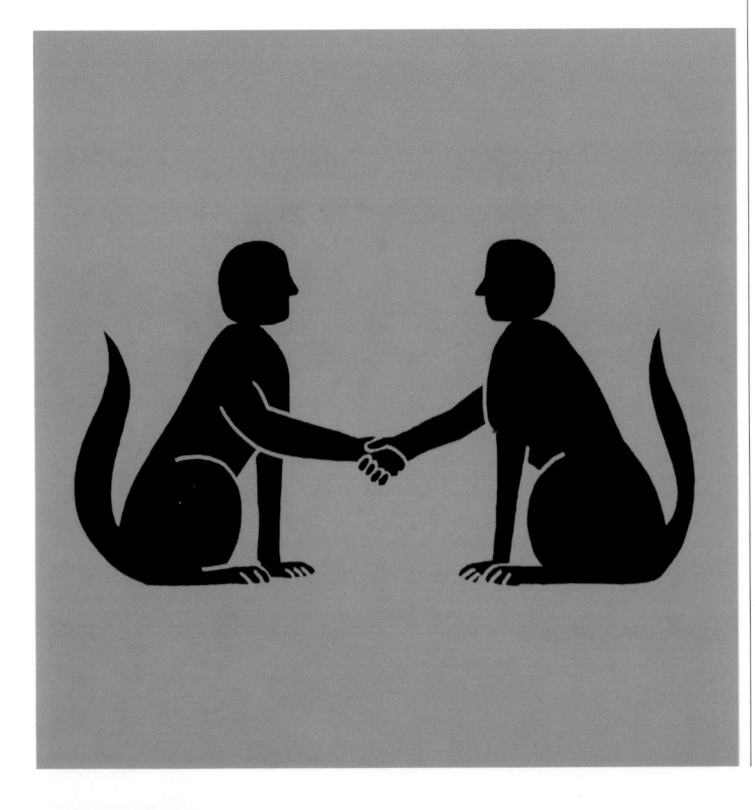

O escritor escocês Adam Smith é, com frequência, considerado o mais importante economista que o mundo já conheceu. Os conceitos de barganha e interesse próprio que ele explorou e a possibilidade de diferentes tipos de acordos e interesses – como o "interesse comum" – têm apelo recorrente para os filósofos. Seus textos também são importantes porque dão uma forma mais geral e abstrata à ideia da sociedade "comercial", desenvolvida por seu amigo David Hume.

Como seu contemporâneo suíço Jean-Jacques Rousseau, Smith admitia que os motivos dos seres humanos são em parte benevolentes e

Ver também: David Hume 148-153 ▪ Jean-Jacques Rousseau 154-159 ▪
Edmund Burke 172-173 ▪ Karl Marx 196-203 ▪ Noam Chomsky 306-307

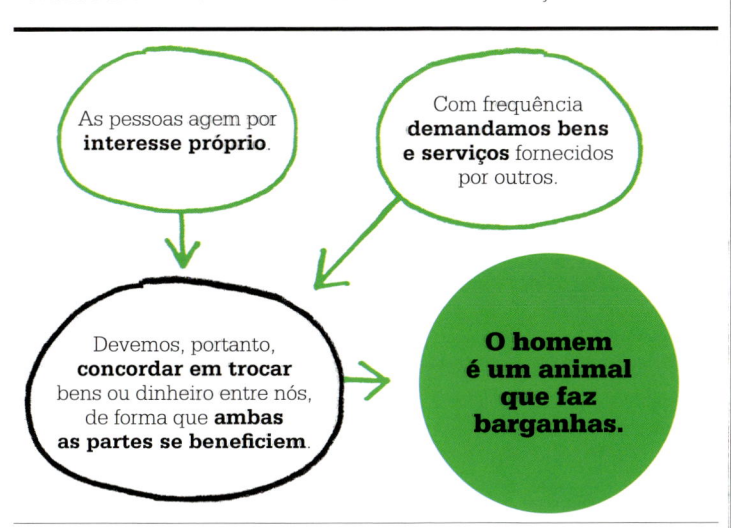

Adam Smith

O "pai da economia moderna"
nasceu em Kirkcaldy, na Escócia,
em 1723. Prodígio acadêmico,
Smith tornou-se professor
assistente primeiro na
Universidade de Edimburgo e,
depois, na Universidade de
Glasgow, onde se tornou
professor em 1750. Na década de
1760, assumiu um cargo lucrativo
como preceptor pessoal de um
jovem aristocrata escocês, Henry
Scott, com quem visitou a França
e a Suíça.

Já familiarizado com David
Hume e outros iluministas
escoceses, aproveitou a
oportunidade de conhecer
figuras importantes do
iluminismo europeu. Após
retornar à Escócia, passou uma
década escrevendo *A riqueza
das nações, antes de retornar ao*
serviço público como Comissário
da Alfândega, assessorando o
governo britânico em várias
políticas econômicas. Em 1787,
voltou à Universidade de
Glasgow, onde passou os
últimos anos de vida como reitor.

Obras-chave

1759 *Teoria dos sentimentos
morais*
1776 *A riqueza das nações*
1795 *Ensaios sobre temas
filosóficos*

em parte por interesse próprio, mas
que este último é o traço mais forte,
configurando-se então uma baliza
melhor para o comportamento
humano. Ele acreditava que isso se
confirma pela observação social, e, de
modo geral, sua abordagem não deixa
de ser empírica. Num de seus mais
famosos debates sobre a psicologia da
barganha, ele sustentou que o
movimento inicial mais comum na
barganha é um lado instigar o outro:
"A melhor maneira de conseguir o que
você quer é me dar o que *eu* quero."
Em outras palavras, "dirigimo-nos não
à humanidade [do outro], mas ao seu
amor-próprio".

Smith afirmava que a troca de
objetos úteis é uma característica
distintamente humana. Ele notou que
cães nunca são observados trocando
ossos, e que, se um animal deseja
obter algo, a única maneira pela qual
pode conseguir isso é "conquistando o
favor daqueles cujos préstimos ele
necessita". Os humanos podem
também depender desse tipo de
"adulação ou atenção servil", mas não
podem recorrer a isso quando

precisam de ajuda porque a vida exige
"cooperação e assistência de um
grande número de pessoas". Por
exemplo, para nos hospedarmos com
conforto por uma noite em uma
pousada, é necessária a contribuição
de várias pessoas – para cozinhar,
servir a comida, preparar o quarto e
assim por diante – e não podemos
contar com seus serviços apenas
através de boa vontade. Por essa razão,
"o homem é uma animal que realiza
barganhas", e a barganha é realizada
ao se propor um trato que atenda ao
interesse próprio de ambas as partes.

A divisão do trabalho

Em sua explanação sobre o
surgimento das economias de
mercado, Smith argumentou que
nossa capacidade de fazer barganhas
colocou fim à antiga exigência
universal de que toda pessoa, ou pelo
menos toda família, fosse
economicamente autossuficiente. A
barganha tornou possível que nós nos
concentrássemos em produzir cada
vez menos bens, até finalmente
produzir um único bem, ou oferecer »

um único serviço, trocando-o pelo que quer que precisássemos. O processo foi modificado radicalmente pela invenção do dinheiro, que aboliu a necessidade de permuta. A partir de então, na visão de Smith, somente os incapazes de trabalhar tinham de depender da caridade. Todo o resto poderia ir ao mercado trocar seu trabalho (ou o dinheiro ganho por meio do trabalho) por produtos do trabalho de outras pessoas.

A eliminação da necessidade de autossuficiência produtiva levou ao surgimento de pessoas com um conjunto particular de habilidades (tais como o padeiro ou o carpinteiro), e depois ao que Smith chamou de "divisão de trabalho" entre as pessoas. Esse é o termo de Smith para a especialização, por meio da qual um indivíduo não apenas busca um tipo único de trabalho, mas realiza uma

O mercado é a chave para uma sociedade justa, na visão de Smith. Com a liberdade proporcionada pela compra e venda de bens, os indivíduos podem desfrutar de vidas em "liberdade natural".

O maior aprimoramento das forças produtivas do trabalho parece ter sido resultado da divisão de trabalho.
Adam Smith

A sociedade civilizada, em todas as épocas, necessita da cooperação e da assistência de um grande número de pessoas.
Adam Smith

tarefa particular em um trabalho que é compartilhado por várias pessoas. Smith ilustrou a importância da especialização no início da obra-prima *A riqueza das nações*, mostrando como a produção de um simples alfinete de metal é radicalmente transformada com a adoção do sistema fabril. Enquanto uma pessoa trabalhando sozinha teria dificuldade para produzir vinte alfinetes perfeitos em um dia, um grupo de dez trabalhadores, encarregados de tarefas diferentes – desde esticar o arame, endireitá-lo, cortá-lo e afiá-lo até uni-lo a uma cabeça de alfinete –, conseguia, na época de Smith, produzir mais de 48 mil alfinetes por dia.

Smith estava impressionado com os grandes saltos na produtividade do trabalho durante a Revolução Industrial, devido a trabalhadores dotados de equipamento muito

melhor e, muitas vezes, a máquinas substituindo homens. O trabalhador não especializado não podia sobreviver em tal sistema, e até os filósofos começaram a se especializar nos vários ramos de sua área, como lógica, ética, epistemologia e metafísica.

O mercado livre

Como a divisão do trabalho aumenta a produtividade e possibilita que todos se candidatem a algum tipo de trabalho (já que nos livra do treinamento em um ofício), Smith argumentou que ela pode levar à riqueza universal em uma sociedade bem ordenada. De fato, ele dizia que, em condições de liberdade, o mercado pode levar ao estado de igualdade – no qual todos são livres para buscar seus próprios interesses da forma como quiserem, desde que isso esteja de acordo com as leis da justiça. Por igualdade, Smith não se referia à equidade de oportunidade, mas à igualdade de condição. Em outras palavras, seu objetivo era a criação de uma sociedade não dividida pela competição, mas unida pela barganha baseada no mútuo interesse próprio.

A questão de Smith, portanto, não é que as pessoas devam ter liberdade só porque a merecem. Seu argumento é que a sociedade como um todo se beneficia quando os indivíduos perseguem seus próprios interesses. A "mão invisível" do mercado, com suas leis de oferta e demanda, regularia a quantidade de bens disponíveis e os avaliaria de maneira muito mais eficiente do que qualquer governo. Em termos simples, a busca do interesse próprio, longe de ser incompatível com uma sociedade equitativa, era, para Smith, a única maneira de garanti-la.

Em tal sociedade, um governo pode limitar-se a desempenhar apenas funções essenciais – tais como garantir a defesa, a justiça criminal e a educação –, e consequentemente as taxas e os impostos podem ser reduzidos. Assim como a barganha floresce dentro de limites nacionais, pode florescer também além deles, levando ao comércio internacional – fenômeno que se espalhava por todo o mundo na época de Smith.

Smith reconheceu que havia problemas com a noção de um mercado livre, em particular com o problema da remuneração por serviços, cada vez mais comum. Também admitiu que, embora a divisão de trabalho trouxesse enormes benefícios econômicos, o trabalho repetitivo não apenas é entediante para o trabalhador como pode destruir um ser humano – e, por essa razão, propôs que os governos deveriam restringir a extensão do uso da linha de produção. Contudo, quando da primeira publicação de *A riqueza das nações*, sua doutrina de comércio livre e desregulamentado foi vista como revolucionária, não apenas pelo ataque aos privilégios comerciais e agrícolas e aos monopólios existentes, mas também por causa do argumento de que a riqueza de uma nação não depende de reservas em ouro, mas de seu trabalho – uma visão que contrariava todo o pensamento econômico da Europa da época.

A reputação "revolucionária" de Smith foi favorecida durante o longo debate sobre a natureza da sociedade que ocorreu após a Revolução Francesa de 1789, inspirando o historiador vitoriano H. T. Buckle a descrever *A riqueza das nações* como "provavelmente o mais importante livro já escrito".

O legado de Smith

Os críticos argumentaram que Smith estava errado ao supor que o "interesse geral" e o "interesse do consumidor" são o mesmo e que o mercado livre é benéfico para todos. A verdade é que, embora fosse solidário com as vítimas da pobreza, Smith nunca teve êxito completo em contrabalançar os interesses dos produtores e dos

A linha de produção é uma incrível máquina de ganhar dinheiro, mas Smith adverte contra os efeitos de desumanização sobre os trabalhadores, caso ela seja utilizada sem regulamentação.

consumidores dentro de seu modelo social, ou em incorporar nele o trabalho doméstico (desempenhado principalmente por mulheres), que ajudava a manter a sociedade funcionando de maneira eficaz.

Por essas razões, e com a ascensão do socialismo no século XIX, a reputação de Smith declinou, mas o interesse renovado na economia de livre mercado no final do século XX viu um renascimento de suas ideias. De fato, apenas hoje em dia podemos apreciar completamente sua alegação mais visionária – a de que um mercado é mais do que um lugar. O mercado é um conceito e, como tal, pode existir em qualquer lugar – e não apenas físico, como a praça de uma cidade. Isso prenunciava o tipo de mercado "virtual" que só se tornou possível com o advento da tecnologia das telecomunicações. Os mercados financeiros atuais e o comércio on-line atestam a grande visão de Smith. ∎

EXISTEM DOIS MUNDOS: NOSSOS CORPOS E O MUNDO EXTERNO

IMMANUEL KANT (1724-1804)

EM CONTEXTO

ÁREA
Metafísica

ABORDAGEM
Idealismo transcendental

ANTES
1641 René Descartes publica *Meditações*, na qual duvida de todo conhecimento, com exceção daquele de sua própria consciência.

1739 David Hume publica seu *Tratado da natureza humana*, que indica limitações sobre o modo como a mente humana percebe a realidade.

DEPOIS
Século XIX O movimento idealista alemão se desenvolve em resposta à filosofia de Kant.

Anos 1900 Edmund Husserl desenvolve a fenomenologia, estudo dos objetos da experiência, usando a interpretação da consciência de Kant.

Immanuel Kant considerava "escandaloso" que em mais de 2 mil anos de pensamento filosófico ninguém tivesse sido capaz de apresentar um argumento para provar que realmente há um mundo lá fora, externo a nós. Ele tinha particularmente em mente as teorias de René Descartes e George Berkeley, que consideravam que a comprovação de um mundo externo era impossível.

No início de *Meditações*, Descartes argumentou que, exceto o conhecimento de nossa própria existência como seres pensantes, devemos duvidar de todo conhecimento – inclusive o de que há um mundo externo. Ele então prosseguiu para contrariar esse ponto de vista cético com um argumento que alega provar a existência de Deus e, por consequência, a realidade de um mundo externo. No entanto, muitos filósofos (incluindo Kant) não consideraram a comprovação de Deus feita por Descartes válida em sua dedução.

Berkeley, por outro lado, argumentou que o conhecimento é realmente possível, mas que ele provém das experiências que nossa consciência percebe. Não temos justificativa para acreditar que essas experiências têm qualquer existência externa fora de nossas próprias mentes.

Tempo e consciência

Kant queria demonstrar que há um mundo externo, material, e que sua existência não pode ser posta em dúvida. Seu argumento começa da seguinte forma: para que algo exista, deve ser determinável no tempo, isto é, devemos ser capazes de dizer quando ele existe e por quanto tempo. Mas como isso funciona no caso da consciência?

Embora a consciência pareça estar mudando constantemente com um fluxo contínuo de sensações e pensamentos, podemos usar a palavra "agora" para nos referirmos ao que está acontecendo neste momento em nossas consciências. Mas "agora" não é um tempo ou data determinada: toda vez que digo "agora", a consciência é diferente.

Aqui se encontra o problema: o que torna possível especificar o "quando" da minha própria existência? Não podemos experimentar o tempo em si, diretamente; em vez disso, experimentamos o tempo por meio das coisas que se movem, mudam ou permanecem iguais. Considere os ponteiros de um relógio, girando de maneira lenta. Os ponteiros que se movem são inúteis para determinar o tempo por si só – precisam de algo

De acordo com Kant, só podemos sentir o tempo por meio das coisas no mundo que se movem ou se modificam, como os ponteiros de um relógio. Então, só sentimos o tempo indiretamente.

diante do qual mudar, como os números no mostrador do relógio. Todo recurso que tenho para medir o meu "agora" constantemente em mudança é encontrado nos objetos materiais fora de mim, no espaço (incluindo meu próprio corpo físico). Dizer que eu existo exige um determinado momento no tempo, e isso, por sua vez, exige um mundo externo realmente existente no qual o tempo ocorre. Meu nível de certeza sobre a existência do mundo externo é, por conseguinte, igual ao meu nível de certeza sobre a existência da consciência – o que Descartes acreditava que era absolutamente certo.

O problema da ciência

Kant também investigou como a ciência entendia o mundo exterior. Ele admirava o impressionante progresso das ciências naturais ao longo dos dois séculos precedentes, em comparação com a relativa estagnação da disciplina desde os tempos antigos até aquele momento. Kant, junto com outros filósofos, indagava-se sobre o que era feito de maneira correta na pesquisa científica. A resposta dada por muitos filósofos do período foi o empirismo. Os empiristas, tais como John Locke e David Hume,

Ver também: René Descartes 116-123 ▪ John Locke 130-133 ▪ George Berkeley 138-141 ▪ David Hume 148-153 ▪
Johann Gottlieb Fichte 176 ▪ Georg W. F. Hegel 178-185 ▪ Friedrich Schelling 341 ▪ Arthur Schopenhauer 186-188

argumentavam que não há conhecimento, exceto aquele que chega a nós através de nossa experiência do mundo. Eles se opunham às visões de filósofos racionalistas como Descartes ou Gottfried Leibniz, que argumentavam que a capacidade da mente para raciocinar e lidar com conceitos é mais importante para o conhecimento do que a experiência.

Os empiristas afirmavam que o recente sucesso da ciência se devia ao fato de os cientistas dedicarem muito mais cuidado a suas observações sobre o mundo do que tinha sido previamente – também ao fato de fazerem menos suposições injustificadas baseadas apenas na razão. Kant argumentou que, embora tudo isso seja parcialmente verdadeiro, não podia ser a resposta completa: era falso dizer que não havia observação empírica detalhada e cuidadosa na ciência antes do século XVI.

A questão real, argumentou Kant, é que um novo método científico surgiu e validou as observações empíricas. Esse método envolve dois elementos. Primeiro, afirma que conceitos como força ou movimento podem ser perfeitamente descritos pela matemática. Segundo, testa seus »

É precisamente
ao conhecer seus limites
que a filosofia existe.
Immanuel Kant

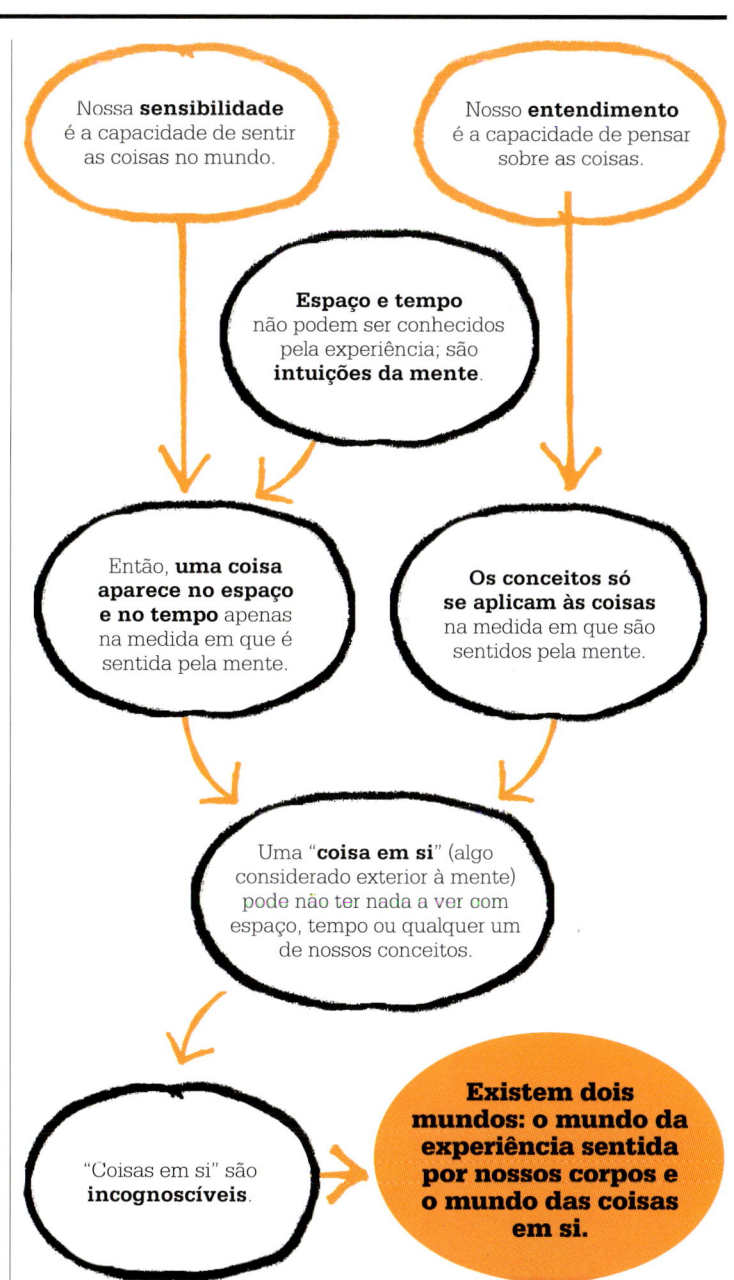

Nossa **sensibilidade** é a capacidade de sentir as coisas no mundo.

Nosso **entendimento** é a capacidade de pensar sobre as coisas.

Espaço e tempo não podem ser conhecidos pela experiência; são **intuições da mente**.

Então, **uma coisa aparece no espaço e no tempo** apenas na medida em que é sentida pela mente.

Os conceitos só se aplicam às coisas na medida em que são sentidos pela mente.

Uma "**coisa em si**" (algo considerado exterior à mente) pode não ter nada a ver com espaço, tempo ou qualquer um de nossos conceitos.

"Coisas em si" são **incognoscíveis**.

Existem dois mundos: o mundo da experiência sentida por nossos corpos e o mundo das coisas em si.

> Pensamentos sem conteúdo são vazios; intuições sem conceitos são cegas... somente a partir de sua união pode surgir a cognição.
> **Immanuel Kant**

próprios conceitos de mundo ao fazer perguntas específicas sobre a natureza e ao examinar as respostas. Por exemplo, o físico experimental Galileu Galilei queria testar a hipótese de que dois objetos de pesos diferentes cairiam pelo ar com a mesma velocidade – e criou um experimento para testar isso de tal maneira que a única explicação possível para o resultado observado seria a verdade ou falsidade da hipótese.

Kant identificou a natureza e a importância do método científico. Ele acreditava que esse método tinha colocado a física e outras disciplinas no "caminho seguro de uma ciência". No entanto, sua investigação não parou aí. A questão seguinte foi: "Por que razão nossa experiência de mundo é de tal forma que o método científico funciona?" Em outras palavras, por que nossa experiência científica de mundo é sempre matemática na natureza, e como é sempre possível para a razão humana apresentar questões à natureza?

Intuições e conceitos

Em sua obra mais famosa, *Crítica da razão pura*, Kant argumenta que nossa experiência de mundo envolve dois elementos. O primeiro é o que ele chama de "sensibilidade" – nossa capacidade de experimentar diretamente coisas particulares no espaço e no tempo, como este livro, por exemplo. Essa experiência direta ele chama de "intuições". O segundo é o que Kant chama de "entendimento", nossa capacidade de ter e usar conceitos. Para Kant, um conceito é uma experiência indireta com as coisas, como o conceito de "livro" em geral. Sem conceitos não saberíamos que nossa intuição era de um livro; sem intuições, nunca saberíamos que existem livros.

Cada um desses elementos tem, por sua vez, dois lados. Na sensibilidade está a minha intuição de uma coisa particular no espaço e no tempo (como o livro) e minha intuição de espaço e tempo como tal (minhas experiências com o espaço e o tempo se assemelham, em geral). No entendimento está o meu conceito de algum tipo de coisa (livros) e meu conceito de uma "coisa" como tal (substância). Um conceito como substância define o que significa ser uma coisa em geral, em vez de definir algum tipo de coisa como um livro. Minha intuição de um livro e o conceito de um livro são empíricos – como eu poderia saber qualquer coisa sobre livros a menos que tivesse deparado com eles no mundo? Mas minha intuição de espaço e tempo e o conceito de substância são *a priori* – o que significa que eles são conhecidos antes ou independentemente de qualquer experiência empírica.

Um empirista verdadeiro argumentaria contra Kant que todo o

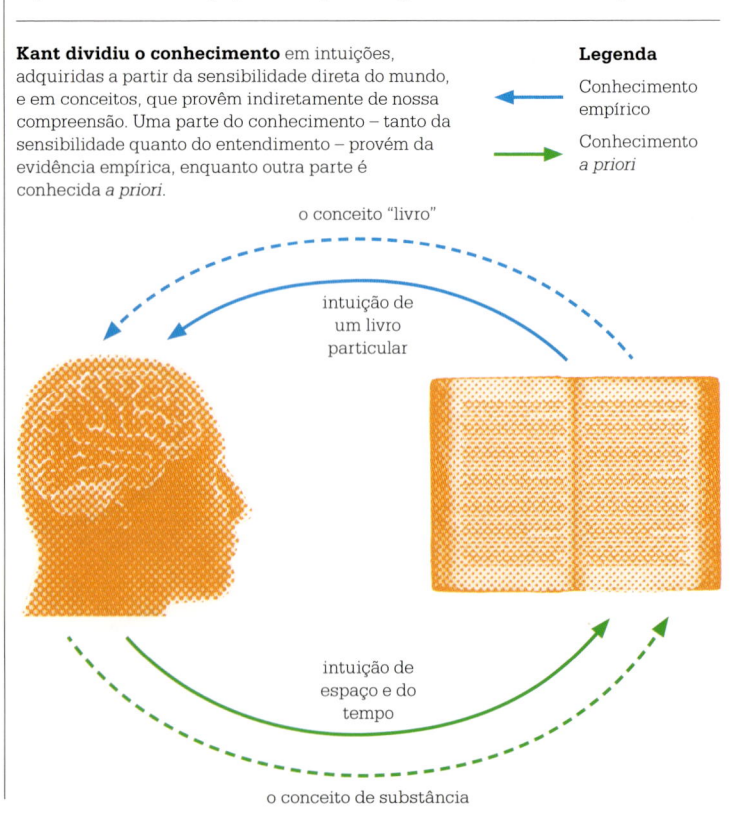

Kant dividiu o conhecimento em intuições, adquiridas a partir da sensibilidade direta do mundo, e em conceitos, que provêm indiretamente de nossa compreensão. Uma parte do conhecimento – tanto da sensibilidade quanto do entendimento – provém da evidência empírica, enquanto outra parte é conhecida *a priori*.

Legenda

→ Conhecimento empírico

→ Conhecimento *a priori*

o conceito "livro"

intuição de um livro particular

intuição de espaço e do tempo

o conceito de substância

A compreensão de que entes como árvores sofrem mudanças pressupõe entender *a priori* o conceito "substância", segundo Kant. Tais conceitos são precondições da experiência.

conhecimento provém da experiência dos sentidos – em outras palavras, nada é *a priori*. Eles poderiam dizer que aprendemos o que é o espaço ao observar as coisas no espaço, e que aprendemos o que é substância a partir da nossa observação de que as características das coisas mudam, sem que a própria coisa fundamental mude. Por exemplo, embora uma folha de árvore mude de verde para marrom, e finalmente caia da árvore, ainda é a mesma árvore.

Espaço e substância

Os argumentos de Kant mostraram que, ao contrário, o espaço é uma intuição *a priori*. A fim de conhecer as coisas fora de mim, preciso saber que elas estão fora de mim. Mas isso mostra que eu não poderia conhecer o espaço dessa forma: como posso localizar algo fora de mim sem saber anteriormente o que "fora de mim" significa? Algum conhecimento de espaço tem de ser admitido antes mesmo que eu possa estudar o espaço empiricamente. Devemos estar familiarizados com o espaço *a priori*.

Esse argumento tem uma consequência extraordinária. Como o próprio espaço é *a priori*, não

pertence às coisas do mundo. Mas a experiência de coisas no espaço é uma característica da sensibilidade. Uma coisa em si – termo kantiano para algo que é considerado em separado da sensibilidade e, portanto, exterior às nossas mentes – pode não ter nada a ver com o espaço. Kant usou argumentos similares para provar o mesmo em relação ao tempo.

Kant então se dedicou a provar a existência de conceitos *a priori* – como a substância. Ele nos convida primeiro a distinguir dois tipos de alteração: variação e mudança. Variação diz respeito às propriedades que as coisas têm: por exemplo, as folhas de uma árvore podem ser verdes ou marrons. Mudança é o que a árvore faz: a mesma árvore muda suas folhas de verde para marrom. Fazer essa distinção já é usar a noção de substância: a árvore (como substância) muda, mas as folhas (como propriedades da substância) variam. Se não aceitamos essa distinção, então não podemos aceitar a validade do conceito de substância. Estaríamos dizendo que, em qualquer instante em que existe uma alteração, algo "aparece ou desaparece": a árvore com folhas verdes seria aniquilada no mesmo instante em que a árvore com folhas marrons começaria a existir a partir do nada.

Kant precisa provar que essa última visão é impossível. A chave para isso é a determinação do tempo. O tempo não pode ser sentido diretamente; em vez disso, sentimos o tempo através das coisas que se alteram ou não se alteram, como Kant já demonstrou. Se sentimos o tempo através da árvore com folhas verdes e também sentimos o tempo através da árvore com folhas marrons sem que exista qualquer conexão entre as duas, então estaríamos sentindo dois tempos reais separados. Já que isso é absurdo, Kant acreditou que tivesse

demonstrado que o conceito de substância é absolutamente essencial antes de adquirirmos qualquer experiência de mundo. E já que é pela experiência dos sentidos que aprendemos qualquer coisa empírica, o conceito de substância não pode ser empírico: mais exatamente, é *a priori*.

Os limites do conhecimento

A posição filosófica que sustenta que certo estado ou atividade da mente é anterior e mais fundamental do que as coisas experimentadas é chamada de idealismo, e Kant nomeou sua própria posição de "idealismo transcendental". Ele insistiu que espaço, tempo e certos conceitos são características do mundo que experimentamos (o que Kant chamou de mundo fenomenal), em vez de características do mundo em si, considerado separadamente da experiência dos sentidos (o que Kant chama de mundo numênico).

As alegações sobre o conhecimento *a priori* têm consequências positivas e negativas. A positiva é que a natureza *a priori* de tempo, espaço e certos conceitos torna possível nossa experiência de mundo. Espaço e tempo tornam nossa experiência matemática na natureza: podemos medi-la segundo valores conhecidos. Conceitos *a priori* como substância tornam possível fazer »

Só podemos falar de espaço do ponto de vista humano.
Immanuel Kant

perguntas sobre a natureza, tais como "Isso é uma substância?" e "Que propriedades ela exibe e de acordo com quais leis?". Em outras palavras, o idealismo transcendental de Kant torna possível que nossa experiência empírica seja considerada útil para a ciência.

Do lado negativo, certos tipos de pensamento intitulam-se ciência e até parecem ciência, mas fracassam completamente. Isso ocorre porque aplicam a coisas em si intuições sobre espaço e tempo ou conceitos como substância – o que, de acordo com Kant, deve ser válido para a experiência empírica, mas não tem validade em relação a coisas em si. Como se parecem com ciência, esses tipos de pensamento são uma tentação constante para nós e uma armadilha na qual muitos caem sem perceber. Por exemplo, podemos desejar afirmar que Deus é a causa do mundo, mas causa e efeito é outro conceito *a priori*, como substância,

> A razão humana é atormentada por questões que não pode rejeitar, mas também não pode resolver.
> **Immanuel Kant**

> A razão só tem um *insight* sobre aquilo que ela cria depois de um plano próprio.
> **Immanuel Kant**

que Kant acredita ser válido apenas para o mundo percebido, mas não para coisas em si. Então a existência de Deus (considerado, como geralmente é, um ser independente do mundo conhecido) não é algo que possa ser conhecido. A consequência negativa da filosofia de Kant, então, é colocar restrições um tanto severas aos

limites do conhecimento. O idealismo transcendental nos proporciona um meio radical de compreender a distinção entre nós mesmos e o mundo externo. O que é externo a mim é interpretado não apenas como externo a mim no espaço, mas externo ao próprio espaço (e ao tempo, e a todos os conceitos *a priori* que tornam nossa experiência do mundo possível). E existem dois mundos: o "mundo" da experiência, que inclui meus pensamentos e sentimentos, e também a experiência das coisas materiais, como meu corpo ou livros; e o "mundo" das coisas em si, que não é precisamente sentido e, assim, não pode de modo algum ser conhecido, e portanto devemos lutar constantemente para evitar que nos enganemos com ele.

Nossos corpos têm um papel curioso a desempenhar em tudo isso. Por um lado, meu corpo, como coisa material, é parte do mundo externo. Por outro lado, o corpo é parte de nós e o meio através do qual encontramos

A xilogravura de Flammarion retrata um homem olhando fora do espaço e do tempo: o que é externo a nós é externo ao espaço e ao tempo. Não pode ser conhecido como coisa em si.

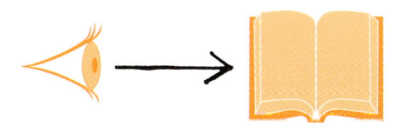

Racionalismo

Os racionalistas acreditavam que o uso da razão, em vez da experiência, leva à compreensão dos objetos no mundo.

Empirismo

Os empiristas acreditavam que o conhecimento provém da experiência dos objetos no mundo, em vez da razão.

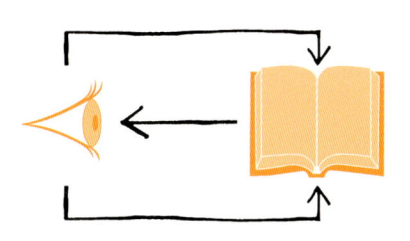

Idealismo transcendental

A teoria do idealismo transcendental de Kant afirma que tanto a razão quanto a experiência são necessárias para compreender o mundo.

Immanuel Kant

Immanuel Kant nasceu em 1724, numa modesta família de artesãos. Cresceu e trabalhou toda a vida na cosmopolita cidade portuária báltica de Konigsberg (atual Kaliningrado), então parte da Prússia. Embora nunca tenha deixado a província natal, tornou-se um filósofo internacionalmente conhecido ainda em vida.

Kant estudou filosofia, física e matemática na Universidade de Konigsberg e lecionou na mesma instituição nos 27 anos seguintes. Em 1792, suas visões heterodoxas levaram o rei Friedrich Wilhelm II a proibi--lo de lecionar. Ele retornou ao ofício após a morte do rei, cinco anos depois. Kant publicou ao longo de toda a sua carreira, mas é mais conhecido pela série de obras inovadoras produzidas entre os cinquenta e setenta anos. Embora fosse um homem brilhante e sociável, nunca se casou. Morreu aos oitenta anos.

Obras-chave

1781 *Crítica da razão pura*
1785 *Fundamentação da metafísica dos costumes*
1788 *Crítica da razão prática*
1790 *Crítica da faculdade do juízo*

---

outras coisas (usando nossa pele, nervos, olhos, ouvidos e assim por diante). Isso nos dá uma oportunidade de compreender a distinção entre corpos e mundo externo: o corpo como o meio das minhas sensações é diferente de outras coisas externas e materiais.

Influência duradoura

Crítica da razão pura é, possivelmente, a obra individual mais significativa da história da filosofia moderna. De fato, toda disciplina da filosofia é com frequência dividida por muitos filósofos em tudo o que aconteceu antes e depois de Kant.

Antes de Kant, empiristas como John Locke enfatizaram o que Kant denominou sensibilidade, mas os racionalistas como Descartes tenderam a enfatizar o entendimento. Kant argumentava que nossa experiência de mundo sempre envolve ambos, então é dito com frequência que ele combinou o racionalismo e o empirismo. Depois de Kant, a filosofia alemã em particular progrediu rapidamente. Os idealistas Johann Fichte, Friedrich Schelling e Georg W. F. Hegel levaram as ideias kantianas a novas direções e, por sua vez, influenciaram todo o pensamento do século XIX, do romantismo ao marxismo. A crítica sofisticada de Kant ao pensamento metafísico também foi importante para o positivismo, que sustentava que toda assertiva justificável é passível de verificação científica ou lógica.

O fato de Kant localizar *a priori* até mesmo em nossas intuições sobre o mundo foi importante para os fenomenologistas do século XX, tais como Edmund Husserl e Martin Heidegger, que procuraram investigar os objetos da experiência independentemente de quaisquer suposições que possamos ter a respeito deles. O trabalho de Kant também permanece como importante ponto de referência para os filósofos contemporâneos, especialmente na metafísica e na epistemologia. ∎

A SOCIEDADE É, DE FATO, UM CONTRATO

EDMUND BURKE (1729-1797)

Os insatisfeitos tendem a bradar: "Não é minha culpa... culpe a sociedade!" Mas o significado da palavra "sociedade" não é inteiramente claro e tem mudado ao longo do tempo. No século xviii, quando viveu o filósofo e político irlandês Edmund Burke, a Europa cada vez mais se mercantilizava, e a ideia de que a sociedade é um contrato mútuo entre seus membros, como uma companhia mercantil, foi entendida facilmente. Contudo, esse ponto de vista implica que apenas as coisas materiais importam na vida. Burke tentou reequilibrar as coisas, ao lembrar que os seres humanos também enriquecem suas vidas por meio da ciência, da arte e da virtude, e que, embora seja realmente um contrato ou

Os seres humanos têm necessidades materiais, científicas, artísticas e morais.

Eles **não conseguem satisfazer todas as necessidades** pelo próprio esforço.

Recorrem aos **hábitos** e à **religião** de seus ancestrais sempre que possível.

Concordam em **ajudar um ao outro**, que é o melhor modo de satisfazer necessidades mútuas.

A sociedade é, de fato, um contrato.

Ver também: John Locke 130-133 ▪ David Hume 148-153 ▪ Jean-Jacques Rousseau 154-159 ▪ Adam Smith 160-163 ▪ John Rawls 294-295

parceria, a sociedade não se ocupa apenas da economia, ou daquilo que ele chamou de "vulgar existência animal". A sociedade personifica o bem comum (nosso acordo em relação a costumes, normas e valores), mas para Burke "sociedade" significava mais do que pessoas vivendo o agora: ela também inclui nossos ancestrais e descendentes. Além disso, como toda constituição política, é parte do "grande contrato primevo da sociedade eterna", o próprio Deus seria o fiador supremo da sociedade.

A visão de Burke tem a doutrina do pecado original (a ideia de que nascemos pecadores) como seu núcleo. Ele demonstrou pouca simpatia por quem culpabiliza a sociedade pela própria conduta. Da mesma maneira, rejeitou a ideia proposta por John Locke de que podemos ser aperfeiçoados pela educação, como se nascêssemos inocentes e apenas precisássemos receber as influências corretas. Para Burke, a falibilidade do julgamento individual é a razão pela qual precisamos da tradição, para nos dar o sentido moral de que precisamos. O argumento ecoa David Hume, que afirmava que o "hábito é o grande guia da vida humana".

Tradição e mudança

Como a sociedade é uma estrutura orgânica com raízes se estendendo profundamente no passado, Burke acreditava que sua organização política devia se desenvolver naturalmente ao longo do tempo. Ele refutava a ideia de mudanças políticas amplas ou abruptas em meio a esse processo natural. Por essa razão, opôs-se à Revolução Francesa de 1789, prevendo seus riscos bem antes da execução do rei e do Período do Terror. Isso também o levou em diversas ocasiões a criticar Jean-Jacques Rousseau, cuja obra *O contrato social* argumentava que o contrato entre cidadãos e o Estado pode ser rompido a qualquer momento, dependendo da vontade do povo. Outro alvo regular de Burke foi o filósofo e cientista inglês Joseph Priestley, que aplaudiu a Revolução Francesa e ridicularizou a ideia de pecado original.

Apesar de seu ceticismo diante da moderna sociedade comercial, Burke foi grande defensor da propriedade privada e era otimista em relação ao mercado livre. Por essa razão, é com frequência saudado como o "pai do conservadorismo moderno", filosofia que valoriza tanto a liberdade econômica quanto a tradição. Hoje, até os socialistas concordariam com Burke que a propriedade privada é uma instituição social fundamental, mas discordariam sobre seu valor. Da mesma maneira, filósofos ecologicamente comprometidos compartilham de sua crença nas obrigações de uma geração em relação à próxima, em sintonia com a agenda de criação de uma sociedade sustentável. ▪

Burke condenou a Revolução Francesa por sua rejeição indiscriminada ao passado. Ele acreditava em mudanças graduais, uma ideia que se tornou fundamental ao conservadorismo moderno.

Edmund Burke

O político anglo-irlandês Edmund Burke nasceu e foi educado em Dublin, na Irlanda. Desde a juventude estava convencido de que a filosofia era um aprendizado útil para a política e na década de 1750 escreveu ensaios notáveis sobre estética e as origens da sociedade. Atuou como parlamentar inglês de 1766 até 1794 e foi proeminente membro do partido Whig, o mais liberal dos dois partidos aristocráticos da época.

Burke era simpático à causa da independência norte-americana – que iniciou uma revolução inteiramente justificada, em sua visão – e posteriormente se envolveu no julgamento do *impeachment* de Warren Hastings, governador-geral da Índia. Continuou um crítico contundente da má administração colonial pelo resto da vida e ganhou respeito por ser a consciência do Império Britânico.

Obras-chave

1756 *Defesa da sociedade natural*
1770 *Thoughts on the Present Discontents*
1790 *Reflexões sobre a revolução em França*

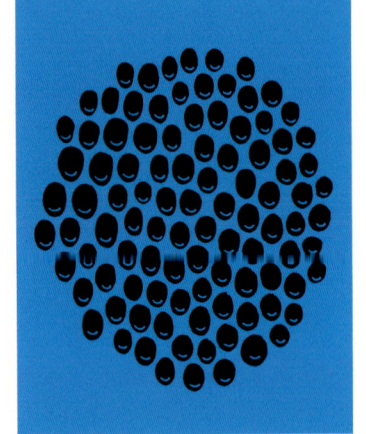

A MAIOR FELICIDADE POSSÍVEL PARA O MAIOR NÚMERO DE PESSOAS
JEREMY BENTHAM (1748-1832)

EM CONTEXTO

ÁREA
Ética

ABORDAGEM
Utilitarismo

ANTES
Final do século IV A.C.
Epicuro afirma que o principal objetivo da vida deve ser a busca da felicidade.

Início do século XVII Hobbes defende que um sistema legal com penas severas para criminosos conduz a uma sociedade estável e mais feliz.

Meados do século XVIII David Hume afirma que a emoção governa o julgamento moral.

DEPOIS
Meados do século XIX John Stuart Mill defende a educação para todos, dizendo que ela aumentaria a felicidade geral.

Final do século XIX Henry Sidgwick diz que quanto mais moral é uma ação, maior o grau de prazer que ela proporciona.

Jeremy Bentham, filósofo e reformista legal, estava convencido de que toda atividade humana era governada por apenas duas forças motivadoras: evitar a dor e buscar o prazer. Em *Uma introdução aos princípios da moral e da legislação* (1789), ele argumentou que todas as decisões sociais e políticas devem ser feitas com o objetivo de alcançar a máxima felicidade possível para o máximo de pessoas possível. Bentham acreditava que o valor moral de tais decisões relaciona-se diretamente com sua utilidade, ou eficiência, em causar felicidade ou prazer. Numa sociedade governada por essa abordagem "utilitarista", ele afirmava, os conflitos de interesse entre indivíduos poderiam ser resolvidos pelos legisladores, guiados apenas pelo princípio da criação da mais ampla propagação possível de contentamento. Se podemos deixar todo mundo feliz, então, melhor ainda. Mas se uma escolha é necessária, deve-se preferir favorecer a maioria sobre a minoria.

Um dos principais benefícios do sistema proposto, frisava Bentham, é sua simplicidade. Ao adotar tais ideias, evitam-se as confusões e interpretações equivocadas de sistemas políticos mais complexos, que podem muitas vezes levar a injustiças e ressentimento.

Calculando o prazer

De maneira controversa, Bentham propõe um "cálculo da felicidade" que possa expressar matematicamente o grau de felicidade sentida pelo indivíduo. Esse método proporcionaria uma plataforma objetiva para resolver disputas éticas, com decisões sendo tomadas a favor da visão que, pelo cálculo, produziria a maior quantidade de felicidade.

Bentham também insistiu que todas as fontes de prazer são de igual valor, de modo que a felicidade proveniente de uma boa refeição ou do relacionamento íntimo é igual àquela proveniente de uma atividade que possa exigir esforço ou educação, como um debate filosófico ou a leitura de poesia. Isso significa que Bentham admitia uma igualdade humana fundamental, com a felicidade plena sendo acessível a todos, independente de capacidade ou de classe social. ■

Ver também: Epicuro 64-65 ▪ Thomas Hobbes 112-115 ▪ David Hume 148-153 ▪ John Stuart Mill 190-193 ▪ Henry Sidgwick 342

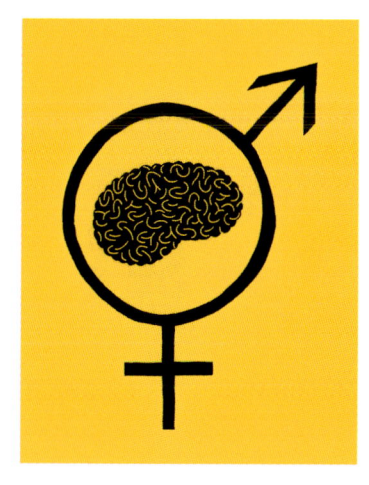

A MENTE NÃO TEM GÊNERO

MARY WOLLSTONECRAFT (1759-1797)

EM CONTEXTO

ÁREA
Filosofia política

ABORDAGEM
Feminismo

ANTES
Século IV a.C. Platão aconselha que meninas devem ter educação similar aos meninos.

Século IV d.C. Hipátia, famosa matemática e filósofa, leciona em Alexandria, Egito.

1790 Em *Letters on education*, a historiadora britânica Catherine Macaulay afirma que a aparente fraqueza das mulheres é causada por sua educação incorreta.

DEPOIS
1869 *A sujeição das mulheres*, de John Stuart Mill, defende a igualdade dos sexos.

Fim do século XX Ondas de movimentos feministas começam a derrubar a maioria das desigualdades sociais e políticas entre gêneros na sociedade ocidental.

Na maior parte da história registrada, as mulheres têm sido consideradas subordinadas aos homens. Durante o século XVIII, no entanto, a justiça dessa disposição começou a ser questionada abertamente. Entre as vozes discordantes mais proeminentes estava a da radical inglesa Mary Wollstonecraft.

Muitos pensadores anteriores citaram as diferenças físicas entre gêneros para justificar a desigualdade social entre homens e mulheres. No entanto, à luz de novas ideias formuladas no século XVII, como a visão de John Locke de que quase todo conhecimento era adquirido por meio da experiência e da educação, a validade de tal raciocínio entrou em xeque.

Educação igual

Wollstonecraft argumentou que, se aos homens e às mulheres é dada a mesma educação, ambos vão adquirir o mesmo caráter virtuoso e a mesma abordagem racional à vida, porque têm fundamentalmente cérebros e mentes similares. Sua obra *A vindication of the rights of woman* (Uma defesa dos direitos da mulher), publicada em 1792, foi uma espécie de resposta a *Emílio* (1762), de Jean-Jacques Rousseau, que recomendava que meninas fossem educadas de maneira diferente e que aprendessem a ter deferência em relação aos meninos.

A exigência de Wollstonecraft de que as mulheres fossem tratadas como cidadãs iguais aos homens – com iguais direitos legais, sociais e políticos – ainda era desdenhada no final do século XVIII. Mas isso plantou as sementes dos movimentos sufragistas e feministas que surgiram nos séculos XIX e XX. ∎

Deixe a mulher compartilhar dos direitos e ela emulará as virtudes do homem.
Mary Wollstonecraft

Ver também: Platão 50-55 ▪ Hipátia de Alexandria 331 ▪ John Stuart Mill 190-193 ▪ Simone de Beauvoir 276-277 ▪ Luce Irigaray 324 ▪ Hélène Cixous 326

O TIPO DE FILOSOFIA QUE SE ESCOLHE DEPENDE DO TIPO DE PESSOA QUE SE É
JOHANN GOTTLIEB FICHTE (1762-1814)

Johann Gottlieb Fichte foi um filósofo alemão do século XVIII, aluno de Immanuel Kant. Investigou como é possível para nós existir como seres éticos com livre-arbítrio, enquanto vivemos em um mundo que parece ser determinado de maneira causal. Em outras palavras, um mundo onde todo evento resulta necessariamente de acontecimentos e condições prévias, segundo leis invariáveis da natureza.

A ideia de que há um mundo como esse "lá fora", além e independente do "eu", é conhecida como dogmatismo. A ideia ganhou terreno no período iluminista, mas Fichte julgava que ela não deixa espaço para valores ou escolhas morais. Como podemos considerar que temos livre-arbítrio, ele perguntou, se tudo é determinado por algo além que existe fora de nós mesmos?

Fichte propôs, então, uma versão de idealismo similar à de Kant, na qual nossas próprias mentes criam tudo que pensamos como realidade. Nesse mundo idealista, o "eu" é um ente ou essência ativa que existe fora das influências causais e é capaz de pensar e escolher com liberdade, independência e espontaneidade.

Fichte entendeu o idealismo e o dogmatismo como pontos de partida diferentes, que nunca poderiam ser "misturados" num único sistema filosófico – não haveria maneira de provar filosoficamente qual está correto, e um não poderia ser usado para refutar o outro. Por essa razão, alguém só pode "escolher" qual filosofia acredita não por razões objetivas e racionais, mas dependendo de "que tipo de pessoa se é". ∎

Considere o eu e observe o que está envolvido ao fazer isso.
Johann Gottlieb Fichte

Ver também: René Descartes 116-123 ▪ Bento de Espinosa 126-129 ▪ Immanuel Kant 164-171 ▪ Martin Heidegger 252-255 ▪ Isaiah Berlin 280-281

EM NENHUM OUTRO ASSUNTO HÁ MENOS FILOSOFAR DO QUE EM RELAÇÃO À FILOSOFIA
FRIEDRICH SCHLEGEL (1772-1829)

EM CONTEXTO

ÁREA
Metafilosofia

ABORDAGEM
Reflexividade

ANTES
c.450 A.C. Protágoras defende que não existem princípios básicos ou verdades absolutas: "O homem é a medida de todas as coisas."

1641 René Descartes diz ter encontrado um princípio básico sobre o qual estabelecer opiniões sobre a existência ao afirmar que "penso, logo existo".

DEPOIS
1830 Georg W. F. Hegel diz que "toda a filosofia assemelha-se a um círculo de círculos".

Anos 1920 Martin Heidegger argumenta que a filosofia trata de nossa relação com a existência.

1967 Jacques Derrida afirma que a análise filosófica só pode ser feita no nível da linguagem e dos textos.

O historiador e poeta alemão Friedrich Schlegel geralmente recebe o crédito de introdutor do uso de aforismos (afirmações curtas, ambíguas) na filosofia moderna posterior. Em 1798, percebeu que havia pouco filosofar sobre a filosofia (metafilosofia), sugerindo que devemos questionar tanto a maneira como a filosofia ocidental funciona quanto sua suposição de que um tipo linear de argumento é a melhor abordagem.

Schlegel discordava das abordagens de Aristóteles e René Descartes, dizendo que se equivocaram em supor que existam "primeiros princípios" sólidos como ponto de partida. Ele também considerou que não é possível alcançar quaisquer respostas definitivas, porque toda conclusão de um argumento pode ser aperfeiçoada infinitamente. Descrevendo sua própria abordagem, Schlegel dizia que a filosofia deve sempre "começar no meio... é um todo, e o caminho para reconhecer isso não é uma linha reta, mas um círculo".

A visão holística de Schlegel – a filosofia como um todo – se encaixa no contexto mais amplo de suas teorias românticas sobre arte e vida. Estas valorizavam a emoção humana individual acima da razão, em contraste com grande parte do pensamento iluminista. Embora sua crítica à filosofia mais antiga não estivesse necessariamente correta, seu contemporâneo Georg W. F. Hegel assumiu a causa da reflexividade – nome dado à aplicação de métodos filosóficos à própria disciplina da filosofia. ■

Filosofia é a arte do pensamento e Schlegel mostra que seus métodos afetam o tipo de respostas que se pode encontrar. Filosofias ocidentais e orientais usam abordagens muito diferentes.

Ver também: Protágoras 42-43 ▪ Aristóteles 56-63 ▪ René Descartes 116-123 ▪ Georg W. F. Hegel 178-185 ▪ Martin Heidegger 252-255 ▪ Jacques Derrida 308-313

A REALIDADE É UM PROCESSO HISTÓRICO

GEORG W. F. HEGEL (1770-1831)

Hegel foi o filósofo mais famoso da Alemanha na primeira metade do século XIX. Sua ideia central era de que todos os fenômenos, da consciência às instituições políticas, são aspectos de um único espírito ("mente" ou "ideia", para ele) que ao longo do tempo reintegra esses aspectos em si mesmo. Esse processo de reintegração é o que Hegel chama de "dialética"; um processo que nós (enquanto aspectos do espírito) entendemos como "história". Hegel era, portanto, um monista (acreditava que todas as coisas são aspectos de uma única coisa) e um idealista (entendia a realidade essencialmente como algo não material (o espírito). A ideia de Hegel alterou radicalmente o panorama filosófico. Para apreender suas implicações, precisamos conferir o pano de fundo de seu pensamento.

História e consciência

Poucos filósofos negariam que os seres humanos são, em grande medida, históricos – herdamos coisas do passado, as modificamos e, depois, as legamos para as gerações futuras. A linguagem, por exemplo, é algo que

Certas mudanças, como as provocadas pela Revolução Americana, são explicadas por Hegel como o progresso do espírito, de um estágio do desenvolvimento para outro, mais elevado.

aprendemos e modificamos ao usá-la, e o mesmo é verdadeiro em relação à ciência: os cientistas montam um conjunto teórico e depois tentam confirmá-lo ou desmenti-lo. O mesmo também se aplica às instituições sociais – família, Estado, bancos, igrejas, e assim por diante –, a maior parte das quais são formas modificadas de antigas práticas ou

Georg W. F. Hegel

Georg W. F. Hegel nasceu em 1770 em Stuttgart, na Alemanha, e estudou teologia em Tübingen, onde conheceu e tornou-se amigo do poeta Friedrich Hölderlin e do filósofo Friedrich Schelling. Passou vários anos trabalhando como preceptor até que uma herança lhe permitiu unir-se a Schelling na Universidade de Jena. Hegel foi forçado a deixar Jena quando as tropas de Napoleão ocuparam a cidade, e só conseguiu salvar sua obra principal, *Fenomenologia do espírito*, que o catapultou a uma posição dominante na filosofia alemã. Necessitando de recursos, tornou-se editor de jornal e, depois, diretor de escola, antes de ser nomeado para a cadeira de filosofia em Heidelberg e, depois, na prestigiosa Universidade de Berlim. Aos 41 anos, casou-se com Marie von Tucher, com quem teve três filhos. Morreu em 1831, durante uma epidemia de cólera.

Obras-chave

1807 *Fenomenologia do espírito*
1812-16 *Ciência da lógica*
1817 *Enciclopédia das ciências filosóficas*

Ver também: Heráclito 40 ▪ Johann Gottlieb Fichte 176 ▪ Friedrich Schelling 335 ▪ Arthur Schopenhauer 186-188 ▪ Karl Marx 196-203 ▪ Jean-Paul Sartre 268-271

instituições. Os seres humanos, portanto, nunca começam sua existência do nada, mas sempre dentro de algum tipo de contexto, que às vezes muda radicalmente dentro de uma mesma geração. Entretanto, algumas coisas não parecem ser imediatamente históricas ou sujeitas a mudança.

Um exemplo de tal coisa é a consciência. Sabemos com certeza que algo sobre o que temos consciência vai mudar, mas o significado ser consciente (que tipo de coisa é estar desperto, estar ciente, ser capaz de pensar e tomar decisões) é algo que tendemos a acreditar que sempre foi igual para todos. Da mesma maneira, parece plausível afirmar que as estruturas do pensamento não são históricas – ou que o tipo de atividade do pensamento, com suas faculdades mentais (memória, percepção, compreensão etc.), sempre foi o mesmo para todos, ao longo da história. Isso era certamente o que o grande antecessor idealista de Hegel, Immanuel Kant, acreditava. E, para compreender Hegel, precisamos saber o que ele pensava sobre a obra de Kant.

As categorias de Kant

Para Kant, os processos básicos por meio dos quais o pensamento funciona e as estruturas básicas da consciência são *a priori* – existem antes (portanto, não derivam) da experiência. Isso significa que são independentes não apenas do que estamos pensando, ou do que estamos conscientes, mas também de qualquer influência histórica ou aperfeiçoamento.

Kant chamou essas estruturas de pensamento de "categorias", e elas incluem os conceitos "causa",

"substância", "existência" e "realidade". Por exemplo, a experiência pode nos dar conhecimento sobre o mundo exterior, mas nada na própria experiência nos informa que o mundo exterior realmente existe, o que é algo que apenas admitimos. Para Kant, o conhecimento de que há um mundo exterior é, portanto, um conhecimento *a priori*. Ele só é possível porque nascemos com categorias que nos fornecem uma estrutura para a experiência – parte da qual é a suposição de que há um »

> Compreender o que é,
> esta é a tarefa da filosofia,
> pois o que é, é a razão.
> **Georg W. F. Hegel**

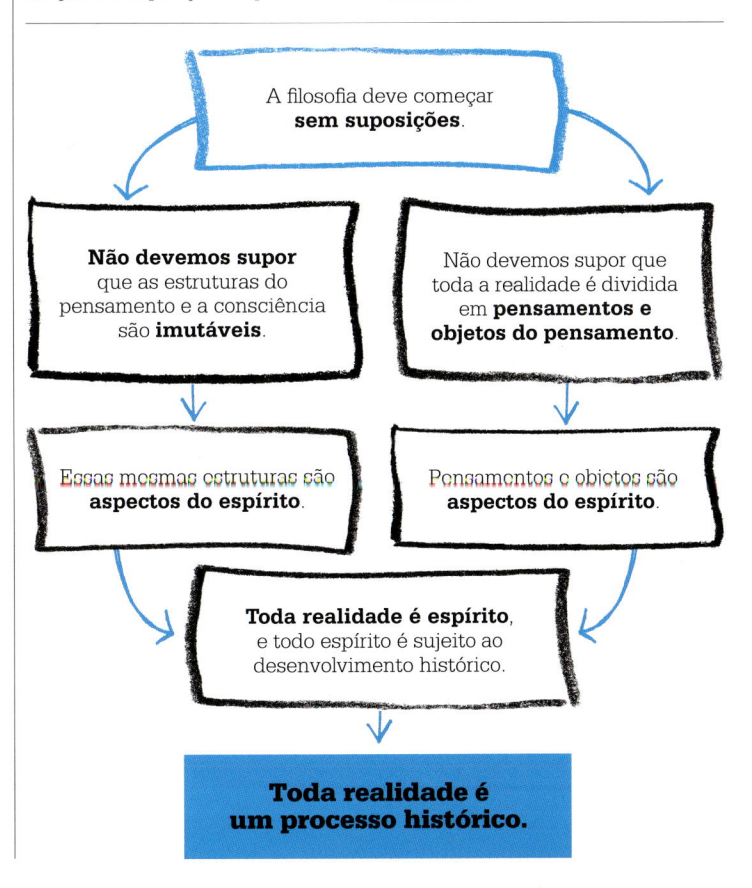

A filosofia deve começar **sem suposições**.

Não devemos supor que as estruturas do pensamento e a consciência são **imutáveis**.

Não devemos supor que toda a realidade é dividida em **pensamentos e objetos do pensamento**.

Essas mesmas estruturas são **aspectos do espírito**.

Pensamentos e objetos são **aspectos do espírito**.

Toda realidade é espírito, e todo espírito é sujeito ao desenvolvimento histórico.

Toda realidade é um processo histórico.

A dialética de Hegel mostra como opostos alcançam a resolução. Um estado de tirania, por exemplo, gera demanda por liberdade, mas, uma vez que ela seja alcançada, só pode haver anarquia – até que um elemento da tirania seja combinado com liberdade, criando a síntese "lei".

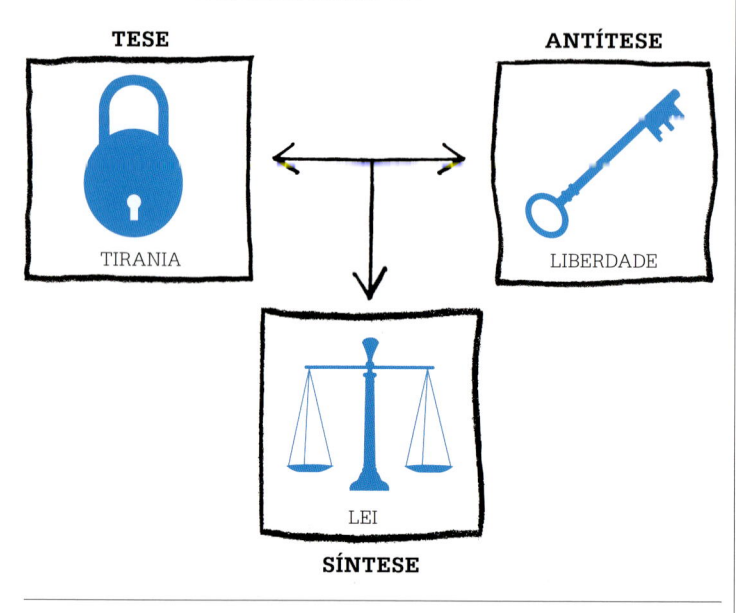

TESE

TIRANIA

ANTÍTESE

LIBERDADE

LEI

SÍNTESE

mundo exterior. No entanto, continua Kant, essa estrutura *a priori* só nos permite ver o mundo de um modo particular, mas pode haver outros modos de vê-lo, nenhum dos quais possivelmente representa o mundo como ele é realmente – ou como ele é em "si mesmo". Este "mundo como ele é em si mesmo" é o que Kant chamava de mundo numênico, que seria incognoscível. Tudo que podemos conhecer, de acordo com Kant, é o mundo como ele se revela a nós por meio da estrutura das categorias. Isso é o que Kant chama de mundo "fenomênico", ou o mundo da experiência cotidiana.

A crítica de Hegel a Kant

Hegel acreditava que Kant fez grandes avanços ao eliminar a ingenuidade na filosofia, mas que suas explanações sobre o "mundo em si" e as categorias

ainda traíam suposições não críticas. Hegel argumentou que Kant fracassara ao menos em relação a dois aspectos em sua análise. Primeiramente, Hegel considerava a noção kantiana de "mundo em si" como uma abstração vazia sem significado. Para Hegel, o que existe é o que vem a ser manifestado na consciência – por exemplo, como algo sentido ou como algo pensado. O segundo fracasso de Kant, apontou Hegel, seria o excesso de suposições sobre a natureza e a origem das categorias.

A tarefa de Hegel foi entender essas categorias sem fazer qualquer suposição, e a pior suposição que Hegel viu em Kant diz respeito às relações das categorias umas com as outras. Kant supôs que as categorias são logicamente distintas (em outras palavras, não podem ser derivadas

uma da outra). Para Hegel, elas são "dialéticas", ou seja, estão sempre sujeitas à mudança. Kant imaginara uma estrutura imutável da experiência, enquanto Hegel acreditava que a própria estrutura da experiência é sujeita à mudança, tanto quanto o mundo que experimentamos. A consciência, portanto, e não apenas algo sobre o qual estamos cientes, é parte de um processo em evolução. Um processo "dialético" – conceito que tem significado bem específico no pensamento de Hegel.

A dialética de Hegel

A noção de dialética é fundamental ao que Hegel chama de explanação imanente (interna) sobre o desenvolvimento das coisas. Ele declarou que sua explanação garantiria quatro coisas. Primeiro, que nenhuma suposição é feita. Segundo, que apenas as noções mais amplas possíveis são empregadas – evitando afirmativas sem justificação. Terceiro, que ela mostra como uma noção geral produz outras noções, mais específicas. Quarto, que esse processo acontece inteiramente "dentro" da própria noção. Essa quarta exigência revela o cerne da lógica de Hegel: toda noção, ou "tese", contém dentro de si uma contradição, ou "antítese", que só é solucionada pelo surgimento de uma noção mais nova e mais rica, chamada "síntese", a partir da própria noção original. Uma consequência desse processo imanente é que, quando nos tornamos cientes da síntese, percebemos que o que havíamos considerado como contradição na tese era apenas aparente, causada por alguma limitação em nossa compreensão da noção original.

Um exemplo dessa progressão lógica aparece no início da *Ciência da lógica* de Hegel, na qual ele introduziu a noção mais geral e

> Cada parte da filosofia é um Todo filosófico um círculo que se fecha sobre si mesmo.
> **Georg W. F. Hegel**

abrangente do "puro ser" – que significa qualquer coisa sobre a qual, em qualquer sentido, pode ser dito que exista. Ele então mostrou que esse conceito contém uma contradição – isto é, o "ser puro" exige o conceito oposto de "nada" ou "não ser" para ser compreendido inteiramente. Hegel revelou, então, que essa contradição é simplesmente um conflito entre dois aspectos de um conceito único, mais

elevado, no qual eles encontram a solução. No caso do "ser" e do "não ser", o conceito que os soluciona é "vir a ser". Quando dizemos que algo "vem a ser", queremos dizer que ele se desloca de um estado de não ser para um estado de ser. Assim, o conceito inicial de "ser" não era realmente um conceito único, mas apenas um aspecto da noção tripartite de "vir a ser". O ponto vital, aqui, é que o conceito de "vir a ser" não é introduzido a partir "de fora", por assim dizer, para resolver a contradição entre "ser" e "não ser". Ao contrário, a análise de Hegel afirmou que "tornar-se" foi sempre o significado de "ser" e "não ser" – basta analisar esses conceitos para ver emergir sua lógica subjacente.

Essa resolução de uma tese (ser) com sua antítese (não ser) numa síntese (vir a ser) é apenas o início do processo dialético, que prossegue em espiral, repetindo-se em níveis cada vez mais elevados. Isto é, qualquer nova síntese acaba, se aprofundarmos

a análise, por envolver sua própria contradição, e isso, por sua vez, é solucionado por uma noção ainda mais rica ou "mais elevada". Todas as ideias, de acordo com Hegel, estão interconectadas dessa forma, e o processo de revelar essas conexões é o chamado "método dialético".

Ao afirmar que as estruturas de pensamento são dialéticas, portanto, Hegel queria dizer que elas não são distintas e irredutíveis, como Kant sustentava, mas que surgem a partir das noções mais amplas, por meio desse movimento de autocontradição e resolução.

A dialética e o mundo

A discussão sobre a dialética de Hegel usa termos como "emergir", "desenvolvimento" e "movimento". Por um lado, esses termos refletem algo importante sobre esse método da filosofia: que ele começa sem suposições e a partir do ponto menos controverso, permitindo que conceitos mais ricos e verdadeiros se revelem »

Na visão de Hegel, a síntese surge de um antagonismo da tese, a antítese, sendo que a própria síntese torna-se uma nova tese, que gera sua própria antítese, a qual finalmente dá à luz outra síntese. Nesse processo dialético, o espírito alcança um entendimento cada vez mais preciso sobre si mesmo, culminando, segundo a filosofia de Hegel, na compreensão completa.

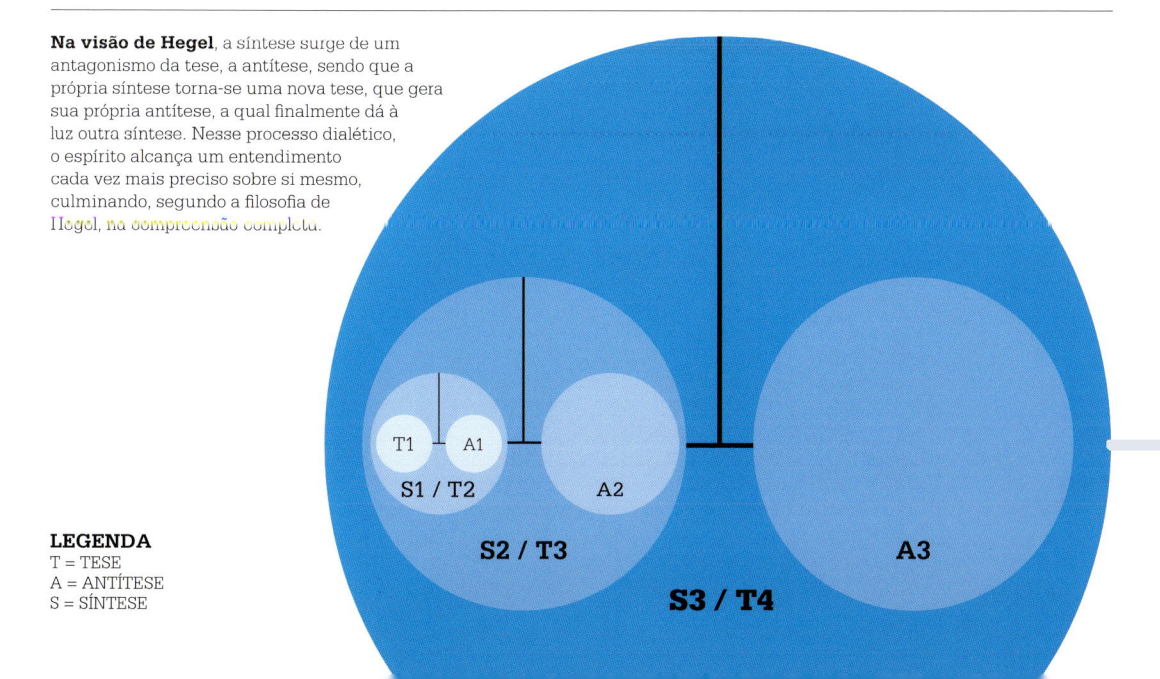

LEGENDA
T = TESE
A = ANTÍTESE
S = SÍNTESE

ao longo do processo de desdobramento dialético. Por outro lado, no entanto, Hegel argumentava que esses desenvolvimentos não são apenas interessantes fatos da lógica, mas desenvolvimentos reais, que podem ser vistos em ação na história. Por exemplo, é óbvio que uma pessoa da Grécia antiga e uma do mundo moderno vão pensar sobre coisas diferentes, mas Hegel afirmou que suas formas de pensar variam e representam tipos diversos de consciência – ou estágios diferentes no desenvolvimento histórico do pensamento e da consciência.

A primeira grande obra de Hegel, *Fenomenologia do espírito*, fornece uma explicação do desenvolvimento dialético dessas formas de consciência. O autor mapeou os tipos de consciência que um ser humano individual pode possuir e avançou gradualmente até as formas coletivas de consciência. Ele fez isso a fim de demonstrar que tais tipos de consciência se encontram externalizados em períodos históricos ou acontecimentos particulares – por exemplo, nas revoluções americana e francesa.

De fato, Hegel até defendeu que, em certos períodos da história, a próxima mudança revolucionária do espírito pode se manifestar como um indivíduo (como Napoleão Bonaparte), que, como consciência individual, desconhece seu próprio papel na história do espírito. O progresso que esses indivíduos deflagram é sempre caracterizado pelo fato de libertar os aspectos do espírito (sob forma humana) dos estados recorrentes da opressão, superando tiranias que podem elas mesmas ser fruto da superação de tiranias anteriores.

Cada estágio da história é um momento necessário da ideia do espírito do mundo.
Georg W. F. Hegel

Essa ideia extraordinária – de que a natureza da consciência tem mudado através do tempo e de acordo com um padrão visível na história – significa que não há nada sobre os seres humanos que não seja de caráter histórico. Mais além, esse desenvolvimento histórico da consciência não pode simplesmente ter acontecido ao acaso. Já que é um processo dialético, deve em algum sentido conter tanto um sentido particular de direção quanto uma finalidade. Hegel chama essa finalidade de "espírito absoluto": com isso, ele quer dizer um futuro estágio de consciência que já não pertence aos indivíduos, mas à realidade como um todo.

Nesse ponto de desenvolvimento, o conhecimento seria completo – como deve ser, de acordo com Hegel, já que o espírito abrange, pela síntese dialética, tanto aquele que conhece quanto aquilo que é conhecido. Além disso, o espírito apreende esse conhecimento como nada além do que sua própria essência concluída: a

Napoleão Bonaparte, de acordo com Hegel, personificava o *Zeitgeist* (espírito da época) e foi capaz, por meio de suas ações, de levar a história ao estágio seguinte de seu desenvolvimento.

> Do Absoluto deve ser dito que é essencialmente resultado, que apenas no fim é o que realmente é na verdade.
> **Georg W. F. Hegel**

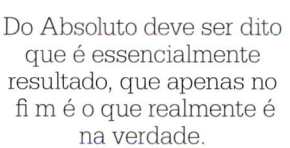

assimilação completa de todas as formas de "alteridade" que sempre foram partes de si mesmo, embora sem saber. Em outras palavras, o Espírito não existe simplesmente para abranger a realidade. Ele existe para estar ciente de si mesmo, como sempre sendo nada além do que o movimento rumo à abrangência da realidade. Como Hegel escreve na *Fenomenologia do espírito*, "a História é o vir a ser que sabe, e que se mediatiza – [é] espírito extravasado no tempo".

Espírito e natureza

Mas e o mundo em que vivemos e que parece ir por seu caminho um tanto apartado da história humana? O que significa dizer que a própria realidade é histórica? De acordo com Hegel, o que geralmente chamamos de "natureza" ou "o mundo" é também espírito. "A natureza tem de ser considerada um sistema de estágios, um surgindo necessariamente a partir do outro e sendo a verdade imediata do estágio do qual resulta." Hegel afirmou, ainda, que um dos estágios da natureza é a progressão daquilo que é "apenas Vida" (natureza como totalidade viva) para aquilo que tem "existência como espírito" (a totalidade da natureza

revelada como sendo sempre, quando apropriadamente compreendida, espírito).

Nesse estágio da natureza, começa uma dialética diferente: aquela da própria consciência – das formas que o espírito absoluto assume em sua progressão dialética rumo à autorrealização. A explanação de Hegel sobre essa progressão começa com a consciência, que primeiro pensa em si como uma coisa individual entre outros indivíduos, ocupando um lugar separado da matéria ou do mundo natural. No entanto, os estágios posteriores da consciência não são mais os dos indivíduos, mas dos grupos sociais ou políticos – e assim continua a dialética, aperfeiçoando-se até alcançar o estágio de espírito absoluto.

Espírito e mente

Na época em que Hegel escreveu, havia uma visão filosófica dominante de que existem dois tipos de entes no mundo: coisas que existem no mundo físico e pensamentos sobre essas coisas (estes últimos sendo algo como retratos ou imagens das coisas). Hegel afirmou que todas as versões dessa distinção são equívocos, ao envolver nosso compromisso com um cenário ridículo em que duas coisas são absolutamente diferentes (coisas e pensamentos), mas também de algum modo similares (porque os pensamentos são imagens das coisas).

Hegel disse que é somente aparente a diferença entre os objetos do pensamento e o próprio pensamento. Para Hegel, a ilusão de diferença e separação entre esses dois mundos "aparentes" se mostra quando o pensamento e a natureza são revelados enquanto aspectos do espírito. Essa ilusão é superada no espírito absoluto, quando vemos que existe apenas uma realidade: aquela do espírito, que sabe e reflete em si, e

é tanto pensamento quanto aquilo que é pensado.

A "totalidade do espírito", ou "espírito absoluto", é o ponto final da dialética de Hegel. No entanto, os estágios anteriores não são deixados para trás, por assim dizer, mas revelados como aspectos insuficientemente analisados da totalidade do espírito. De fato, o que pensamos sobre uma pessoa individual não é um elemento separado da realidade, mas um aspecto de como o espírito se desenvolve – ou como ele "extravasa no tempo". Assim, Hegel escreveu: "A verdade é o todo. Mas o todo é somente a essência que se implementa por meio do seu desenvolvimento." A realidade é o espírito – tanto o pensamento quanto aquilo que é conhecido pelo pensamento – que sofre um processo de desenvolvimento histórico. ∎

A história alemã tinha alcançado seu ponto final no Estado prussiano, segundo Hegel. Porém, havia forte sentimento a favor de uma Alemanha unida, simbolizada pela figura da Germania.

TODO HOMEM TOMA OS LIMITES DE SEU PRÓPRIO CAMPO DE VISÃO COMO OS LIMITES DO MUNDO

ARTHUR SCHOPENHAUER (1788-1860)

EM CONTEXTO

ÁREA
Metafísica

ABORDAGEM
Idealismo

ANTES
1690 John Locke publica *Ensaio sobre o entendimento humano*, explicando como todo conhecimento provém da experiência.

1781 A *Crítica da razão pura*, de Immanuel Kant, introduz o conceito de "coisa em si", que Schopenhauer usa como ponto de partida para suas ideias.

DEPOIS
Final do século XIX Friedrich Nietzsche propõe a noção de "vontade de poder" para explicar as motivações humanas.

Início do século XX O psicanalista austríaco Sigmund Freud explora o que está por trás dos desejos humanos básicos.

Arthur Schopenhauer não se alinhava com a tendência dominante da filosofia alemã do início do século XIX. Reconhecia (e idolatrava) Immanuel Kant como uma grande influência, mas rejeitava os idealistas de sua própria geração, que sustentavam que a realidade consiste essencialmente de algo não material. Acima de tudo, detestava o idealista Georg W. F. Hegel pelo estilo literário seco e pela filosofia otimista.

Usando a metafísica de Kant como ponto de partida, Schopenhauer desenvolveu sua própria visão de mundo, que expressou em clara linguagem literária. Aceitou a visão kantiana de que o mundo se divide

Ver também: Empédocles 336 ▪ John Locke 130-133 ▪ Immanuel Kant 164-171 ▪ Georg W. F. Hegel 178-185 ▪ Friedrich Nietzsche 214-221

Minha **versão do mundo** é limitada por...

...**observações limitadas** que posso fazer de um vasto universo.

...**experiências limitadas** de uma vasta Vontade universal, da qual minha vontade é apenas parte.

Minha versão do mundo não inclui coisas que **não percebi**, nem a Vontade universal que **não experimentei**.

Eu tomo os limites de meu próprio campo de visão como os limites do mundo.

Arthur Schopenhauer

Nascido numa família rica e cosmopolita em Danzig (atualmente Gdansk, Polônia), esperava-se que Schopenhauer se tornasse um comerciante como seu pai. Ele viajou à França e à Inglaterra antes que sua família se estabelecesse em Hamburgo, em 1793. Em 1805, depois da morte do pai (possivelmente por suicídio), julgou que poderia parar de trabalhar e ir para a universidade, onde estudou filosofia e psicologia. Manteve um relacionamento difícil com a mãe, crítica contumaz de seus atos e decisões.

Após completar os estudos, Schopenhauer lecionou na Universidade de Berlim. Alcançou fama como namorador e misógino, evitou o casamento e, certa vez, foi condenado por agressão a uma mulher. Em 1831, mudou-se para Frankfurt, onde passou o resto da vida na companhia de uma sucessão de poodles chamados de Atman ("alma" no hinduísmo e budismo) ou Butz ("duende", em alemão).

Obras-chave

1818 e 1844 *O mundo como vontade e representação*
1851 *Parerga e paralipomena*

---

entre o que percebemos por meio dos sentidos (fenômeno) e as "coisas em si" (númenos), mas queria explicar a natureza dos mundos fenomênico e numênico.

Interpretando Kant

De acordo com Kant, cada um de nós constrói uma versão do mundo a partir das nossas percepções – o mundo fenomênico –, mas nunca experimentamos o mundo numênico como ele é "em si". Então, cada um de nós tem visão limitada do mundo, já que as percepções são construídas a partir da informação adquirida por um conjunto limitado de sentidos. Schopenhauer acrescentou a isso que "todo homem aceita os limites de seu

próprio campo de visão como os limites do mundo".

A ideia de conhecimento limitado à experiência não era inédita. O antigo filósofo Empédocles tinha dito que "cada homem acredita apenas em sua experiência", e no século XVII John Locke afirmou que "nenhum conhecimento do homem pode ir além de sua experiência". Mas a razão que Schopenhauer forneceu para essa limitação era realmente nova, vinda de sua interpretação dos mundos fenomênico e numênico de Kant. A diferença importante entre Kant e Schopenhauer é que, para o último, o fenomênico e o numênico não são duas realidades ou mundos diferentes, mas o mesmo mundo, **»** sentido de maneira diferente. Um mundo com dois aspectos: Vontade e Representação. Isso é mais facilmente evidenciado por nossos corpos: ora percebemos como objetos (Representações), ora experimentamos a partir de dentro (como Vontade).

Schopenhauer disse que um ato de vontade, como desejar levantar um braço, e o movimento resultante disso não estão em mundos diferentes – o numênico e o fenomênico –, mas são um mesmo acontecimento sentido de duas formas diferentes. Um é experimentado a partir de dentro, o outro observado a partir de fora. Quando vemos algo fora de nós mesmos, embora vejamos apenas sua Representação objetiva (e não a sua realidade interior ou Vontade), o mundo como um todo ainda tem as mesmas e simultâneas existências exterior e interior.

Vontade universal

Schopenhauer usou a palavra "vontade" para representar uma energia pura que não tem direção ativa e mesmo assim é responsável por tudo o que se manifesta no mundo fenomênico. Ele acreditava,

Schopenhauer estudou o *Bhagavad Gita* hindu, no qual Krishna, o cocheiro, diz a Arjuna que o homem é escravo de seus desejos, a menos que consiga se libertar deles.

como Kant, que o espaço e o tempo pertencem ao mundo fenomênico (são conceitos dentro das nossas mentes, e não coisas fora delas), e que a Vontade do mundo não indica o tempo nem segue leis causais ou espaciais. Isso significa que ela deve ser atemporal e indivisível – e da mesma forma devem ser nossas vontades individuais. Segue, então, que a Vontade do universo e a vontade individual são uma única coisa, e o mundo fenomênico está sob o controle dessa Vontade vasta e imotivada.

Influência oriental

Nesse ponto do argumento, o pessimismo de Schopenhauer se revelou. Contemporâneos como Hegel viam a vontade como força positiva. Já Schopenhauer enxergava a humanidade à mercê de uma Vontade universal despropositada e irracional. Ela estaria por trás de nossos desejos mais básicos, induzindo-nos a viver em constante desapontamento e frustração na tentativa de aliviar tais anseios. Para Schopenhauer, o mundo não é bom nem ruim, mas sem significado, e os humanos que lutam para encontrar a felicidade alcançam, na melhor das hipóteses, satisfação – e na pior, dor e sofrimento.

A única saída dessa condição miserável, de acordo com Schopenhauer, é a não existência ou, pelo menos, uma privação da vontade de satisfação. Ele propôs que o alívio pode ser buscado por meio da contemplação estética, especialmente na música, a arte que não tenta representar o mundo fenomênico. Aqui, a filosofia de Schopenhauer ecoa o conceito budista do nirvana (estado transcendental livre do desejo e da dor): de fato, ele havia estudado em detalhes pensadores e religiões orientais.

A partir da ideia de Vontade universal, Schopenhauer desenvolveu

> A base e o solo sobre o qual todo o nosso conhecimento e aprendizado repousa é o inexplicável.
> **Arthur Schopenhauer**

uma filosofia moral um tanto surpreendente, considerando seu caráter misantrópico e pessimista. Ele entendeu que, se pudermos reconhecer que nossa separação do universo é essencialmente uma ilusão (porque as vontades individuais e a Vontade do universo são uma e única coisa), podemos descobrir uma empatia com o mundo e tudo o mais, e a bondade moral pode surgir de uma compaixão universal. Aqui, novamente, o pensamento de Schopenhauer reflete a filosofia oriental.

Legado duradouro

Amplamente ignorado por filósofos alemães do seu tempo, Schopenhauer teve suas ideias ofuscadas pela obra de Hegel. Contudo, inspirou escritores e músicos. No final do século XIX, a primazia que ele conferiu à Vontade tornou-se tema da filosofia novamente. Friedrich Nietzsche, em particular, reconheceu sua influência, e Henri Bergson e os pragmatistas norte-americanos também devem algo à análise do mundo como Vontade. O maior legado de Schopenhauer, contudo, talvez esteja no campo da psicologia, em que suas ideias sobre desejos básicos e frustração influenciaram as teorias psicanalíticas de Sigmund Freud e Carl Jung. ∎

TEOLOGIA É ANTROPOLOGIA

LUDWIG ANDREAS FEUERBACH (1804-1872)

EM CONTEXTO

ÁREA
Filosofia da religião

ABORDAGEM
Ateísmo

ANTES
c.600 A.C. Tales é o primeiro filósofo ocidental a negar que o universo deve sua existência a um deus.

c.500 A.C. Fundação da escola indiana de filosofia ateísta conhecida como Carvaka.

c.400 A.C. O antigo filósofo grego Diágoras do Melos propõe argumentos em defesa do ateísmo.

DEPOIS
Meados do século XIX Karl Marx usa o raciocínio de Feuerbach em sua filosofia de revolução política.

Final do século XIX O psicanalista Sigmund Freud argumenta que a religião é uma projeção dos desejos humanos.

F ilósofo alemão do século XIX, Ludwig Feuerbach é mais conhecido pela obra *A essência do cristianismo* (1841), que inspirou pensadores revolucionários como Karl Marx e Friedrich Engels. O livro incorpora muito do pensamento de Georg W. F. Hegel, mas enquanto este via um espírito absoluto como força-guia na natureza, Feuerbach acreditava que a experiência humana bastava para explicar a existência. Para Feuerbach, os humanos não são uma forma externalizada de um espírito absoluto, mas o oposto: criamos a ideia de um espírito maior, um deus, a partir de nossos próprios desejos e aspirações.

Imaginando Deus

Feuerbach sugere que, em nosso anseio por tudo o que há de melhor na humanidade (amor, compaixão, bondade), imaginamos um ser que incorpora essas qualidades no mais alto grau possível e o chamamos "Deus". A teologia (o estudo sobre Deus) é, portanto, nada mais do que antropologia (o estudo sobre a humanidade). Não só nos iludimos em pensar que um ser divino existe como também esquecemos ou renunciamos ao que somos. Perdemos de vista o fato de que tais virtudes já existem em humanos, não em deuses. Por essa razão, devemos focar menos em integridade celestial e mais em justiça humana: são as pessoas nesta vida, nesta Terra, que merecem nossa atenção. ∎

Os israelitas da Bíblia, em sua carência de certeza e reafirmação, criaram um falso deus – o bezerro de ouro – para venerar. Feuerbach argumenta que todos os deuses são criados do mesmo modo.

Ver também: Tales de Mileto 22-23 ▪ Georg W. F. Hegel 178-185 ▪ Karl Marx 196-203

SOBRE SEU PRÓPRIO CORPO E MENTE, O INDIVÍDUO É SOBERANO

JOHN STUART MILL (1806-1873)

EM CONTEXTO

ÁREA
Filosofia política

ABORDAGEM
Utilitarismo

ANTES
1651 Em *Leviatã*, Thomas Hobbes diz que as pessoas são "brutais" e devem ser controladas por um contrato social.

1689 A obra *Dois tratados sobre o governo*, de John Locke, examina a teoria do contrato social no contexto do empirismo.

1789 Jeremy Bentham defende o "princípio da máxima felicidade possível".

DEPOIS
Anos 1930 O economista J.M. Keynes, influenciado por Mill, desenvolve teorias econômicas liberais.

1971 John Rawls publica *Uma teoria de justiça*, baseado na ideia de que as leis devem ser aquelas que todo mundo aceitaria.

John Stuart Mill nasceu numa família de intelectuais e, desde cedo, esteve a par das tradições britânicas da filosofia surgidas no iluminismo do século XVIII. John Locke e David Hume haviam estabelecido uma filosofia cujo novo empirismo contrastava completamente com o racionalismo dos pensadores europeus continentais. Mas no final do século XVIII, as ideias românticas da Europa começaram a influenciar a filosofia moral e a política britânicas. O produto mais óbvio dessa influência foi o utilitarismo, uma interpretação bem britânica da filosofia política que moldara as revoluções do século XVIII na Europa

Ver também: Thomas Hobbes 112-115 ■ John Locke 130-133 ■ Jeremy Bentham 174 ■ Bertrand Russell 236-239 ■ Karl Popper 262-265 ■ John Rawls 294-295

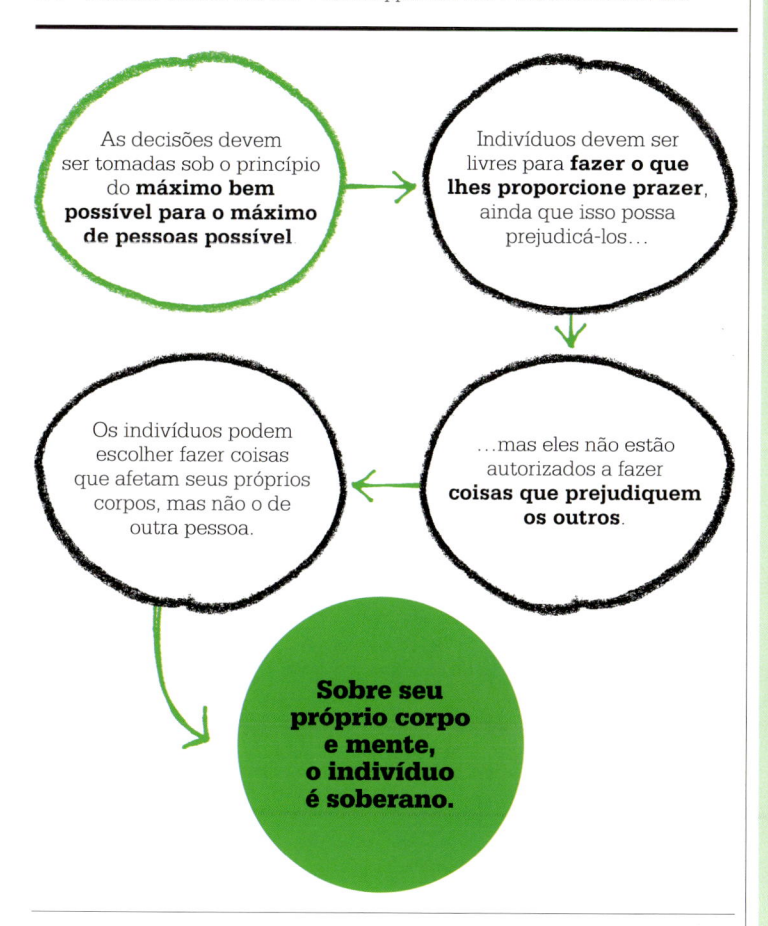

As decisões devem ser tomadas sob o princípio do **máximo bem possível para o máximo de pessoas possível**

Indivíduos devem ser livres para **fazer o que lhes proporcione prazer**, ainda que isso possa prejudicá-los…

Os indivíduos podem escolher fazer coisas que afetam seus próprios corpos, mas não o de outra pessoa.

…mas eles não estão autorizados a fazer **coisas que prejudiquem os outros**.

Sobre seu próprio corpo e mente, o indivíduo é soberano.

John Stuart Mill

John Stuart Mill nasceu em Londres em 1806. Seu pai, o filósofo e historiador escocês James Mill, fundou o movimento de "filósofos radicais" com Jeremy Bentham. John foi educado em casa pelo pai, cuja didática rigorosa começou com aulas de grego quando o menino tinha três anos de idade.

Após anos de estudo intenso, Mill sofreu um colapso nervoso aos vinte anos. Abandonou a universidade para trabalhar na Companhia das Índias Orientais, onde permaneceu até a aposentadoria, em 1857, uma vez que o ofício lhe oferecia sustento e tempo para escrever. Durante esse período conheceu Harriet Taylor, defensora dos direitos das mulheres – que, depois de um relacionamento de vinte anos, tornou-se sua esposa. Mill atuou como membro do parlamento britânico de 1865 a 1868, colocando em prática sua filosofia moral e política.

Obras-chave

1843 *Sistemas de lógica*
1848 *Princípios de economia política*
1859 *Sobre a liberdade*
1861 *Utilitarismo*
1869 *A sujeição das mulheres*
1874 *Sobre a natureza*

e na América. Seu criador, Jeremy Bentham, amigo da família Mill, influenciou a educação doméstica de John.

Liberalismo vitoriano

Como filósofo, Mill estabeleceu para si a tarefa de sintetizar uma herança intelectual valiosa com o novo romantismo do século XIX. Sua abordagem é menos cética do que a de Hume (que argumentava que todo conhecimento vem da experiência dos sentidos e nada é certo) e menos dogmática do que a de Bentham (que insistia que tudo fosse julgado por sua utilidade), mas o empirismo e o utilitarismo de ambos instruiu seu pensamento. A filosofia moral e política de Mill – menos radical do que a de seus antecessores – mirava a reforma em vez da revolução, e formou a base do liberalismo vitoriano britânico.

Após completar sua primeira obra filosófica, o extenso *Sistemas de lógica*, em seis volumes, Mill voltou sua atenção para a filosofia moral, » particularmente as teorias utilitaristas de Bentham. Ele tinha se impressionado com a elegante simplicidade do princípio da "máxima felicidade possível para o máximo possível de pessoas" de Bentham, acreditando firmemente em sua utilidade. Mill descreveu sua interpretação sobre como o utilitarismo podia ser aplicado de modo semelhante às "regras de ouro" de Jesus de Nazaré: tudo o que quereis que os homens vos façam, fazei-o também a eles; e ama a teu próximo como a ti mesmo. Isso, ele dizia, constitui "a perfeição ideal da moralidade utilitarista".

Legislando pela liberdade

Mill apoiava o princípio da felicidade de Bentham, mas o considerava carente de praticidade. Bentham concebera a ideia como atrelada a um abstrato "cálculo de felicidade" (um algoritmo para calcular felicidade), mas Mill queria descobrir como ele poderia ser implementado no mundo real. Ele estava interessado nas implicações sociais e políticas do princípio, em vez de seu mero uso para tomar decisões morais. Como a legislação promotora da "máxima felicidade possível para o máximo possível de pessoas" realmente afetaria o indivíduo? É possível que as leis que buscam isso, ao instituir um tipo de regra majoritária, impeçam que algumas pessoas alcancem a felicidade?

Mill julgou que a solução é a educação e a opinião pública trabalharem juntas para estabelecer uma "associação indissolúvel" entre a felicidade de um indivíduo e o bem-estar da sociedade. Como resultado, as pessoas estariam

O bom samaritano ajuda seu inimigo. A Bíblia ilustra a regra de Mill – tudo que quereis que os homens vos façam, fazei-o também a eles –, para elevar o nível de felicidade de todos.

É melhor ser um Sócrates insatisfeito do que um tolo satisfeito.
John Stuart Mill

sempre motivadas a agir não apenas em favor do próprio bem-estar ou felicidade, mas para o de todos. Ele concluiu que a sociedade deve, portanto, permitir a todos os indivíduos a liberdade de buscar a felicidade. Além disso, ele acrescentou, tal direito deve ser assegurado pelo governo, e a legislação tem de proteger a liberdade individual para buscar objetivos pessoais. No entanto, alertou Mill, essa liberdade deve ser restringida no caso de a ação de uma pessoa violar a felicidade de outras. Esse é conhecido como "princípio do dano". Mill o sublinhou ao mostrar que, nesses casos, "o próprio bem [de uma pessoa], físico ou moral, não é uma garantia suficiente".

Quantificação da felicidade

Mill voltou sua atenção para a questão de como medir a felicidade. Bentham tinha considerado a duração e a intensidade dos prazeres em seu "cálculo da felicidade", mas Mill julgou que também é importante considerar a qualidade do prazer. Com isso, ele se referia à diferença entre uma simples satisfação de desejos e prazeres sensuais e a felicidade alcançada pela busca intelectual e cultural. Na "equação da felicidade", ele conferiu mais peso aos prazeres intelectuais, mais elevados, do que aos físicos, mais básicos.

Alinhado com sua formação empirista, Mill tentou identificar a essência da felicidade. O que é isso, ele perguntou, que cada indivíduo luta para alcançar? O que causa a felicidade? Ele decidiu que "a única evidência que é possível de ser apresentada de que algo é desejável é que as pessoas realmente a desejam". Isso parece uma explanação um tanto insatisfatória, mas ele prosseguiu com a distinção entre dois desejos diferentes: desejos imotivados (coisas que queremos que nos proporcionarão prazer) e ações conscienciosas (coisas que fazemos por senso de dever ou caridade, com frequência contra nossa inclinação imediata, mas que por fim nos dão prazer). No primeiro caso, desejamos algo como parte de nossa felicidade, mas no segundo desejamos como meio para nossa felicidade, que é sentida apenas quando o ato alcança seu fim virtuoso.

Utilitarismo prático

Mill não era um filosófo puramente acadêmico. Acreditava que suas ideias deviam ser colocadas em prática, e considerou o que isso poderia significar em termos de governo e legislação. Ele julgava tirânica qualquer restrição à liberdade do indivíduo para buscar a felicidade, fosse a tirania da maioria (exercida pela eleição democrática), fosse a tirania singular de um déspota. E sugeriu medidas práticas para restringir o poder da sociedade sobre o indivíduo e para proteger os direitos individuais à livre expressão.

A Sociedade Nacional Para o Voto Feminino foi organizada na Inglaterra em 1868, um ano após Mill tentar assegurar tal direito, defendendo uma emenda à Lei da Reforma de 1867.

Em seu período como parlamentar, Mill propôs muitas reformas que só vingariam muito tempo depois, mas seus discursos sobre as aplicações liberais de sua filosofia utilitária foram levados para um público amplo. Como filósofo e político, argumentou fortemente em defesa da livre expressão, pela promoção dos direitos humanos básicos e contra a escravidão – óbvias aplicações práticas do utilitarismo. Fortemente influenciado pela esposa, Harriet Taylor-Mill, foi o primeiro parlamentar britânico a propor o voto feminino como parte das reformas de governo. Sua filosofia liberal também abrangia a economia e, contrário às teorias econômicas de seu pai, ele defendeu uma economia de mercado livre, com intervenção do governo mantida num nível mínimo.

Revolução suave

Mill colocou o indivíduo, e não a sociedade, no centro de sua filosofia utilitária. Importante é que os indivíduos sejam livres para pensar e agir como queiram sem interferência, mesmo que seus atos os prejudiquem. Todo indivíduo, escreveu Mill no ensaio *Sobre a liberdade*, é "soberano sobre seu próprio corpo e sua própria mente". Suas ideias deram corpo ao liberalismo vitoriano, abrandando as ideias radicais que tinham conduzido a revoluções na Europa e na América e combinando-as com a noção de indivíduo livre da interferência da autoridade. Essa, para Mill, era a base para a justa governança e para o progresso social, importantes ideais vitorianos. Ele acreditava que, se a sociedade deixasse o indivíduo viver da forma que o fizesse feliz, isso lhe permitiria atingir todo o seu potencial. O que beneficiaria toda a sociedade, já que as realizações dos talentos isolados contribuem para o bem geral.

Durante sua vida, Mill foi reconhecido como filósofo importante. Hoje, muitos o consideram o arquiteto do liberalismo vitoriano. Sua filosofia de inspiração utilitarista teve influência direta no pensamento social, político, filosófico e econômico até o século xx. A economia moderna foi moldada por várias interpretações de sua aplicação, do utilitarismo ao mercado livre, especialmente pelo economista britânico John Maynard Keynes. No campo da ética, filósofos como Bertrand Russell, Karl Popper, William James e John Rawls tomaram Mill como ponto de partida. ∎

Uma pessoa com crença tem poder social igual a 99 que só têm interesses.
John Stuart Mill

A ANGÚSTIA É A VERTIGEM DA LIBERDADE

SØREN KIERKEGAARD (1813-1855)

EM CONTEXTO

ÁREA
Metafísica

ABORDAGEM
Existencialismo

ANTES

1788 Immanuel Kant ressalta a importância da liberdade na fi losofi a moral em *Crítica da razão prática*.

1807-1822 Georg W. F. Hegel sugere uma consciência histórica, ou *Geist*, que estabelece uma relação entre a consciência humana e o mundo em que ela vive.

DEPOIS

1927 Martin Heidegger explora os conceitos de *Angst* e de culpa existencial na obra *Ser e tempo*.

1938 Jean-Paul Sartre lança as bases da filosofia existencialista.

1946 Ludwig Wittgenstein reconhece a influência de Kierkegaard em sua obra *Cultura e valor*.

Quando tomamos decisões, temos **liberdade absoluta** de escolha.

Percebemos que podemos escolher fazer **nada** ou **fazer algo**.

Nossas mentes **cambaleiam** ante o pensamento de liberdade absoluta.

Um sentimento de apreensão ou **angústia** acompanha o pensamento.

A angústia é a vertigem da liberdade.

A filosofia de Søren Kierkegaard desenvolveu-se em reação ao pensamento idealista alemão que dominou a Europa continental em meados do século XIX, particularmente o de Georg W. F. Hegel. Kierkegaard queria refutar a ideia de sistema filosófico completo de Hegel (que definia a humanidade como parte de um desenvolvimento histórico inevitável)

por meio da defesa de uma abordagem mais subjetiva. Ele desejava investigar o que "significa ser um ser humano", não como parte de um grande sistema filosófico, mas como indivíduo autônomo.

Kierkegaard acreditava que nossas vidas são determinadas por ações, que são elas próprias determinadas por escolhas, e o modo de fazer essas

Ver também: Immanuel Kant 164-171 ▪ Georg W. F. Hegel 178-185 ▪ Friedrich Nietzsche 214-221 ▪ Martin Heidegger 252-255 ▪ Jean-Paul Sartre 268-271 ▪ Simone De Beauvoir 276-277 ▪ Albert Camus 284-285

escolhas é crucial. Como Hegel, ele considerava as decisões morais como uma escolha entre o hedonístico (que gratifica a si mesmo) e o ético. Mas, enquanto Hegel julgou que essa escolha era determinada em grande parte por condições históricas e pelo ambiente da época, Kierkegaard disse que as escolhas morais são livres e, acima de tudo, subjetivas. É exclusivamente nossa vontade que determina nosso julgamento, ele dizia. No entanto, longe de ser uma razão para a felicidade, a liberdade total de escolha nos provoca um sentimento de angústia ou apreensão.

Kierkegaard explicou esse sentimento em *O conceito de angústia*. Como exemplo, ele citou um homem no alto de um penhasco ou edifício. Se esse homem olha para baixo, sente dois tipos de medo: o medo de cair e o medo causado pelo impulso de lançar-se no vazio. Esse segundo tipo de medo, ou angústia, surge a partir da compreensão de que ele tem liberdade absoluta para escolher se pula ou não, e esse medo é tão atordoante quanto sua vertigem. Kierkegaard sugeriu que sentimos a mesma angústia em todas as nossas escolhas morais, quando compreendemos que temos a liberdade de tomar até as mais terríveis decisões. Ele descreveu essa angústia como "a vertigem da liberdade", e foi além ao explicar que, embora ela cause desespero, pode também nos livrar de respostas impensadas, pois nos torna mais cientes das escolhas disponíveis. Tal angústia aumenta nossa consciência e senso de responsabilidade pessoal.

O pai do existencialismo

As ideias de Kierkegaard foram rejeitadas por seus contemporâneos, mas se mostraram muito influentes nas gerações posteriores. Sua insistência na importância da liberdade de escolha e em nossa contínua busca por significado e propósito forneceria a estrutura para o existencialismo. Essa filosofia desenvolvida por Friedrich Nietzsche e Martin Heidegger foi, mais tarde, completamente definida por Jean-Paul Sartre. Ela explora as formas nas quais podemos viver com significado num universo sem deus, onde cada ato é uma escolha, exceto

Hamlet é flagrado em momento crítico: matar o tio ou deixar de vingar a morte do pai? A peça de Shakespeare demonstra a angústia da verdadeira liberdade de escolha.

o ato do nosso próprio nascimento. Diferentemente de outros pensadores posteriores, Kierkegaard não abandonou a fé em Deus, mas foi o primeiro a reconhecer a percepção da autoconsciência e a "vertigem", ou medo, da liberdade absoluta. ▪

Søren Kierkegaard

Søren Kierkegaard nasceu em Copenhague em 1813, no que se tornou conhecida como era de ouro da cultura dinamarquesa. Seu pai, um rico comerciante, era pio e melancólico, e o filho herdou esses traços, que iriam influenciar sua filosofia. Kierkegaard estudou teologia na Universidade de Copenhague e frequentou seminários de filosofia. Quando recebeu uma herança considerável, decidiu dedicar a vida à filosofar. Em 1837, conheceu e apaixonou-se por Regine Olsen e, três anos depois, ficaram noivos. Kierkegaard rompeu o noivado no ano seguinte, dizendo que sua melancolia o tornava impróprio para a vida de casado. Embora nunca perdesse a fé em Deus, criticava continuamente a Igreja nacional dinamarquesa por hipocrisia. Em 1855, caiu inconsciente na rua e morreu um mês depois.

Obras-chave

1843 *Temor e tremor*
1843 *Ou isso ou aquilo*
1844 *O conceito de angústia*
1847 *As obras do amor*

A HISTÓRIA DE TODAS AS SOCIEDADES ATÉ HOJE EXISTENTES É A HISTÓRIA DA LUTA DE CLASSES

KARL MARX (1818-1883)

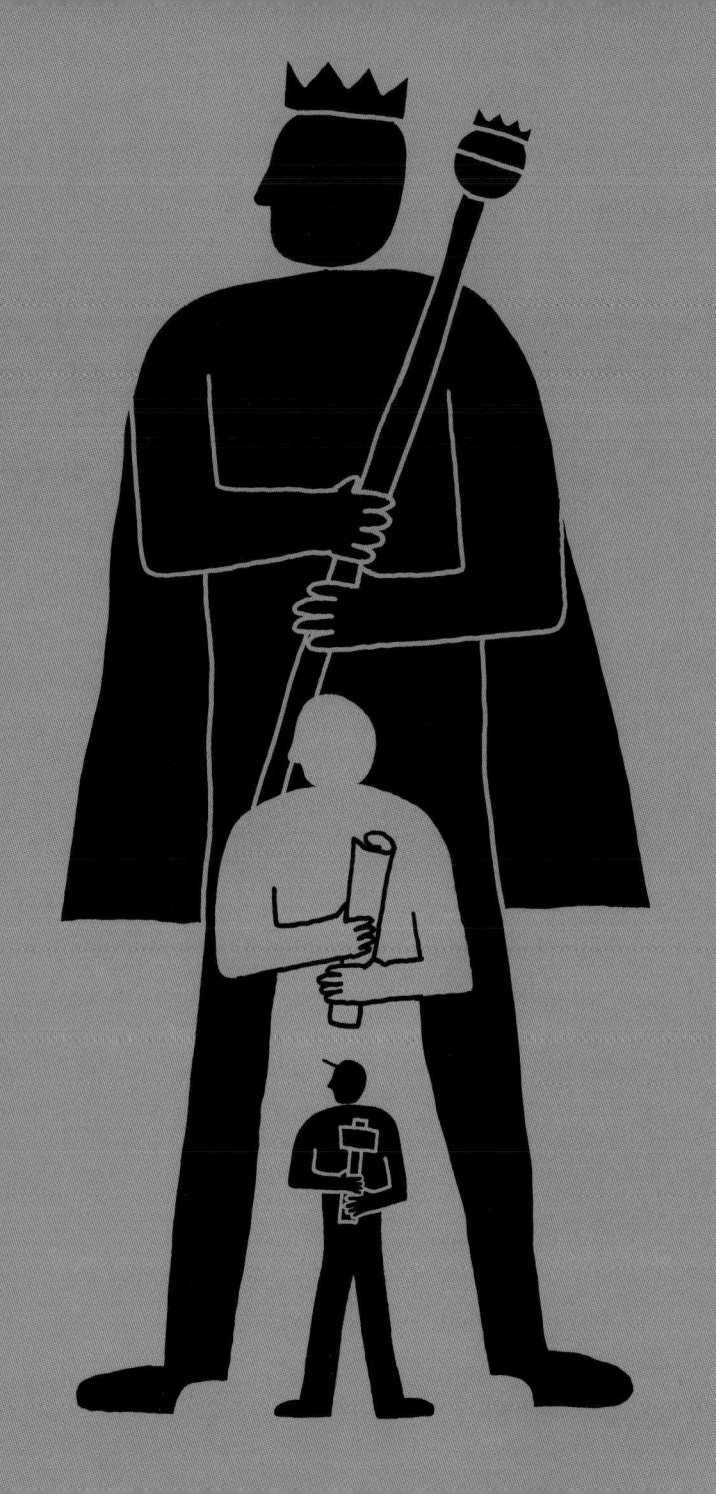

EM CONTEXTO

ÁREA
Filosofia política

ABORDAGEM
Comunismo

ANTES
c.1513 Maquiavel fala da luta de classes em Roma e na Renascença em *Discursos sobre a primeira década de Tito Lívio*.

1789 A Revolução Francesa fornece o modelo para a maioria dos argumentos filosóficos do século XIX sobre revolução.

Anos 1800 Georg W. F. Hegel desenvolve uma teoria de mudança histórica por meio do conflito intelectual.

DEPOIS
Anos 1880 Friedrich Engels tenta desenvolver as teorias de Marx numa filosofia madura, o materialismo histórico.

Anos 1930 O marxismo torna-se a filosofia oficial da União Soviética e de muitos outros países comunistas.

A história complexa da sociedade humana pode ser reduzida a uma única fórmula? Um dos maiores pensadores do século XIX, Karl Marx, acreditava que sim. Ele abriu o primeiro capítulo de sua célebre obra, *Manifesto comunista*, com a alegação de que toda mudança histórica acontece como resultado de um conflito constante entre classes sociais dominantes (mais altas) e subordinadas (mais baixas), e que as raízes desse conflito estão na economia.

Marx acreditava que havia chegado a uma visão excepcional e importante sobre a natureza da sociedade ao longo dos tempos. Abordagens anteriores da história enfatizaram o papel de heróis e líderes individuais ou o papel desempenhado por suas ideias, mas Marx se concentrou em uma longa sucessão de conflitos de grupo, incluindo aqueles entre escravizados e seus senhores, lordes medievais e serviçais, e patrões e funcionários da modernidade. Foram os conflitos entre essas classes, ele afirmou, que provocaram mudanças revolucionárias.

Manifesto comunista

Marx escreveu o *Manifesto* com o filósofo alemão Friedrich Engels, que ele tinha conhecido quando ambos estudaram filosofia acadêmica na Alemanha, no final da década de 1830. Engels contribuiu com ajuda financeira, ideias e habilidade literária, mas Marx foi reconhecido como o gênio por trás da publicação conjunta.

Em seus manuscritos privados do começo e de meados da década de 1840, Marx e Engels enfatizaram que a questão central de sua atividade era mudar o mundo, e não interpretá-lo, como havia sido o objetivo de filósofos anteriores. Nas décadas de 1850 e 1860, Marx aperfeiçoou suas ideias em vários textos menores, incluindo *Manifesto comunista*, panfleto de cerca de 40 páginas.

O *Manifesto* procura explicar os valores e os planos políticos do comunismo – um sistema de crenças proposto por um pequeno e relativamente novo grupo de socialistas alemães radicais. O *Manifesto* alega que a sociedade tinha se reduzido a duas classes em conflito direto: a burguesia (a classe detentora do capital) e o proletariado (a classe trabalhadora).

A palavra "burguesia" provém do francês *bourgeois*, ou burguês: um comerciante proprietário que ascendeu socialmente para ter e administrar seu próprio negócio.

O debate intelectual era amplo na Alemanha na época em que Marx viveu, embora ele mesmo acreditasse que a tarefa da filosofia não era discutir ideias, mas provocar mudança real.

Marx descreveu como a descoberta e a colonização da América, a abertura dos mercados indianos e chineses e o aumento do número de produtos que podiam ser trocados tinham, por volta de meados do século XIX, levado ao rápido desenvolvimento do comércio e da indústria. Os artesãos não produziam mais bens suficientes para as necessidades crescentes dos novos mercados e, assim, o sistema de manufatura tomou seu lugar. Como o *Manifesto* relaciona, "os mercados se mantiveram crescendo, com a demanda sempre aumentando".

Valores da burguesia

Marx alegou que a burguesia, que controlava todo esse comércio, não deixou nenhuma ligação entre as pessoas "a não ser o interesse próprio escancarado, a não ser o desumano 'pagamento em dinheiro'". As pessoas antes eram valorizadas pelo que eram, mas a burguesia "tinha reduzido o valor pessoal a valor de troca". Valores

Ver também: Nicolau Maquiavel 102-107 ▪ Jean-Jacques Rousseau 154-159 ▪ Adam Smith 160-163 ▪ Georg W. F. Hegel 178-185 ▪ Ludwig Andreas Feuerbach 189 ▪ Friedrich Nietzsche 214-221

morais, religiosos e até sentimentais tinham sido esquecidos, enquanto todo mundo (de cientistas e advogados a sacerdotes e poetas) tinha se transformado em nada mais do que trabalhores assalariados. Onde havia "ilusões" religiosas e políticas, Marx escreveu, a burguesia as "substituiu pela exploração escancarada, desavergonhada, direta, brutal". Decretos que antes protegiam a liberdade do povo tinham sido atropelados por uma "liberdade irracional – o livre comércio".

A única solução, de acordo com Marx, era que todos os meios de produção econômica (como terra, matérias-primas, ferramentas e fábricas) se tornassem propriedade comum; então, todo membro da sociedade poderia trabalhar de acordo com sua capacidade e consumir de acordo com sua necessidade. Essa era a única forma de evitar que os ricos vivessem às custas dos pobres.

Mudança dialética

A fi losofi a por trás do raciocínio de Marx sobre o processo de mudança provém em grande parte de seu antecessor Georg W. F. Hegel, que tinha descrito a realidade não como um estado de coisas, mas como um »

De cada um, de acordo com suas capacidades; para cada um, de acordo com suas necessidades.
Karl Marx

As pessoas se alinham em **grupos**...

...com **outros que compartilham** de seus interesses sociais e econômicos.

...contra **aqueles em conflito** com seus interesses sociais e econômicos.

O status socioeconômico de cada grupo é definido por sua **relação com a propriedade** e os meios de produção.

O **proletariado** possui poucas propriedades ou negócios.

A **burguesia ou classe dominante** possui a maioria das propriedades e dos negócios.

Quando os meios de produção mudam (por exemplo, do agrícola para o industrial), há **revoluções e guerras**.

A **classe dominante é substituída** por outra.

A história é um registro dessas lutas de classe e substituições.

processo de mudança contínua. A mudança era causada, segundo Hegel, pelo fato de que toda ideia ou estado de coisas (conhecido como "tese") contém dentro de si um conflito interno (a "antítese"), que finalmente força a ocorrência de uma mudança, levando a uma nova ideia ou estado de coisas (a "síntese"). Esse processo é conhecido como dialética.

Hegel acreditava que nunca podemos sentir as coisas no mundo como elas são, mas somente como elas se mostram a nós. Para ele, a existência consiste primordialmente de mente ou espírito, então a jornada da história, através de incontáveis ciclos dialéticos, é em essência o progresso do espírito, ou *Geist*, rumo a um estado de absoluta harmonia. É aqui que Hegel e Marx se separam. Marx insistiu que o processo não é uma jornada de desenvolvimento espiritual, mas de mudança histórica real. Ele afirmou que o estado final, livre de conflito, que está no fim do processo, não é a bem-aventurança espiritual hegeliana, mas a sociedade perfeita, onde todos trabalhariam harmoniosamente rumo ao bem-estar de um todo maior.

A formação de classes

Em épocas anteriores, os humanos haviam sido inteiramente responsáveis por produzir tudo de que precisavam (vestuário, alimento e habitação) para si mesmos. Quando as primeiras sociedades começaram a se formar, as pessoas passaram a contar mais umas com as outras. Isso levou a uma forma de "barganha", descrita pelo economista escocês Adam Smith, conforme as pessoas trocavam bens ou trabalho. Marx concordava com Smith que esse sistema de troca levou as pessoas a se especializarem em seu trabalho, mas ressaltou que essa nova especialização (ou "ocupação") também veio a defini-las. Qualquer que seja a especialização ou o trabalho de uma pessoa, seja ela trabalhadora agrícola ou herdeira de terras, isso passou a ditar onde ela morava, o que comia e o que vestia. Também impunha com quem na sociedade ela compartilhava interesses e com quem seu interesse entrava em choque. Ao longo do tempo, isso levou à formação de distintas classes socioeconômicas, envolvidas em conflito.

> As ideias dominantes de cada época sempre foram as ideias de sua classe dominante.
> **Karl Marx**

De acordo com Marx, houve quatro grandes estágios na história humana, que ele entendeu como baseados em quatro diferentes formas de propriedade: o sistema tribal original de propriedade comum; o antigo sistema de propriedade comunal e estatal (em que tanto a escravidão quanto a propriedade privada começaram); o sistema feudal de propriedade; e o moderno sistema de produção capitalista. Cada um desses estágios representa uma forma diferente de sistema econômico, ou "modo de produção", e as transições entre eles são marcadas na história por acontecimentos políticos turbulentos, como guerras e revoluções, quando uma classe governante toma o lugar de outra. *Manifesto comunista* popularizou a ideia de que, pela compreensão do sistema de propriedade em qualquer sociedade, em qualquer época particular, podemos adquirir a chave para compreender suas relações sociais.

A rica burguesia desfrutava do luxo no final do século XVIII e no século XIX, enquanto os trabalhadores a seu serviço, na cidade ou no campo, sofriam de uma pobreza terrível.

> A abolição da religião como felicidade ilusória do povo é necessária para a felicidade real.
> **Karl Marx**

Instituições culturais

Marx também acreditava que uma análise da base econômica de qualquer sociedade nos permite ver que, quando seu sistema de propriedade se altera, também mudam as "superestruturas" – política, leis, arte, religiões e filosofias. Estas se desenvolvem para servir aos interesses da classe governante, promovendo seus valores e interesses e desviando a atenção das realidades políticas. No entanto, mesmo essa classe governante não está, de fato, determinando os acontecimentos ou as instituições. Hegel havia dito que toda época é governada pelo *Zeitgeist*, ou espírito da época, e Marx concordava. Mas onde Hegel via o *Zeitgeist* determinado por um espírito absoluto que se desenvolve ao longo do tempo, Marx o enxergava definido por relações sociais e econômicas de uma era. Estas determinariam as ideias ou a "consciência" de indivíduos e sociedades. Na visão de Marx, as pessoas não deixam uma marca em sua era, moldando-a de forma

A Revolução Industrial assistiu à especialização entre os assalariados. As pessoas se organizaram em grupos ou classes, agrupados por status socioeconômico similar.

particular – a era é que define as pessoas.

A revisão da filosofia de Hegel por Marx, de uma jornada do espírito para uma jornada de modos de produção social e política, foi influenciada por outro filósofo alemão, Ludwig Feuerbach. Feuerbach acreditava que a religião tradicional é intelectualmente falsa – não corroborada de modo algum pela razão – e contribui para a miséria humana. Ele alegava que as pessoas criam deuses à sua própria imagem a partir do amálgama das grandes virtudes da humanidade e, então, se aferram a esses deuses e religiões inventadas, preferindo "sonhos" ao mundo real. As pessoas se alienam de si mesmas por meio de uma comparação desfavorável entre seu próprio "eu" e um deus que elas tendem a esquecer que haviam criado.

Marx concordava que as pessoas se aferram à religião porque desejam um lugar em que o "eu" não é desprezado ou alienado, mas dizia que isso não se deve a algum deus autoritário, mas a fatos materiais em suas vidas diárias, reais. A resposta para Marx não está apenas no fim da religião, mas na total mudança social e política.

Utopia marxista

Além de sua explanação geral acerca da história humana rumo à ascensão das classes burguesas e proletárias, *Manifesto comunista* faz diversas outras alegações sobre política, sociedade e economia. Marx argumentou, por exemplo, que o sistema capitalista não é apenas explorador, mas inerentemente instável em suas finanças, o que leva à recorrência de crises comerciais cada vez mais severas, à pobreza crescente da força de trabalho e ao surgimento do proletariado como a classe genuinamente revolucionária. Pela primeira vez na história, essa classe revolucionária representaria a vasta maioria da humanidade.

De acordo com Marx, esses acontecimentos são sustentados pela natureza cada vez mais complexa do processo de produção. Marx previu que, à medida que a tecnologia se desenvolve, leva a um progressivo desemprego, alienando cada vez mais pessoas de seus meios de produção. Isso dividiria a sociedade em dois grupos: de um lado um grande número de pessoas empobrecidas, de outro alguns poucos detentores dos meios »

Revoluções inspiradas pelo socialismo varreram a Europa logo depois da publicação de *Manifesto comunista*. Elas incluíram a Revolução de Fevereiro de 1848, em Paris.

de produção. Seguindo as regras da dialética, esse conflito resultaria numa revolução violenta para estabelecer uma nova sociedade sem classes. Esta seria a sociedade utópica, livre de conflitos, que marcaria o fim do processo dialético. Marx julgou que essa sociedade perfeita não exigiria governo, apenas administração, e isso seria realizado por líderes da revolução: o partido "comunista" (forma como Marx se referia àqueles que aderissem à causa revolucionária). Dentro desse novo tipo de Estado (que Marx chamou de "ditadura do proletariado"), o povo desfrutaria da democracia genuína e do controle social da riqueza. Logo depois dessa mudança final do modo de produção para uma sociedade perfeita, Marx previu, o poder político chegaria a um fim, porque não haveria razão para discordância política ou criminalidade.

Poder político

Marx previu que o resultado das intensas lutas de classe na Europa entre a burguesia e a classe trabalhadora assalariada se tornaria evidente apenas quando a grande massa do povo fosse destituída de propriedades, sendo obrigada a vender sua mão de obra por salários. A justaposição de pobreza de muitos com a grande riqueza de poucos se tornaria cada vez mais óbvia e o comunismo, cada vez mais atraente – raciocinou Marx.

No entanto, Marx não esperava que os adversários do comunismo desistissem de seus privilégios facilmente. Em todos os períodos da história, a classe governante desfrutou da vantagem de controlar tanto o governo quanto as leis como um meio de reforçar seu domínio econômico. O Estado moderno, ele disse, era na verdade um "comitê para administrar os interesses da classe burguesa", e os esforços dos grupos excluídos para ter seus próprios interesses respeitados (como a luta para estender o direito do voto) eram simplesmente expedientes de curto prazo nos quais o conflito econômico mais fundamental encontrava expressão. Marx via os partidos e interesses políticos como meros veículos para os interesses das classes dominantes, obrigadas a dar a impressão de que atuavam pelo interesse geral a fim de manter o poder.

O caminho para a revolução

A originalidade de Marx está em sua combinação de ideias preexistentes, em vez da criação de novas. Seu sistema utiliza ideias de filósofos idealistas alemães, especialmente Georg W. F. Hegel e Ludwig Feuerbach; de teóricos políticos franceses, como Jean-Jacques Rousseau; e de economistas políticos britânicos, particularmente Adam Smith. O socialismo tinha se tornado uma doutrina política reconhecida na primeira metade do século XIX, e dele Marx extraiu vários *insights* sobre propriedade, classe, exploração e crises comerciais.

Um espectro ronda
a Europa – o espectro
do comunismo.
Karl Marx

O conflito de classes estava no ar quando Marx escreveu o *Manifesto*. Ele foi produzido pouco antes da explosão de várias revoluções contra as monarquias em muitas nações europeias continentais, em 1848 e 1849. Nas décadas precedentes, um número significativo de pessoas migrara do campo para as cidades em busca de trabalho, embora a Europa continental ainda não tivesse visto o desenvolvimento industrial ocorrido na Grã-Bretanha. Uma onda de descontentamento dos pobres foi explorada por políticos liberais e nacionalistas, e as revoluções se espalharam pela Europa, embora, no fim, essas revoltas tenham sido derrotadas sem causar mudanças permanentes.

Entretanto, o *Manifesto* adquiriu status icônico no século XX, inspirando revoluções na Rússia, China e muitos outros países. O brilho das teorias de Marx provou-se falso na prática: a extensão da repressão na Rússia stalinista, na China de Mao Tsé-Tung e no Camboja de Pol Pot trabalhou contra suas ideias políticas e históricas.

Crítica ao marxismo

Embora Marx não tenha previsto o comunismo implantado de forma bárbara nessas sociedades

Os Estados marxistas do século XX se autopromoveram como utopias. Geraram uma proliferação de pinturas e estátuas glorificando as realizações de seus cidadãos felizes, recém-libertados.

primordialmente agrícolas, suas ideias ainda estão abertas a várias críticas. Primeiro, Marx sempre defendeu a inevitabilidade da revolução. Essa era uma parte essencial da dialética, mas peca pelo simplismo, visto que a criatividade humana é sempre capaz de produzir uma variedade de escolhas, e a dialética falha diante da possibilidade de progresso pela reforma gradual.

Em segundo lugar, Marx tendia a revestir o proletariado com atributos totalmente virtuosos e a sugerir que a sociedade comunista daria origem a um novo tipo de ser humano. Ele nunca explicou de que maneira a ditadura desse proletariado perfeito seria diferente de formas anteriores e brutais de ditadura, nem como ela evitaria os efeitos corruptores do poder.

Terceiro, Marx raramente discutiu a possibilidade de que novas ameaças à liberdade pudessem surgir depois de uma revolução bem-sucedida: ele supunha a pobreza como única causa real da criminalidade. Seus críticos também alegam que ele não compreendeu suficientemente as forças do nacionalismo e que não explicou o papel da liderança pessoal na política. De fato, o movimento comunista do século XX produziria cultos a personalidades poderosas em quase todos os países onde os marxistas chegaram ao poder.

Influência duradoura

Apesar das críticas e crises que as teorias de Marx provocaram, suas ideias foram muito influentes. Como crítico poderoso do capitalismo comercial e como teórico econômico e socialista, Marx ainda hoje é considerado relevante para a política e a economia. Muitos concordam com o filósofo russo-britânico do século XX, Isaiah Berlin, que *Manifesto comunista* é "uma obra de gênio". ∎

Karl Marx

O mais famoso pensador revolucionário do século XIX nasceu na cidade alemã de Trier. Filho de um advogado judeu convertido ao cristianismo, Marx estudou direito na Universidade de Bonn, onde conheceu sua futura esposa, Jenny von Westphalen. Depois, frequentou a Universidade de Berlim, antes de trabalhar como jornalista. A simpatia dedicada à democracia em seus textos levou-o à censura pela família real prussiana, e ele foi forçado ao exílio na França e na Bélgica. Nessa época, desenvolveu uma teoria única de comunismo em colaboração com seu compatriota alemão Friedrich Engels.

Marx retornou à Alemanha durante as revoluções de 1848-1849, que foram esmagadas. Marx morou no exílio em Londres pelo resto da vida. Ele e a esposa viviam em extrema pobreza. Quando Marx morreu apátrida aos 64 anos, apenas onze pessoas o velaram em seu funeral.

Obras-chave

1846 *A ideologia alemã*
1847 *Miséria da filosofia*
1848 *Manifesto comunista*
1867 *O capital: volume 1*

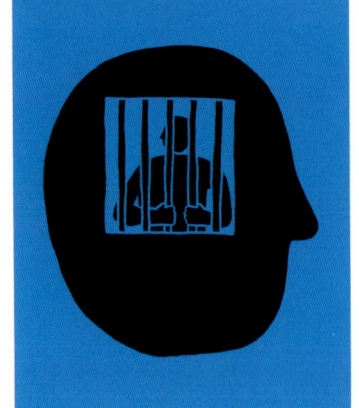

DEVE O CIDADÃO, POR UM MOMENTO SEQUER, RENUNCIAR À SUA CONSCIÊNCIA EM FAVOR DO LEGISLADOR?

HENRY DAVID THOREAU (1817-1862)

EM CONTEXTO

ÁREA
Filosofia política

ABORDAGEM
Não conformismo

ANTES
c.340 A.C. Aristóteles afirma que a cidade-estado é mais importante do que o indivíduo.

1651 Thomas Hobbes diz que uma sociedade sem governo forte tende à anarquia.

1762 Em *O contrato social* Jean-Jacques Rousseau propõe o governo pela vontade do povo.

DEPOIS
1907 Mahatma Gandhi cita Thoreau como influência em sua campanha de resistência passiva na África do Sul.

1964 Martin Luther King ganha o Prêmio Nobel da Paz por sua campanha para acabar com a discriminação racial por meio da desobediência civil e da não cooperação.

Quase um século depois de Jean-Jacques Rousseau afirmar que a natureza era essencialmente benigna, o filósofo americano Henry Thoreau aprofundou a ideia, argumentando que "todas as coisas boas são livres e selvagens" e que nossas leis oprimem ao invés de proteger as liberdades civis. Ele julgava que os partidos políticos eram necessariamente parciais e que suas políticas com frequência iam contra nossas crenças morais. Por essa razão, acreditava que era dever do indivíduo protestar contra as leis injustas, alegando que aceitar passivamente essas leis dava-lhes fundamento. "Qualquer tolo pode criar uma regra, e qualquer tolo se importará com ela", declarou sobre a gramática inglesa, cujo princípio também está em sua filosofia política.

Em seu ensaio *Desobediência civil*, escrito em 1849, Thoreau propõe o direito do cidadão à objeção conscienciosa por meio da não cooperação e resistência não violenta – que ele pôs em prática ao recusar-se a pagar taxas que apoiassem a guerra no México e perpetuassem a escravidão.

As ideias de Thoreau contrastavam de maneira pronunciada com as de seu contemporâneo Karl Marx e com o espírito revolucionário da Europa da época, que exigia ação violenta. Mas foram posteriormente adotadas por numerosos líderes de movimentos de resistência, como Mahatma Gandhi e Martin Luther King. ■

A campanha de desobediência civil de Mahatma Gandhi contra o domínio britânico na Índia incluiu a Marcha do Sal de 1930, feita em protesto contra as injustas leis de controle da produção de sal.

Ver também: Jean-Jacques Rousseau 154-159 ■ Adam Smith 160-163 ■ Edmund Burke 172-173 ■ Karl Marx 196-203 ■ Isaiah Berlin 280-281 ■ John Rawls 294-295

CONSIDERE AS CONSEQUÊNCIAS DAS COISAS

CHARLES SANDERS PEIRCE (1839-1914)

EM CONTEXTO

ÁREA
Epistemologia

ABORDAGEM
Pragmatismo

ANTES
Século XVII John Locke desafia o racionalismo ao traçar a origem de nossas ideias nas impressões dos sentidos.

Século XVIII Immanuel Kant argumenta que a especulação sobre o que está além da nossa experiência é sem sentido.

DEPOIS
Anos 1090 William James e John Dewey adotam a filosofia do pragmatismo.

Anos 1920 Os positivistas lógicos em Viena formulam a teoria da verificação – o significado de uma afirmação é o método pelo qual ela é verificada.

Anos 1980 A versão de pragmatismo de Richard Rorty afirma que a própria noção de verdade pode ser dispensada.

Charles Sanders Peirce foi cientista, lógico e filósofo da ciência, pioneiro do movimento filosófico conhecido como pragmatismo. Profundamente cético em relação às ideias metafísicas – como a de que há um mundo real além do mundo que sentimos –, certa vez ele convidou seus leitores para julgar o que está errado na seguinte teoria: um diamante é realmente macio e somente se torna duro quando tocado.

Peirce argumentou que não há "falsidade" em tal pensamento, porque não há meios de refutá-lo. No entanto, afirmou que o significado de um conceito (como "diamante" ou "duro") é derivado do objeto ou da qualidade com os quais o conceito se relaciona e dos efeitos que ele tem sobre nossos sentidos. Se pensamos no diamante como "macio até ser tocado" ou "sempre duro" antes da nossa experiência, portanto, é irrelevante. Sob ambas as formulações, o diamante é sentido do mesmo modo e pode ser usado da mesma maneira. No entanto, a primeira teoria, muito mais difícil de ser absorvida, é de menor valor para nós. Essa ideia, de que o significado de um conceito é o efeito sensorial de seu objeto, é conhecida como máxima pragmática e tornou-se o princípio fundador do pragmatismo: a crença de que a "verdade" é a descrição da realidade que melhor funciona para nós.

Uma das coisas fundamentais que Peirce tentava realizar era mostrar que muitos debates na ciência, filosofia e teologia não têm sentido. Ele afirmava que muitas vezes são debates sobre palavras, e não sobre a realidade, uma vez que neles nenhum efeito sobre os sentidos pode ser especificado. ∎

Nada é vital para a ciência; nada pode ser.
Charles Sanders Peirce

Ver também: John Locke 130-133 ▪ Immanuel Kant 164-171 ▪ William James 206-209 ▪ John Dewey 228-231 ▪ Richard Rorty 318-323

AJA COMO SE O QUE VOCÊ FAZ FIZESSE DIFERENÇA

WILLIAM JAMES (1842-1910)

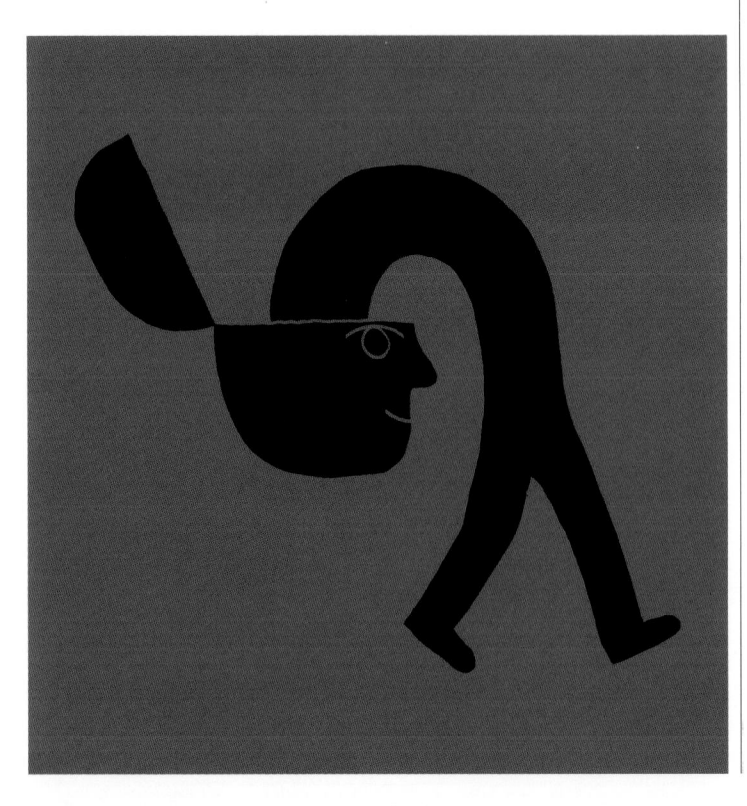

EM CONTEXTO

ÁREA
Epistemologia

ABORDAGEM
Pragmatismo

ANTES
1843 O *Sistema de lógica dedutiva e indutiva*, de Mill, estuda os meios pelos quais chegamos a acreditar que algo é verdadeiro.

Anos 1870 Charles Sanders Peirce descreve sua nova filosofia pragmatista em *Como tornar claras as nossas ideias*.

DEPOIS
1907 *A evolução criadora*, de Henri Bergson, descreve a realidade como fluxo, e não como estado.

1921 Bertrand Russell explora a realidade como pura experiência em *A análise da mente*.

1925 John Dewey desenvolve uma versão de pragmatismo – chamada instrumentalismo –, em *Experiência e natureza*.

Ao longo do século XIX, quando os Estados Unidos começaram a se desenvolver como nação independente, os filósofos da Nova Inglaterra, como Henry David Thoreau e Ralph Waldo Emerson, conferiram um olhar reconhecidamente americano às ideias românticas europeias. Mas foi a geração seguinte de filósofos, que viveu quase um século depois da Declaração de Independência, que surgiu com algo de fato original.

O primeiro deles, Charles Sanders Peirce, propôs uma teoria de conhecimento que chamou de pragmatismo, mas sua obra mal foi notada na época. Coube a seu amigo de toda a vida, William James,

Ver também: John Stuart Mill 190-193 ▪ Charles Sanders Peirce 205 ▪ Henri Bergson 226-227 ▪ John Dewey 228-231 ▪ Bertrand Russell 236-239 ▪ Ludwig Wittgenstein 246-251 ▪ Richard Rorty 318-323

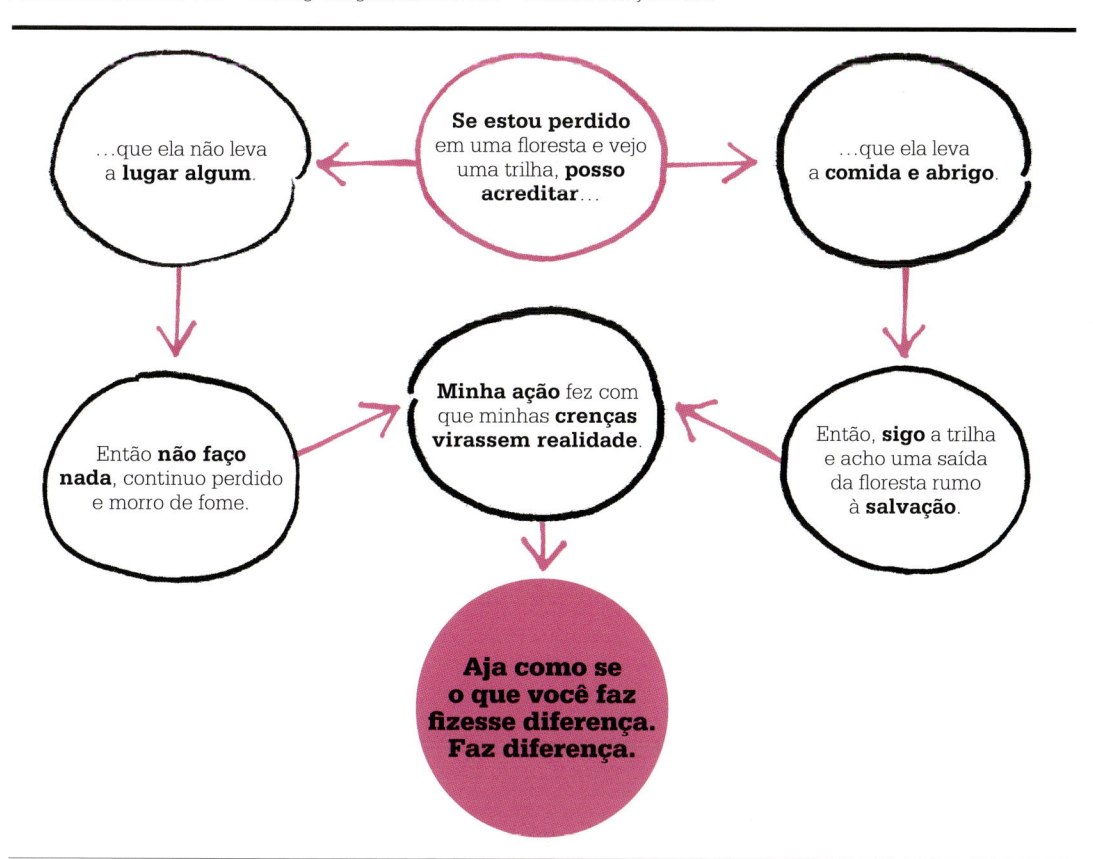

Se estou perdido em uma floresta e vejo uma trilha, **posso acreditar**…

…que ela não leva a **lugar algum**.

…que ela leva a **comida e abrigo**.

Minha ação fez com que minhas **crenças virassem realidade**.

Então **não faço nada**, continuo perdido e morro de fome.

Então, **sigo** a trilha e acho uma saída da floresta rumo à **salvação**.

Aja como se o que você faz fizesse diferença. Faz diferença.

afilhado de Ralph Emerson, defender e desenvolver as ideias de Peirce.

Verdade e utilidade

Fundamental ao pragmatismo peirceano era a teoria de que não adquirimos conhecimento apenas observando, mas fazendo, e que contamos com esse conhecimento somente enquanto ele nos é útil, no sentido de que explica adequadamente as coisas para nós. Quando esse conhecimento não cumpre mais essa função ou explicações melhores tornam-no obsoleto, o substituímos. Por exemplo, podemos ver, ao olhar para a história, como

nossas ideias sobre o mundo mudaram constantemente, do pensamento de que a Terra é plana até saber que ela é redonda, da suposição da Terra como centro do universo até a compreensão de que se trata apenas de um planeta no vasto cosmos. As antigas suposições funcionaram de forma adequada em sua época, ainda que não fossem verdadeiras, e o próprio universo não mudou. Isso demonstra como o conhecimento, como ferramenta explicativa, é diferente de fatos. Peirce investigou a natureza do conhecimento dessa forma, mas James aplicaria esse raciocínio à noção de verdade. **»**

O modo de classificar algo é apenas um modo de lidar com ele para algum propósito particular.
William James

A ideia de uma Terra plana serviu como "verdade" por milhares de anos, apesar do fato de que a Terra é uma esfera. James afirma que a utilidade de uma ideia determina sua veracidade.

Para James, a verdade de uma ideia depende do quanto ela é útil – ou seja, se ela responde o que dela se exige. Se uma ideia não contradiz os fatos conhecidos – tais como as leis da ciência – e proporciona um meio de prever as coisas de forma precisa o suficiente para nossos objetivos, não pode haver razão para não considerá-la verdadeira, da mesma maneira que Peirce considerou o conhecimento como uma ferramenta útil, independente dos fatos.

Essa interpretação da verdade não apenas a distingue do fato, mas também leva James a propor que "a verdade de uma ideia não é uma propriedade estagnada inerente a ela. A verdade *acontece* a uma ideia. Ela torna-se verdadeira pelos acontecimentos. Sua veracidade é, de fato, um acontecimento, um processo". Qualquer ideia, se trabalhada, é considerada como verdadeira pela ação que tomamos – colocar a ideia em

prática é o processo pelo qual ela se torna verdadeira. James também julga que a crença numa ideia é um fator importante na escolha para agir sobre ela, e dessa forma a crença é parte do processo que torna uma ideia verdadeira. Se sou confrontado com uma decisão difícil, minha crença numa ideia particular me conduzirá a uma rota de ação particular e, então, contribuirá para seu sucesso. É por causa disso que James definiu "crenças verdadeiras" como aquelas que se provam úteis a quem acredita nelas. Novamente, ele foi cuidadoso para distingui-las dos fatos, os quais ele julgava que "não são verdadeiros. Eles simplesmente são. A verdade é função das crenças que começam e terminam entre eles".

O direito de acreditar

Toda vez que tentamos estabelecer uma nova crença, seria útil se tivéssemos toda evidência e tempo disponíveis para tomar uma decisão ponderada. Mas em muitos momentos

William James

Nascido em Nova York, William James foi criado numa família rica e intelectualizada: seu pai era um teólogo conhecido pela excentricidade e seu irmão, Henry, tornou-se um autor célebre. Na infância, viveu por vários anos na Europa, onde seguiu uma paixão pela pintura, mas, aos dezenove anos, abandonou-a pela ciência. Seus estudos na Harvard Medical School foram interrompidos pela saúde frágil e pela depressão, que iriam impedi-lo para sempre de praticar a medicina. Mas ele finalmente graduou-se e, em 1872, assumiu o cargo de professor de

fisiologia na Universidade de Harvard. Seu interesse crescente em psicologia e filosofia levou-o a escrever elogiadas publicações nesses campos. Foi contemplado com uma cadeira de professor de filosofia em Harvard, em 1880, e lecionou ali até se aposentar, em 1907.

Obras-chave

1890 *Os princípios de psicologia*
1896 *A vontade de crer*
1902 *As variedades da experiência religiosa*
1907 *Pragmatismo*

da vida não nos damos a esse luxo: ou não há tempo suficiente para investigar os fatos conhecidos ou não há evidência suficiente, mesmo assim somos forçados a uma decisão. Temos de confiar em nossas crenças para guiar nossas ações. James disse que, nesses casos, temos "o direito de acreditar".

James explicou isso ao tomar o exemplo de um homem com fome, perdido na floresta. Quando ele vê uma trilha, é importante para ele acreditar que a trilha vai tirá-lo da floresta e levá-lo a uma habitação porque, se não acreditar nisso, não seguirá a trilha e permanecerá perdido e com fome. Mas se seguir, se salvará. Agindo de acordo com sua ideia de que a trilha o levará à salvação, isso se torna verdade. Dessa forma, nossas ações e decisões transformam nossa crença em uma ideia que se torna verdadeira. Por isso, James enunciou: "Aja como se o que você faz fizesse diferença" – ao qual ele acrescentou uma concisa e bem-humorada cláusula: "Faz diferença."

A crença religiosa pode causar grandes mudanças na vida de alguém, tais como a cura do doente numa peregrinação – independentemente do fato de um deus existir ou não.

No entanto, devemos abordar essa ideia com precaução: uma interpretação superficial do que James afirmou pode dar a impressão de que qualquer crença, não importando o quanto seja bizarra, se tornaria verdadeira ao se agir sobre ela. Obviamente, não é o que ele quis dizer. Há certas condições que uma ideia tem de cumprir antes de poder ser considerada uma crença justificável. A evidência disponível deve pesar em seu favor, e a ideia tem de ser provar resistente a críticas. No processo de influir sobre a crença, ela deve se justificar continuamente por meio de sua utilidade em aumentar nossa compreensão ou prever resultados. E, mesmo então, é somente em retrospecto que podemos dizer de maneira segura que a crença se tornou verdadeira por meio de nossa ação sobre ela.

A realidade como processo

James era psicólogo, assim como filósofo, e viu as implicações de suas ideias em termos da psicologia humana, tanto quanto em termos da teoria do conhecimento. Ele reconheceu a necessidade psicológica dos humanos de manter certas crenças, em particular as religiosas. James considerou que, embora não seja justificável como um fato, a crença num deus é útil para quem acredita nela ao permitir que essa pessoa leve uma vida mais realizada ou supere o medo da morte. Essas coisas (realização existencial, confrontação destemida com a morte) tornam-se verdadeiras: acontecem como resultado de uma crença e das decisões e ações nela baseadas.

Ao lado dessa noção pragmática de verdade, e muito conectada a ela, James propôs uma espécie de metafísica que chamou de "empirismo radical". Essa abordagem supõe que a realidade seja um processo dinâmico e ativo, da mesma forma que a verdade é um processo. Como os empiristas tradicionais antes dele, James rejeitou

O método pragmático significa desviar os olhos dos princípios e mirá-los nas consequências.
William James

a noção racionalista de que o mundo em mutação é de algum modo irreal, e também foi além, ao afirmar que "para o pragmatismo, [a realidade] ainda está em evolução", já que a verdade está constantemente sendo feita para acontecer. Esse "fluxo" de realidade tampouco é suscetível à análise empírica, porque está em fluxo contínuo e porque o ato de observá-lo afeta a verdade analítica. No empirismo radical de James, no qual mente e matéria são formados, a matéria final da realidade é pura experiência.

Influência duradoura

O pragmatismo proposto por Peirce e exposto por James estabeleceu a América como um centro significativo para o pensamento filosófico no século XX. A interpretação pragmática da verdade por James influenciou a filosofia de John Dewey e gerou uma escola de pensamento "neopragmática" que inclui filósofos como Richard Rorty. Na Europa, Bertrand Russell e Ludwig Wittgenstein se inspiraram na metafísica de James. Seu trabalho na psicologia foi igualmente influente e, muitas vezes, conectado com sua filosofia, em especial o conceito de "fluxo de consciência", que, por sua vez, influenciou escritores como Virginia Woolf e James Joyce. ∎

O MUNDO MODERNO
1900-1950

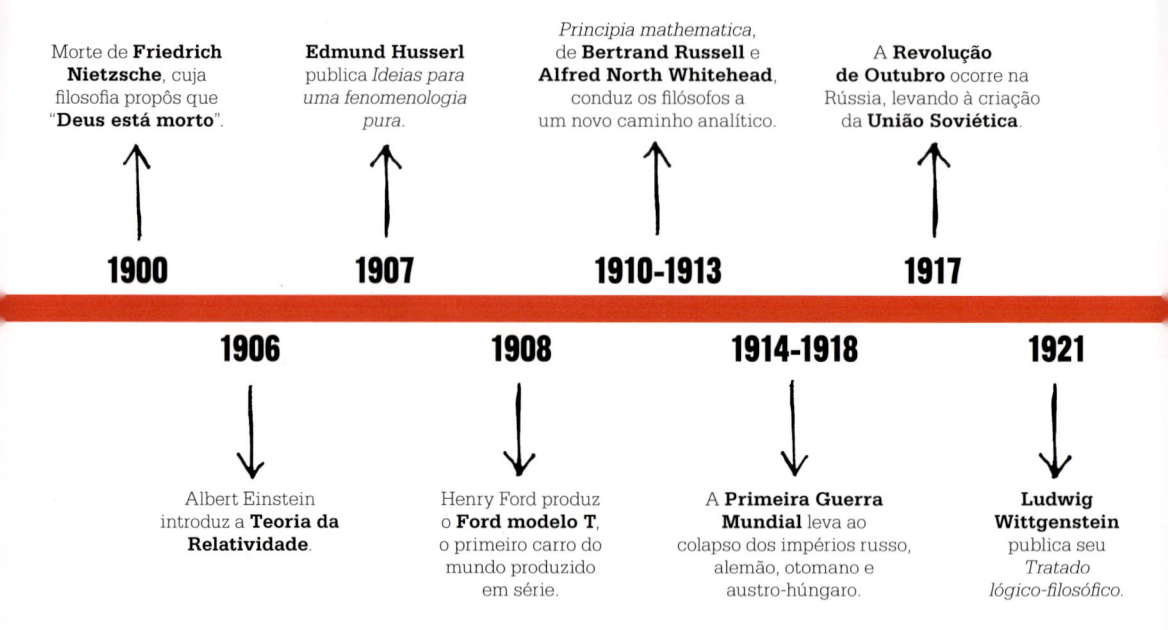

Morte de **Friedrich Nietzsche**, cuja filosofia propôs que "**Deus está morto**".

1900

Edmund Husserl publica *Ideias para uma fenomenologia pura.*

1907

Principia mathematica, de **Bertrand Russell** e **Alfred North Whitehead**, conduz os filósofos a um novo caminho analítico.

1910-1913

A **Revolução de Outubro** ocorre na Rússia, levando à criação da **União Soviética**.

1917

1906

Albert Einstein introduz a **Teoria da Relatividade**.

1908

Henry Ford produz o **Ford modelo T**, o primeiro carro do mundo produzido em série.

1914-1918

A **Primeira Guerra Mundial** leva ao colapso dos impérios russo, alemão, otomano e austro-húngaro.

1921

Ludwig Wittgenstein publica seu *Tratado lógico-filosófico.*

No fim do século XIX, a filosofia mais uma vez chegou a um momento decisivo. A ciência, com a teoria da evolução (1859) de Charles Darwin, rejeitara a ideia do universo como criação de Deus, tendo a humanidade como ápice de seu gênio criador. A filosofia moral e política concentrou-se no ser humano, com Karl Marx declarando que a religião "é o ópio do povo". Seguindo os passos de Arthur Schopenhauer, Friedrich Nietzsche acreditava que a filosofia ocidental, com raízes nas tradições gregas e abraâmicas, não estava preparada para explicar essa visão moderna do mundo. Propôs, então, uma abordagem radical para encontrar um significado na vida, que envolvesse rejeitar antigos valores e tradições. Ao fazer isso, determinou a agenda de grande parte da filosofia do século XX.

Nova tradição analítica

Até certo ponto, as preocupações tradicionais da filosofia – tais como perguntar o que existe – foram respondidas pela ciência no começo do século XX. As teorias de Albert Einstein ofereciam uma explicação mais detalhada sobre a natureza do universo e a psicanálise de Sigmund Freud proporcionou às pessoas uma ideia radicalmente nova sobre o funcionamento da mente.

Como resultado, os filósofos voltaram sua atenção para questões de filosofia moral e política ou – a partir do momento em que a filosofia se tornou a província de acadêmicos profissionais – para questões mais abstratas da lógica e da análise linguística. Na vanguarda do movimento de análise lógica, que se tornou conhecida como filosofia analítica, estava a obra de Gottlob Frege, que uniu o processo filosófico da lógica com a matemática. Suas ideias foram recebidas de maneira entusiástica por um filósofo e matemático britânico, Bertrand Russell.

Russell aplicou os princípios da lógica que Frege delineara a uma análise completa da matemática em *Principia mathematica*, que ele escreveu com Alfred North Whitehead, para depois – num gesto que revolucionou o pensamento filosófico – aplicar as mesmas ideias à linguagem. O processo de análise linguística se tornaria o tema principal da filosofia britânica do século XX.

Um dos pupilos de Russell, Ludwig Wittgenstein, desenvolveu o trabalho do mestre em lógica e linguagem, mas também fez importantes contribuições em áreas tão diversas quanto percepção, ética

Josef Stálin
torna-se
secretário-geral do
Partido Comunista
na Rússia.

Martin Heidegger
publica *Ser e tempo*.

Karl Popper publica
*A lógica da pesquisa
científica*, desafiando a ideia
de que a ciência sempre
avança de observações
repetidas até as teorias.

Jean-Paul Sartre
torna-se um dos mais
importantes filósofos
europeus com a obra
existencialista *O ser e
o nada*.

1922   **1927**   **1934**   **1943**

1923   **1929**   **1939-1945**   **1949**

O psicanalista
Sigmund Freud
publica *O ego e o id*.

A **quebra da bolsa** de
Wall Street leva à depressão
econômica global.

Mais de 60 milhões
de pessoas morrem
na **Segunda Guerra
Mundial**.

Os comunistas
sob Mao Tsé-Tung
proclamam
a **República
Popular da
China**.

---

e estética, tornando-se um dos
maiores pensadores do século XX.
Outro filósofo vienense, um pouco
mais jovem, Karl Popper, seguiu o
exemplo de Einstein e fortaleceu a
ligação entre pensamento científico
e filosofia.

Enquanto isso, na Alemanha, os
filósofos enfrentaram o desafio
proposto pelas ideias de Nietzsche
com uma filosofia baseada na
experiência do indivíduo num
universo sem Deus: o
existencialismo. A fenomenologia
(estudo dos fenômenos), de Edmund
Husserl, criou a base do que foi
levado adiante por Martin Heidegger,
que também foi muito influenciado
pelo filósofo dinamarquês Søren
Kierkegaard. A obra de Heidegger,
produzida entre os anos 1920 e 1930,
foi fundamental para o
desenvolvimento do existencialismo

e importante para a cultura do fim do
século XX. Contudo, sua ligação com o
partido nazista durante a Segunda
Guerra Mundial fez com que sua obra
fosse injustamente ignorada em
meados do século XX.

Guerras e revoluções

A filosofia foi afetada pelas grandes
convulsões políticas do século XX
tanto quanto qualquer outra atividade
cultural, mas também contribuiu para
as ideologias que moldaram o mundo
moderno. A revolução que criou a
União Soviética na década de 1920
teve suas raízes no marxismo, uma
filosofia política do século XIX. Essa
teoria prevaleceu globalmente mais do
que qualquer religião específica,
dominando a política do Partido
Comunista chinês até por volta de
1982 e substituindo filosofias
tradicionais na Ásia.

Na década de 1930, as democracias
liberais europeias foram ameaçadas
pelo fascismo, forçando muitos
pensadores a fugir do continente para a
Grã-Bretanha e os Estados Unidos. Os
filósofos voltaram sua atenção para
políticas liberais ou de esquerda em
reação à opressão que sofreram sob
regimes totalitários. A Segunda Guerra
Mundial e a Guerra Fria que a seguiu
influenciaram a filosofia moral da
segunda metade do século XX.

Na França, o existencialismo
entrou em voga por conta de Jean-Paul
Sartre, Simone de Beauvoir e Albert
Camus, todos romancistas. Essa
tendência estava em harmonia com a
visão francesa da filosofia como parte
de uma cultura essencialmente
literária. Ela também foi fundamental
para a direção que a filosofia europeia
tomaria nas últimas décadas do
século XX. ■

O HOMEM É ALGO A SER SUPERADO

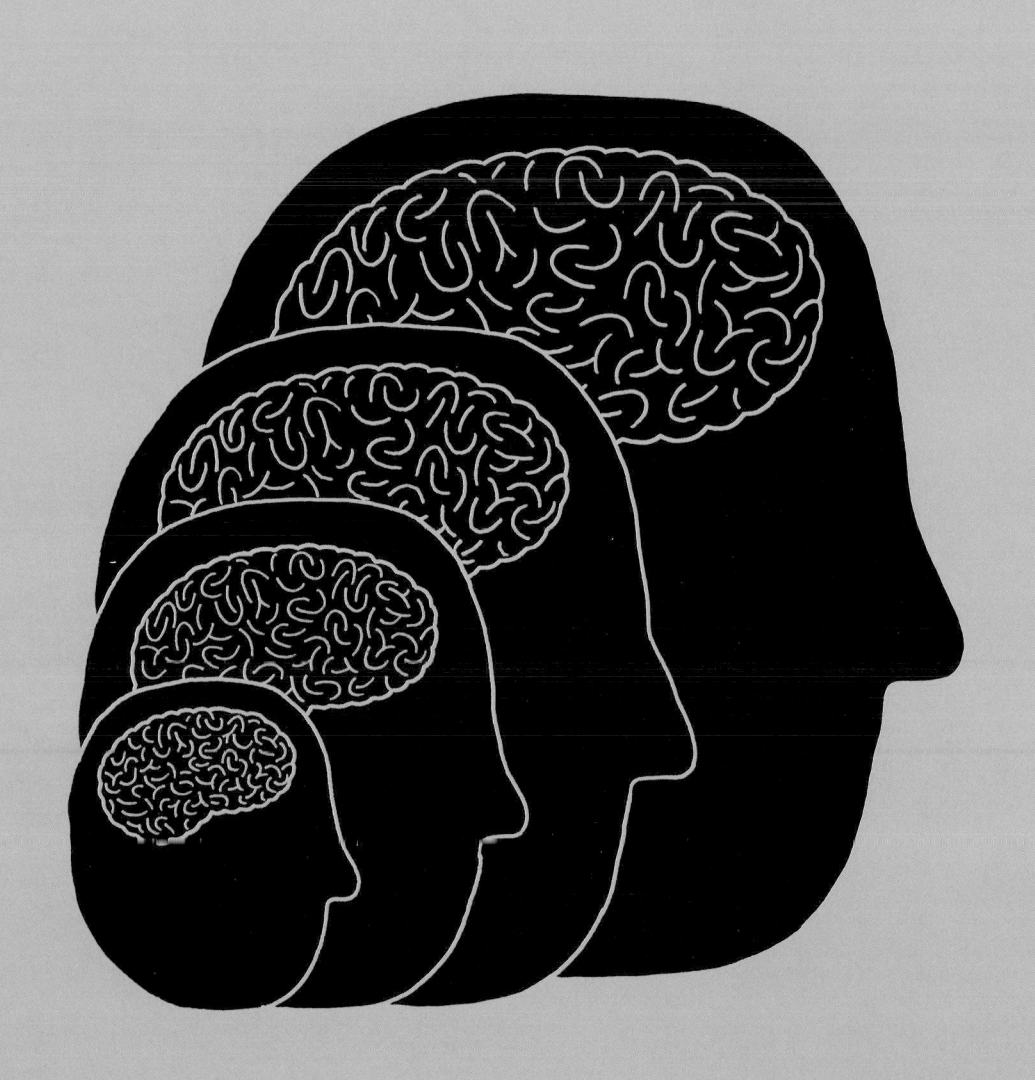

EM CONTEXTO

ÁREA
Ética

ABORDAGEM
Existencialismo

ANTES
380 A.C. Platão explora a distinção entre realidade e aparência no diálogo *A república*.

Século I D.C. O Sermão da Montanha, no Evangelho de Mateus, prega o afastamento desse mundo para a realidade maior do mundo por vir.

1781 Em *Crítica da razão pura*, Immanuel Kant argumenta que nunca podemos saber como o mundo é "em si".

DEPOIS
Anos 1930 A obra de Nietzsche é utilizada para auxiliar a construção da mitologia do nazismo.

1966 *As palavras e as coisas*, de Michel Foucault, discute a superação do "homem".

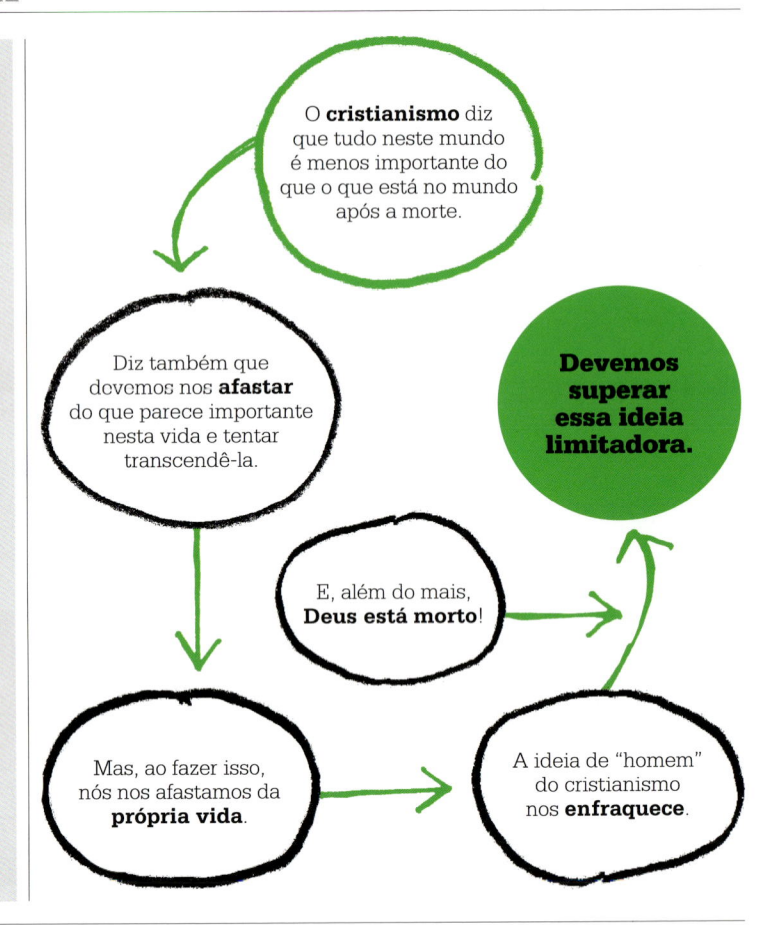

O **cristianismo** diz que tudo neste mundo é menos importante do que o que está no mundo após a morte.

Diz também que devemos nos **afastar** do que parece importante nesta vida e tentar transcendê-la.

E, além do mais, **Deus está morto**!

Mas, ao fazer isso, nós nos afastamos da **própria vida**.

A ideia de "homem" do cristianismo nos **enfraquece**.

Devemos superar essa ideia limitadora.

A ideia de Nietzsche de que o homem é algo a ser superado aparece em *Assim falou Zaratustra*, talvez sua obra mais famosa. Foi escrito em três partes, entre 1883 e 1884, com uma quarta parte acrescentada em 1885. O filósofo alemão usou-a para lançar um ataque sistemático contra a história do pensamento ocidental. Ele mirava três ideias ligadas, em particular: primeiro, a ideia que temos de "homem" ou natureza humana; segundo, a que temos de Deus; e terceiro, a que temos sobre moralidade, ou ética.

Em outra obra, Nietzsche escreveu sobre filosofar "com um martelo" e, aqui, ele certamente tentou estilhaçar muitas das visões mais estimadas da tradição filosófica ocidental, especialmente em relação àqueles três temas. Ele o fez num estilo impetuoso e febril, de modo que às vezes a obra parece mais próxima da profecia do que da filosofia. Foi escrita rapidamente, com a Parte I tomando-lhe apenas alguns dias para ser posta no papel. Ainda assim, embora a obra de Nietzsche não tenha o tom sereno e analítico comum a obras filosóficas, o autor conseguiu expor uma visão extraordinariamente desafiadora e consistente.

Zaratustra desce

O nome do profeta de Nietzsche, Zaratustra, é a denominação alternativa do antigo profeta persa Zoroastro. A obra começa contando-nos que, aos trinta anos, Zaratustra vai viver nas montanhas. Durante dez anos deleita-se na solidão, mas certa manhã acorda para descobrir que está cansado da sabedoria que acumulou. Então, decide descer ao mercado para compartilhar sua

Ver também: Platão 50-55 ▪ Immanuel Kant 164-171 ▪ Søren Kierkegaard 194-195 ▪ Albert Camus 284-285 ▪ Michel Foucault 304-305 ▪ Jacques Derrida 312-317

sabedoria com o resto da humanidade.

No caminho para a cidade, ao pé da montanha, encontra-se com um velho eremita. Os dois homens já tinham se encontrado, dez anos antes, quando Zaratustra subira para seu retiro. O eremita vê que Zaratustra mudou durante a década que se passou: quando subiu, o eremita diz, Zaratustra carregava cinzas, mas agora, ao descer, está carregando fogo.

Então, o eremita pergunta a Zaratustra por que ele está se dando ao trabalho de compartilhar sua sabedoria. E aconselha Zaratustra a permanecer nas montanhas, advertindo-o que ninguém entenderá sua mensagem. Zaratustra então questiona: o que o eremita faz nas montanhas? O eremita responde que canta, chora, ri, resmunga e louva Deus. Ao ouvir isso, o próprio Zaratustra ri. Deseja boa sorte ao eremita e continua em sua descida da montanha. Enquanto avança, Zaratustra diz para si mesmo: "Como é possível! Esse velho eremita ainda não ouviu falar que Deus está morto."

Super-homem

A ideia da morte de Deus talvez seja a mais famosa de toda a obra do autor. Está intimamente relacionada com a ideia de que o homem é algo a ser superado e com a concepção característica de moralidade de Nietzsche. A relação entre essas coisas torna-se clara quando a história de Zaratustra continua.

Quando alcança a cidade, Zaratustra vê que há uma multidão em volta de um acrobata prestes a se apresentar na corda bamba. O sábio junta-se ao povo. Antes que o acrobata caminhe pela corda, Zaratustra se levanta e fala: "Vejam, vou ensiná-los o que é o Super--homem!" E prossegue, tentando transmitir à multidão a questão central: "O homem é algo a ser superado..." e Zaratustra continua com um longo discurso. Quando chega ao fim, a multidão apenas ri, imaginando que o profeta é apenas outro artista ou até mesmo que estivesse abrindo o espetáculo do acrobata.

Ao começar o livro dessa forma, Nietzsche pareceu trair a sua própria »

O profeta Zoroastro (c. 628-551 a.C.), também conhecido como Zaratustra, fundou uma religião baseada na luta entre bem e mal. O Zaratustra de Nietzsche coloca-se "para além do bem e do mal".

Friedrich Nietzsche

Nietzsche nasceu na Prússia, em 1844, numa família religiosa: pai, tio e avós eram ministros luteranos. Seu pai e seu irmão mais novo morreram quando ele era criança, e Nietzsche cresceu ao lado da mãe, da avó e de duas tias. Aos 24 anos, tornou-se professor na Universidade de Basileia, onde conheceu o compositor Richard Wagner, que o influenciou fortemente até que o antissemitismo de Wagner o fizesse terminar a amizade. Em 1870, contraiu difteria e disenteria e, depois disso, passou a sofrer de problemas de saúde. Foi forçado a deixar o cargo de professor em 1879 e, nos dez anos seguintes, viajou pela Europa. Em 1889, desmaiou na rua quando tentava impedir que um cavalo fosse chicoteado e sofreu alguma forma de colapso mental, do qual nunca se recuperou. Morreu em 1900, aos 56 anos.

Obras-chave

1872 *O nascimento da tragédia*
1883-1885 *Assim falou Zaratustra*
1886 *Para além do bem e do mal*
1888 *Crepúsculo dos ídolos*

inquietação com a recepção que sua filosofia mereceria, como se temesse ser visto como um *showman* filosófico sem nada real para dizer. Para evitar cometer o mesmo erro da multidão reunida ao redor de Zaratustra e entender realmente o que Nietzsche diz, é necessário explorar algumas de suas crenças essenciais.

Subvertendo valores antigos

Nietzsche acreditava que certos conceitos tornaram-se indissociavelmente emaranhados: humanidade, moralidade e Deus. Quando seu personagem Zaratustra diz que Deus está morto, não apenas lançou um ataque contra a religião, mas fez algo muito mais audacioso. "Deus", aqui, não significa apenas o deus sobre o qual os filósofos falam ou para o qual os religiosos rezam: ele significa a soma total dos valores mais elevados que podemos ter. A morte de Deus não é apenas a morte de uma deidade. É também a morte de todos os valores ditos elevados que herdamos.

Um dos objetivos centrais da filosofia de Nietzsche é o que ele chamou de "revaloração de todos os valores", uma tentativa de questionar todas as maneiras habituais de pensar sobre ética e sobre os sentidos e objetivos da vida. Nietzsche insistiu que, ao fazer isso, estava inaugurando uma filosofia da alegria – que, embora subverta tudo o que imaginamos até agora sobre bem e mal, procura afirmar a vida. Ele defendia que muitas das coisas que pensamos que sejam "boas", são, de fato, maneiras de limitar a (ou afastar as pessoas da) vida

Podemos pensar que não é "bom" bancar o tolo em público e, assim, resistir ao impulso de dançar alegremente na rua. Podemos acreditar que os desejos da carne são pecaminosos e, então, punirmo-nos quando eles se manifestam. Podemos ficar em empregos tediosos, não porque precisamos, mas porque julgamos nosso dever aturá-los. Nietzsche quer pôr fim a tais filosofias que negam a vida, de modo que a humanidade possa se ver de maneira diferente.

Blasfemando contra a vida

Depois de proclamar a vinda do Super-homem, Zaratustra passa a condenar a religião. No passado, ele diz, a maior blasfêmia era contra Deus, mas agora a maior blasfêmia é contra a própria vida. Este é o erro que Zaratustra acredita que cometeu na montanha: ao afastar-se do mundo, e ao oferecer orações a um Deus que não está lá, ele pecou contra a vida.

A história por trás dessa morte de Deus, ou da perda da fé em nossos mais elevados valores, é relatada no ensaio de Nietzsche *Como o "mundo verdadeiro" se tornou finalmente fábula*, publicado em *Crepúsculo dos ídolos*. O ensaio tem o subtítulo "História de um erro" – e é a história da filosofia ocidental condensada em uma página. A história começa, diz Nietzsche, com o filósofo grego Platão.

O homem é uma corda estendida entre o animal e o super-homem: uma corda sobre um abismo.
Friedrich Nietzsche

Existindo entre os níveis do animal e do super-homem, a vida humana, diz Nietzsche, é "uma perigosa jornada, um perigoso olhar para trás, um perigoso tremer e parar".

O mundo real

Platão dividiu o mundo em um mundo "aparente", que se revela a nós por meio de nossos sentidos, e em um mundo "real", que podemos apreender pelo intelecto. Para Platão, o mundo percebido pelos sentidos não é "real", porque mutável e sujeito ao declínio. Platão sugeriu que há também um mundo "real" imutável, permanente, alcançável com o auxílio do intelecto. Essa ideia provém do estudo de matemática de Platão. A forma ou ideia de um triângulo, por exemplo, é eterna e pode ser apreendida pelo intelecto. Sabemos que um triângulo é uma figura de três lados, bidimensional, cujos ângulos somam 180°, e que isso sempre será verdadeiro, esteja alguém pensando sobre ele ou não e por mais que existam triângulos no mundo. Por outro lado, as coisas triangulares existentes no mundo (sanduíches, pirâmides ou formas triangulares desenhadas num quadro negro) só são triangulares na medida em que constituem reflexos da ideia ou forma do triângulo geométrico.

Influenciado pela matemática dessa forma, Platão propôs que o intelecto pode conseguir acesso a um mundo de Formas Ideais, que é permanente e imutável, enquanto os sentidos só têm acesso a um mundo de aparências. Então, por exemplo, se quisermos conhecer a bondade, precisamos ter uma avaliação intelectual da Forma da Bondade, da qual os vários exemplos de bondade no mundo são apenas reflexos. Essa é uma ideia que teve amplas consequências para a nossa compreensão do mundo: como Nietzsche salientou, essa maneira de dividir o mundo transforma o "mundo real" do intelecto no lugar onde residem todos os valores. Em contraste, o "mundo aparente" dos sentidos é transformado num mundo

Algumas religiões e filosofias insistem que um "mundo real" mais importante existe em algum lugar. Nietzsche considera isso um mito que, de modo trágico, nos impede de viver inteiramente agora, neste mundo.

> Para Platão, tudo neste mundo, até a beleza, é apenas uma "sombra" das Formas de outro mundo.

> O cristianismo considera esta vida como mera precursora da mais importante "vida após a morte".

sem importância, em termos relativos.

Valores cristãos

Nietzsche traçou o destino dessa tendência de dividir o mundo em dois e encontrou a mesma ideia dentro do pensamento cristão. Em lugar do "mundo real" das Formas de Platão, o cristianismo sugere "um mundo real" alternativo, um mundo futuro do céu prometido ao virtuoso. Nietzsche acreditava que o cristianismo julga o mundo em que vivemos agora menos real do que o céu, contudo, nessa versão da ideia de "dois mundos", o "mundo real" é atingível, ainda que após a morte e sob a condição de que sigamos as regras cristãs em vida. O mundo presente é desvalorizado, como em Platão, salvo na medida em que age como degrau para o mundo do além. Nietzsche afirmou que o cristianismo nos pede para negar a vida presente em favor da promessa da vida por vir.

Tanto as versões platônicas quanto cristãs da ideia de divisão do mundo em "real" e "aparente" afetaram profundamente nossas concepções sobre nós mesmos. A sugestão de que tudo de valor está de algum modo "além" do alcance deste mundo leva a um modo de pensar que nega fundamentalmente a vida. Como resultado dessa herança platônica e cristã, fomos levados a considerar o »

O super-homem é alguém de enorme força e independência, na mente e no corpo. Nietzsche negou que qualquer um tenha existido, mas mencionou Napoleão, Shakespeare e Sócrates como modelos.

ideia a ser posta de lado. Se Deus está morto, Nietzsche topou com o cadáver, mas são as impressões digitais de Kant que estão na arma do deicídio.

O erro mais duradouro

Uma vez que renunciarmos à ideia do "mundo real", a distinção duradoura entre "mundo real" e "mundo aparente" começará a sucumbir. Em *Como o "mundo verdadeiro" se tornou finalmente fábula*, Nietzsche foi adiante para explicar isso da seguinte maneira: "Abolimos o mundo real – que mundo restou? O mundo aparente, talvez?... Mas não! Com o mundo real também abolimos o mundo aparente." Nietzsche via, então, o início do fim do "erro mais duradouro" da filosofia: sua fascinação pela distinção entre "aparência" e "realidade", pela ideia de dois mundos. O fim desse erro, Nietzsche escreveu, é o zênite de toda humanidade. É nesse ponto – em um ensaio escrito seis anos depois de *Assim falou Zaratustra* – que Nietzsche elaborou "Zaratustra começa".

Esse é um momento-chave para Nietzsche, porque quando apreendemos o fato de que existe apenas um mundo, subitamente verificamos o erro de transferir todos os valores para além desse mundo. Somos, então, forçados a reconsiderar nossos valores, até mesmo o significado do que é ser humano. E, quando olhamos através dessas ilusões filosóficas, a antiga ideia de "homem" pode ser superada. O super-homem, na visão de Nietzsche, é um modo de ser que

mundo em que vivemos como um mundo do qual devemos nos ressentir e desdenhar. Um mundo do qual devemos nos afastar, transcender, e certamente não desfrutar. Mas, ao fazer isso, afastamo-nos da própria vida em favor de um mito ou invenção: um "mundo real" imaginário, situado em outro lugar. Nietzsche chama os sacerdotes de todas as religiões de "pregadores da morte", porque seus ensinamentos nos encorajam a abandonar este mundo e a abandonar a vida pela morte. Mas por que Nietzsche insistiu que Deus está morto? Para responder isso, temos de conferir a obra do filósofo alemão do século XVIII Immanuel Kant, cujas ideias são cruciais para compreender a filosofia por trás da obra de Nietzsche.

Um mundo além do alcance

Kant estava interessado nos limites do conhecimento. Na obra *Crítica da razão pura*, argumentou que não podemos conhecer o mundo como ele é "em si". Não podemos alcançá-lo com o intelecto, como Platão acreditava, nem é prometido a nós como na visão cristã. Ele existe, mas está para sempre fora do alcance. As razões que Kant usou para sugerir essa conclusão são complexas, mas o que importa, do ponto de vista de Nietzsche, é que se o mundo real é considerado absolutamente inatingível – mesmo ao sábio ou ao virtuoso, em vida ou após a morte –, então trata-se de "uma ideia que tornou-se inútil, supérflua". Como resultado, é uma fundamentalmente afirma a vida. É alguém que pode se tornar o portador de sentido não no mundo do além, mas aqui: o super-homem é "o sentido da Terra".

Criando a nós mesmos

Nietzsche não alcançou em vida um grande público para seus textos. Tanto que teve de pagar pela publicação da parte final de *Assim falou Zaratustra*. Contudo, cerca de trinta anos após sua morte, em 1900, o conceito de super-homem entrou na retórica do nazismo através das leituras de Nietzsche por Hitler. As ideias de Nietzsche sobre o tema, e particularmente sua convocação para a erradicação da moralidade judaico-cristã que dominava a Europa, soaram para Hitler como validação de seus próprios objetivos. Mas, ao passo que Nietzsche buscava um retorno aos valores mais rústicos e estimulantes da vida da Europa pagã, Hitler manipulou seus textos como pretexto para a violência desenfreada em larga escala.

O consenso entre os estudiosos é que o próprio Nietzsche teria ficado horrorizado com essa distorção. Escrevendo numa época de extraordinário nacionalismo, patriotismo e expansão colonial, Nietzsche havia sido um dos poucos pensadores a desafiar tais pretensões. Em certo ponto de *Assim falou Zaratustra*, ele deixou claro que considerava o nacionalismo uma forma de alienação ou fracasso. "Apenas onde o Estado termina", Zaratustra disse, "começa o ser humano que não é supérfluo."

A noção de Nietzsche acerca da ilimitada possibilidade humana foi importante para muitos filósofos depois da Segunda Guerra Mundial. Suas ideias sobre a religião e a importância da autoavaliação ecoaram especialmente nas obras dos existencialistas subsequentes, como Jean-Paul Sartre. Como o super-homem de Nietzsche, Sartre disse que cada um de nós deve definir o significado de nossa existência. As críticas de Nietzsche

O grau de introspecção alcançado por Nietzsche nunca foi atingido por ninguém. **Sigmund Freud**

contra a tradição filosófica ocidental tiveram enorme impacto não apenas na filosofia, mas também na cultura europeia e mundial, influenciando incontáveis artistas e escritores no século XX. ■

As obras de Nietzsche foram editadas e censuradas por sua irmã antissemita Elizabeth, que assumiu o controle de seu acervo depois que ele enlouqueceu. Isso permitiu que os nazistas as distorcessem intencionalmente.

OS HOMENS COM AUTOCONFIANÇA VÊM, VEEM E VENCEM

AHAD HA'AM (1856-1927)

Ahad Ha'am era o pseudônimo literário do filósofo judeu, nascido na Ucrânia, Asher Ginzberg, importante pensador sionista que defendia um renascimento espiritual judeu. Em 1890, ele afirmou em um ensaio semissatírico que, embora veneremos a sabedoria, a autoconfiança importa mais.

Em qualquer situação difícil ou perigosa, ele disse, os sábios são aqueles que se contêm, pesando as vantagens e desvantagens de qualquer ação. Enquanto isso (e para grande desaprovação dos sábios) é o autoconfiante que toma a dianteira e, com frequência, ganha o dia. Ha'am quis sugerir – e quando o lemos devemos lembrar que essa é uma sugestão ambígua – que a insensatez individual pode, muitas vezes, produzir resultado, simplesmente por causa da autoconfiança que a acompanha.

Sabedoria e confiança

Embora em seu ensaio original Ha'am dê a impressão de celebrar as vantagens potenciais da insensatez, essa foi uma visão da qual ele depois se distanciou, talvez temeroso de que outros pudessem ler com seriedade o que era essencialmente um exercício de sátira. A autoconfiança só é justificada, ele deixou claro mais tarde, quando as dificuldades de um empreendimento são totalmente compreendidas e avaliadas.

Ha'am gostava de citar um antigo provérbio ídiche: "Um ato de insensatez que acaba bem continua sendo um ato de insensatez." Em algumas ocasiões, agimos de maneira insensata, sem compreender plenamente as dificuldades da tarefa que estamos empreendendo, mas vencemos as dificuldades porque a sorte está do nosso lado. No entanto, diz Ha'am, isso não torna nossa insensatez inicial de forma alguma recomendável.

Se queremos que nossas ações tragam resultados, pode realmente ser o caso de precisarmos desenvolver e utilizar o tipo de autoconfiança que ocasionalmente acompanha os atos de insensatez. Ao mesmo tempo, devemos sempre moderar essa autoconfiança com sabedoria, ou faltará aos nossos atos uma verdadeira eficácia no mundo. ∎

Ver também: Sócrates 46-49 ▪ Søren Kierkegaard 194-195 ▪ Michel Foucault 304-305 ▪ Luce Irigaray 324

A LINGUAGEM É UM SISTEMA DE SINAIS QUE EXPRESSAM IDEIAS

FERDINAND DE SAUSSURE (1857-1913)

Saussure foi um filósofo suíço do século XIX que considerava a linguagem como sendo composta por sistemas de "signos", os quais atuam como unidades básicas da linguagem. Seus estudos fundamentaram uma nova teoria, conhecida como semiótica. Essa teoria de signos foi desenvolvida por outros filósofos durante o século XX, como o filósofo russo Roman Jakobson, que resumiu a abordagem semiótica quando disse que "toda mensagem é composta de sinais".

Saussure afirmou que um signo é composto de duas coisas. Em primeiro lugar, um "significante", que é uma imagem acústica: não é o som real, mas a "imagem" mental que temos do som. Em segundo lugar, o "significado", ou conceito. Aqui, Saussure abandonou uma longa tradição que diz que a linguagem trata das relações entre palavras e coisas. Ele inovou ao dizer que ambos os aspectos de um signo são mentais (nosso conceito de "cão", por exemplo, e a imagem acústica do som "cão"). Saussure afirma que qualquer mensagem – por exemplo, "meu cão se chama Fred" – é um sistema de relações entre imagens acústicas e conceitos. No entanto, Saussure afirma que a relação entre significado e significante é arbitrária; não há nada particularmente "canino" em relação ao som "cão" – daí que a palavra pode ser *chien* em francês ou *gou* em chinês.

A obra de Saussure sobre linguagem tornou-se a base da linguística moderna e influenciou muitos filósofos e teóricos literários. ■

Na vida dos indivíduos e da sociedade, a linguagem é um fator de importância maior do que qualquer outro.
Ferdinand de Saussure

A EXPERIÊNCIA EM SI NÃO É CIÊNCIA

EDMUND HUSSERL (1859-1938)

EM CONTEXTO

ÁREA
Ontologia

ABORDAGEM
Fenomenologia

ANTES
Século v a.C. Sócrates utiliza o argumento para tentar responder questões filosóficas com certeza.

Século xvii René Descartes usa a dúvida como ponto de partida para seu método filosófico.

1874 Franz Brentano, professor de Husserl, afirma que a filosofia precisa de um novo método científico.

DEPOIS
A partir de 1920 Martin Heidegger desenvolve o método da fenomenologia de Husserl, levando ao existencialismo.

A partir de 1930 A fenomenologia de Husserl chega à França, influenciando Emmanuel Levinas e Merleau-Ponty.

A ciência aspira à **certeza** em relação ao mundo.

⬇

Mas a ciência é empírica: depende da **experiência**.

⬇

A experiência é sujeita a **suposições e predisposições**.

⬇

Então a experiência, por si, não é ciência.

Husserl foi um filósofo perseguido por um sonho que ocupara a mente dos pensadores desde a época do antigo filósofo grego Sócrates: o sonho da certeza. Para Sócrates, o problema era esse: embora alcancemos facilmente a concordância em questões sobre coisas que podemos medir (por exemplo, "quantas azeitonas estão nesse pote?"), quando se trata de questões filosóficas como "o que é justiça?" ou "o que é beleza?" não há maneira clara de se alcançar a concordância. E, se não podemos saber com certeza o que é justiça, então como podemos discuti-la?

O problema da certeza

Husserl começou a vida como matemático. Ele imaginou que problemas como "o que é justiça?" podiam ser solucionados com o mesmo grau de certeza com o qual resolvemos problemas matemáticos, como "quantas azeitonas há no pote?". Em outras palavras, ele esperava colocar todas as ciências – que para ele incluíam todos os ramos do conhecimento e das atividades humanas, da matemática, química e física à ética e política – numa base completamente segura.

Ver também: René Descartes 116-123 ▪ Franz Brentano 342 ▪ Martin Heidegger 252-255 ▪ Emmanuel Levinas 273 ▪ Maurice Merleau-Ponty 274-275

As teorias científicas baseiam-se na experiência. Mas Husserl acreditava que a experiência, sozinha, não constituía ciência, porque, como qualquer cientista sabe, a experiência está repleta de toda espécie de suposições, predisposições e equívocos. Husserl queria expulsar essas incertezas para dar à ciência bases absolutamente incontestáveis.

Para isso, fez uso da doutrina do filósofo do século XVII René Descartes. Como Husserl, Descartes queria libertar a filosofia de todas as suposições, predisposições e dúvidas. Descartes escreveu que, embora quase tudo pudesse ser posto em dúvida, ele não podia duvidar de que duvidava.

Fenomenologia

Husserl assumiu uma abordagem similar à de Descartes, mas a utilizou de modo diferente. Ele sugeriu que, se adotarmos uma atitude científica em relação à experiência, deixando de lado toda suposição particular (incluindo a suposição de que um mundo externo existe fora de nós), então poderemos começar a filosofiar

A matemática não depende da evidência empírica, cheia de suposições, para chegar a suas conclusões. Husserl queria colocar todas as ciências (e todo conhecimento) numa base similar.

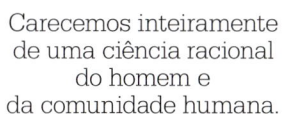

Carecemos inteiramente de uma ciência racional do homem e da comunidade humana.
Edmund Husserl

numa lousa limpa, livre de todas as inferências. Husserl chamou essa abordagem de fenomenologia: uma investigação filosófica sobre os fenômenos da experiência. Precisamos olhar para a experiência com uma atitude científica, deixando de lado (ou "colocando entre parênteses", como dizia Husserl) cada uma de nossas suposições. E, se olharmos cuidadosa e pacientemente, poderemos criar uma base segura de conhecimento para nos ajudar a lidar com problemas filosóficos que têm nos acompanhado desde o início da filosofia.

No entanto, diferentes filósofos que seguiram o método de Husserl chegaram a resultados diferentes: houve pouca concordância sobre o que realmente era o método ou como se colocaria em prática. No final da carreira, Husserl escreveu que o sonho de conferir bases sólidas para as ciências tinha acabado. Mas, embora a fenomenologia de Husserl tenha fracassado em fornecer aos filósofos uma abordagem científica à experiência ou em solucionar os problemas mais duradouros da filosofia, ela deu origem a uma das mais ricas tradições do pensamento do século XX. ▪

Edmund Husserl

Husserl nasceu em 1859 na Morávia, então parte do império austríaco. Começou sua carreira estudando matemática e astronomia, mas, após terminar o doutorado em matemática, decidiu se dedicar à filosofia.

Em 1887, casou-se com Malvine Steinschneider, com quem teve três filhos. Também se tornou *Privatdozent* (professor particular) em Halle, onde permaneceu até 1901. Então, aceitou o cargo de professor associado na Universidade de Gotinga, antes de se tornar, em 1916, professor de filosofia na Universidade de Freiburg, onde Martin Heidegger foi seu aluno. Em 1933, a universidade exonerou Husserl por sua ascendência judaica – decisão na qual Heidegger esteve implicado. Husserl continuou a escrever até a morte em 1938.

Obras-chave

1901 *Investigações lógicas*
1907 *A ideia da fenomenologia*
1911 *A filosofia como ciência de rigor*
1913 *Ideias para uma fenomenologia pura*

A INTUIÇÃO CAMINHA NO PRÓPRIO SENTIDO DA VIDA

HENRI BERGSON (1859-1941)

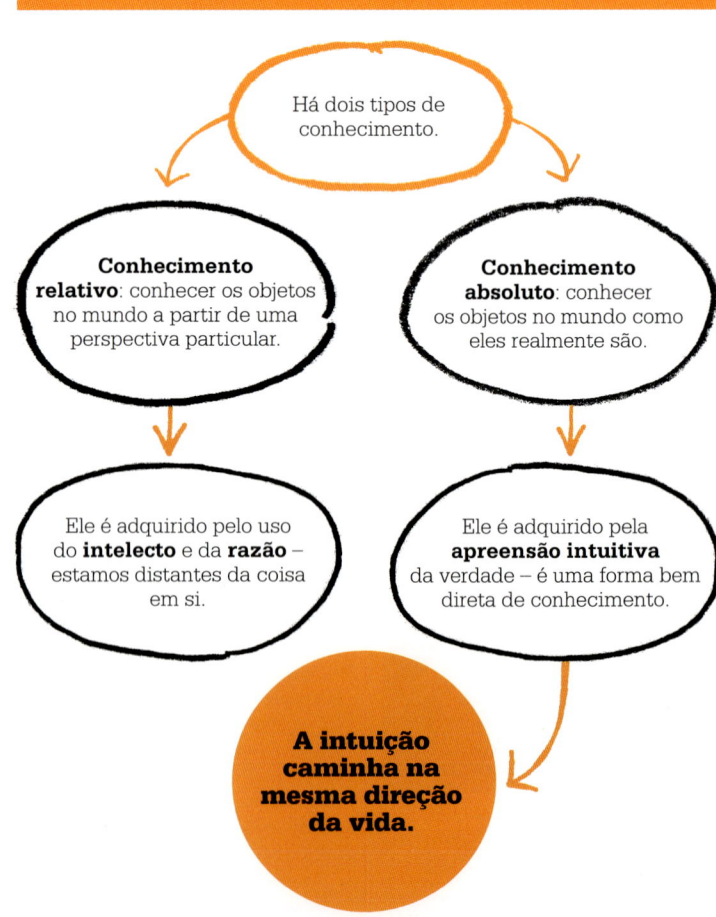

Há dois tipos de conhecimento.

Conhecimento relativo: conhecer os objetos no mundo a partir de uma perspectiva particular.

Conhecimento absoluto: conhecer os objetos no mundo como eles realmente são.

Ele é adquirido pelo uso do **intelecto** e da **razão** – estamos distantes da coisa em si.

Ele é adquirido pela **apreensão intuitiva** da verdade – é uma forma bem direta de conhecimento.

A intuição caminha na mesma direção da vida.

Ver também: John Duns Scot 339 ▪ Immanuel Kant 164-171 ▪ William James 206-209 ▪ Alfred North Whitehead 342 ▪ Gilles Deleuze 345

A obra de Henri Bergson de 1910, *A evolução criadora*, explorou o vitalismo, ou teoria da vida. Nela, Bergson queria descobrir se é possível realmente conhecer algo – não apenas conhecer sobre esse algo, mas, sim, como ele realmente é.

Desde que o filósofo Immanuel Kant publicou a *Crítica da razão pura* em 1781, muitos filósofos alegaram que é impossível conhecer as coisas como elas realmente são. Isso porque Kant mostrou que podemos saber como as coisas são quando relativas a nós mesmos, considerando o tipo de mente que temos; mas nunca podemos sair de nós mesmos para obter uma visão absoluta das verdadeiras "coisas em si" do mundo.

Duas formas de conhecimento

Bergson não concordava com Kant. Ele dizia que existem dois tipos diferentes de conhecimento: conhecimento relativo, que envolve conhecer algo a partir de nossa perspectiva única e particular; e conhecimento absoluto, que é conhecer as coisas como elas realmente são. Bergson acreditava que as duas formas de conhecimento são alcançadas por vias diferentes: o primeiro, pela análise ou pelo intelecto; o segundo, pela intuição. O equívoco de Kant, acreditava Bergson, é que ele não reconheceu toda a importância da faculdade da intuição, que nos permite apreender a singularidade de um objeto por conexão direta. Nossa intuição liga-se ao que Bergson chamou de nosso *élan vital*, força vital (vitalismo) que interpreta o fluxo da experiência em termos de tempo, em vez de espaço.

Suponha que você queira conhecer uma cidade. Você poderia compilar um registro dela tirando fotografias de toda parte, de todas as perspectivas possíveis, antes de reconstruir essas imagens para se ter uma ideia da cidade como um todo. Mas você estaria apreendendo-a à distância, não como cidade viva. Se, por outro lado, você simplesmente passeasse pelas ruas, prestando atenção, poderia adquirir um conhecimento da própria cidade: um conhecimento direto como ela realmente é. Esse conhecimento direto, para Bergson, é o conhecimento da essência da cidade. Mas como praticar

Capturar a essência de uma cidade, pessoa ou objeto só pode ser possível pelo conhecimento direto adquirido a partir da intuição, não da análise. Para Bergson, nós subestimamos o valor da intuição.

a intuição? Trata-se de uma questão de ver o mundo em termos do nosso senso de desdobramento do tempo. Enquanto caminhamos pela cidade, temos a sensação de nosso próprio tempo interno – e também a sensação interna dos vários tempos que se desdobram na cidade em que caminhamos. Como esses tempos se sobrepõem, Bergson acreditava que podemos fazer uma conexão direta com a essência da própria vida. ▪

Henri Bergson

Um dos mais influentes filósofos franceses de sua época, Henri Bergson nasceu em 1859, filho de mãe inglesa e pai polonês. Seu interesse intelectual inicial estava na matemática, na qual se destacou. Apesar disso, dedicou-se à filosofia como carreira, lecionando primeiro em escolas. Quando sua obra *Matéria e memória* foi publicada em 1896, transferiu-se para o Collège de France e tornou-se professor da universidade. Também teve carreira política de sucesso e representou o governo francês na criação da Liga das Nações, em 1919. Sua obra, amplamente traduzida, influenciou muitos filósofos e psicólogos, incluindo William James. Recebeu o Prêmio Nobel de Literatura em 1928. Morreu em 1941, aos 81 anos.

Obras-chave

1896 *Matéria e memória*
1903 *Introdução à metafísica*
1910 *A evolução criadora*
1932 *As duas fontes da moral e da religião*

SOMENTE PENSAMOS QUANDO CONFRONTADOS COM UM PROBLEMA

JOHN DEWEY (1859-1952)

EM CONTEXTO

ÁREA
Epistemologia

ABORDAGEM
Pragmatismo

ANTES
1859 *A origem das espécies*, de Charles Darwin, coloca os seres humanos sob uma nova perspectiva, naturalística.

1878 O ensaio *Como tornar claras as nossas ideias*, de Charles Sanders Peirce, lança as bases do movimento pragmático.

1907 William James publica *Pragmatismo: um nome novo para algumas formas antigas de pensar*, popularizando o termo filosófico "pragmatismo".

DEPOIS
A partir de 1970 Jürgen Habermas aplica os princípios pragmáticos à teoria social.

1979 Richard Rorty combina pragmatismo com filosofia analítica em *A filosofia e o espelho da natureza*.

John Dewey pertence à escola filosófica conhecida como pragmatismo, surgida nos Estados Unidos no final do século XIX. Considera-se como seu fundador Charles Sanders Peirce, que em 1878 escreveu um ensaio inovador chamado *Como tornar claras as nossas ideias*.

O pragmatismo parte do princípio de que o propósito da filosofia, ou "pensamento", não é proporcionar um retrato verdadeiro do mundo, mas nos ajudar a agir de maneira mais eficaz dentro dele. Ao assumir uma perspectiva pragmática, não devemos ficar perguntando "é dessa forma que

Ver também: Heráclito 40 ▪ Charles Sanders Peirce 205 ▪ William James 206-209 ▪ Jürgen Habermas 310-311 ▪ Richard Rorty 318-323

Os problemas surgem porque estamos tentando apreender o sentido…

…dos desafios de viver em um **mundo em transformação**.

Somente pensamos quando confrontados com problemas.

…das tradições que **herdamos**.

A filosofia não trata de obter um retrato verdadeiro do mundo, mas de **solucionar problemas práticos**.

John Dewey

John Dewey nasceu em Vermont, nos Estados Unidos, em 1859. Estudou na Universidade de Vermont e trabalhou como professor por três anos antes de realizar estudos adicionais em psicologia e filosofia. Lecionou em várias universidades importantes e escreveu sobre um amplo espectro de temas – de educação a democracia, de psicologia a arte. Além do trabalho como acadêmico, fundou uma instituição educacional – a University of Chicago Laboratory Schools – que colocou em prática sua filosofia educacional de aprender fazendo. Essa instituição funciona até hoje. Os vários campos de interesse de Dewey e sua habilidade como comunicador expandiram sua influência sobre a vida pública americana para muito além da Laboratory Schools. Continuou a escrever sobre filosofia e temas sociais até morrer em 1952, aos 92 anos.

Obras-chave

1910 *Como pensamos*
1925 *Experiência e natureza*
1929 *A busca da certeza*
1934 *Arte como experiência*

as coisas são?", mas "quais são as implicações práticas ao se adotar essa perspectiva?".

Para Dewey, os problemas filosóficos não são questões abstratas divorciadas da vida das pessoas. Ele os via como problemas que ocorrem porque os humanos são seres vivos buscando sentido no mundo, lutando para decidir como agir nele da melhor maneira. A filosofia começa a partir das esperanças, das aspirações humanas cotidianas e dos problemas que surgem no curso da vida. Sendo este o caso, Dewey considerou que a filosofia devia

também ser um meio de encontrar respostas práticas a tais questões. Ele acreditava que filosofar não é agir como "espectador" distante do mundo, mas se engajar ativamente nos problemas da vida.

Criaturas em evolução

Dewey foi muito influenciado pelo pensamento evolucionista do naturalista Charles Darwin, que publicara *A origem das espécies* em 1859. Darwin descreveu os humanos como seres vivos que fazem parte do mundo natural. Como outros animais, os humanos evoluíram em resposta aos ambientes em » transformação. Para Dewey, uma das implicações do pensamento de Darwin é que ele exige que pensemos sobre os seres humanos não como essências fixas criadas por Deus, mas como seres naturais. Não somos almas pertencentes a um outro mundo não material, mas organismos desenvolvidos que tentam fazer o melhor para sobreviver num mundo do qual inevitavelmente somos parte.

Tudo muda

Dewey também tomou de Darwin a ideia de que a natureza como um todo é um sistema em estado constante de mudança, ideia que, em si, ecoa a filosofia do antigo grego Heráclito. Quando é levado a pensar sobre quais são os problemas filosóficos, e como eles surgem, Dewey toma essa ideia como ponto de partida.

Dewey discutiu a ideia de que pensamos somente quando confrontados com problemas num ensaio intitulado *Kant e o método filosófico* (1884). Segundo ele, somos organismos que têm de responder a um mundo sujeito a constante mudança e fluxo. A existência é um risco, ou um jogo, e o mundo é fundamentalmente instável. Dependemos do ambiente para ser

Não solucionamos problemas filosóficos, nós os superamos.
John Dewey

capazes de sobreviver e prosperar, mas os muitos ambientes nos quais nos encontramos estão sempre mudando. Não apenas isso: tais ambientes não mudam de forma previsível. Durante vários anos pode haver boas colheitas de trigo, mas então a safra se esgota. Um marinheiro iça as velas com tempo bom, para descobrir logo depois que uma tempestade se avizinha. Somos saudáveis durante anos e, então, a doença nos atinge quando menos esperamos.

Diante da incerteza, Dewey dizia que existem duas estratégias diferentes a adotar: apelar para seres mais elevados e forças ocultas do universo em busca de auxílio ou procurar entender o mundo e adquirir o controle sobre o ambiente.

Apaziguando os deuses

A primeira dessas estratégias envolve tentar agir sobre o mundo por meio de ritos mágicos, cerimônias e sacrifícios. Essa abordagem à incerteza do mundo, Dewey acreditava, forma a base tanto da religião quanto da ética.

Na história que Dewey contou, nossos ancestrais cultuavam os deuses e espíritos como modo de tentar se aliar aos "poderes que concedem a fortuna". Esse roteiro foi encenado em fábulas de todo o mundo, em mitos e lendas, como aquelas sobre marinheiros desventurados que oram aos deuses para acalmar a tempestade que ameaça o navio. Da mesma maneira, Dewey acreditava que a ética surgiu das tentativas de nossos ancestrais para apaziguar as forças ocultas – contudo, enquanto eles ofereceram sacrifícios, nós barganhamos com os deuses, prometendo agir com bondade se formos salvos dos males.

Os ritos de sacrifício não são mais usados para pedir ajuda aos deuses, mas muitas pessoas fazem a promessa silenciosa de serem boas em troca do auxílio de algum ser mais elevado.

A resposta alternativa às incertezas do mundo mutável é desenvolver várias técnicas para controlá-lo, de modo que possamos nele viver mais facilmente. Podemos aprender a prever o tempo, a construir casas para nos proteger dos extremos do clima, e assim por diante. Em vez de tentar nos aliar às forças ocultas do universo, essa estratégia envolve encontrar meios para revelar como o ambiente funciona para, então, nos empenhar para transformá-lo em nosso benefício.

Dewey ressaltava a importância de compreender que nunca podemos controlar completamente o ambiente ou transformá-lo a tal ponto que seja possível eliminar toda incerteza. No melhor dos casos, podemos modificar a natureza ameaçadora, incerta, do mundo no qual nos encontramos. Mas a vida é inevitavelmente perigosa.

Uma filosofia luminosa

Durante grande parte da história humana, escreveu Dewey, essas

Experiências científicas, como a de Benjamin Franklin com eletricidade na década de 1740, ajudam-nos a deter controle sobre o mundo. Para Dewey, a filosofia deveria ter o mesmo fim.

filosofia é tornar ideias e experiência cotidiana mais claras e fáceis de compreender. Ele criticava qualquer abordagem filosófica que, ao fim, tornasse nossa experiência mais confusa ou o mundo mais misterioso. Segundo, Dewey considerava que devemos julgar uma teoria filosófica segundo seu êxito em ser aplicada aos problemas da vida. Ela nos é útil na vida cotidiana? Ela, por exemplo, "produz o enriquecimento e o aumento de poder" que esperaríamos das teorias científicas?

Uma influência prática
Vários filósofos, como Bertrand Russell, criticaram o pragmatismo por entendê-lo como a desistência da longa busca filosófica pela verdade. Todavia, a filosofia de Dewey foi muito influente na América. Uma vez que Dewey enfatizou a busca de respostas aos problemas práticos da vida, não é surpresa que grande parte de sua influência esteja em terrenos práticos, como educação e política. ∎

duas abordagens para lidar com os riscos da vida existiram em tensão recíproca, dando origem a dois tipos de conhecimento: de um lado, ética e religião; de outro, arte e tecnologia. Ou, dito de modo mais simples, tradição e ciência. A filosofia, na visão de Dewey, é o processo pelo qual tentamos superar as contradições entre esses dois tipos de resposta aos problemas da vida. Essas contradições não são apenas retóricas, mas práticas. Por exemplo, posso ter herdado incontáveis crenças tradicionais sobre ética, sentido e o que constitui uma "vida de bem", mas, ainda assim,

descobrir que essas crenças estão em choque com o conhecimento e o pensamento que adquiri com o estudo das ciências. Nesse contexto, a filosofia pode ser vista como a arte de encontrar respostas tanto práticas quanto teóricas para esses problemas e contradições.

Há duas maneiras para julgar se uma forma de filosofia é bem-sucedida. Primeiro, devemos perguntar se ela tornou o mundo mais inteligível. Nos termos de Dewey, a questão seria: essa teoria filosófica particular tornou a nossa experiência "mais luminosa" ou "mais opaca"? Aqui, ele concordava com Peirce que o objetivo da

Educação não é uma questão de falar e ouvir, mas um processo ativo e construtivo.
John Dewey

AQUELES QUE NÃO CONSEGUEM LEMBRAR O PASSADO ESTÃO CONDENADOS A REPETI-LO

GEORGE SANTAYANA (1863-1952)

EM CONTEXTO

ÁREA
Filosofia da história

ABORDAGEM
Naturalismo

ANTES
55 A.C. Lucrécio, poeta romano, explora as origens das sociedades e das civilizações.

Anos 1730 O filósofo italiano Giovanni Vico afirma que todas as civilizações atravessam três estágios: a era dos deuses, a era dos aristocratas e heróis, e a era da democracia. Isso se deve a "uma ordem ininterrupta de causas e efeitos."

1807-1822 Georg W. F. Hegel escreve sobre a história como o progresso contínuo da mente ou espírito.

DEPOIS
2004 Em *Memória, história, esquecimento*, o filósofo francês Paul Ricoeur explora a necessidade não apenas de lembrar, mas também de esquecer o passado.

Em *A vida da razão* (1905), o filósofo hispano-americano George Santayana escreveu que aqueles que não conseguem lembrar o passado estão condenados a repeti-lo. A abordagem naturalística de Santayana indicava que o conhecimento e a crença não surgem da razão, mas da interação entre a mente e o ambiente material. Santayana é muitas vezes citado, equivocadamente, como tendo dito que aqueles que *não* se recordam do

passado estão condenados a repeti-lo – o que gera a interpretação de que devemos fazer nosso melhor para lembrar das atrocidades do passado. Mas, na verdade, Santayana enfatizava o progresso. Para que o progresso seja possível, devemos não apenas lembrar de experiências passadas, mas também sermos capazes de aprender com elas – ver diferentes maneiras de fazer as coisas. A psique estrutura as novas crenças por meio das experiências, e é assim que evitamos a repetição dos erros.

O progresso real, acreditava Santayana, é menos uma questão de revolução do que de adaptação, de usar o que aprendemos com o passado para construir o futuro. A civilização é cumulativa, sempre se fundamentando a partir do que aconteceu antes, da mesma forma que uma sinfonia se desenvolve nota por nota até formar um todo. ∎

O progresso só é possível quando se entende o passado e se vislumbram perspectivas. O edifício AT&T, em Nova York, usa padrões arquitetônicos antigos de modo inovador.

Ver também: Georg W. F. Hegel 178-185 ▪ Karl Marx 196-203 ▪ William James 206-209 ▪ Bertrand Russell 236-239

SÓ O SOFRIMENTO NOS TORNA HUMANOS

MIGUEL DE UNAMUNO (1864-1936)

O filósofo, romancista e poeta espanhol Miguel de Unamuno é talvez mais conhecido pela obra *Do sentimento trágico da vida* (1913). Nela, escreveu que toda consciência é consciência da morte (estamos dolorosamente cientes de nossa privação de imortalidade) e do sofrimento. O que nos torna humanos é o fato de que sofremos.

À primeira vista, essa ideia parece próxima daquela de Sidarta Gautama, o Buda, que também disse que o sofrimento é parte inevitável da vida humana. Mas a resposta de Unamuno ao sofrimento é muito distinta. Diferentemente de Buda, Unamuno não vê o sofrimento como um problema a ser superado pela prática do desprendimento. Em vez disso, ele argumentou que o sofrimento é parte essencial do que significa existir como ser humano – e uma experiência vital.

Se toda consciência equivale à consciência da mortalidade e do sofrimento humano, como Unamuno afirmava, e se a consciência é o que nos torna distintamente humanos, então a única maneira de conceder às nossas vidas algum tipo de peso e substância é abraçar esse sofrimento. Se nos afastarmos disso, estaremos nos afastando não apenas do que nos torna humanos, mas também de nossa própria consciência.

Amor ou felicidade

Há também uma dimensão ética nas ideias de Unamuno sobre o sofrimento. Ele afirma que é essencial reconhecer a dor, porque somente ao encararmos o nosso próprio sofrimento nos tornamos capazes de amar verdadeiramente outros seres que sofrem. Isso nos apresenta uma dura escolha. De um lado, podemos escolher a felicidade e fazer tudo para nos afastar do sofrimento. De outro, podemos escolher sofrer e amar.

A primeira alternativa pode ser mais fácil, mas é uma escolha limitante, ao final – de fato, separa-nos de uma parte essencial de nós mesmos. A segunda alternativa, mais difícil, abre o caminho para a possibilidade de uma vida de profundidade e importância. ∎

Ver também: Sidarta Gautama 30-33 ▪ Santo Agostinho 72-73 ▪ Martin Heidegger 252-255 ▪ Albert Camus 284-285 ▪ Jean-Paul Sartre 268-271

ACREDITE NA VIDA

WILLIAM DU BOIS (1868-1963)

Em 1957, perto do fim de sua longa vida, o acadêmico, político radical e ativista dos direitos civis norte-americano William du Bois escreveu o que se tornou conhecida como sua última mensagem ao mundo. Sabendo que não tinha muito ainda por viver, redigiu um texto curto para ser lido em seu funeral. Na mensagem, Du Bois expressou sua esperança de que qualquer bem que tivesse feito sobrevivesse tempo suficiente para justificar sua vida, e que as coisas que deixou por fazer, ou fez de maneira imprópria, pudessem encontrar aperfeiçoamento e conclusão pelas mãos de outros.

"Sempre", escreveu Du Bois, "os seres humanos irão viver e progredir para uma vida maior, mais ampla e mais completa." Esta é uma declaração de convicção, em vez de uma declaração de fato. É como se Du Bois estivesse dizendo que devemos acreditar na possibilidade de uma vida mais completa ou na possibilidade do progresso, de sermos capazes de progredir. Nessa ideia, Du Bois mostrou a influência do movimento filosófico americano conhecido como pragmatismo, que afirma que o que importa não são apenas nossos

Aspiramos a uma **vida** mais ampla e **mais plena**.

Para alcançar isso, precisamos **acreditar** na possibilidade do **progresso**.

Se perdemos essa crença, **sofremos** uma espécie de morte: a **existência sem desenvolvimento**.

Então **devemos**…

…**acreditar na vida.**

Ver também: Aristóteles 56-63 ■ Charles Sanders Peirce 205 ■ William James 206-209 ■ John Dewey 228-231

> O problema do século xx é o problema da segregação racial.
> **William du Bois**

pensamentos e crenças, mas também as implicações práticas deles.

Du Bois disse, ainda, que a "única morte possível" é perder a crença na perspectiva do progresso humano. Há também, aqui, alusões a raízes filosóficas mais profundas, voltadas para a antiga ideia grega de *eudaimonia* ou "florescimento humano" – para o filósofo Aristóteles, isso envolvia viver uma vida de excelência baseada na virtude e na razão.

Ativista político

Du Bois considerava o racismo e a desigualdade social dois dos principais obstáculos a uma vida de excelência. Ele rejeitava o racismo "científico" – a falsa ideia de que os negros são geneticamente inferiores aos brancos –, que prevaleceu durante a maior parte de sua vida. Como a desigualdade racial não tem base na ciência biológica, ele a considerava um problema puramente social, que só poderia ser tratado por meio do compromisso e do ativismo político e social.

Du Bois foi incansável em sua busca por soluções para o problema de todas as formas de desigualdade social. Ele argumentava que ela era uma das principais causas da criminalidade, **Martin Luther King** citou os textos de Du Bois como grande influência para sua decisão de se tornar um militante na batalha contra a segregação racial e pela igualdade social nos Estados Unidos.

afirmando que a carência de educação e emprego está relacionada com os altos níveis de atividade criminal. Em sua mensagem, Du Bois lembrou-nos que a tarefa de alcançar uma sociedade mais justa está incompleta. Ele afirmou que cabe às gerações futuras acreditar na vida, a fim de que possamos contribuir para a concretização do "florescimento humano". ■

William du Bois

Du Bois se revelou uma excepcional promessa acadêmica desde jovem. Ganhou uma bolsa na Universidade Fisk e passou dois anos na Alemanha, estudando em Berlim, antes de ingressar em Harvard, onde escreveu uma dissertação sobre o tráfico de escravos. Foi o primeiro afro-americano a se graduar em Harvard com um doutorado.

Em paralelo à carreira ativa como professor universitário e escritor, Du Bois envolveu-se no movimento dos direitos civis e na política racial. Às vezes, seu julgamento político foi posto em dúvida: numa ocasião célebre, escreveu um ardente panegírico depois da morte do ditador soviético Josef Stálin. De qualquer modo, Du Bois permanece uma figura importante na luta pela igualdade racial, graças ao que Martin Luther King chamou de "insatisfação divina com todas as formas de injustiça".

Obras-chave

1903 *As almas da gente negra*
1915 *O negro*
1924 *The gift of black folk*
1940 *Dusk of dawn: an essay toward an autobiography of a race concept*

O CAMINHO PARA A FELICIDADE ESTÁ NA REDUÇÃO ORGANIZADA DO TRABALHO

BERTRAND RUSSELL (1872-1970)

EM CONTEXTO

ÁREA
Ética

ABORDAGEM
Filosofia analítica

ANTES
1867 Karl Marx publica o primeiro volume de *O capital*.

1905 Em *A ética protestante e o espírito do capitalismo*, Max Weber atribui responsabilidade parcial pelo crescimento do capitalismo à ética de trabalho protestante.

DEPOIS
Anos 1990 Crescimento da tendência de "downshifting" (redução do nível de atividade), promovendo menos horas de trabalho.

2005 Tom Hodgkinson, editor da revista britânica *The idler*, publica sua obra *How to be idle*, em louvor ao lazer.

2009 Alain de Botton explora nossas vidas profissionais em *Os prazeres e desprazeres do trabalho*.

O filósofo britânico Bertrand Russell não estranhava o trabalho árduo. Suas obras reunidas preenchem volumes incontáveis, tendo ele sido responsável por alguns dos desenvolvimentos mais importantes da filosofia no século xx, incluindo a criação da escola de filosofia analítica. E, ao longo de seus 97 anos de vida, foi um ativista social incansável. Então, por que justamente ele, entre os mais ativos pensadores, sugeriu que trabalhássemos menos?

O ensaio de Russell, *Elogio ao ócio*, foi publicado pela primeira vez em 1932, no meio da Grande Depressão, período de crise econômica global

Ver também: Jean-Jacques Rousseau 154-159 ▪ Adam Smith 160-163 ▪ Edmund Burke 172-173 ▪ Jeremy Bentham 174 ▪ John Stuart Mill 190-193 ▪ Karl Marx 196-203 ▪ Henry David Thoreau 204 ▪ Isaiah Berlin 280-281 ▪ John Rawls 294-295

após a quebra da bolsa de 1929. Podia parecer inadequado promover as virtudes do ócio em tal época, quando o desemprego atingia um terço da força de trabalho em algumas partes do mundo. No entanto, para Russell, o próprio caos econômico da época era resultado de um conjunto de atitudes profundamente enraizadas e equivocadas em relação ao trabalho. De fato, ele afirmou que muitas de nossas ideias sobre o trabalho são pouco menos do que superstições que deveriam ser eliminadas pelo pensamento rigoroso.

O que é trabalho?

Russell definiu o trabalho classificando-o em dois tipos. Primeiro, existe o trabalho que visa "alterar a posição da matéria na, ou perto da, superfície da terra em relação a outra matéria". Esse é o sentido mais fundamental de trabalho – o de trabalho braçal. O segundo tipo é "dizer às outras pessoas para alterar a posição da matéria em relação a outra matéria". Este segundo tipo de trabalho, disse Russell, pode ser estendido indefinidamente. Você pode ter pessoas empregadas para supervisionar pessoas que movem a matéria. Ou empregar outras pessoas para supervisionar os supervisores ou dar conselhos sobre como empregar pessoas. Ou, ainda, empregar pessoas para gerir aqueles que dão conselhos sobre como empregar pessoas, e assim por diante. O primeiro tipo de trabalho, ele diz, tende a ser desagradável e mal remunerado, enquanto o segundo tende a ser mais agradável e mais bem remunerado. Os dois tipos de trabalho definem dois tipos de trabalhadores – o operário e o supervisor –, e estes, por sua vez, relacionam-se a duas classes sociais: a classe operária e a classe média. Mas a elas Russel acrescentou

uma terceira classe, que ele dizia ter muito a responder: a do proprietário de terras que evita qualquer trabalho e que depende do trabalho dos outros para sustentar sua ociosidade.

De acordo com Russell, a história está cheia de exemplos de pessoas trabalhando duro toda a vida, sendo-lhes permitido ter apenas o suficiente para manter a si e a sua família, ao passo que qualquer excedente que produzam é apropriado por guerreiros, sacerdotes ou classes dominantes ociosas. E são sempre esses beneficiários do sistema, apontou Russell, que costumam exaltar as virtudes da "labuta honesta", dando »

A Grande Depressão foi a pior crise econômica do século xx. Para Russell, ela realçou a necessidade de uma crítica ao capitalismo e a reavaliação da ética do trabalho.

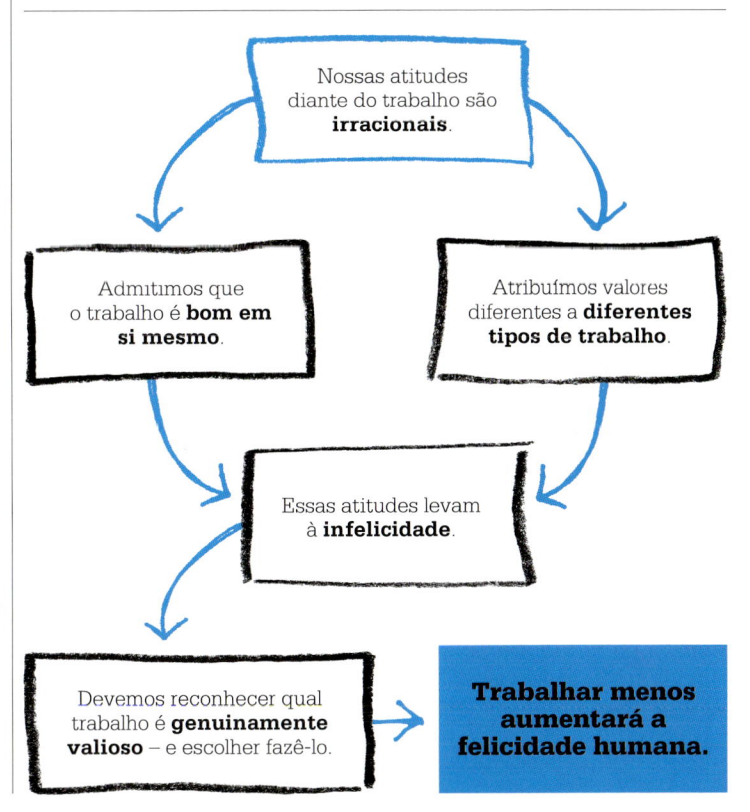

Nossas atitudes diante do trabalho são **irracionais**.

Admitimos que o trabalho é **bom em si mesmo**.

Atribuímos valores diferentes a **diferentes tipos de trabalho**.

Essas atitudes levam à **infelicidade**.

Devemos reconhecer qual trabalho é **genuinamente valioso** – e escolher fazê-lo.

Trabalhar menos aumentará a felicidade humana.

lustre moral a um sistema injusto. É exclusivamente esse fato, de acordo com Russell, que deve nos estimular a reavaliar a ética do trabalho, porque, ao aceitar a "labuta honesta", aceitamos e até mesmo legitimamos nossa própria opressão.

A explanação de Russell acerca da sociedade, com sua ênfase na luta de classes, deve algo ao pensamento do filósofo do século XIX Karl Marx, embora Russell não ficasse sempre à vontade com o marxismo – seu ensaio é tão crítico dos Estados marxistas quanto dos países capitalistas. Sua visão também deve muito à obra de Max Weber, *A ética protestante e o espírito do capitalismo*, de 1905, particularmente ao exame de Weber sobre as alegações morais que fundamentam nossas atitudes em relação ao trabalho – alegações que deviam ser contestadas, segundo Russell.

Por exemplo, além de considerar o trabalho um dever e uma obrigação, também inferimos que diferentes tipos de trabalho ocupam uma hierarquia de virtude. O trabalho braçal, em geral, é tido como menos virtuoso do que o trabalho especializado ou intelectual, e tendemos a recompensar as pessoas de acordo com essa suposta virtude.

E, supondo que consideramos o próprio trabalho como sendo inerentemente virtuoso, tendemos a enxergar o desempregado como carente de virtude.

Quanto mais pensamos sobre isso, mais parece que nossas atitudes em relação ao trabalho são complexas e incoerentes. O que, então, pode ser feito? A sugestão de Russell é que olhemos para o trabalho não em termos de curiosas ideias morais, que são relíquias de tempos antigos, mas em termos daquilo que contribui para uma vida plena e satisfatória. Quando fazemos isso, acreditava Russell, é difícil evitar a conclusão de que devemos todos trabalhar menos. E se, questionou Russell, o dia de trabalho tivesse apenas quatro horas? Nosso sistema atual é tão desequilibrado que parte da população trabalha demais, mas é tão miserável quanto outra parte que não tem emprego ou ocupação. Isso, ao que parece, não beneficia ninguém.

A importância da recreação

A visão de Russell era de que a redução nas horas de trabalho nos liberaria para buscar interesses mais criativos. "Mover a matéria", escreve Russell, "não é absolutamente um dos propósitos da vida humana." Se permitirmos que o

trabalho ocupe todas as horas de vigília, não viveremos plenamente. Russell acreditava que o lazer, algo antes conhecido apenas por poucos privilegiados, é necessário para uma vida rica e significativa. Pode-se objetar que ninguém saberia o que fazer com seu tempo se as pessoas trabalhassem apenas quatro horas por dia, o que Russell achava lamentável. Se isso fosse verdade, ele disse, "é uma condenação da nossa civilização", pois sugeriria que nossa capacidade para a recreação e a despreocupação foi eclipsada pelo culto da eficiência. Uma sociedade que levasse o lazer a sério, acreditava Russell, seria uma sociedade que levaria

Bertrand Russell

Bertrand Russell nasceu no País de Gales em 1872, numa família aristocrática. Interessou-se cedo pela matemática e estudou a disciplina na Universidade de Cambridge. Lá conheceu o filósofo Alfred North Whitehead, com quem mais tarde colaborou em *Principia mathematica*, obra que lhe conferiu a reputação de um dos principais filósofos de seu tempo. Foi também em Cambridge que conheceu, e influenciou profundamente, o filósofo Ludwig Wittgenstein.

Russell queria que a filosofia falasse às pessoas comuns. Foi

ativista social, pacifista, educador, defensor do ateísmo, fez campanha contra as armas nucleares e produziu numerosas obras populares de filosofia. Morreu de gripe em fevereiro de 1970.

Obras-chave

1903 *Princípios da matemática*
1910, 1912 e 1913 (3 vols.) *Principia mathematica*
1914 *Nosso conhecimento do mundo exterior*
1927 *A análise da matéria*
1956 *Lógica e conhecimento*

A moralidade do trabalho é a moralidade de escravos, e o mundo moderno não precisa da escravidão.
Bertrand Russell

a educação a sério – porque a educação é, com certeza, muito mais do que treinamento para o trabalho. Seria uma sociedade que também levaria as artes a sério, porque haveria tempo para produzir obras de qualidade sem a luta que os artistas enfrentam por independência financeira. Além do mais, seria uma sociedade atenta à necessidade de prazer. Russell acreditava que em tal sociedade perderíamos o gosto pela guerra, porque, no mínimo, a guerra envolveria "trabalho longo e penoso para todos".

A vida equilibrada

O ensaio de Russell pode dar a impressão de que apresenta algo de visão utópica de um mundo em que o trabalho é reduzido ao mínimo. Não está inteiramente claro, ainda que fosse possível reduzir o dia de trabalho para quatro horas, como essa mudança levaria à revolução social imaginada por Russell. Também inconvincente é a crença de Russell na ideia de que a industrialização pode nos liberar do trabalho braçal. As matérias-primas para a produção

O tempo do lazer, para Russell, não deveria ser restrito apenas ao descanso do trabalho, mas, sim, constituir a maior parte da vida, como fonte de recreação e criatividade.

industrial ainda precisam vir de algum lugar: têm de ser extraídas, refinadas e exportadas ao local de produção, tudo o qual depende de mão de obra. Apesar desses problemas, a advertência de Russell de que precisamos considerar mais atentamente nossas atitudes no trabalho é uma advertência que permanece relevante. Consideramos "natural" a duração da semana de trabalho e o fato de que alguns tipos de atividade são mais recompensados do que outros. Para muitos de nós, nem nosso trabalho nem nosso lazer são tão satisfatórios quanto acreditamos que possam ser, mas, ao mesmo tempo, não conseguimos deixar de sentir que a ociosidade é um vício. A ideia de Russell nos lembra de que não apenas precisamos examinar nossas vidas profissionais, mas que há uma virtude e uma utilidade em relaxar, passar o tempo e ficar sem fazer nada. Como Russell disse: "Até agora continuamos a ser tão enérgicos quanto éramos antes que existissem as máquinas; em relação a isso, temos sido tolos, mas não há razão para continuarmos sendo tolos para sempre." ∎

O AMOR É UMA PONTE DO CONHECIMENTO MAIS POBRE PARA O MAIS RICO

MAX SCHELER (1874-1928)

O filósofo alemão Max Scheler pertence ao movimento filosófico conhecido como fenomenologia, que tenta investigar todos os fenômenos da nossa experiência interior – é o estudo da consciência e suas estruturas.

Scheler disse que a fenomenologia tende a se concentrar no intelecto ao investigar as estruturas da consciência, passando ao largo de algo fundamental: a experiência do amor ou do coração humano. Ele introduziu a ideia de que o amor cria uma ponte do conhecimento mais pobre para o mais rico no ensaio intitulado *Amor e conhecimento* (1923).

O ponto de partida de Scheler, emprestado do filósofo francês do século xvii Blaise Pascal, é que há uma lógica específica ao coração humano. Um lógica diferente da lógica do intelecto.

Parteira espiritual

É o amor, acreditava Scheler, que torna as coisas manifestas à experiência, tornando possível o conhecimento. Scheler escreveu que o amor é "um tipo de parteira espiritual", capaz de nos puxar em direção ao conhecimento – tanto o conhecimento sobre nós mesmos quanto o conhecimento sobre o mundo. É o "determinante primário" da ética, das possibilidades e do destino de uma pessoa.

Na essência, na visão de Scheler, o ser humano não é "uma coisa que pensa", como disse o filósofo Descartes no século xvii, mas um ser que ama. ∎

A filosofia é um movimento determinado pelo amor rumo à participação na realidade essencial de todas as possibilidades.
Max Scheler

Ver também: Platão 50-55 ▪ Blaise Pascal 124-125 ▪ Edmund Husserl 224-225

SOMENTE COMO INDIVÍDUO UM HOMEM PODE SE TORNAR FILÓSOFO

KARL JASPERS (1883-1969)

Para alguns, a filosofia é um meio de descobrir verdades objetivas sobre o mundo. Para o filósofo e psiquiatra alemão Karl Jaspers, por outro lado, a filosofia é uma luta pessoal. Fortemente influenciado pelos filósofos Kierkegaard e Nietzsche, Jaspers é um existencialista que sugere: a filosofia é uma questão de nossas próprias tentativas para compreender a verdade. Já que a filosofia é uma luta individual – escreveu ele em 1941 no ensaio *Sobre minha filosofia* –, podemos

filosofar apenas enquanto indivíduos. Não podemos depender de ninguém que nos diga a verdade: devemos descobri-la por meio de nosso próprio esforço.

Comunidade de indivíduos

Embora nesse sentido a verdade seja algo que compreendemos sozinhos, é na comunicação com os outros que compreendemos os frutos do nosso esforço e elevamos a consciência para além de seus limites. Jaspers considerou sua própria filosofia "verdadeira" apenas na medida em que ela auxilia na comunicação com os outros. E, embora as outras pessoas não possam nos dar qualquer forma de "verdade pronta", a filosofia permanece um esforço coletivo. Para Jaspers, cada busca individual pela verdade é realizada em comunidade com todos os "companheiros de pensamento" que passaram pela mesma luta pessoal. ∎

O filósofo vive no reino invisível do espírito, em busca da verdade. As ideias de seus colegas filósofos atuam como placas indicativas de trilhas potenciais para a compreensão.

Ver também: Søren Kierkegaard 194-195 ▪ Friedrich Nietzsche 214-221 ▪ Martin Heidegger 252-255 ▪ Hans-Georg Gadamer 260-261 ▪ Hannah Arendt 272

A VIDA É UMA SÉRIE DE COLISÕES COM O FUTURO

JOSÉ ORTEGA Y GASSET (1883-1955)

EM CONTEXTO

ÁREA
Ontologia

ABORDAGEM
Existencialismo

ANTES
1641 Em *Meditações*, René Descartes argumenta que existem dois mundos: o da mente e o da matéria.

Início de 1900 Edmund Husserl estabelece a fenomenologia. Ele afirma que os filósofos devem olhar para o mundo de outra forma, deixando todas as preconcepções de lado.

DEPOIS
Anos 1920 Martin Heidegger explora a questão sobre o que a existência significa para nós, citando Ortega como influência.

A partir de 1930 A filosofia de Ortega torna-se popular na Espanha e na América Latina, influenciando os filósofos Xavier Zubiri, José Gaos, Ignacio Ellacuría e María Zambrano, entre outros.

A filosofia de Ortega y Gasset é sobre a *vida*. Ele não está interessado em analisar o mundo de modo frio e desprendido. Em vez disso, quer explorar como a filosofia pode se engajar criativamente com a vida. A razão, acredita Ortega, não é algo passivo, mas ativo – algo que nos permite entender como lidar com as circunstâncias nas quais nos encontramos e mudar nossas vidas para melhor.

Em *Meditações do Quixote*, publicado em 1914, Ortega escreveu: "Sou eu mesmo e minha circunstância." Descartes dissera que era impossível imaginar nós mesmos como seres pensantes e ainda duvidar da existência do mundo exterior, incluindo nossos próprios corpos. Mas Ortega afirmou que não faz sentido ver a nós mesmos separados do mundo. Se quisermos pensar seriamente sobre nós mesmos, temos de considerar que estamos sempre imersos em circunstâncias

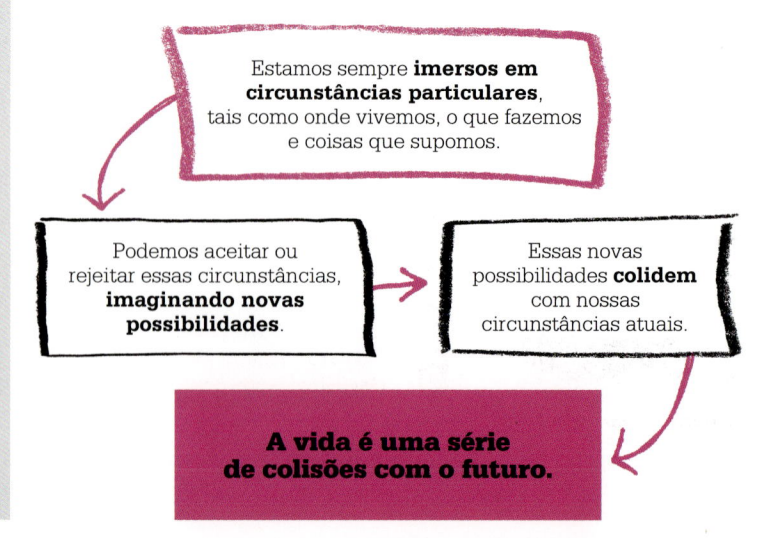

Estamos sempre **imersos em circunstâncias particulares**, tais como onde vivemos, o que fazemos e coisas que supomos.

Podemos aceitar ou rejeitar essas circunstâncias, **imaginando novas possibilidades**.

Essas novas possibilidades **colidem** com nossas circunstâncias atuais.

A vida é uma série de colisões com o futuro.

Ver também: René Descartes 116-123 ▪ Immanuel Kant 164-171 ▪ Edmund Husserl 224-225 ▪ Martin Heidegger 252-255 ▪ Jean-Paul Sartre 268-271

particulares, muitas vezes opressivas e limitadoras. Tais limitações não são apenas do ambiente físico, mas também de nossos pensamentos, que contêm preconceitos, e de nosso comportamento, moldado pelo hábito.

Enquanto muitas pessoas vivem sem refletir sobre a natureza de suas circunstâncias, Ortega disse que os filósofos não só devem se empenhar para entender suas circunstâncias como buscar ativamente mudá-las. De fato, ele afirmou que o dever do filósofo é expor as pressuposições subjacentes a todas as nossas crenças.

A energia da vida

Para transformar o mundo e nos envolvermos de forma criativa com nossa própria existência, Ortega dizia que devemos ver nossas vidas sob nova perspectiva. Isso significa não apenas observar nossas circunstâncias externas, mas também olhar para dentro de nós mesmos para reconsiderar nossas crenças e preconceitos. Somente quando tivermos feito isso é que poderemos nos comprometer a criar novas possibilidades. Contudo, há um limite de quanto podemos mudar o mundo.

Todo ato de esperança, como celebrar o Natal no *front* da Primeira Guerra Mundial, é uma prova de nossa capacidade de superar as circunstâncias. Para Ortega, essa é a "razão vital" em ação.

> Eu sou eu e minhas circunstâncias.
> **José Ortega y Gasset**

Nosso pensamento habitual é profundo e, mesmo que nos libertemos o suficiente para imaginar novas possibilidades e outro futuro, as circunstâncias externas podem nos impedir de realizá-los. O futuro que imaginamos sempre entrará em choque com a realidade das circunstâncias nas quais nos encontramos.

Ortega reconheceu que, não importa o quanto nos liberemos para imaginar novos futuros, a circunstância sempre limitará a extensão da realização desses futuros. A realidade do mundo sempre colidirá com nossos sonhos, mas mesmo assim devemos sonhar em libertar a nós mesmos desde o presente. É por isso que Ortega vê a vida como uma série de colisões com o futuro.

A ideia de Ortega é desafiar as circunstâncias tanto no nível pessoal quanto no político. Ela nos lembra que temos o dever de tentar mudar nossas circunstâncias, mesmo que enfrentemos dificuldades e que nossas tentativas nem sempre sejam bem-sucedidas. Em *A rebelião das massas*, ele advertiu que a democracia carrega em si a ameaça da tirania pela maioria, e que viver pelo império da maioria – ou "como todo mundo" – é viver sem visão pessoal ou código moral. A menos que nos engajemos criativamente com nossas próprias vidas, dificilmente estaremos vivendo. É por isso que, para Ortega, a razão é vital: ela mantém a energia da vida. ∎

José Ortega y Gasset

José Ortega y Gasset nasceu em Madri, Espanha, em 1883. Estudou filosofia na cidade e, depois, em várias universidades alemãs – sendo influenciado pela filosofia de Immanuel Kant –, antes de se estabelecer na Espanha como professor universitário.

Ao longo da vida, ganhou o sustento não apenas como filósofo, mas também como jornalista e ensaísta. Também esteve engajado ativamente na política espanhola nas décadas de 1920 e 1930, mas seu envolvimento chegou ao fim com o início da Guerra Civil Espanhola, em 1936. Ortega, então, exilou-se na Argentina, onde permaneceu até 1945. Após três anos em Portugal, retornou a Madri em 1948, onde fundou o Instituto de Humanidades. Continuou trabalhando como filósofo e jornalista pelo resto da vida.

Obras-chave

1914 *Meditações do Quixote*
1925 *A desumanização da arte*
1930 *A rebelião das massas*
1935 *História como sistema*
1957 *O que é a filosofia?*

ANTES DE FILOSOFAR, É PRECISO CONFESSAR

HAJIME TANABE (1885-1962)

Antes de continuar lendo, confesse! Isso pode parecer uma ideia estranha, mas é uma noção que o filósofo japonês Hajime Tanabe queria que levássemos a sério. Tanabe acreditava que, se quisermos filosofar, não podemos fazê-lo sem uma confissão prévia. Mas o que devemos confessar e por quê?

Para responder essas questões, precisamos examinar as raízes da filosofia de Tanabe tanto na tradição filosófica europeia quanto na japonesa. Em relação a suas raízes europeias, Tanabe remontou seu pensamento ao filósofo grego Sócrates, que viveu no século V a.C. Sócrates é importante para Tanabe por causa

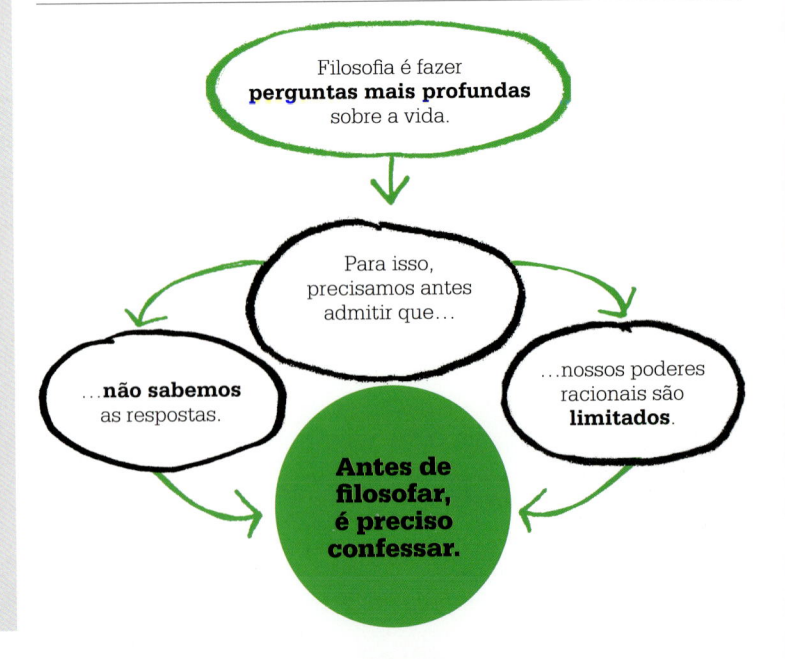

Filosofia é fazer **perguntas mais profundas** sobre a vida.

Para isso, precisamos antes admitir que…

…**não sabemos** as respostas.

…nossos poderes racionais são **limitados**.

Antes de filosofar, é preciso confessar.

Ver também: Sidarta Gautama 30-33 ▪ Sócrates 46-49 ▪ Santo Agostinho 72-73 ▪ Edmund Husserl 224-225 ▪ Martin Heidegger 252-255 ▪ Jacques Derrida 312-317

O Buda Amitabha, aqui entre Kannon (Compaixão) e Seishi (Sabedoria), é o principal Buda da escola da Terra Pura, à qual pertenceu o monge Shinran.

da maneira que confessou francamente que nada sabia. De acordo com a história, o oráculo de Delfos disse que Sócrates era o homem mais sábio de Atenas. Sócrates, que estava certo de sua própria ignorância, tentou provar que o oráculo se equivocara. Após incontáveis conversas com sábios atenienses, ele chegou à conclusão de que era mesmo a pessoa mais sábia na cidade, porque só ele aceitava que não sabia nada.

As raízes japonesas da filosofia de Tanabe remontam ao pensamento do monge budista Shinran, que pertencia à escola chamada Terra Pura. A inovação de Shinran foi sua sentença de que a iluminação é impossível se confiamos apenas em nosso próprio poder. Em vez disso, devemos confessar nossas limitações e ignorância, de modo que estejamos abertos ao que tanto Shinran quanto Tanabe chamam de *tariki*, ou "outro poder". No contexto da escola Terra Pura, esse outro poder é aquele do Buda Amitabha. No contexto da filosofia de Tanabe, a confissão leva ao reconhecimento do "nada absoluto", que, por fim, leva ao próprio despertar e à sabedoria.

Renunciando a nós mesmos

Para Tanabe, então, filosofia não é discutir pontos mais refinados de lógica ou argumentar ou debater qualquer coisa – não se trata, de fato, de uma disciplina "intelectual". Para Tanabe, é algo muito mais fundamental, um processo para se relacionar, no sentido mais profundo possível, com nosso próprio ser – ideia parcialmente moldada por sua leitura de Martin Heidegger.

Para um problema pertencer à filosofia, deve haver algo inconcebível nele.
Hajime Tanabe

É apenas pela confissão, acreditava Tanabe, que podemos redescobrir nosso verdadeiro ser – um processo que ele descreveu em termos religiosos, como uma forma de morte e ressurreição. Essa morte e ressurreição é o renascimento da mente através do "outro poder" e sua passagem da visão limitada do "eu" para a perspectiva da iluminação. No entanto, essa mudança não é apenas uma preparação para a filosofia. Ao contrário, é a própria função da filosofia, enraizada no ceticismo e na "renúncia de nós mesmos pela graça do outro poder". A filosofia, em outras palavras, não é uma atividade na qual nos engajamos, mas algo que acontece em nós quando adquirimos acesso ao verdadeiro "eu" por meio da renúncia do "eu" – fenômeno que Tanabe chama de "ação sem um sujeito atuante".

A confissão contínua é, escreveu Tanabe, "a conclusão definitiva" para a qual o reconhecimento de nossas limitações nos conduz. Em outras palavras, Tanabe nos solicita não a procurar novas respostas a velhas questões filosóficas, mas a reavaliar a própria natureza da filosofia. ▪

Hajime Tanabe

Hajime Tanabe nasceu em Tóquio, no Japão, em 1885. Depois de estudar na Universidade de Tóquio, foi nomeado professor associado de filosofia na Universidade de Kyoto, onde tornou-se membro ativo da chamada Escola de Filosofia de Kyoto. Na década de 1920 passou um período na Alemanha, estudando com os filósofos Edmund Husserl e Martin Heidegger. De volta ao Japão,

assumiu o cargo de professor pleno. Foi profundamente afetado pela Segunda Guerra Mundial, e ao término do conflito, em 1945, aposentou-se do ensino de filosofia. A obra de Tanabe, *Filosofia como metanoética*, foi publicada um ano depois, em 1946. Após sua aposentadoria, Tanabe dedicou o resto da vida à meditação e a escrever.

Obra-chave

1946 *Filosofia como metanoética*

OS LIMITES DA MINHA LINGUAGEM SIGNIFICAM OS LIMITES DO MUNDO

LUDWIG WITTGENSTEIN (1889-1951)

EM CONTEXTO

ÁREA
Filosofia da linguagem

ABORDAGEM
Lógica

ANTES
Século IV A.C. Aristóteles
estabelece as bases da lógica.

Final do século XIX Gottlob
Frege desenvolve as bases da
lógica moderna.

Início do século XX Bertrand
Russell desenvolve a notação
que traduz a linguagem natural
em proposições lógicas.

DEPOIS
Anos 1920 Ideias do *Tractatus*
são usadas por filósofos do Círculo
de Viena, tais como Moritz
Schlick e Rudolf Carnap, para
desenvolver o positivismo lógico.

A partir de 1930 Wittgenstein
rejeita as ideias expressas no
Tractatus e começa a explorar
maneiras diferentes de
examinar a linguagem.

A **linguagem** é composta de **proposições**: assertivas sobre coisas que podem ser verdadeiras ou falsas.

O **mundo** é composto de **fatos**: as coisas são de um certo modo.

As proposições são "**imagens**" de fatos, do mesmo modo que **mapas** são imagens do **mundo**.

Qualquer proposição que **não retrate fatos** é **sem sentido**; por exemplo, "matar é ruim".

Minha linguagem é, portanto, **limitada a declarações** de fatos sobre o mundo.

Os limites da minha linguagem significam os limites do mundo.

O *Tratado lógico-filosófico* de Wittgenstein é, talvez, um dos textos mais intimidadores da história da filosofia do século XX. Com cerca de apenas setenta páginas na célebre tradução inglesa (intitulada *Tractatus logico-philosophicus*), a obra é composta de uma série de observações altamente condensadas e técnicas.

Para apreciar o significado pleno do *Tractatus* é importante situá-lo em seu contexto filosófico. O fato de Wittgenstein falar sobre os "limites" da minha linguagem e do mundo o coloca dentro da tradição filosófica que remonta ao filósofo alemão do século XVIII Immanuel Kant. Em *Crítica da razão pura*, Kant começa a explorar os limites do conhecimento ao apresentar questões como "o que posso saber?" e "o que permanecerá para sempre fora do alcance da compreensão humana?". Uma razão para que Kant fizesse tais perguntas é que ele acreditava que muitos problemas surgiam na filosofia porque fracassamos em reconhecer as limitações da compreensão humana. Ao voltar a atenção a nós mesmos e inquirir sobre os limites necessários do nosso conhecimento, podemos então resolver, ou talvez até dissolver, quase todos os problemas filosóficos do passado.

O *Tractatus* enfrenta o mesmo tipo de tarefa de Kant, mas o faz de modo muito mais radical. Wittgenstein afirmou que estava começando a esclarecer o que pode ser dito significativamente. Da mesma forma que Kant se empenhou em definir os limites da razão, Wittgenstein quis definir os limites da linguagem e, por consequência, de todo o pensamento. Ele o fez porque suspeitava que grande parte da discussão e da discordância filosófica

Ver também: Aristóteles 56-63 ▪ Immanuel Kant 164-171 ▪ Gottlob Frege 342 ▪ Bertrand Russell 236-239 ▪ Rudolf Carnap 257

> A solução do problema
> da vida é vista
> no desaparecimento
> do problema.
> **Ludwig Wittgenstein**

baseia-se em erros fundamentais no modo como lidamos com o pensamento e na maneira de discutir o mundo.

Estrutura lógica

Apesar da aparente complexidade, as ideias centrais de Wittgenstein no *Tractatus* são essencialmente baseadas num princípio simples: o de que tanto a linguagem quanto o mundo são formalmente estruturados, e essas estruturas podem ser decompostas em suas partes componentes. Wittgenstein buscou revelar as estruturas tanto do mundo quanto da linguagem para, então, elucidar o modo como elas se relacionam entre si. Feito isso, tentou extrair diversas conclusões filosóficas de longo alcance.

Para compreender o que Wittgenstein quis dizer quando afirmou que o limites da minha linguagem são os limites do mundo, precisamos perguntar o significado

Os antigos egípcios ordenaram símbolos e imagens estilizadas de objetos no mundo, os hieróglifos, em sequências logicamente estruturadas para criar uma forma de linguagem escrita.

que ele atribuiu às palavras "mundo" e "linguagem", uma vez que não usou tais termos com o sentido ao qual estamos habituados. Quando Wittgenstein fala de linguagem, seu débito com o filósofo britânico Bertrand Russell torna-se evidente. Para Russell, figura importante no desenvolvimento da lógica filosófica, a linguagem cotidiana era inadequada para falar clara e precisamente sobre o mundo. Ele acreditava que a lógica constituía uma "linguagem perfeita" por excluir todos os traços de ambiguidade e, então, desenvolveu um modo de traduzir a linguagem cotidiana em algo que considerou uma forma lógica.

A lógica ocupa-se do que é conhecido na filosofia como proposições. Podemos pensar em proposições como asserções que têm possibilidade de ser consideradas verdadeiras ou falsas. Por exemplo, a afirmação "o elefante está muito bravo" é uma proposição, mas a palavra "elefante" não é. De acordo com o *Tractatus*, a linguagem

significativa deve consistir apenas de proposições. "A totalidade de proposições", segundo Wittgenstein, "é linguagem."

Sabendo um pouco mais sobre o que Wittgenstein entendia como linguagem, podemos explorar o que ele quis dizer com "mundo". O *Tractatus* começa com a afirmação de que "o mundo é tudo que é o caso". Isso pode parecer ser uma questão de fato, direta e robusta, mas não está inteiramente claro o que Wittgenstein quis dizer com essa afirmação. Ele foi além ao escrever que "o mundo é a totalidade dos fatos, não das coisas". Aqui podemos ver um paralelo entre o modo como Wittgenstein tratou a linguagem e o modo como tratou o mundo. Pode ser um fato, por exemplo, que o elefante está bravo, ou que há um elefante no recinto, mas um elefante, por si só, não constitui um fato.

A partir desse ponto, começa a ficar claro como as estruturas da linguagem e do mundo podem se »

A lógica não é
um conjunto de doutrinas,
mas uma imagem-espelho
do mundo.
Ludwig Wittgenstein

Uma imagem digital, embora não seja o objeto retratado em si, tem a mesma "forma lógica". A palavra só representa a realidade se ambas, palavra e realidade, tiverem a mesma forma lógica.

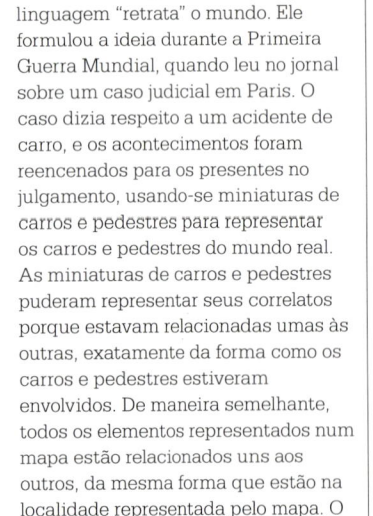

relacionar. Wittgenstein disse que a linguagem "retrata" o mundo. Ele formulou a ideia durante a Primeira Guerra Mundial, quando leu no jornal sobre um caso judicial em Paris. O caso dizia respeito a um acidente de carro, e os acontecimentos foram reencenados para os presentes no julgamento, usando-se miniaturas de carros e pedestres para representar os carros e pedestres do mundo real. As miniaturas de carros e pedestres puderam representar seus correlatos porque estavam relacionadas umas às outras, exatamente da forma como os carros e pedestres estiveram envolvidos. De maneira semelhante, todos os elementos representados num mapa estão relacionados uns aos outros, da mesma forma que estão na localidade representada pelo mapa. O que uma imagem compartilha com aquilo que representa, disse Wittgenstein, é uma forma lógica.

É importante compreender aqui que estamos falando sobre imagens lógicas, e não sobre imagens visuais. Wittgenstein apresentou um exemplo útil para se explicar. As ondas de som geradas pela execução de uma sinfonia, a partitura daquela sinfonia e o padrão formado pelos sulcos do disco numa gravação da sinfonia reproduzida por gramofone compartilham, entre eles, a mesma forma lógica. Wittgenstein afirma: "A imagem se enlaça com a realidade como um padrão de medida." Dessa forma, ela pode representar o mundo.

Obviamente, nossa imagem também pode estar incorreta. Ela pode não concordar com a realidade, por exemplo, ao dar a impressão de que o elefante não está bravo, quando o elefante está, de fato, furioso. Não há meio-termo aqui para Wittgenstein. Como ele começou com proposições que são, por sua própria natureza, verdadeiras ou falsas, as imagens também são verdadeiras ou falsas.

A linguagem e o mundo, então, têm uma forma lógica: a linguagem pode falar sobre o mundo retratando o mundo, e retratando-o de um modo que concorde com a realidade. É nesse ponto que a ideia de Wittgenstein se torna realmente interessante. E é aqui que podemos ver por que Wittgenstein estava interessado pelos limites da linguagem. Considere a seguinte ideia: "Você deve doar metade de seu salário para a caridade." Isso não retrata nada no mundo, no sentido expresso por Wittgenstein. O que pode ser dito (o que Wittgenstein chamou de "totalidade das proposições verdadeiras") é meramente a soma de todas as coisas que são o caso, ou seja, as ciências naturais.

A discussão sobre religião e valores éticos é, para Wittgenstein, estritamente sem sentido. Como as coisas sobre as quais estamos tentando falar quando discutimos tais tópicos estão além dos limites do mundo, elas também estão além dos limites da nossa linguagem. Wittgenstein escreveu: "Está claro que a ética não pode ser colocada na linguagem."

Além das palavras

Alguns leitores de Wittgenstein, nesse ponto, afirmam que ele é um defensor das ciências, expulsando os conceitos vagos envolvidos nos debates sobre ética, religião e temas do gênero. Mas o caso envolve algo mais complexo.

> Sobre aquilo
> que não se pode falar,
> deve-se calar.
> **Ludwig Wittgenstein**

Wittgenstein não considerou que os "problemas da vida" sejam absurdos. Ao contrário, acreditou que esses são os problemas mais importantes entre todos – mas simplesmente não podem ser colocados em proposições e, por isso, não podem se tornar parte da filosofia. Wittgenstein escreveu que essas coisas, mesmo que não possamos falar delas, tornam-se manifestas, acrescentando que "elas são o que é místico".

Tudo isso, contudo, tem sérias repercussões para as proposições contidas no próprio *Tractatus*. Tais proposições não retratam o mundo. Mesmo a lógica, uma das principais ferramentas de Wittgenstein, não diz nada sobre o mundo. Portanto, o *Tractatus* é sem sentido? O próprio Wittgenstein não teve medo de seguir esse argumento até sua conclusão, reconhecendo que a resposta para tal questão deve ser sim. Qualquer pessoa que entenda o *Tractatus* adequadamente, ele afirmou, verá no final que as proposições nele usadas também são sem sentido. Elas são como degraus de uma escada filosófica que nos ajuda a ascender para além dos problemas da filosofia, mas que podemos descartar uma vez que tenhamos subido.

Mudança de direção

Após completar o *Tractatus*, Wittgenstein concluiu que não havia mais problemas filosóficos para resolver e abandonou a disciplina. No entanto, ao longo das décadas de 1920 e 1930 começou a questionar seu próprio pensamento, tornando-se um de seus críticos mais ferozes. Em particular, questionou sua antiga crença, solidamente mantida, de que a linguagem consiste unicamente em proposições, uma visão que ignora muito do que fazemos em nossa linguagem diária, de contar piadas a adular ou resmungar.

No entanto, apesar de todos os seus problemas, o *Tractatus* permanece como uma das obras mais desafiadoras e poderosas da filosofia ocidental – além de, essencialmente, uma das mais misteriosas. ∎

Ludwig Wittgenstein

Nascido numa rica família vienense em 1889, Ludwig Wittgenstein estudou primeiro engenharia e, em 1908, viajou à Inglaterra para continuar sua educação em Manchester. No entanto, logo desenvolveu interesse por lógica e, em 1911, mudou-se para Cambridge a fim de estudar com o filósofo Bertrand Russell.

Durante a Primeira Guerra Mundial, serviu no *front* russo e na Itália, onde caiu prisioneiro. Por volta dessa época, começou o *Tractatus logico-philosophicus*, que seria publicado em 1921.

Acreditando que o *Tractatus* resolvera todos os problemas da filosofia, Wittgenstein embarcou numa série de atividades distintas: professor escolar, jardineiro, arquiteto. Mas, depois de expressar críticas a suas próprias ideias anteriores, reassumiu o trabalho em Cambridge em 1929, tornando-se professor de lá em 1939. Morreu em 1951.

Obras-chave

1921 *Tractatus logico-philosophicus*
1953 *Investigações filosóficas*
1958 *Cadernos azul e marrom*
1977 *Anotações sobre as cores*

A filosofia exige linguagem lógica, sem ambiguidade. Wittgenstein conclui, portanto, que ela só pode ser composta de proposições, ou declarações de fatos, tais como "o gato sentou no tapete", as quais podem ser divididas em suas partes componentes.

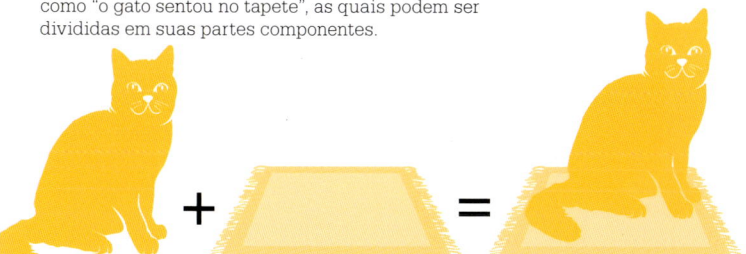

NÓS PRÓPRIOS SOMOS AS ENTIDADES A SER ANALISADAS

MARTIN HEIDEGGER (1889-1976)

EM CONTEXTO

ÁREA
Ontologia

ABORDAGEM
Fenomenologia

ANTES
c.350 a.C. Diógenes de Sínope usa uma ave depenada para zombar de platonistas que definiam o ser humano como "bípede implume".

1900-1913 Edmund Husserl propõe suas teorias e métodos fenomenológicos em *Investigações lógicas* e *Ideias para uma fenomenologia pura*.

DEPOIS
Anos 1940 Jean-Paul Sartre publica *O ser e o nada*, que examina a conexão entre "ser" e a liberdade humana.

1960 *Verdade e método*, de Hans-Georg Gadamer, inspirado por Heidegger, explora a natureza da compreensão humana.

Dizem que na antiga Atenas os seguidores de Platão se reuniram certo dia para discutir a seguinte pergunta: "O que é um ser humano?" Depois de grande reflexão, chegaram a uma resposta: "É um bípede implume." Todos pareciam contentes com essa definição até Diógenes, o Cínico, irromper na sala com uma galinha viva depenada, gritando: "Vejam! Eis um ser humano!" Depois que o tumulto diminuiu, os filósofos reuniram-se novamente e aperfeiçoaram sua definição. O ser humano, eles disseram, é um bípede implume com unhas largas.

Esse fato curioso da história da antiga filosofia mostra o tipo de

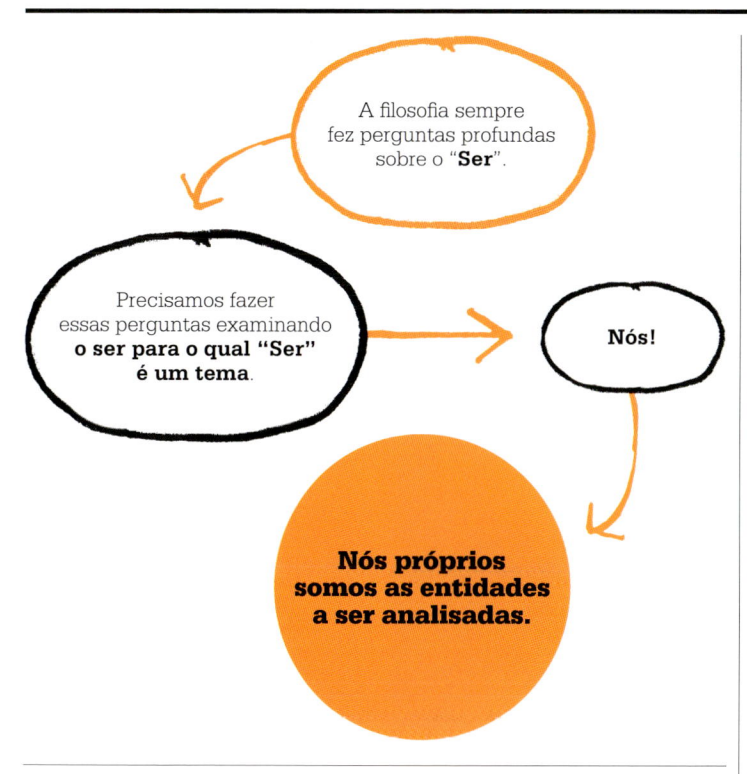

A filosofia sempre fez perguntas profundas sobre o "**Ser**".

Precisamos fazer essas perguntas examinando **o ser para o qual "Ser" é um tema**.

Nós!

Nós próprios somos as entidades a ser analisadas.

A questão da existência nunca é explícita, exceto pelo próprio existir.
Martin Heidegger

mas, sim, a questão "como é ser humano?".

A existência humana

Para Heidegger, isso constitui a questão fundamental da filosofia. Ele estava interessado principalmente no ramo filosófico da ontologia (do grego *ontos*, "ser"), que examina as questões sobre o ser ou a existência. Exemplos de questões ontológicas são "o que significa dizer que algo existe?" ou "quais são os diferentes tipos de coisas que existem?". Heidegger queria usar a pergunta "como é ser humano?" como meio de responder a indagações mais profundas sobre a existência em geral.

Na obra *Ser e tempo*, Heidegger alegou que, quando outros filósofos fizeram perguntas ontológicas, usaram abordagens muito abstratas e superficiais. Se quisermos saber o que significa dizer que algo existe, precisamos examinar a questão a partir da perspectiva daqueles seres para os quais ser é um tema. Podemos admitir que, embora gatos, cachorros e cogumelos sejam seres, eles não se indagam a respeito de sua existência: não se preocupam com »

dificuldade que os filósofos às vezes enfrentavam ao tentar criar definições gerais, abstratas, do que é ser humano. Mesmo sem a intervenção de Diógenes, parece claro que descrever a nós mesmos como bípedes implumes não expressa realmente muito do que significa ser humano.

Perspectiva interna

É essa questão – como podemos analisar o que é ser humano – que interessava ao filósofo Martin Heidegger. Quando Heidegger surgiu para decifrar o tema, ele o fez de uma maneira surpreendentemente diferente de seus antecessores. Em vez de tentar uma definição abstrata,

que examina a vida humana a partir do exterior, ele arriscou uma análise muito mais concreta do "ser" a partir do que poderíamos chamar de perspectiva interna. Ele afirmou que, já que existimos entre as coisas – em meio à vida –, se quisermos entender o que é ser humano, temos de fazer isso examinando a vida humana a partir do interior dessa vida.

Heidegger foi aluno de Husserl, de quem seguiu o método fenomenológico. Essa abordagem filosófica investiga os fenômenos (como as coisas aparecem) pelo exame de nossa experiência em relação a eles. À fenomenologia, por exemplo, não interessaria examinar o tema "o que é um ser humano?",

Devemos levantar
novamente a questão
do sentido do ser.
Martin Heidegger

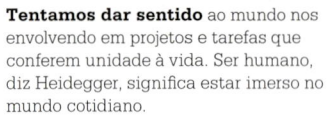

Tentamos dar sentido ao mundo nos envolvendo em projetos e tarefas que conferem unidade à vida. Ser humano, diz Heidegger, significa estar imerso no mundo cotidiano.

questões ontológicas, não perguntam "o que significa dizer que algo existe?". Mas há, Heidegger ressaltou, um ser que se indaga sobre essas coisas: o ser humano. Ao dizer que somos nós os entes a ser analisados, Heidegger defendeu que, se quisermos explorar as questões do ser, temos de começar com nós mesmos, examinando o que significa, para nós, existir.

Ser e tempo

Quando Heidegger perguntou sobre o sentido do ser, não tinha em mente ideias abstratas, mas algo bem direto e imediato. Nas páginas de abertura de sua obra, ele disse que o sentido do nosso ser deve estar atado ao tempo: somos essencialmente seres temporais. Quando nascemos, ingressamos no mundo como se fôssemos aqui jogados, numa trajetória que não escolhemos. Simplesmente descobrimos que viemos a existir num mundo em progresso, que preexistia antes de nós, de modo que, no momento do nascimento, somos apresentados a

um ambiente histórico particular, material e espiritual. Tentamos dar sentido a esse mundo envolvendo--nos em vários passatempos – por exemplo, aprendendo latim, buscando o amor verdadeiro ou construindo uma casa para nos abrigar. Por meio desses projetos, que consomem tempo, nos projetamos literalmente rumo a diferentes futuros possíveis: nós definimos nossa existência. No entanto, às vezes, tornamo-nos cientes de que há um limite extremo de todos os nossos projetos, um ponto no qual tudo que planejamos chegará a um fim, concluído ou não. Esse ponto é a morte. A morte, disse Heidegger, é o horizonte mais afastado do nosso ser: tudo que podemos fazer, ou ver, ou pensar, tem lugar dentro desse horizonte. Não podemos ver além dele.

O vocabulário técnico de Heidegger tem fama de ser de difícil compreensão, mas isso ocorre em grande parte porque ele tentou explorar questões filosóficas complexas de modo concreto ou não abstrato: ele queria estabelecer uma relação com a nossa experiência efetiva. Dizer que "o horizonte mais afastado do nosso ser é a morte" é dizer algo sobre como é viver uma vida humana, e isso expressa uma certa ideia do que somos de um modo insuspeitado a muitas definições filosóficas – de "bípede implume" a "animal político".

Vivendo de modo autêntico

A Heidegger devemos a distinção filosófica entre existência autêntica e não autêntica. A maior parte do tempo estamos absortos em projetos em andamento e nos esquecemos da morte. Mas, ao ver nossa vida apenas em termos dos projetos nos quais estamos envolvidos, perdemos uma dimensão mais fundamental da existência e, desse modo, para Heidegger, vivemos de maneira não autêntica. Quando nos tornamos cientes da morte como limite final de nossas possibilidades, começamos a alcançar uma compreensão mais profunda do que significa existir.

Quando um amigo morre, por exemplo, é possível que examinemos nossas próprias vidas e percebamos que os vários projetos que nos absorvem parecem não ter sentido, e que há uma dimensão mais profunda na vida que está sendo perdida. Então é possível até que mudemos nossas

Todo ser é um "ser rumo à morte", mas apenas os humanos reconhecem isso. Nossas vidas são temporais: somente depois de compreender isso podemos viver uma vida significativa e autêntica.

> Morrer não é um acontecimento; é um fenômeno a ser compreendido existencialmente.
> **Martin Heidegger**

prioridades, buscando futuros diferentes.

Linguagem mais profunda

A filosofia posterior de Heidegger continuou a tratar de questões do ser, mas se afastou de sua abordagem anterior, severa, para assumir um olhar mais poético sobre os mesmos tipos de questões. A filosofia, ele começou a suspeitar, simplesmente não pode refletir isso profundamente em nosso ser. A fim de fazer perguntas sobre a existência humana, devemos usar a linguagem mais rica, mais profunda, da poesia, que nos envolve de um modo que vai muito além da simples troca de informação.

Heidegger foi um dos filósofos mais influentes do século XX. Suas primeiras tentativas de analisar o que significa ser humano, e como alguém pode viver uma vida autêntica, inspirou filósofos como Sartre, Levinas e Gadamer e contribuiu para o nascimento do existencialismo. Seu pensamento posterior, mais poético, também teve influência poderosa sobre os filósofos ecológicos, que acreditam que ele oferece um modo de pensar sobre o que significa ser um ser humano num mundo sob ameaça da destruição ambiental. ∎

Martin Heidegger

Heidegger é reconhecido como um dos filósofos mais importantes do século XX. Nasceu em 1889, em Messkirch, Alemanha, e teve aspirações de se tornar um sacerdote, mas, depois de conhecer os textos de Husserl, dedicou-se à filosofia. Rapidamente se tornou conhecido como palestrante inspirado, tendo recebido a alcunha de "mágico de Messkirch". Na década de 1930, tornou-se reitor da Universidade de Freiburg e membro do partido nazista. A extensão e a natureza de seu envolvimento com o nazismo permanecem controversas, assim como a questão sobre até onde sua filosofia está implicada com a ideologia nazista.

Heidegger passou os últimos trinta anos de sua vida viajando, escrevendo e trocando ideias com amigos como Hannah Arendt e o físico Werner Heisenberg. Morreu em Freiburg em 1976, aos 86 anos.

Obras-chave

1927 *Ser e tempo*
1936-1953 *A superação da metafísica*
1955-1956 *A essência do fundamento*
1955-1957 *Identidade e diferença*

A ÚNICA ESCOLHA MORAL VERDADEIRA DO INDIVÍDUO É A DO AUTOSSACRIFÍCIO EM PROL DA COMUNIDADE

TETSURO WATSUJI (1889-1960)

EM CONTEXTO

ÁREA
Ética

ABORDAGEM
Existencialismo

ANTES
Século XIII O filósofo japonês Dogen escreve sobre "esquecer o eu".

Final do século XIX Friedrich Nietzsche escreve sobre a influência do "clima" na filosofia, noção importante para o pensamento de Watsuji.

1927 Martin Heidegger publica *Ser e tempo*. Watsuji repensa a obra de Heidegger à luz de suas ideias sobre "clima".

DEPOIS
Final do século XX O filósofo japonês Yuasa Yasuo desenvolve a ética da comunidade de Watsuji.

etsuro Watsuji foi um dos principais filósofos do Japão na primeira metade do século XX e escreveu tanto sobre filosofia oriental quanto ocidental. Estudou no Japão e na Europa e, a exemplo de muitos pares japoneses da época, sua obra mostra uma síntese criativa dessas duas tradições diferentes.

Esquecendo o eu
Os estudos de Watsuji sobre as abordagens ocidentais da ética convenceram-no de que os pensadores no Ocidente tendem a assumir uma abordagem individualista da natureza humana – e, assim, também da ética. Mas, para Watsuji, os indivíduos só podem ser compreendidos como expressões de suas épocas, suas relações e seus contextos sociais particulares, que, juntos, constituem um "clima". Ele explorou a ideia de natureza humana em termos das

Guerreiros samurais com frequência sacrificavam suas vidas em batalha a fim de salvar o Estado. Esse gesto, de extrema lealdade e autonegação, Watsuji chamou de *kenshin*, ou "autossacrifício absoluto".

nossas relações com uma comunidade mais ampla, que forma uma rede dentro da qual existimos – Watsuji chamou isso de "estar entre". Para ele, a ética não é uma questão de ação individual, mas de esquecimento ou sacrifício do próprio eu, de modo que o indivíduo possa trabalhar em benefício de uma comunidade mais ampla.

A ética nacionalista e a crença na superioridade racial japonesa levaram Watsuji a perder apoio após a Segunda Guerra. Mais tarde ele se distanciou dessas concepções. ■

A LÓGICA É O ÚLTIMO INGREDIENTE CIENTÍFICO DA FILOSOFIA

RUDOLF CARNAP (1891-1970)

EM CONTEXTO

ÁREA
Filosofia da ciência

ABORDAGEM
Positivismo lógico

ANTES
1890 Gottlob Frege começa a explorar as estruturas lógicas da linguagem.

1921 Ludwig Wittgenstein escreve que a filosofia é o estudo dos limites da linguagem.

DEPOIS
Anos 1930 Karl Popper propõe que a ciência funcione por meio da falsificabilidade: nenhuma quantidade de demonstrações positivas pode provar que algo é verdadeiro, enquanto somente um resultado negativo confirma que a teoria está incorreta.

Anos 1960 Thomas Kuhn explora as dimensões sociais do progresso científico, abalando alguns dos dogmas do positivismo lógico.

Um dos problemas filosóficos do século XX é determinar um papel para a filosofia, dado o sucesso das ciências naturais. Essa é uma das principais preocupações do alemão Rudolf Carnap em *A linguagem física como a linguagem universal da ciência* (1932), que sugere que a função própria da filosofia – e sua contribuição principal para a ciência – é a análise lógica e o esclarecimento de conceitos científicos.

Carnap afirmou que muitos problemas filosóficos aparentemente profundos, como os metafísicos, são sem sentido, porque não podem ser comprovados ou refutados pela experiência. Acrescentou que também são, de fato, pseudoproblemas causados por confusões lógicas no modo como usamos a linguagem.

Linguagem lógica

O positivismo lógico aceita como verdadeiras apenas afirmações estritamente lógicas passíveis de verificação empírica. Para Carnap, o dever real da filosofia é, portanto, a análise lógica da linguagem (a fim de descobrir e excluir aquelas questões

Na lógica não há moral.
Rudolf Carnap

que, falando estritamente, não têm sentido) e a descoberta de modos de falar sem ambiguidade sobre as ciências.

Alguns filósofos, como Willard Quine e Karl Popper, argumentaram que os padrões de Carnap para o que pode ser dito significativamente são muito rígidos e apresentam uma visão idealizada, que não se verifica na prática, sobre como a ciência opera. No entanto, segue importante a advertência de Carnap de que a linguagem pode nos levar a enxergar problemas que realmente não existem. ■

Ver também: Gottlob Frege 342 ▪ Ludwig Wittgenstein 246-251 ▪ Karl Popper 262-265 ▪ Willard Van Orman Quine 278-279 ▪ Thomas Kuhn 293

UNICAMENTE CONHECE O SER HUMANO AQUELE QUE O AMA SEM ESPERANÇA

WALTER BENJAMIN (1892-1940)

EM CONTEXTO

ÁREA
Ética

ABORDAGEM
Escola de Frankfurt

ANTES
c.380 a.C. Platão escreve
O banquete, considerado a
primeira explanação filosófica
sistemática sobre o amor.

1863 O escritor francês Charles
Baudelaire explora a ideia do
flâneur, "pessoa que anda pela
cidade para senti-la".

DEPOIS
1955 Guy Debord cria a
psicogeografia, o estudo dos
efeitos da geografia sobre as
emoções e o comportamento do
indivíduo.

1971 O escritor italiano Italo
Calvino explora as relações entre
cidades e signos em *Cidades
invisíveis*.

O filósofo alemão Walter
Benjamin foi filiado à Escola
de Frankfurt, grupo de
teóricos sociais neomarxistas que
exploraram a importância da cultura
de massa e da comunicação. Benjamin
era também fascinado pelas técnicas
do cinema e da literatura e seu ensaio
de 1926, *Rua de mão única*, é um
experimento de construção literária.
Aqui ele reúne um conjunto de
observações – intelectuais e empíricas
– que aparentemente lhe ocorrem
enquanto caminha por uma rua
imaginária.

A construção da vida,
no momento, está muito
mais no poder de fatos do
que das convicções.
Walter Benjamin

No ensaio, Benjamin não iniciou
uma grande teoria. Em vez disso, ele
quis nos surpreender com ideias, da
mesma maneira que podemos ser
surpreendidos por algo que atrai nossa
atenção durante uma caminhada.
Perto do final do ensaio, ele afirmou
que as "citações em meu trabalho são
como salteadores no caminho que
irrompem armados e roubam ao
passeante a convicção".

Iluminando o amor

A ideia do que o único meio de
conhecer o ser humano é amá-lo sem
esperança aparece na metade do
ensaio, sob o tópico "Lâmpada de
arco". Sob o brilho da luz, Benjamin
para e pensa apenas isso e nada mais
– e o ensaio prossegue imediatamente
para uma nova seção. Somos forçados
a imaginar o que ele quis dizer. Que o
conhecimento surge por amor? Ou que
é apenas quando cessamos de
aguardar algum resultado que
podemos ver claramente o amado?
Não podemos saber. Tudo que nos
resta é caminhar pela rua ao lado de
Benjamin, sentindo o brilho da luz
desses pensamentos passageiros. ■

Ver também: Platão 50-55 ■ Karl Marx 196-203 ■ Theodor Adorno 266-267 ■
Roland Barthes 290-291

AQUILO QUE É NÃO PODE SER VERDADE

HERBERT MARCUSE (1898-1979)

EM CONTEXTO

ÁREA
Filosofia política

ABORDAGEM
Escola de Frankfurt

ANTES
1821 Georg W. F. Hegel escreve na *Filosofia do direito* que o que é real é racional, e o que é racional é real.

1867 Karl Marx publica o primeiro volume de *O capital*, explicando sua concepção sobre as "leis de movimento" dentro das sociedades capitalistas e afirmando que o capitalismo é responsável pela exploração dos seres humanos.

Anos 1940 Martin Heidegger começa a explorar os problemas da tecnologia.

DEPOIS
2000 Slavoj Žižek explora a relação entre tecnologia, sociedade capitalista e totalitarismo.

À primeira vista, nada parece ser mais irracional do que a alegação de Marcuse de que "aquilo que é" não pode ser verdadeiro, que aparece em sua obra de 1941, *Razão e revolução*. Se aquilo que é não pode ser verdadeiro, o leitor tem o direito de perguntar: então, o que é verdadeiro? Todavia a ideia de Marcuse era, em parte, uma tentativa de subverter a alegação feita pelo filósofo alemão Hegel de que o que é racional é real – e também de que o que é real é racional.

Marcuse acreditava que essa era uma ideia perigosa, pois nos leva a pensar que coisas reais – como o sistema político existente – são necessariamente racionais. E nos lembrou que aquelas coisas que aceitamos como racionais podem ser muito mais irracionais do que gostaríamos de admitir. Ele também quis nos fazer compreender a natureza irracional de muito daquilo que aceitamos como verdadeiro.

Razão subversiva

Em particular, Marcuse estava incomodado com as sociedades capitalistas e com o que ele chamou de "terrível harmonia de liberdade e opressão, produtividade e destruição, crescimento e regressão". Supomos que as sociedades estão baseadas na razão e na justiça, mas, quando olhamos mais atentamente, descobrimos que elas não são nem justas nem racionais.

Marcuse não menosprezou a razão, mas tentou mostrar que ela é subversiva e que podemos usá-la para pôr em dúvida a sociedade em que vivemos. O objetivo da filosofia, para Marcuse, é uma "teoria racionalista da sociedade". ∎

Para Marcuse, carros são o típico bem de consumo que usamos para nos autorreconhecer. Ele diz que encontramos "nossa alma" nesses bens, tornando-nos meras extensões das coisas que criamos.

Ver também: Georg W. F. Hegel 178-185 ▪ Karl Marx 196-203 ▪ Martin Heidegger 252-255 ▪ Slavoj Žižek 332

A HISTÓRIA NÃO NOS PERTENCE: NÓS PERTENCEMOS A ELA

HANS-GEORG GADAMER (1900-2002)

EM CONTEXTO

ÁREA
Filosofia da história

ABORDAGEM
Hermenêutica

ANTES
Início do século XIX O filósofo alemão Friedrich Schleiermacher lança as bases da hermenêutica.

Anos 1890 Wilhelm Dilthey, um filósofo alemão, descreve a interpretação como algo ocorrendo dentro do "círculo da hermenêutica".

1927 Martin Heidegger interpreta o ser em *Ser e tempo*.

DEPOIS
1979 Richard Rorty usa a abordagem hermenêutica em *A filosofia e o espelho da natureza*, examinando a capacidade da narrativa de representar nosso sentimento do tempo.

1983-1985 O filósofo francês Paul Ricoeur publica *Tempo e narrativa*, no qual examina a capacidade narrativa de representar nosso sentimento do tempo.

Gadamer é associado particularmente a uma forma de filosofia: a "hermenêutica". Derivada da palavra grega *hermeneuo*, que significa "interpretar", este é o estudo sobre como os seres humanos interpretam o mundo.

Gadamer estudou filosofia sob orientação de Martin Heidegger, que disse que o dever da filosofia é interpretar nossa existência. Essa interpretação é sempre um processo de aprofundamento da nossa compreensão, começando com o que já sabemos. O processo é similar ao modo como interpretamos um poema.

Começamos lendo-o cuidadosamente à luz de nossa compreensão atual. Se chegamos a uma linha que parece estranha ou particularmente surpreendente, pode ser necessário atingir um nível mais profundo de compreensão. Enquanto interpretamos determinadas linhas, nosso sentido do poema como um todo começa a mudar – e quando nosso sentido do poema como um todo muda, também pode mudar nossa compreensão sobre cada linha. Isso é conhecido como o "círculo hermenêutico".

A abordagem da filosofia por Heidegger movia-se dessa maneira

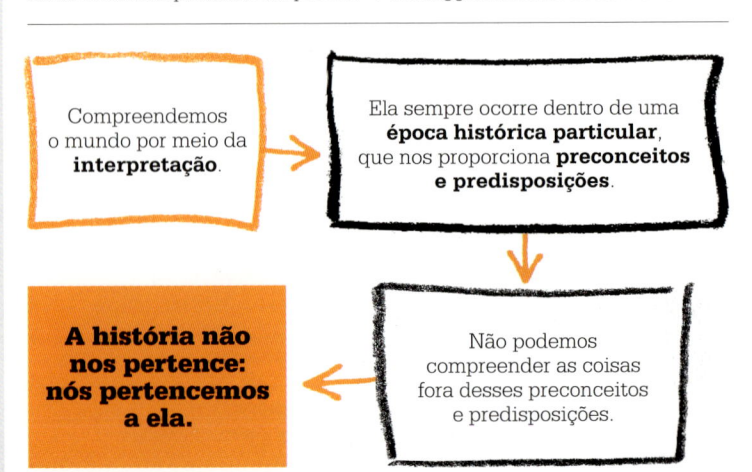

Compreendemos o mundo por meio da **interpretação**.

Ela sempre ocorre dentro de uma **época histórica particular**, que nos proporciona **preconceitos e predisposições**.

Não podemos compreender as coisas fora desses preconceitos e predisposições.

A história não nos pertence: nós pertencemos a ela.

Ver também: Immanuel Kant 164-171 ▪ Georg W. F. Hegel 178-185 ▪ Martin Heidegger 252-255 ▪ Jürgen Habermas 310-311 ▪ Jacques Derrida 312-317 ▪ Richard Rorty 318-323

Ao ver objetos históricos, não se deve considerar o tempo como abismo a transpor, diz Gadamer: essa distância está preenchida com a ponte da tradição, que ilumina nossa compreensão.

circular, que foi a abordagem explorada por Gadamer mais tarde em *Verdade e método*. Gadamer foi além para mostrar que nossa compreensão é sempre a partir da perspectiva de um ponto particular na história. Nossos preconceitos e crenças, os

tipos de perguntas que julgamos que valem a pena ser feitas e o tipo de respostas com as quais ficamos satisfeitos, tudo é produto da nossa história. Não podemos ficar do lado de fora da história e da cultura. Então, nunca podemos alcançar uma perspectiva absolutamente objetiva.

Mas tais preconceitos não devem ser vistos como algo ruim. Eles são, afinal, nosso ponto de partida: nossa compreensão e sentido de significado atuais baseiam-se em predisposições. Mesmo que fosse possível livrarmo-nos de todos os preconceitos, nós não veríamos as coisas mais claramente. Sem qualquer sistema determinado para a interpretação, não seríamos capazes de ver nada.

Conversando com a história

Gadamer vê o processo de compreensão das nossas vidas e do nosso "eu" como similar a uma "conversa com a história". Quando lemos textos históricos que existem há séculos, as diferenças em suas tradições e pressuposições revelam nossas próprias normas culturais e preconceitos, levando-nos a ampliar e a aprofundar a compreensão sobre nossas

vidas no presente. Por exemplo, se leio uma obra de Platão cuidadosamente, posso descobrir que não apenas estou aprofundando minha compreensão a respeito de Platão, mas também que meus próprios preconceitos e predisposições tornam-se claros e, talvez, comecem a mudar. Não apenas leio Platão, mas também sou lido por Platão. Por meio desse diálogo, ou do que Gadamer chama de "fusão de horizontes", minha compreensão do mundo alcança um nível mais profundo e mais rico. ▪

Como uma experiência está ela própria dentro da totalidade da vida, a totalidade da vida também nela está presente.
Hans-Georg Gadamer

Hans-Georg Gadamer

Gadamer nasceu em Marburg em 1900, mas cresceu em Breslau, Alemanha (hoje Wrocław, Polônia). Estudou filosofia em Breslau e, depois, em Marburg, onde escreveu uma segunda dissertação de doutorado sob a orientação do filósofo Martin Heidegger, que teve enorme influência sobre sua obra. Tornou-se professor associado em Marburg, começando uma longa carreira acadêmica que, no final, incluiu suceder o filósofo Karl Jaspers como professor de filosofia em Heidelberg, em 1949. Sua obra mais importante,

Verdade e método, foi publicada quando tinha sessenta anos. Ela criticava a ideia de que a ciência oferecia a única rota para a verdade, rendendo-lhe fama internacional. Sociável e jovial, Gadamer permaneceu ativo até sua morte, em Heidelberg, aos 102 anos.

Obras-chave

1960 *Verdade e método*
1976 *Hermenêutica filosófica*
1980 *Diálogo e dialética em Platão*
1981 *A razão na época da ciência*

NA MEDIDA EM QUE UMA AFIRMAÇÃO CIENTÍFICA TRATA DA REALIDADE, ELA DEVE SER FALSIFICÁVEL

KARL POPPER (1902-1994)

EM CONTEXTO

ÁREA
Filosofia da ciência

ABORDAGEM
Filosofia analítica

ANTES
Século IV A.C. Aristóteles ressalta a importância da observação e da mensuração para compreender o mundo.

1620 Francis Bacon explica os métodos indutivos em *Novum organum*.

1748 *Investigação acerca do entendimento humano*, de David Hume, levanta o problema da indução.

DEPOIS
1962 Thomas Kuhn critica Popper em *A estrutura das revoluções científicas*.

1978 Paul Feyerabend, em *Contra o método*, questiona a própria ideia de método científico.

Com frequência, pensamos que a ciência trabalha "provando" verdades sobre o mundo. Tendemos a imaginar que uma boa teoria científica é aquela que podemos provar conclusivamente que seja verdadeira. O filósofo Karl Popper, contudo, insistiu que esse não é o caso. Ao contrário, ele dizia que o que constitui uma teoria científica é que ela seja capaz de ser falsificada ou demonstrada como errônea pela experiência.

Popper se interessou no método pelo qual a ciência decifra o mundo. A ciência depende de experimento e experiência e, se quisermos fazer boa ciência, precisamos prestar bastante atenção ao que o filósofo

Ver também: Sócrates 46-49 ▪ Aristóteles 56-63 ▪ Francis Bacon 110-111 ▪ David Hume 148-153 ▪ Rudolf Carnap 257 ▪ Thomas Kuhn 293 ▪ Paul Feyerabend 297

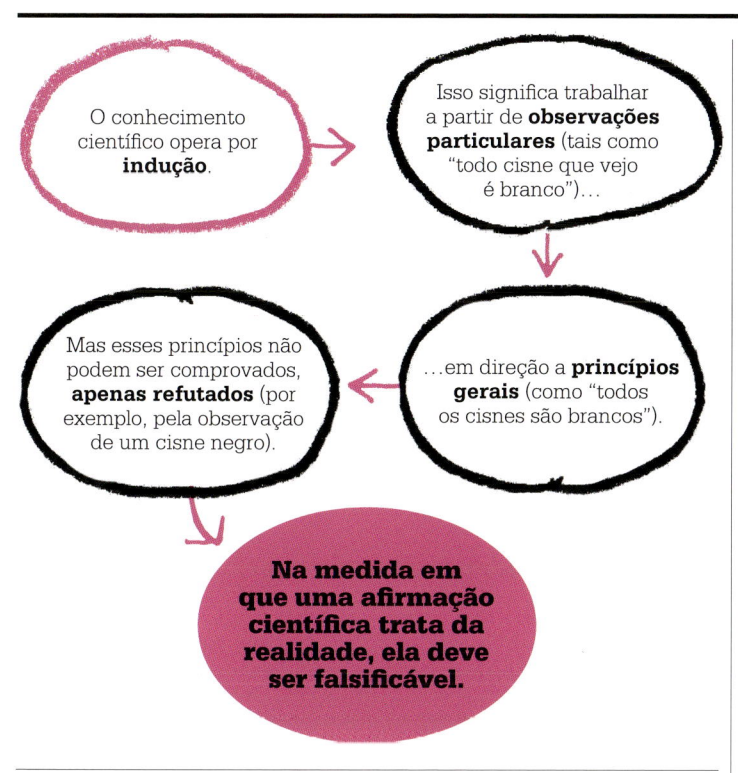

O conhecimento científico opera por **indução**.

Isso significa trabalhar a partir de **observações particulares** (tais como "todo cisne que vejo é branco")…

…em direção a **princípios gerais** (como "todos os cisnes são brancos").

Mas esses princípios não podem ser comprovados, **apenas refutados** (por exemplo, pela observação de um cisne negro).

Na medida em que uma afirmação científica trata da realidade, ela deve ser falsificável.

Cisnes negros foram encontrados pela primeira vez por europeus no século XVII. Isso refutou a ideia de que todos os cisnes são brancos, o que na época era considerado universalmente verdadeiro.

David Hume chamou de "regularidades" da natureza: o fato de os eventos se desdobrarem no mundo conforme padrões e sequências particulares, passíveis de exploração sistemática. A ciência, em outras palavras, é empírica, ou baseada na experiência, e para compreender como ela funciona precisamos compreender como a experiência em geral leva ao conhecimento.

Considere a seguinte frase: "Se você soltar uma bola de tênis da janela do segundo andar, ela cairá no chão." Deixando de lado qualquer casualidade (como a bola ser agarrada por uma águia em pleno voo), podemos ter certeza suficiente de que essa alegação é razoável. Seria estranho uma pessoa dizer: "Tem certeza de que ela vai cair no chão?" Mas como sabemos que é isso que acontecerá quando largarmos a bola de tênis? Que tipo de conhecimento é esse?

A resposta simples é que sabemos que ela cairá porque é isso o que sempre acontece. Deixando de lado casualidades, ninguém nunca viu uma bola de tênis flutuar ou subir quando solta. Sabemos que ela cai porque a experiência nos mostrou que isso acontece. E não apenas podemos ter certeza de que a bola cairá no chão, mas também podemos ter certeza sobre como ela cairá. Por exemplo, se soubermos qual é a força da gravidade e a distância da janela ao solo podemos calcular com que velocidade a bola cairá. Nada em relação ao evento é misterioso.

Todavia, a questão permanece: podemos ter certeza de que, da próxima vez que largarmos a bola, ela cairá no chão? Não importa quantas vezes façamos a experiência, e não importa o quanto nos tornemos confiantes em relação a seu resultado, nunca podemos provar que o resultado será sempre o mesmo no futuro.

Raciocínio indutivo

Essa incapacidade de falar sobre o futuro com alguma certeza é chamada de problema da indução e foi reconhecida pela primeira vez por Hume, no século XVIII. Então, o que é raciocínio indutivo?

A indução é o processo de deslocar-se de um conjunto de fatos observados para conclusões mais gerais sobre o mundo. Esperamos que ao soltar a bola ela atinja o solo porque, de acordo com Hume, estamos generalizando a partir de incontáveis experiências de ocasiões similares, » nas quais descobrimos que coisas como bolas caem ao solo quando as soltamos.

Raciocínio dedutivo

Outra forma de raciocínio, que os filósofos contrastam com a indução, é o raciocínio dedutivo. Enquanto a indução se desloca do caso particular para o geral, a dedução se desloca do geral para o particular. Por exemplo, um caso de raciocínio dedutivo pode começar a partir de duas premissas, tais como: "se é uma maçã, então é uma fruta (já que todas as maçãs são frutas)" e "isso é uma maçã". Admitida a natureza dessas premissas, a afirmação "isso é uma maçã" leva inevitavelmente à conclusão "é uma fruta".

Os filósofos gostam de simplificar os argumentos dedutivos escrevendo-os em notação. Assim, a forma geral do argumento acima seria: "se P, então Q; uma vez P, portanto Q". Em nosso exemplo, "P" é "isso é uma maçã" e "Q", "é uma fruta". Admitidos os pontos de partida "se P, então Q",

então, uma vez "P", a conclusão "Q" é necessária ou inevitavelmente verdadeira. Outro exemplo seria: "Se está chovendo, o gato miará (já que todos os gatos miam durante a chuva). Está chovendo, logo o gato miará."

Todos os argumentos desse tipo são considerados pelos filósofos como sendo válidos, porque suas conclusões seguem inevitavelmente suas premissas. No entanto, o fato de que um argumento é válido não significa que suas conclusões sejam verdadeiras. Por exemplo, o argumento "se é um gato, então tem gosto de banana – isso é um gato, portanto, tem gosto de banana" é válido porque segue uma forma válida. Mas a maioria das pessoas concorda que a conclusão é falsa. E um olhar mais atento mostra que há um problema, da perspectiva empírica, com a premissa "se é um gato, então tem gosto de banana", porque gatos, ao menos em nosso mundo, não têm gosto de banana. Em outras palavras, como a premissa é falsa, mesmo que o argumento em si seja válido, a

conclusão também é falsa. Outros mundos podem ser imaginados, nos quais gatos tenham, de fato, gosto de banana, e por essa razão diz-se que a afirmação "gatos não têm gosto de banana" é contingentemente verdadeira, em vez de lógica ou necessariamente verdadeira – isso exigiria que a afirmação fosse verdadeira em todos os mundos possíveis. Contudo, argumentos válidos com premissas verdadeiras são chamados de argumentos "sólidos". O

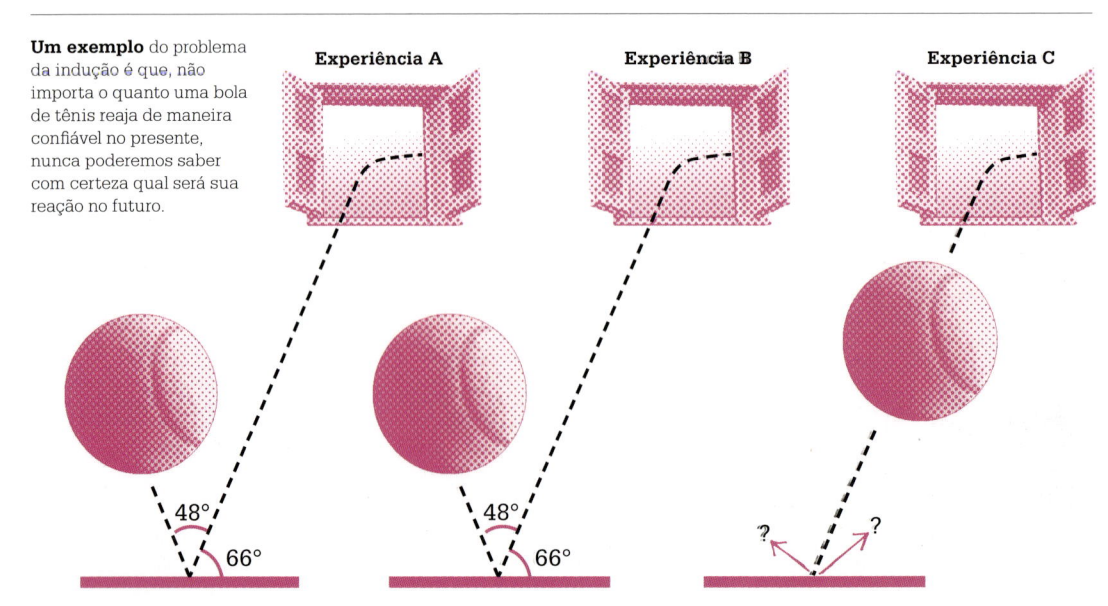

Um exemplo do problema da indução é que, não importa o quanto uma bola de tênis reaja de maneira confiável no presente, nunca poderemos saber com certeza qual será sua reação no futuro.

Experiência A

Experiência B

Experiência C

48° 66°

48° 66°

? ?

A ciência pode ser descrita como a arte da sistemática simplificação.
Karl Popper

argumento "gato com gosto de banana", como vimos, é válido mas não sólido. Já o argumento "maçãs e frutas" é tanto válido quanto sólido.

Falsificabilidade

Pode-se dizer que os argumentos dedutivos são como programas de computadores: as conclusões a que chegam são tão satisfatórias quanto as informações que recebem. O raciocínio dedutivo tem papel importante nas ciências, mas, por si só, não diz nada sobre o mundo. Ele só pode dizer "se isto, então aquilo". E se queremos usar tais argumentos nas ciências, ainda temos de contar com a indução para nossas premissas e

assim a ciência continuaria com o fardo do problema da indução.

Por essa razão, de acordo com Popper, não podemos provar que nossas teorias são verdadeiras. Além disso, o que faz uma teoria ser ciência não é o fato de que ela pode ser provada, mas de que pode ser testada na realidade e demonstrada como potencialmente falsa. Em outras palavras, uma teoria falsificável não é uma teoria que é falsa, mas uma que só pode ser demonstrada como falsa por meio da observação.

As teorias impossíveis de ser testadas (por exemplo, que cada um de nós tem um um espírito-guia invisível ou que Deus criou o universo) não fazem parte das ciências naturais. Isso não significa que não tenham valor, mas apenas que não são o tipo de teoria de que as ciências tratam.

A ideia da falsificabilidade não invalida que acreditemos em teorias que não podem ser falsificadas. As crenças que resistem a testes repetidos, e que resistem às nossas tentativas de falsificação, podem ser admitidas como seguras. Mas mesmo as melhores teorias estão sempre abertas à possibilidade de que um novo resultado demonstre sua falsidade.

Experiências podem mostrar que, na natureza, certos fenômenos seguem-se a outros, de maneira confiável. Mas Popper alega que nenhuma experiência jamais pode comprovar uma teoria, ou mesmo mostrar que ela é provável.

O trabalho de Popper recebeu muitas críticas. Alguns alegam que ele apresentou uma visão idealizada de como os cientistas empreendem seu trabalho, e que a ciência é praticada de maneira muito diferente do que sugere Popper. Contudo, sua ideia de falsificabilidade ainda é usada para distinguir entre alegações científicas e não científicas. Popper permanece, talvez, como o mais importante filósofo da ciência do século XX. ■

Karl Popper

Karl Popper nasceu em Viena, na Áustria, em 1902. Estudou filosofia na Universidade de Viena, depois passou seis anos como professor. Foi nessa época que publicou *A lógica da pesquisa científica*, que o estabeleceu como um dos primeiros filósofos da ciência. Em 1937, migrou para a Nova Zelândia, onde viveu até o fim da Segunda Guerra Mundial e escreveu seu estudo sobre o totalitarismo, *A sociedade aberta e seus inimigos*. Em 1946, mudou-se para a Inglaterra para lecionar na London School of Economics e, depois, na Universidade de

Londres. Foi nomeado cavaleiro em 1965 e permaneceu na Inglaterra pelo resto da vida. Aposentado em 1969, continuou a escrever e publicar até a morte, em 1994.

Obras-chave

1934 *A lógica da pesquisa científica*
1945 *A sociedade aberta e seus inimigos*
1957 *A pobreza do historicismo*
1963 *Conjecturas e refutações*

A INTELIGÊNCIA É UMA CATEGORIA MORAL

THEODOR ADORNO (1903-1969)

EM CONTEXTO

ÁREA
Ética

ABORDAGEM
Escola de Frankfurt

ANTES
Século I D.C. São Paulo escreve sobre ser "louco por Cristo".

500-1450 A ideia do "louco sagrado", que representa uma visão alternativa do mundo, torna-se popular em toda a Europa medieval.

Século xx O surgimento em todo o mundo de diferentes formas de comunicação de massa levanta novas questões éticas.

DEPOIS
1994 O neurocientista português Antonio Damasio publica *O erro de Descartes: emoção, razão e o cérebro humano.*

Século xxi Slavoj Žižek explora as dimensões políticas, sociais e éticas da cultura popular.

A ideia do louco sagrado tem longa tradição no Ocidente, remontando à Epístola de São Paulo aos Coríntios, na qual ele convida seus seguidores a serem "loucos por amor a Cristo". Durante toda a Idade Média, essa ideia foi desenvolvida na popular figura cultural do santo ou do prudente, que era tolo ou pouco inteligente, mas moralmente virtuoso ou puro.

Em sua obra *Minima moralia*, o filósofo alemão Theodor Adorno pôs em dúvida essa longa tradição. Ele duvidava das tentativas de (como ele disse) "absolver e beatificar o estúpido" e defendeu a tese de que o bem envolve nosso ser inteiro, tanto nosso sentimento quanto nossa compreensão.

O problema com a ideia do louco sagrado, afirmou Adorno, é que ela nos divide em partes diferentes e, ao fazê-lo, nos incapacita para agir criteriosamente. Na realidade, o julgamento é justo na medida em que logramos coerência entre sentimento e entendimento. A visão de Adorno implicava que os atos perversos não são apenas insuficiência de sentimento, mas também de inteligência e entendimento.

Inteligência

Emoção

Ambas são necessárias para que eu faça julgamentos sobre o que é **certo ou errado**.

Então, para agir moralmente, preciso ser capaz de usar minha inteligência, assim como minhas emoções.

A inteligência é uma categoria moral.

Ver também: René Descartes 116-123 ▪ Georg W. F. Hegel 178-185 ▪
Karl Marx 196-203 ▪ Slavoj Žižek 332

Adorno era membro da Escola de Frankfurt, grupo de filósofos atento ao desenvolvimento do capitalismo. Ele condenou os meios de comunicação de massa, tais como a televisão e o rádio, alegando que levaram à erosão tanto da inteligência quanto do sentimento e ao declínio da capacidade de fazer escolhas e julgamentos morais. Se escolhemos desligar nossos cérebros ao assistir a filmes *blockbuster* (na medida em que podemos escolher, admitindo as condições culturais em que vivemos), para Adorno essa é uma escolha moral. A cultura de massa, ele acredita, não apenas nos torna estúpidos, mas também incapazes de agir moralmente.

Emoções essenciais

Adorno acreditava que equívoco oposto àquele de imaginar que possa existir tal coisa como um louco sagrado era imaginar que podemos julgar baseados exclusivamente na inteligência, sem emoção. Isso pode ocorrer num tribunal – juízes costumam instruir o júri para deixar a emoção de lado, de modo que possam chegar a uma decisão serena e ponderada. Mas, na visão de Adorno, fazer julgamentos criteriosos abandonando a emoção é tão

> A faculdade de julgar é medida pela firmeza do eu.
> **Theodor Adorno**

A televisão é inerentemente perigosa, diz Adorno, porque distorce o mundo e nos impregna de estereótipos e predisposições que passamos a assumir como nossos.

improvável quanto julgar criteriosamente sem o uso da inteligência.

Quando o último traço de emoção for eliminado de nosso pensamento, Adorno escreveu, não restará nada para pensarmos – e a ideia de que a inteligência possa se beneficiar "do declínio das emoções" é simplesmente equivocada. Por essa razão, Adorno acreditava que as ciências – enquanto forma de conhecimento que não faz referência às emoções – tiveram um efeito desumanizador sobre nós, como a cultura popular.

Ironicamente, é possível que as ciências, afinal, demonstrem a sabedoria das preocupações principais de Adorno acerca da ruptura entre inteligência e sentimento. Desde a década de 1990, cientistas como Antonio Damasio têm estudado as emoções e o cérebro, fornecendo cada vez mais evidências sobre muitos mecanismos por meio dos quais as emoções guiam a tomada de decisão. Então, se quisermos julgar de maneira sábia, ou mesmo só julgar, convém empregar tanto a emoção quanto a inteligência. ∎

Theodor Adorno

Nascido em 1903, em Frankfurt, Theodor Adorno cultivou desde jovem duas paixões: além da filosofia, a música (sua mãe e tia eram musicistas). Na universidade, Adorno estudou musicologia e filosofia, graduando-se em 1924. Tinha ambições de se tornar compositor, mas contratempos em sua carreira musical o levaram cada vez mais para a filosofia. Uma área na qual os interesses de Adorno convergiam era sua crítica contra a indústria cultural, demonstrada em seu notório ensaio *Moda sem tempo: sobre jazz*, publicado em 1936.

Em 1938, durante a ascensão do nazismo na Alemanha, Adorno migrou para Nova York e, depois, mudou-se para Los Angeles, onde lecionou na Universidade da Califórnia. Retornou à Alemanha depois do fim da Segunda Guerra Mundial e assumiu o cargo de professor em Frankfurt. Morreu aos 66 anos quando passava férias na Suíça, em 1969.

Obras-chave

1949 *Filosofia da nova música*
1951 *Minima moralia*
1966 *Dialética negativa*
1970 *Teoria estética*

A EXISTÊNCIA PRECEDE A ESSÊNCIA

JEAN-PAUL SARTRE (1905-1980)

Desde a antiguidade, a questão sobre o que é ser humano e o que nos torna distintos de todos os outros tipos de seres tem sido uma das principais preocupações dos filósofos. A abordagem da questão supõe que existe algo chamado natureza humana, ou uma essência do que é ser humano. Também tende a admitir que essa natureza humana é fixa ao longo do tempo e do espaço. Em outras palavras, assume-se que há uma essência universal do que é ser humano, e que essa essência pode ser encontrada em cada humano que já existiu ou existirá. De acordo com essa visão, todos os seres humanos, independentemente

Ver também: Aristóteles 56-63 ▪ Søren Kierkegaard 194-195 ▪ Martin Heidegger 252-255 ▪ Simone de Beauvoir 276-277 ▪ Albert Camus 284-285

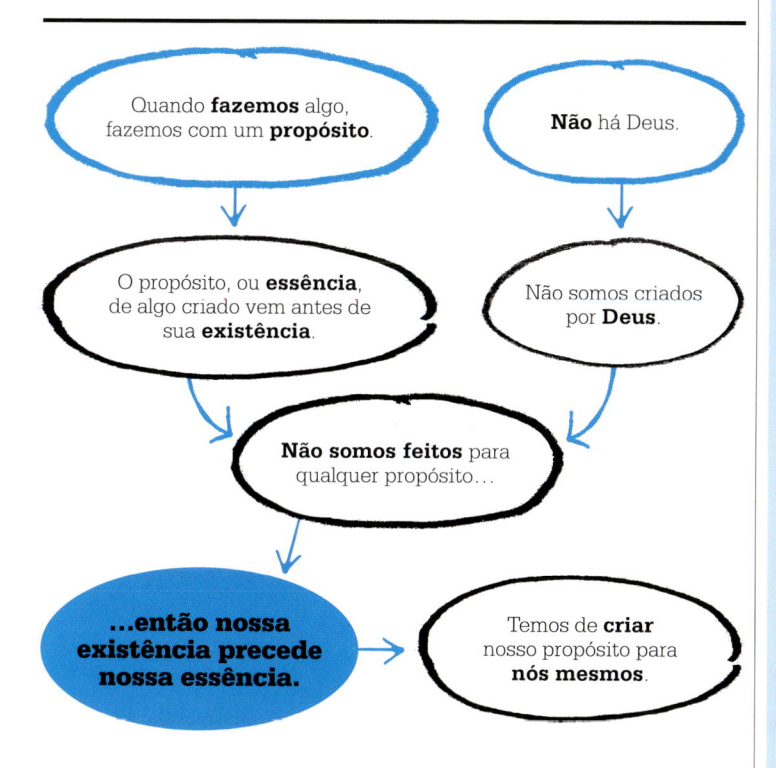

Quando **fazemos** algo, fazemos com um **propósito**.

Não há Deus.

O propósito, ou **essência**, de algo criado vem antes de sua **existência**.

Não somos criados por **Deus**.

Não somos feitos para qualquer propósito…

…**então nossa existência precede nossa essência.**

Temos de **criar** nosso propósito para **nós mesmos**.

Jean-Paul Sartre

Nascido em Paris, Sartre tinha apenas quinze meses quando seu pai morreu. Criado pela mãe e pelo avô, mostrou-se um aluno brilhante e ingressou na prestigiosa École Normale Supérieure. Lá conheceu sua companheira de toda a vida e colega filósofa Simone de Beauvoir. Depois da graduação, trabalhou como professor e foi nomeado para a cadeira de filosofia na Universidade de Le Havre em 1931.

Durante a Segunda Guerra Mundial, Sartre, convocado pelo exército, caiu prisioneiro por um breve período. Ao ganhar a liberdade, em 1941, uniu-se ao movimento de resistência.

Depois de 1945, os textos de Sartre se tornaram cada vez mais políticos e ele fundou a revista político-literária *Les temps moderns*. Ganhou – e recusou – o Prêmio Nobel de Literatura em 1964. Sua influência e popularidade era tamanha que mais de 50 mil pessoas foram ao seu funeral em 1980.

Obras-chave

1938 *A náusea*
1943 *O ser e o nada*
1946 *O existencialismo é um humanismo*
1960 *Crítica da razão dialética*

de suas circunstâncias, possuem as mesmas qualidades fundamentais e guiam-se pelos mesmos valores básicos. Para Sartre, contudo, pensar a natureza humana desse modo expõe ao risco de perder aquilo que nos é mais precioso: nossa liberdade.

Para deixar mais claro o que ele quis dizer, Sartre deu o seguinte exemplo. Ele nos convidou a imaginar um abridor de cartas: o tipo de lâmina própria para abrir envelopes. Esse abridor foi feito por um artesão que teve a ideia de criar uma ferramenta e que tinha uma visão clara do que um abridor de cartas deveria ser: afiado o suficiente para cortar papel, mas não a ponto de ser perigoso. Deve ser fácil de

manejar, feito de substância apropriada (metal, bambu ou madeira, talvez, mas não manteiga, cera ou penas) e talhado para cortar de maneira eficaz. Sartre disse que é inconcebível um abridor de cartas existir sem que seu fabricante saiba qual a sua finalidade. Portanto, a essência do abridor de cartas – ou todas as coisas que o tornam um abridor de cartas e não uma lâmina comum – surge antes da existência de qualquer abridor de cartas em si.

Os seres humanos, é claro, não são abridores de cartas. Para Sartre, não há plano predeterminado que nos transforma no tipo de seres que somos. Não somos feitos para qualquer finalidade específica. »

Existimos, mas não por causa de nossa finalidade ou essência, como um abridor de cartas: nossa existência precede nossa essência.

Definir a nós mesmos

É aqui que começamos a ver a conexão entre a alegação de Sartre de que "a existência precede a essência" e seu ateísmo. Sartre mostrou que as abordagens religiosas da questão da natureza humana com frequência funcionam por meio de uma analogia com o artesanato humano: a natureza humana na mente de Deus seria análoga à natureza do abridor de cartas na mente do artesão. Muitas teorias não religiosas sobre a natureza humana, alegou Sartre, ainda têm suas raízes no modo religioso de pensar, porque insistem que a essência vem antes da existência, ou que somos feitos para uma finalidade específica. Ao alegar que a existência vem antes da essência, Sartre explicou uma posição que ele acreditava mais consistente com seu ateísmo. Não há natureza humana fixa, universal, ele declarou, porque não existe um Deus que possa estabelecer tal natureza.

Aqui, Sartre se valeu de uma definição bem específica da natureza humana, identificando a natureza de algo com sua finalidade. Ele rejeitou o conceito que os filósofos chamam de teleologia da natureza humana, que é algo como uma finalidade da existência humana. Todavia, há um sentido indicado por Sartre em sua teoria da natureza humana, ao afirmar que somos seres compelidos a determinar um propósito para nossas vidas. Sem um poder divino para prescrever esse propósito, devemos definir a nós mesmos.

Definir a nós mesmos, contudo, não é apenas uma questão de ser capaz de dizer o que somos como seres humanos. Em vez disso, é uma questão de assumirmos a forma de qualquer tipo de ser que escolhemos nos tornar. Isso é o que nos faz, na essência, diferentes de todos os outros tipos de seres no mundo: podemos nos tornar aquilo que escolhemos fazer de nós mesmos. Uma pedra é só uma pedra, uma couve-flor não passa de uma couve-flor, e um rato é simplesmente um rato. Já os seres humanos têm a capacidade de ativamente formar a si mesmos.

Como nos libera da coerção da natureza humana predeterminada,

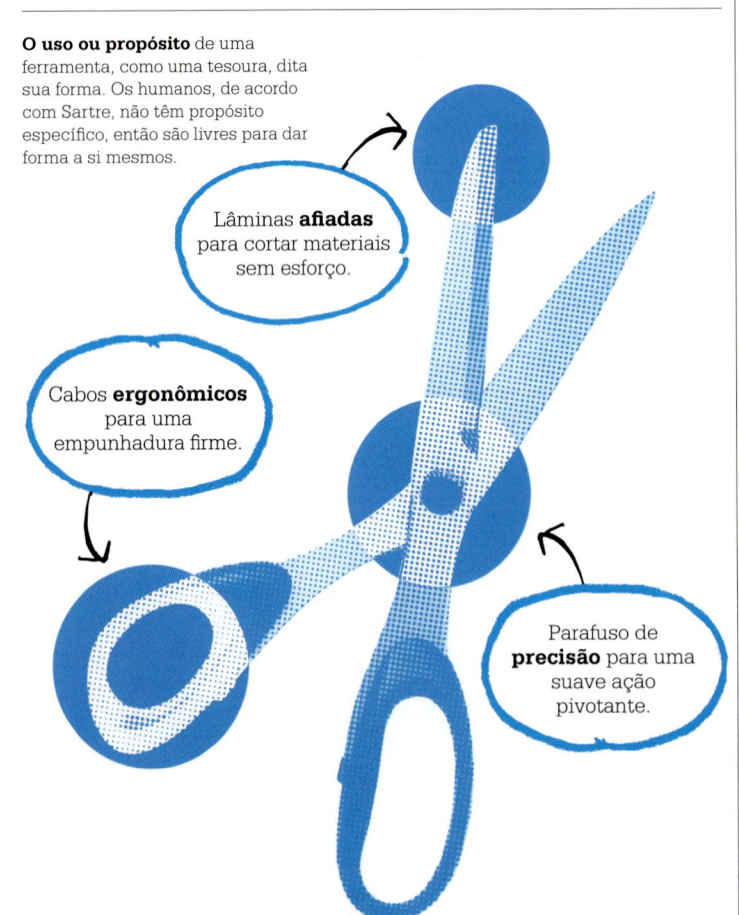

O uso ou propósito de uma ferramenta, como uma tesoura, dita sua forma. Os humanos, de acordo com Sartre, não têm propósito específico, então são livres para dar forma a si mesmos.

Lâminas **afiadas** para cortar materiais sem esforço.

Cabos **ergonômicos** para uma empunhadura firme.

Parafuso de **precisão** para uma suave ação pivotante.

Primeiramente, o homem existe, se descobre, surge no mundo e só depois se define.
Jean-Paul Sartre

A ideia de Sartre de que somos livres para moldar as próprias vidas influenciou os estudantes que tomaram Paris em maio de 1968, protestando contra o autoritarismo nas universidades.

a filosofia de Sartre é também uma filosofia da liberdade. Somos livres para escolher como dar forma a nós mesmos, embora tenhamos de aceitar algumas limitações. Nenhuma vontade de que cresçam asas em mim, por exemplo, fará isso acontecer. Mas, mesmo dentro do âmbito das escolhas realistas, com frequência descobrimos que, quando coagidos, tomamos decisões simplesmente baseadas no hábito ou na visão habitual que temos de nós mesmos.

Sartre sugeriu que nos libertemos das maneiras habituais de pensar, incentivando-nos a encarar as implicações de se viver num mundo em que nada é predeterminado. Para evitar cair em padrões inconscientes de comportamento, ele defendeu que devemos continuamente encarar as escolhas em nossas ações.

Liberdade responsável

Ao fazer escolhas, também criamos um modelo para imaginarmos como uma vida humana deve ser. Se decido me tornar filósofo, então, não estou apenas decidindo por mim

Quanto aos homens, não é o que eles são que me interessa, mas o que eles podem se tornar.
Jean-Paul Sartre

mesmo. Implicitamente afirmo que ser filósofo é uma atividade que vale a pena. Isso significa que a liberdade é a maior das responsabilidades. Não somos responsáveis apenas pelo impacto de nossas escolhas sobre nós mesmos, mas também por seu impacto sobre toda a humanidade. E, sem princípios ou regras externas para justificar nossas ações, não temos desculpas que nos eximam das escolhas feitas. Por essa razão, Sartre declara que estamos "condenados a ser livres".

A filosofia de Sartre, ao unir liberdade com responsabilidade, foi tachada de pessimista, o que ele rejeitou. De fato, ele disse que se trata da filosofia mais otimista possível, porque, apesar de assumir a responsabilidade pelo impacto de nossas ações sobre os outros, podemos escolher exercer um controle estrito sobre o modo como moldamos nosso mundo e a nós mesmos.

As ideias de Sartre foram particularmente influentes nos textos de sua companheira e colega filósofa Simone de Beauvoir, mas também agitaram a vida cotidiana e cultural francesa. Os jovens, especialmente, ficaram entusiasmados com sua convocação para o uso da liberdade a fim de dar feitio à própria existência. Sartre os inspirou a desafiar as atitudes tradicionalistas e autoritárias dominantes na França nas décadas de 1950 e 1960. Sartre é citado como influência crucial nos protestos de Paris em maio de 1968, que ajudaram a derrubar o governo conservador e a instaurar um clima mais liberal em toda a França.

O engajamento em questões políticas foi parte importante da vida de Sartre. Suas mudanças constantes de afiliação partidária, assim como seu movimento perpétuo entre política, filosofia e literatura, foram talvez a afirmação de uma vida orientada pela ideia de que a existência precede a essência. ∎

A BANALIDADE DO MAL

HANNAH ARENDT (1906-1975)

EM CONTEXTO

ÁREA
Ética

ABORDAGEM
Existencialismo

ANTES
c.350 Santo Agostinho escreve que o mal não é uma força, mas surge da ausência de bondade.

Anos 1200 Tomás de Aquino escreve *A questão disputada sobre o mal*, explorando a ideia do mal como ausência de algo, em vez de uma coisa em si.

DEPOIS
1971 O cientista social norte-americano Philip Zimbardo conduz a notória "Experiência da Prisão Stanford", na qual estudantes comuns são persuadidos a participar de atos "maléficos", que normalmente seriam considerados impensáveis tanto por eles quanto por outros.

Em 1961, a filósofa Hannah Arendt testemunhou o julgamento de Adolph Eichmann, um dos arquitetos do Holocausto. Em sua obra *Eichmann em Jerusalém*, ela escreveu sobre a aparente "cotidianidade" de Eichmann. A figura diante dela no banco dos réus não parecia o tipo de monstro que poderíamos imaginar. De fato, ele não daria a impressão de estar fora de lugar se visto num café ou na rua.

Falha de julgamento

Depois de assistir ao julgamento, Arendt chegou à conclusão de que o mal não provém da malevolência ou do desejo de fazer o mal. Em vez disso, ela sugeriu, as razões pelas quais as pessoas agem de certa maneira é que elas sucumbem a falhas de pensamento e julgamento. Sistemas políticos opressivos são capazes de tirar vantagem da nossa tendência para tais falhas, possibilitando que pareçam normais certos atos que possivelmente consideraríamos "impensáveis".

A ideia de que o mal é banal não priva os atos maléficos de seu horror. Em vez disso, a recusa em ver as

Eichmann cometeu atrocidades não por causa do ódio contra a comunidade judaica, sugere Arendt, mas porque seguiu ordens irrefletidamente, eximindo-se de seus efeitos.

pessoas que cometem atos terríveis como "monstros" traz esses atos para mais perto da nossa vida cotidiana, desafiando-nos a considerar o mal como algo de que todos somos capazes. Assim, devemos nos precaver contra as falhas de nossos regimes políticos, disse Arendt, mas também das possíveis falhas em nossos próprios pensamentos e julgamentos. ■

Ver também: Santo Agostinho 72-73 ▪ Tomás de Aquino 88-95 ▪ Theodor Adorno 266-267

A RAZÃO VIVE NA LINGUAGEM

EMMANUEL LEVINAS (1906-1995)

As ideias de Levinas são
compreendidas mais
facilmente examinando-se
um exemplo. Imagine que, ao caminhar
pela rua numa noite fria de inverno,
você vê uma pedinte encolhida diante
de uma porta. Ela pode até não estar
pedindo esmolas, mas você não
consegue deixar de sentir uma espécie
de obrigação em responder às
necessidades dessa estranha. Você
pode escolher ignorá-la, mas, mesmo
que faça isso, algo já lhe foi
comunicado: o fato de que ela é uma
pessoa que precisa de sua ajuda.

Comunicação inevitável

Levinas era um judeu lituano que viveu
o Holocausto. Ele disse que a razão vive
na linguagem em *Totalidade e Infinito*
(1961), explicando que a "linguagem" é
o meio com o qual nos comunicamos
com os outros antes mesmo de começar
a falar. Quando vejo o rosto de outra
pessoa, o fato de que este é outro ser
humano e que tenho responsabilidade
por ele é instantaneamente
comunicado. Posso me desviar dessa
responsabilidade, mas não escapar
dela. É por isso que a razão surge dos
relacionamentos cara a cara que temos
com outras pessoas. É porque somos
confrontados com as necessidades de
outros seres humanos que devemos
oferecer justificativas para nossas
ações. Mesmo que você não dê esmola
para a pedinte, se verá tendo de
justificar sua escolha para si mesmo. ∎

Nada na vida perturba tanto nossa
consciência quanto encontrar outro ser
humano que, apenas por estar ali, nos
apela e pede que nos justifiquemos a nós
mesmos.

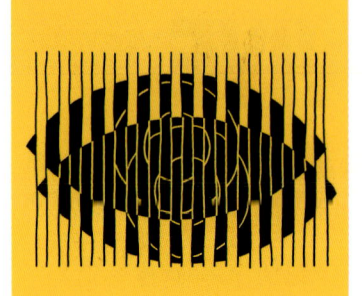

A FIM DE VER O MUNDO, TEMOS DE ROMPER COM NOSSA ACEITAÇÃO HABITUAL A ELE

MAURICE MERLEAU-PONTY (1908-1961)

EM CONTEXTO

ÁREA
Epistemologia

ABORDAGEM
Fenomenologia

ANTES
Século IV a.C. Aristóteles afirma que a filosofia começa com um sentimento de espanto.

1641 *Meditações sobre a filosofia primeira*, de René Descartes, estabelece uma forma de dualismo mente-corpo que Merleau-Ponty rejeitará.

Início de 1900 Edmund Husserl institui a fenomenologia como escola filosófica.

1927 Martin Heidegger escreve *Ser e tempo*, uma grande influência sobre Merleau-Ponty.

DEPOIS
1979 Hubert Dreyfus recorre às obras de Heidegger, Wittgenstein e Merleau-Ponty para explorar os problemas filosóficos suscitados pela inteligência artificial e pela robótica.

A ideia de que a filosofia começa na nossa capacidade de nos espantarmos diante do mundo remonta à antiga Grécia. Geralmente, não damos o devido valor à vida diária, mas Aristóteles afirmou que, se quisermos compreender o mundo de maneira mais profunda, temos de deixar de lado nossa aceitação habitual das coisas. E em nenhum lugar, talvez, isso seja mais difícil do que no reino da experiência. Afinal, o que pode ser mais confiável do que os fatos da percepção direta?

O filósofo francês Merleau-Ponty estava interessado em investigar mais atentamente nossa experiência de mundo e em questionar nossas pressuposições cotidianas. Isso o incluiu na tradição da fenomenologia, abordagem da filosofia iniciada por Edmund Husserl no início do

Nossa **experiência** é cheia de enigmas e **contradições**.

Nossas **suposições** cotidianas nos **impedem de ver** esses enigmas e contradições.

Devemos…

…deixar de lado nossas **suposições** cotidianas.

…**reaprender** a examinar nossa **experiência**.

A fim de ver o mundo, temos de romper com nossa aceitação habitual a ele.

Ver também: Aristóteles 56-63 ▪ Edmund Husserl 224-225 ▪ Ludwig Wittgenstein 246-251 ▪ Martin Heidegger 252-255 ▪ Jean-Paul Sartre 268-271

> O homem está no mundo,
> e é no mundo
> que ele se conhece.
> **Maurice Merleau-Ponty**

século XX. Husserl queria explorar a experiência em primeira pessoa de modo sistemático, deixando de lado todas as pressuposições.

O corpo-sujeito

Merleau-Ponty adotou a abordagem de Husserl, mas com uma diferença importante. Ele considerou que Husserl ignora o que é mais importante em relação à nossa experiência: o fato de que ela consiste não apenas em experiência mental, mas também corporal. Em sua obra mais importante, *Fenomenologia da percepção*, Merleau-Ponty explorou essa ideia e chegou à conclusão de que a mente e o corpo não são entes separados – pensamento que contradiz uma longa tradição filosófica defendida por Descartes. Para Merleau-Ponty, temos de entender que o pensamento e a percepção são incorporados e que o mundo, a consciência e o corpo são todos parte de um único sistema. Sua alternativa à mente incorpórea proposta por Descartes é o que ele chamou de "corpo-sujeito". Em outras palavras, Merleau-Ponty rejeitou a visão dualista de que o mundo é composto de dois entes separados, denominados mente e matéria.

Ciência cognitiva

Ao dedicar-se a ver o mundo de outra forma, Merleau-Ponty interessou-se por casos de experiências incomuns. Por exemplo, ele acreditava que o fenômeno do membro fantasma (no qual um amputado "sente" o membro ausente) mostra que o corpo não pode ser simplesmente uma máquina. Se fosse, o corpo não mais reconheceria a parte que falta – mas ela ainda existe para o indivíduo, porque o membro sempre foi ligado à vontade do indivíduo. Em outras palavras, o corpo nunca é "apenas" um corpo, é sempre um corpo "vivido".

A ênfase de Merleau-Ponty no papel do corpo na experiência e suas intuições sobre a natureza da mente como fundamentalmente incorporada levaram a uma retomada do interesse por sua obra entre os cientistas cognitivos. Muitos avanços recentes na ciência cognitiva parecem corroborar sua ideia de que, uma vez que rompemos com nossa aceitação habitual do mundo, a experiência é realmente muito estranha. ∎

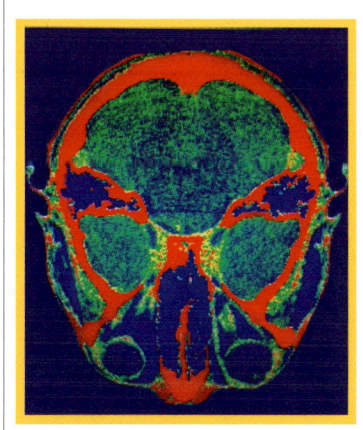

A ressonância magnética rastreia o cérebro e traz informações que salvam vidas. Mas, para Merleau-Ponty, nenhuma informação física pode nos dar uma descrição completa da experiência.

Maurice Merleau-Ponty

Nascido em Rochefort-sur-Mer, na França, em 1908, Maurice Merleau-Ponty frequentou a École Normale Supérieure junto com Jean-Paul Sartre e Simone de Beauvoir. Graduou-se em filosofia em 1930 e trabalhou como professor em várias escolas até se unir à infantaria durante a Segunda Guerra Mundial. Sua obra principal, *Fenomenologia da percepção*, foi publicada em 1945, e logo após ele passou a lecionar filosofia na Universidade de Lyon.

Seus interesses se estendiam além da filosofia e incluíam temas como educação e psicologia infantil. Merleau-Ponty foi também colaborador regular na revista *Les temps modernes*. Em 1952, tornou-se o mais jovem professor a assumir a cadeira de filosofia do Collège de France e permaneceu no cargo até a morte em 1961, com apenas 53 anos.

Obras-chave

1942 *A estrutura do comportamento*
1945 *Fenomenologia da percepção*
1964 *O visível e o invisível*

O HOMEM É DEFINIDO COMO SER HUMANO E A MULHER, COMO FÊMEA

SIMONE DE BEAUVOIR (1908-1986)

EM CONTEXTO

ÁREA
Ética

ABORDAGEM
Feminismo

ANTES
c.350 a.C. Aristóteles diz que "a fêmea é fêmea em virtude de certa carência de qualidades".

1792 Mary Wollstonecraft publica *A vindication of the rights of woman*, ilustrando a igualdade dos sexos.

Anos 1920 Martin Heidegger inicia uma "filosofia da existência", prefigurando o existencialismo.

Anos 1940 Jean-Paul Sartre diz que a "existência precede a essência".

DEPOIS
Anos 1970 Luce Irigaray explora as implicações filosóficas da diferença sexual.

A partir de 1980 Julia Kristeva rompe com as noções de "masculino" e "feminino" caracterizadas por Beauvoir.

A filósofa francesa Simone de Beauvoir escreveu em *O segundo sexo* que, ao longo da história, o padrão de medida do que entendemos como humano – tanto na filosofia quanto na sociedade em geral – passa por uma visão peculiarmente masculina. Alguns filósofos, como Aristóteles, foram explícitos em igualar a humanidade plena com a masculinidade. Outros não chegaram a tanto, mas empregaram o masculino como o padrão segundo o qual a humanidade deve ser julgada. É por essa razão que Beauvoir dizia que o Eu do conhecimento filosófico é masculino por falta de oposição, e seu par binário, o feminino, é, portanto, algo além, que ela chama de Outro. O Eu é ativo e consciente, enquanto o Outro é tudo o que o Eu rejeita: passivo, sem voz e sem poder.

Beauvoir se preocupava com a forma como as mulheres são julgadas como iguais apenas na medida em que agem como os homens. Mesmo aqueles que escreveram pela igualdade das mulheres, ela disse, o

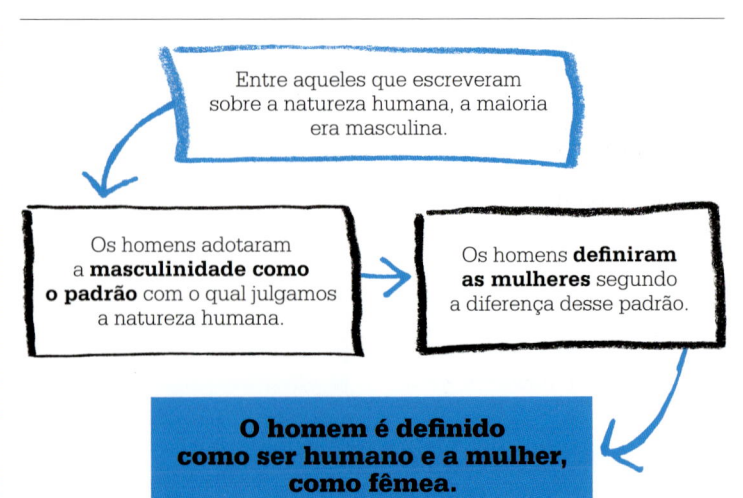

Entre aqueles que escreveram sobre a natureza humana, a maioria era masculina.

Os homens adotaram a **masculinidade como o padrão** com o qual julgamos a natureza humana.

Os homens **definiram as mulheres** segundo a diferença desse padrão.

O homem é definido como ser humano e a mulher, como fêmea.

A representação do mundo é obra dos homens; eles o descrevem a partir de seu próprio ponto de vista.
Simone de Beauvoir

fizeram argumentando que a igualdade significa que as mulheres podem ser e fazer o mesmo que os homens. Ela afirmou que essa ideia é equivocada, pois ignora o fato de que mulheres e homens são diferentes. A formação filosófica de Beauvoir era a fenomenologia, o estudo sobre como as coisas se manifestam à nossa existência. Essa visão sustenta que cada um de nós constrói o mundo a partir da estrutura de nossa própria consciência: organizamos coisas e sentidos a partir do fluxo das nossas experiências. Consequentemente, Beauvoir sustentava que a relação que cada pessoa tem com o próprio corpo, com os outros, com o mundo e com a própria filosofia é fortemente influenciada pelo gênero sexual.

Feminismo existencial

Simone de Beauvoir também era existencialista. Acreditava que nascemos sem propósito e devemos criar uma existência autêntica para nós mesmos, ou seja, escolher o que nos tornaremos. Ela sugeriu a separação entre a entidade biológica na qual nascemos (nosso corpo) e as construções sociais impostas a ela, como a feminilidade. Como qualquer construção está aberta a mudanças e interpretação, isso significa que existem muitas formas de "ser mulher"; há espaço para a escolha existencial. Na introdução de *O segundo sexo*, Beauvoir notou a percepção dessa fluidez pela sociedade: "Exortam-nos: sejam mulheres, permaneçam mulheres, tornem-se mulheres. Todo ser humano do sexo feminino não é, portanto, necessariamente mulher." Em seguida, ela explicitou sua posição: "Ninguém nasce mulher, torna-se mulher."

Beauvoir disse que as mulheres devem se libertar tanto da ideia de que devem ser como os homens quanto da passividade que a sociedade lhes atribuiu. Viver uma existência verdadeiramente autêntica traz mais riscos do que aceitar um papel imposto pela sociedade, mas é o único caminho para a igualdade e a liberdade. ∎

Os vários mitos da mulher (mãe, esposa, virgem, símbolo da natureza etc.), afirma Simone de Beauvoir, aprisionaram as mulheres em ideais impossíveis, ao mesmo tempo em que lhes recusaram seu "eu".

Simone de Beauvoir

A filósofa existencialista Simone de Beauvoir nasceu em Paris, em 1908. Estudou filosofia na Sorbonne e lá conheceu Jean-Paul Sartre, com quem teve um relacionamento por toda a vida. Também romancista, ela com frequência explorava temas filosóficos dentro de obras ficcionais, tais como *A convidada* e *Os mandarins*. Sua obra mais famosa, *O segundo sexo*, levou a abordagem existencialista às ideias feministas. Apesar de inicialmente atacado pela direita e pela esquerda, tendo sido incluído no *index* de obras proibidas pelo Vaticano, o livro se tornou uma das obras feministas mais importantes do século xx. Beauvoir era uma escritora prolífica: produziu livros de viagem, memórias, uma autobiografia em quatro volumes e ensaios políticos ao longo da vida. Morreu aos 78 anos e foi sepultada no cemitério de Montparnasse.

Obras-chave

1944 *Pirro e Cineias*
1947 *Por uma moral da ambiguidade*
1949 *O segundo sexo*
1954 *Os mandarins*

A LINGUAGEM É UMA ARTE SOCIAL

WILLARD VAN ORMAN QUINE (1908-2000)

As palavras têm significado para nós…

…porque estamos acostumados com as maneiras como elas são **usadas pelos outros**…

O modo como a linguagem é utilizada **socialmente** torna-a significativa.

…não porque existe uma **ligação** entre palavras e coisas reais.

A linguagem é uma arte social.

Alguns filósofos afirmam que a linguagem trata da relação entre palavras e coisas. Quine discordava: a linguagem não trata da relação entre objetos e significados verbais, mas de saber o que dizer e quando dizer. A linguagem é – disse ele em seu ensaio de 1968, *A relatividade ontológica* – uma arte social.

Quine sugere a seguinte experiência de pensamento. Imagine que deparamos com algumas pessoas – talvez habitantes indígenas de outro país – que não falam o nosso idioma. Estamos sentados com esse grupo de pessoas quando um coelho aparece e um dos indígenas diz "gavagai". Nós nos perguntamos se há uma conexão entre o evento – a aparição do coelho – e o fato de que a pessoa disse "gavagai". À medida que o tempo passa, notamos que toda vez que um coelho aparece alguém diz "gavagai", e daí concluímos que "gavagai" pode seguramente ser traduzido como coelho. Quine alegou que não. "Gavagai" pode significar todo tipo de coisa – "oh, vejam, jantar!", por exemplo, ou "vejam, uma criatura fofa!".

Ver também: Platão 50-55 ▪ Søren Kierkegaard 194-195 ▪ Ferdinand de Saussure 223 ▪ Ludwig Wittgenstein 246-251 ▪ Roland Barthes 290-291 ▪ Daniel Dennett 329

Para determinar o significado de "gavagai", é preciso tentar outro método. Podemos apontar para outras criaturas fofas (ou outras coisas no cardápio do jantar) e dizer "gavagai", verificando se há concordância ou discordância da parte dos indígenas. Mas mesmo que esse método nos conduzisse a acreditar que o que eles chamam de "gavagai" nós chamamos de "coelho", ainda assim não teríamos certeza da adequação dessa tradução. "Gavagai" poderia significar "conjunto de partes do coelho" ou "coelho que vive no bosque" ou "lebre" – poderia até mesmo se referir a uma pequena oração que deve ser dita quando um coelho é avistado.

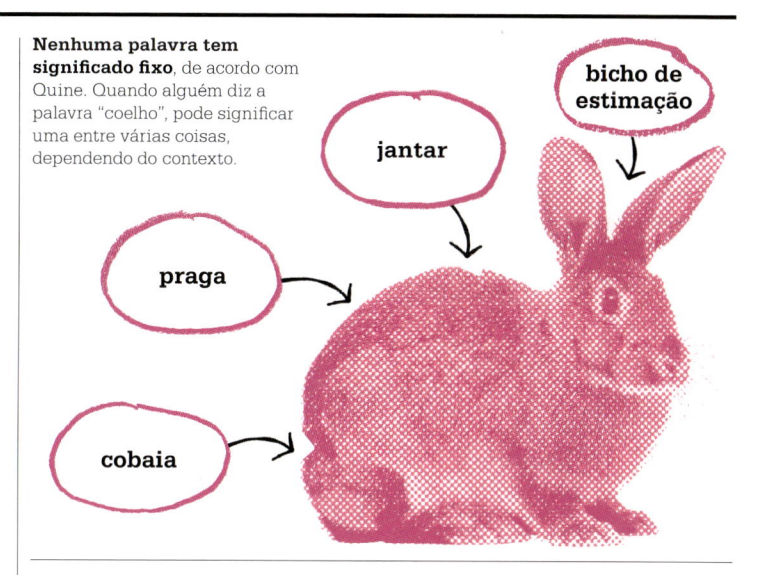

Nenhuma palavra tem significado fixo, de acordo com Quine. Quando alguém diz a palavra "coelho", pode significar uma entre várias coisas, dependendo do contexto.

bicho de estimação

jantar

praga

cobaia

Linguagem instável

Ao tentar estabelecer o significado preciso desse misterioso "gavagai", portanto, podemos imaginar que a solução seria aprender inteiramente a língua de nossos amigos, de modo a ter certeza absoluta dos contextos nos quais a palavra é dita. Mas isso só resultaria em multiplicar o problema, porque não podemos ter certeza de que as outras palavras que usamos para explicar o significado de "gavagai" sejam elas mesmas traduções precisas.

Quine se referiu a esse problema como a "indeterminação da tradução", o que tem implicações incômodas. Ele sugeriu que, essencialmente, as palavras não têm significado. O sentido de alguém dizer "gavagai" (ou coelho), e essa declaração ser significativa, não provém de alguma ligação misteriosa entre palavras e coisas, mas de padrões do nosso comportamento e do fato de que aprendemos a participar da linguagem como uma arte social. ■

Willard Van Orman Quino

Nascido em 1908 em Ohio, Estados Unidos, Quine estudou em Harvard com Alfred North Whitehead, filósofo da lógica e da matemática. Enquanto esteve lá, também conheceu Bertrand Russell, que se tornaria uma influência profunda em seu pensamento. Após completar o doutorado em 1932, viajou pela Europa, conhecendo muitos de seus mais eminentes filósofos, incluindo vários do Círculo de Viena.

Retornando para lecionar em Harvard, a carreira filosófica de Quine foi brevemente interrompida durante a Segunda Guerra Mundial, quando passou quatro anos decifrando mensagens para a inteligência da marinha norte-americana. Viajante contumaz, diz-se que tinha mais orgulho do fato de ter visitado 118 países do que de ter recebido vários prêmios e títulos. Quine tornou-se professor de filosofia em Harvard em 1956 e lecionou até sua morte em 2000, aos 92 anos.

Obras-chave

1952 *Métodos de lógica*
1953 *De um ponto de vista lógico*
1960 *Palavra e objeto*
1990 *A busca pela verdade*

O SENTIDO FUNDAMENTAL DA LIBERDADE É LIBERDADE DOS GRILHÕES

ISAIAH BERLIN (1909-1997)

EM CONTEXTO

ÁREA
Ética

ABORDAGEM
Filosofia analítica

ANTES
1651 Em *Leviatã*, Thomas Hobbes considera a relação entre liberdade e poder do Estado.

1844 Søren Kierkegaard argumenta que nossa liberdade para tomar decisões morais é causa importante da infelicidade.

1859 Em *Sobre a liberdade*, John Stuart Mill distingue liberdade em relação à coerção de liberdade para a ação.

1941 O psicanalista Erich Fromm explora as noções positiva e negativa de liberdade em *O medo da liberdade*.

DEPOIS
Hoje O desenvolvimento de novas tecnologias de vigilância levanta questões sobre a natureza da liberdade.

A **liberdade** é tanto positiva quanto negativa.

Positiva: somos livres para controlar nosso próprio destino e escolher nossos objetivos.

Negativa: estamos livres de obstáculos e de dominação externa – ou grilhões.

Mas nossos objetivos individuais às vezes entram em **conflito** ou levam à **dominação** de outros.

Quando nossa própria liberdade positiva leva a uma **diminuição** da liberdade negativa de outros, torna-se **opressão**.

O sentido fundamental da liberdade é liberdade dos grilhões.

O que significa ser livre? Essa é a questão explorada pelo filósofo britânico Isaiah Berlin em seu famoso ensaio *Dois conceitos de liberdade*, escrito em 1958, em que ele distinguiu entre o que chamou de liberdade "positiva" e "negativa". Embora não fosse o primeiro a usar essa distinção, ele o fez com grande originalidade e a utilizou para expor inconsistências aparentes em nossa noção cotidiana de liberdade.

Para Berlin, liberdade "negativa" é o que chamou de nosso "sentido fundamental" de liberdade. É a

Ver também: Jean-Jacques Rousseau 154-159 ▪ John Stuart Mill 190-193 ▪
Søren Kierkegaard 194-195 ▪ Karl Marx 196-203 ▪ Jean-Paul Sartre 268-271

A propaganda soviética retratou trabalhadores libertados do capitalismo. Na visão capitalista, tais imagens mostravam o triunfo da liberdade negativa sobre a liberdade positiva.

liberdade de obstáculos externos: sou livre porque não estou acorrentado a uma rocha, porque não estou na prisão, e assim por diante. Trata-se de uma liberdade em relação a alguma outra coisa. Mas Berlin mostra que quando falamos dela geralmente queremos nos referir a algo mais sutil. A liberdade também é uma questão de autodeterminação, de ter esperanças e intenções – e propósitos que não são próprios. Essa liberdade "positiva" refere-se ao controle do próprio destino. Afinal, não sou livre só porque as portas da minha casa estão destrancadas. E essa liberdade positiva não é exclusivamente individual, porque a autodeterminação também pode ser desejada em nível de grupo ou de Estado.

Para Berlin, o problema é que essas duas formas de liberdade muitas vezes entram em conflito. Pense, por exemplo, na liberdade que provém da disciplina de aprender a tocar tuba. Como iniciante, pouco posso fazer além de lutar contra minha própria inabilidade, mas, ao fim, consigo tocar com um tipo de prazer desprendido. Ou pense no fato de que as pessoas com frequência exercitam sua liberdade "positiva" ao votar em um partido específico, sabendo que sua liberdade "negativa" será restringida quando este chegar ao poder.

Os objetivos da vida

Berlin apontou para outro problema. Quem diz qual deve ser o objetivo adequado da liberdade "positiva"? Regimes autoritários e totalitários, com frequência, têm uma visão inflexível do propósito da vida e, então, restringem as liberdades "negativas" para maximizar seu ideal de felicidade humana. De fato, a opressão política em geral surge a partir de uma ideia abstrata sobre o que é uma vida de bem, seguida pela intervenção do Estado para tornar essa ideia uma realidade.

A resposta de Berlin para isso foi dupla. Primeiro, é importante reconhecer que as várias liberdades que possamos desejar sempre estarao em conflito, porque não existe um "objetivo da vida" – apenas os objetivos de indivíduos específicos. Este fato, ele afirmou, é obscurecido pelos filósofos que procuram uma base universal para a moralidade, mas confundem "ação correta" com o próprio propósito da vida. Segundo, precisamos manter vivo o sentido fundamental da liberdade enquanto ausência de "intimidação e dominação", para que nossos ideais não se transformem em grilhões para nós mesmos e para os outros. ∎

Isaiah Berlin

Isaiah Berlin nasceu em Riga, Letônia, em 1909. Passou a infância na Rússia, primeiro sob o império russo e, depois, sob o domínio do novo Estado comunista. Devido ao crescente antissemitismo e a problemas com o regime soviético, sua família migrou para a Grã-Bretanha em 1921. Berlin foi aluno destacado na Universidade de Oxford, onde permaneceu como professor. Era um filósofo com amplos interesses – da arte e literatura à política. Seu ensaio *Dois conceitos de liberdade*, proferido em 1958 na Universidade de Oxford, é com frequência citado como clássico da teoria política do século XX. Berlin foi um dos primeiros estudiosos do liberalismo.

Obras-chave

1953 *Pensadores russos*
1958 *Dois conceitos de liberdade*
1990 *Limites da utopia: capítulos da história das ideias*
2000 *A força das ideias*
2006 *Ideias políticas na era romântica*

PENSE COMO UMA MONTANHA

ARNE NAESS (1912-2009)

EM CONTEXTO

ÁREA
Ética

ABORDAGEM
Filosofia ambiental

ANTES
c.1660 Espinosa propõe sua filosofia da natureza como extensão de Deus.

1949 *Pensar como uma montanha*, de Aldo Leopold, é publicado.

1960 O cientista britânico James Lovelock propõe pela primeira vez sua "hipótese de Gaia", explorando o mundo natural como um sistema único, autorregulador.

1962 A bióloga norte-americana Rachel Carson publica *Primavera silenciosa*, influência importante no pensamento de Naess.

DEPOIS
1984 O mestre zen e professor Robert Aitken Roshi combina ecologia profunda com as ideias do filósofo budista japonês Dogen.

A injunção de pensar como uma montanha se tornou intimamente associada com o conceito de "ecologia profunda" – termo cunhado em 1973 pelo filósofo e ecologista norueguês Arne Naess. Ele usou o termo para ressaltar sua crença de que devemos primeiro reconhecer que somos parte da natureza, e não separados dela, se pretendemos evitar a catástrofe ecológica. Mas a noção de "pensar como uma montanha" remonta a 1949, quando foi formulada pelo ecologista norte-americano Aldo Leopold no livro de mesmo nome na tradução em português. Trabalhando como guarda-florestal no início do século XX, Leopold atirou numa fêmea de lobo na montanha. "Alcançamos a velha loba a tempo de ver um brilho verde selvagem morrendo em seus olhos", ele escreveu. "Percebi então, e sei desde então, que havia algo de novo naqueles olhos, algo conhecido apenas pela loba e pela montanha." A partir dessa experiência, Leopold chegou à ideia de que devemos pensar como uma montanha, reconhecendo não apenas nossas necessidades ou as dos seres humanos, mas as de todo o mundo natural. Ele sugeriu que, com

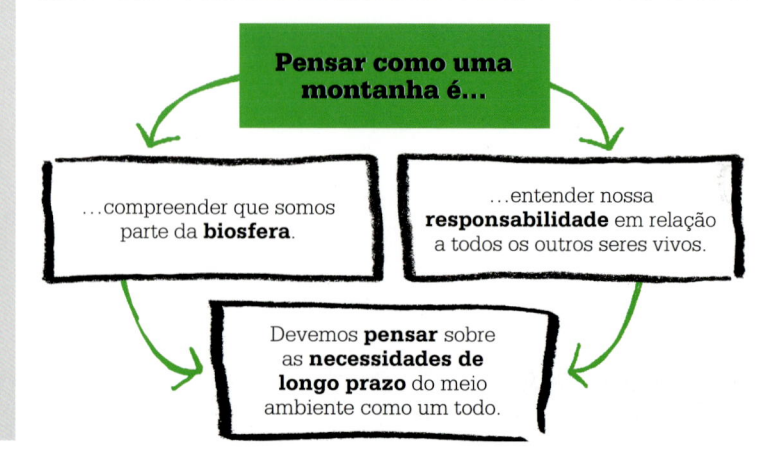

Pensar como uma montanha é...

...compreender que somos parte da **biosfera**.

...entender nossa **responsabilidade** em relação a todos os outros seres vivos.

Devemos **pensar** sobre as **necessidades de longo prazo** do meio ambiente como um todo.

Ver também: Lao-Tsé 24-25 ▪ Bento de Espinosa 126-129 ▪ Friedrich Schelling 341

> O pensamento pelo futuro tem que ser leal à natureza.
> **Arne Naess**

frequência, não percebemos as implicações mais amplas de nossas ações, considerando apenas o benefício próprio e imediato. "Pensar como uma montanha" significa se identificar com o ambiente mais vasto e estar consciente do seu papel em nossas vidas.

Harmonia com a natureza

Naess adotou a ideia de Leopold ao propor sua "ecologia profunda". Ele afirmava que somente protegeremos o meio ambiente passando pelo tipo de transformação que Leopold descreveu. Naess nos conclamou a ver a nós mesmos como parte da biosfera. Em lugar de ver o mundo como apartado de nós, devemos descobrir nosso lugar na natureza, reconhecendo o valor intrínseco de todos os elementos do mundo em que vivemos.

Naess introduziu o "eu ecológico", uma percepção de "si" enraizada na consciência de nossa relação com uma "comunidade maior de todos os seres vivos". Ele afirmou que a ampliação de nossa identificação com o mundo para incluir lobos, sapos, aranhas, e talvez até montanhas, leva a um vida mais prazerosa e significativa.

A "ecologia profunda" de Naess teve um efeito poderoso na filosofia ambiental e no desenvolvimento do ativismo ecológico. Para quem vive na cidade, pode parecer difícil ou mesmo impossível se conectar com um "eu ecológico". Contudo, pode ser possível. Como escreveu o mestre zen Robert Aitken Roshi em 1984, "quando pensamos como uma montanha, pensamos também como um urso negro, de modo que o mel escorre por sua pele enquanto você toma o ônibus para o trabalho". ▪

O mundo natural, para Naess, não é aquilo que lutamos para controlar e manipular em proveito próprio. Viver bem envolve viver como um igual em relação a todos os elementos do meio ambiente.

Arne Naess

Amplamente reconhecido como o principal filósofo norueguês do século xx, Arne Naess tornou-se o mais jovem professor catedrático da Universidade de Oslo, aos 27 anos. Foi também montanhista célebre e comandou uma expedição bem-sucedida ao cume do Tirich Mir, no norte do Paquistão, em 1950.

Apenas depois de se aposentar do cargo de professor, em 1970, é que Naess desenvolveu ativamente seu pensamento sobre o mundo natural e envolveu-se na ação direta em questões ecológicas. Em 1970, acorrentou-se aos rochedos da Queda Mardalsfossen, na Noruega, para protestar contra a construção de uma barragem. Eleito presidente do Greenpeace norueguês em 1988, foi nomeado cavaleiro em 2005.

Obras-chave

1968 *Scepticism*
1974 *Ecology, society and lifestyle*
1988 *Thinking like a mountain* (com John Seed, Pat Fleming e Joanna Macy)
2002 *Life's philosophy: reason and feeling in a deeper world*

A VIDA SERÁ MAIS BEM VIVIDA SE NÃO TIVER SENTIDO

ALBERT CAMUS (1913-1960)

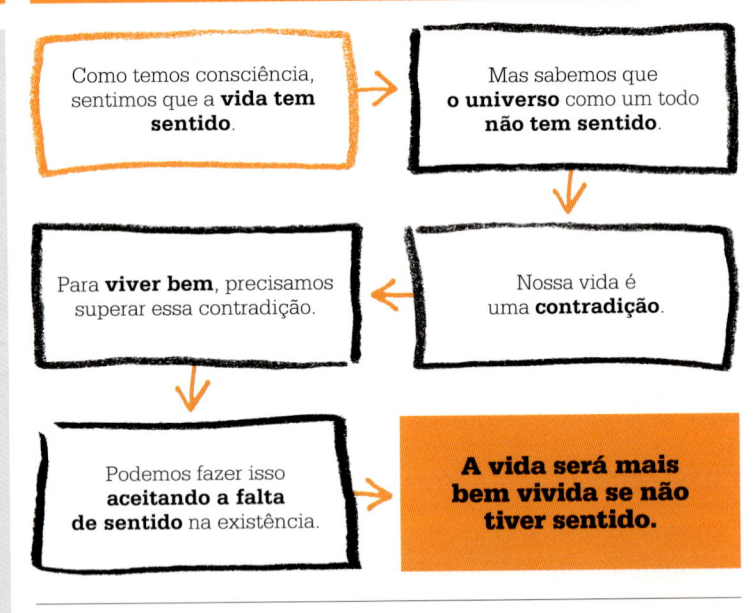

Como temos consciência, sentimos que a **vida tem sentido**.

Mas sabemos que **o universo** como um todo **não tem sentido**.

Nossa vida é uma **contradição**.

Para **viver bem**, precisamos superar essa contradição.

Podemos fazer isso **aceitando a falta de sentido** na existência.

A vida será mais bem vivida se não tiver sentido.

Algumas pessoas dizem que o dever da filosofia é a busca pelo sentido da vida. O filósofo e escritor francês Albert Camus julgava que a filosofia devia reconhecer, em vez disso, que a vida é sem sentido. Embora à primeira vista pareça uma visão pessimista, Camus acreditava que ao adotarmos essa ideia nos habilitamos a viver tão plenamente quanto possível.

Essa ideia de Camus apareceu no ensaio *O mito de Sísifo*. Sísifo foi um rei grego que, perdendo o apoio dos deuses, acabou condenado a um destino terrível no inferno. Sua tarefa era rolar uma pedra enorme até o topo de um monte, só para vê-la rolar de volta ao solo. Sísifo tinha, então, de caminhar penosamente de volta ao solo para recomeçar, repetindo isso por toda

Ver também: Søren Kierkegaard 194-195 ∎ Friedrich Nietzsche 214-221 ∎ Martin Heidegger 252-255 ∎ Jean-Paul Sartre 268-271

Sísifo foi condenado a empurrar para sempre uma rocha monte acima. Para Camus, ele poderia se sentir livre mesmo nessa situação, se aceitasse a falta de sentido de sua pena perpétua.

a eternidade. Fascinado por Sísifo, Camus acreditava que o mito parecia encerrar algo da falta de sentido e do absurdo de nossas vidas. E considerou a vida como uma luta infinita para realizar tarefas essencialmente sem sentido.

Camus reconhecia que muito do que fazemos certamente parece sem sentido, mas o que ele sugeriu era mais sutil. De um lado, somos seres conscientes que não conseguem deixar de viver suas vidas como se elas tivessem um sentido. De outro, esse sentido não existe no universo exterior, mas somente em nossas mentes. O universo como um todo não tem sentido e propósito – ele simplesmente é. Mas por termos consciência – diferentemente dos outros seres vivos –, somos o tipo de ser que encontra sentido e propósito em todo lugar.

Abraçar o absurdo

O absurdo, para Camus, é o sentimento que experimentamos ao reconhecer que os sentidos conferidos à vida não existem para além da nossa própria consciência. É o resultado de uma contradição entre a nossa percepção do sentido da vida e o nosso conhecimento de que, não obstante, o universo como um todo é sem sentido.

Camus explorou o significado de viver à luz dessa contradição. Ele afirmou que, para chegar à posição de poder viver plenamente, temos antes

A luta para atingir as alturas basta para encher o coração humano.
Albert Camus

de aceitar o fato de que a vida é sem sentido e absurda. Ao abraçar o absurdo, nossas vidas tornam-se uma revolta constante contra a falta de sentido do universo – e então podemos viver livremente.

Essa ideia foi desenvolvida depois pelo filósofo Thomas Nagel, que disse que o absurdo da vida está na natureza da consciência, porque, por mais seriamente que encaremos a vida, sempre sabemos que existe alguma perspectiva a partir da qual essa seriedade pode ser questionada. ∎

Albert Camus

Camus nasceu na Argélia, em 1913. Seu pai foi morto um ano depois, na Primeira Guerra Mundial, e Camus foi criado em pobreza extrema pela mãe. Estudou filosofia na Universidade de Argel, onde sofreu a primeira crise de tuberculose, mal que iria persegui-lo por toda a vida. Aos 25 anos mudou-se para a França, onde se envolveu na política. Uniu-se ao Partido Comunista francês em 1935, mas foi expulso em 1937. Durante a Segunda Guerra Mundial fez parte da resistência francesa, editando um jornal clandestino e produzindo vários de seus romances mais

conhecidos, incluindo *O estrangeiro*. Escreveu várias peças, romances e ensaios. Recebeu o Prêmio Nobel de Literatura em 1957. Morreu num acidente de carro aos 46 anos, ao trocar uma viagem de trem por uma carona de volta a Paris com um amigo.

Obras-chave

1942 *O mito de Sísifo*
1942 *O estrangeiro*
1947 *A peste*
1951 *O homem revoltado*
1956 *A queda*

FILOSOFIA CONTEMP

1950-DIAS ATUA

ORÂNEA

IS

Frantz Fanon
publica *Pele negra, máscaras brancas*.

A **Guerra do Vietnã**
começa. União Soviética e China apoiam o Vietnã do Norte; os Estados Unidos, o Vietnã do Sul.

Thomas Kuhn
publica *A estrutura das revoluções científicas*.

A **Revolução Cultural**
"expurga" da China tudo que é ocidental, capitalista, tradicionalista ou religioso.

1952 **1955** **1962** **1966**

1953 **1961** **1964** **1967**

Simone de Beauvoir
publica a pioneira obra feminista *O segundo sexo*.

O **Muro de Berlim**
é erguido, dividindo a Alemanha em Oriental e Ocidental até sua queda em 1989.

A **Lei dos Direitos Civis** de 1964 é promulgada nos Estados Unidos, proibindo a discriminação racial.

Jacques Derrida, o fundador da desconstrução, publica *A escritura e a diferença*.

As décadas que fecharam o século xx foram notáveis por acelerar os avanços na tecnologia e no subsequente desenvolvimento nas comunicações de todos os tipos. Desde o fim da Segunda Guerra Mundial, o incrível poder da mídia de massa, especialmente a televisão, estimulou o crescimento da cultura popular com seus concomitantes ideais *antiestablishment*, o que, por sua vez, estimulou mudanças sociais e políticas. A partir da década de 1960, a antiga ordem foi sendo questionada na Europa e nos Estados Unidos, e a dissenção ganhou ímpeto no leste europeu.

Por volta da década de 1980, as tensões entre o leste e o oeste se abrandaram e a Guerra Fria caminhou para o fim: a queda do Muro de Berlim, em 1989, acenou para novos cenários na década seguinte. Mas os anos 1990 acabaram sendo de inquietação étnica e religiosa, culminando com a declaração da "guerra contra o terror" pelos Estados Unidos no início do novo milênio.

Filósofos elitistas

A cultura no Ocidente passou por mudanças igualmente significativas. A distância entre cultura popular e "erudita" aumentou depois dos anos 1960, com a vanguarda intelectual por vezes menosprezando o grande público. A filosofia também seguiu uma trilha elitista, em especial depois da morte de Jean-Paul Sartre, cujo existencialismo marxista, adorado pelos intelectuais da década de 1960, passou a ter menos público.

A filosofia europeia continental foi dominada nas décadas de 1970 e 1980 pelo estruturalismo, movimento que cresceu a partir da filosofia francesa baseada na literatura. Fundamental para essa tendência era a noção de "desconstruir" textos, exibindo-os como sendo inerentemente instáveis, com muitos significados contraditórios. Os principais proponentes da teoria – os teóricos franceses Louis Althusser, Jacques Derrida e Michel Foucault – uniram suas análises textuais com a política de esquerda, enquanto o analista Jacques Lacan deu ao estruturalismo uma perspectiva psicanalítica. Suas ideias foram adotadas por uma geração de escritores e artistas que, sob a bandeira do "pós-modernismo", rejeitava toda possibilidade de unidade e objetividade para qualquer verdade, perspectiva ou narrativa.

A contribuição do estruturalismo para a filosofia foi recebida sem entusiasmo pelos filósofos do mundo anglo-saxão, que, na melhor das hipóteses, o viam com suspeita – e na

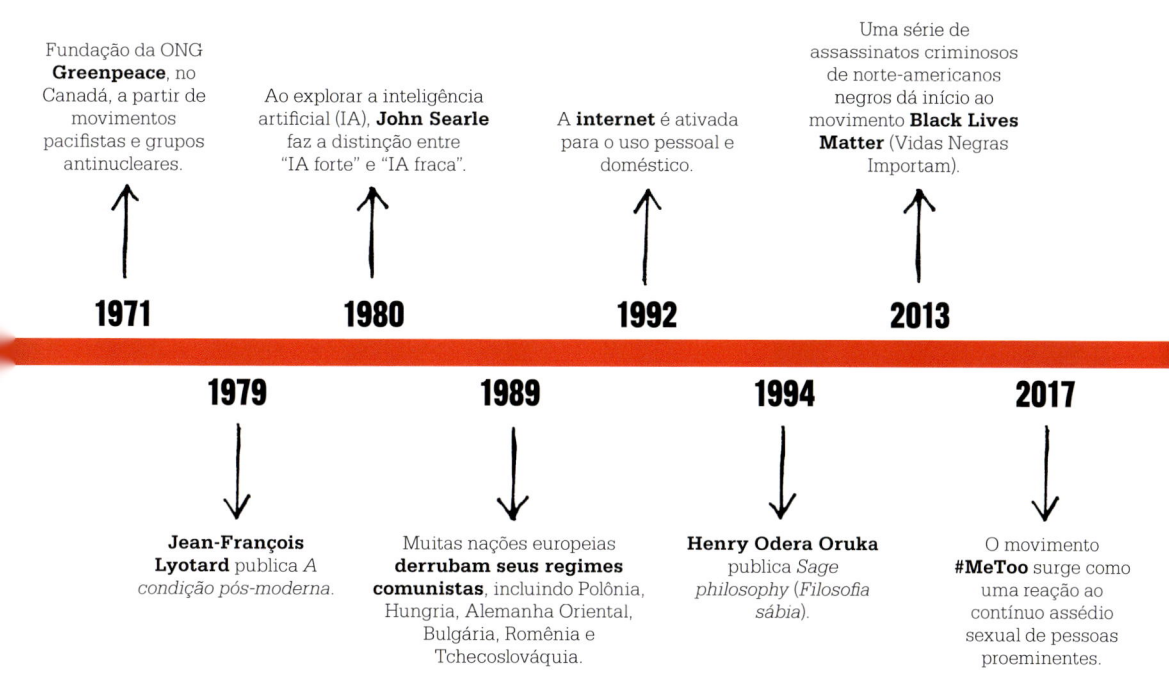

Fundação da ONG **Greenpeace**, no Canadá, a partir de movimentos pacifistas e grupos antinucleares.

Ao explorar a inteligência artificial (IA), **John Searle** faz a distinção entre "IA forte" e "IA fraca".

A **internet** é ativada para o uso pessoal e doméstico.

Uma série de assassinatos criminosos de norte-americanos negros dá início ao movimento **Black Lives Matter** (Vidas Negras Importam).

1971   **1980**   **1992**   **2013**

1979   **1989**   **1994**   **2017**

Jean-François Lyotard publica *A condição pós-moderna*.

Muitas nações europeias **derrubam seus regimes comunistas**, incluindo Polônia, Hungria, Alemanha Oriental, Bulgária, Romênia e Tchecoslováquia.

Henry Odera Oruka publica *Sage philosophy* (*Filosofia sábia*).

O movimento **#MeToo** surge como uma reação ao contínuo assédio sexual de pessoas proeminentes.

---

pior, com desdém. Comparado à tradição filosófica da análise linguística, o estruturalismo lhes parecia essencialmente simplista, embora muitas vezes fosse escrito em prosa impenetrável, que disfarçava suas fontes literárias.

As querelas entre os filósofos não inspiraram a cultura popular da época. Isso pode ter acontecido porque o pós-modernismo era, em grande parte, incompreensível para o público em geral. Sua experiência mais próxima a ele era a arte pós-moderna, altamente conceitual e acompanhada de referências conhecidas por uma elite intelectualizada. Parecia excluir deliberadamente qualquer possibilidade de apreciação em massa e passou a ser vista como filosofia abstrata, desfrutada apenas por acadêmicos e artistas, desconectada do mundo em que a maioria das pessoas vivia. O público, assim como os homens de negócio e governos, queria um direcionamento mais realista da filosofia.

Abordagem mais prática

Embora a filosofia pós-moderna não tenha caído nas graças da maior parte do público em geral, alguns filósofos do período escolheram focar em questões sociais, políticas e éticas mais urgentes, de maior relevância para a vida cotidiana das pessoas. Pensadores na África pós-colonial, como Frantz Fanon, começaram a investigar raça, identidade e problemas inerentes a qualquer luta por libertação. Filósofos posteriores, como Henry Odera Oruka, compilaram uma nova história da filosofia africana, questionando as regras que governavam a própria filosofia e o que ela deveria incluir.

Hélène Cixous e Luce Irigaray acrescentaram uma perspectiva pós-moderna à filosofia feminista existencial de Simone de Beauvoir, mas outros abandonaram o pós-modernismo. Muitos se concentraram menos em conceitos abstratos e mais em questões práticas de justiça e moralidade. John Rawls e Jürgen Habermas, por exemplo, estudaram como a sociedade pode ser mais bem organizada; bell hooks conectou várias formas de opressão – com base em raça, gênero ou orientação sexual – a um patriarcado capitalista dominante; e Philippa Foot e Bernard Williams desafiaram os pressupostos da ética moderna.

E, enquanto Thomas Nagel e Daniel Dennett exploravam a consciência humana, os rápidos avanços na ciência da inteligência artificial ressuscitaram a questão: "Será que as máquinas podem pensar?" ∎

A LINGUAGEM É UMA PELE

ROLAND BARTHES (1915-1980)

EM CONTEXTO

ÁREA
Filosofia da linguagem

ABORDAGEM
Semiótica

ANTES
380 A.C. *O banquete* de Platão é a primeira discussão filosófica sistemática sobre o amor no Ocidente.

Século IV D.C. Santo Agostinho escreve extensamente sobre a natureza do amor.

1916 O *Curso de linguística geral*, de Ferdinand de Saussure, estabelece a moderna semiótica e o estudo da linguagem como uma série de signos.

1966 O psicanalista francês Jacques Lacan examina a relação entre Alcebíades, Sócrates e Agatão em *Escritos*.

DEPOIS
Anos 1990 Julia Kristeva explora a relação entre amor, semiótica e psicanálise.

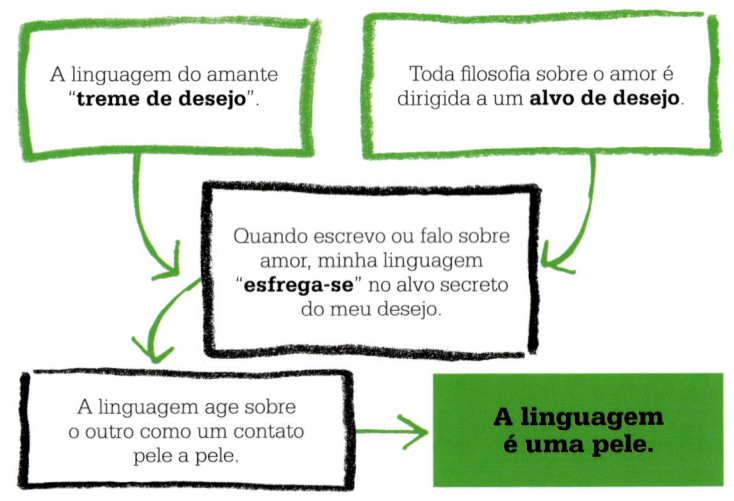

A linguagem do amante "**treme de desejo**".

Toda filosofia sobre o amor é dirigida a um **alvo de desejo**.

Quando escrevo ou falo sobre amor, minha linguagem "**esfrega-se**" no alvo secreto do meu desejo.

A linguagem age sobre o outro como um contato pele a pele.

A linguagem é uma pele.

A mais estranha, e mais popular, obra escrita pelo filósofo e crítico literário Roland Barthes é *Fragmentos de um discurso amoroso*. Como o título sugere, a obra compõe-se de fragmentos e instantâneos, sendo um tanto parecida com o ensaio *Rua de mão única*, do filósofo alemão Walter Benjamin. *Fragmentos de um discurso amoroso* é menos um volume filosófico do que uma história de amor – mas uma história de amor sem qualquer trama real. Não há personagens nem nada parecido com um enredo. Apenas reflexões de um amante em "extrema solidão", como frisou Barthes.

No início do texto, Barthes deixou claro que um enredo não é possível, porque os pensamentos solitários de um amante surgem em acessos, com frequência contraditórios, e carecem de qualquer ordem clara. Como alguém que ama, sugeriu Barthes, posso até me encontrar tramando contra mim mesmo. O amante é alguém que pode ser descrito

Ver também: Platão 50-55 ▪ Santo Agostinho 72-73 ▪ Ferdinand de Saussure 223 ▪ Walter Benjamin 258 ▪ Jacques Derrida 312-317 ▪ Julia Kristeva 328

Todo amante
é louco.
Roland Barthes

afetuosamente como tendo "perdido o enredo". Assim, em lugar de usar uma trama ou narrativa, Barthes dispôs sua obra como uma extraordinária enciclopédia de acessos dissonantes e desordenados; qualquer um deles pode servir como ponto com o qual o leitor se identifica e exclama: "Isso é tão verdadeiro! Reconheço essa cena..."

A linguagem do amor

É nesse contexto que Barthes sugeriu que "a linguagem é uma pele". A linguagem – pelo menos a do amante – não é algo que fala do mundo de modo neutro, mas, sim, algo que "treme de desejo", nas palavras do autor. Barthes escreveu sobre como "esfrego minha linguagem no outro. É como se eu tivesse palavras em vez de dedos, ou dedos na ponta das palavras". Mesmo que escrevesse uma filosofia distanciada e desprendida sobre o amor, Barthes alegou que estaria enterrado em sua frieza filosófica um discurso secreto para alguém específico, um alvo de seu desejo, ainda que esse alguém fosse "um fantasma ou uma criatura ainda por vir".

Barthes exemplificou esse discurso secreto (embora não no contexto de uma discussão filosófica desprendida) com um diálogo de Platão, *O banquete*. Trata-se do relato de uma discussão sobre o tema do amor ocorrida na casa do poeta Agatão. Um cidadão chamado Alcebíades, embriagado, participa do diálogo, sentando-se num divã com Agatão e o filósofo Sócrates. Seu discurso ébrio é cheio de louvor a Sócrates, mas na verdade o político deseja Agatão – é nele que, por assim dizer, a linguagem de Alcebíades se esfrega.

Mas e quanto à linguagem que usamos quando falamos de outras coisas? Só a linguagem do amante é uma pele que treme de desejo oculto? Ou isso também é verdadeiro em relação a outros tipos de linguagem? Barthes não nos respondeu, deixando tais especulações em aberto. ▪

A linguagem do amante, diz Barthes, é como uma pele habitada pelo amante. Suas palavras são capazes de comover o amado, e somente o amado, de modo quase físico ou tátil.

Roland Barthes

Barthes nasceu em Cherbourg, na França, em 1915. Frequentou a Sorbonne, em Paris, a partir de 1935, graduando-se em 1939 – nessa época já tinha contraído a tuberculose que o afligiria pelo resto da vida. Sua doença dificultou a conquista de qualificações para lecionar, mas o isentou do serviço militar na Segunda Guerra Mundial. Depois do conflito, tendo finalmente se tornado professor, lecionou na França, Romênia e Egito. Retornou para viver na França em tempo integral em 1952 e lá iniciou os textos reunidos e publicados em 1957 sob o título *Mitologias*.

A reputação de Barthes cresceu na década de 1960, na França e internacionalmente, e ele lecionou tanto em seu país quanto no exterior. Morreu aos 64 anos, atropelado pela van de uma lavanderia, depois de almoçar com o então presidente francês François Mitterrand.

Obras-chave

1957 *Mitologias*
1973 *O prazer do texto*
1977 *Fragmentos de um discurso amoroso*

O QUE FARÍAMOS SEM UMA CULTURA?

MARY MIDGLEY (1919-2018)

EM CONTEXTO

ÁREA
Filosofia da ciência

ABORDAGEM
Filosofia analítica

ANTES
Século IV a.C. Aristóteles define o seres humanos como "animais políticos", sugerindo não apenas que somos seres naturais, mas que a produção da cultura é parte da nossa natureza.

Século I a.C. O poeta romano Tito Lucrécio Caro escreve *Sobre a natureza das coisas*, em que explora as raízes naturais da cultura humana.

1859 O naturalista Charles Darwin publica *A origem das espécies*, argumentando que toda vida evoluiu por um processo de seleção natural.

DEPOIS
A partir de 1980 Richard Dawkins e Mary Midgley debatem as implicações do darwinismo em nossa concepção de natureza humana.

N a obra *Beast and man*, publicado em 1978, a filósofa britânica Mary Midgley avaliou o impacto das ciências naturais sobre nosso entendimento da natureza humana. Alega-se muitas vezes que as descobertas das ciências, particularmente as da paleontologia e da biologia evolutiva, prejudicam nossa visão sobre o que é ser humano. Midgley quis tratar desses temores, ressaltando tanto as coisas

Nós equivocadamente nos isolamos dos outros animais, tentando não acreditar que temos uma natureza animal.
Mary Midgley

que nos separam dos outros animais quanto as coisas compartilhamos com eles.

Uma das questões que ela tratou foi a da relação entre natureza e cultura na vida humana. Seu interesse consistiu em abordar o fato de que muitas pessoas veem a natureza e a cultura como opostas por alguma razão, como se a cultura fosse algo não natural acrescentado à nossa natureza animal.

Midgley discordava da ideia de que a cultura é algo de ordem totalmente diversa da natureza. Segundo ela, a cultura é um fenômeno natural. Em outras palavras, evoluímos para ser o tipo de criatura que tem cultura. Poderia ser dito que tecemos cultura tão naturalmente quanto as aranhas produzem teias. Se é assim, então não podemos ficar sem cultura, assim como a aranha não pode ficar sem teia: nossa necessidade de cultura é inata e natural. Dessa forma, Midgley esperava justificar a singularidade humana e também nos colocar no contexto mais amplo do nosso passado evolucionário. ∎

Ver também: Platão 50-55 ▪ Aristóteles 56-63 ▪ Ludwig Wittgenstein 246-251

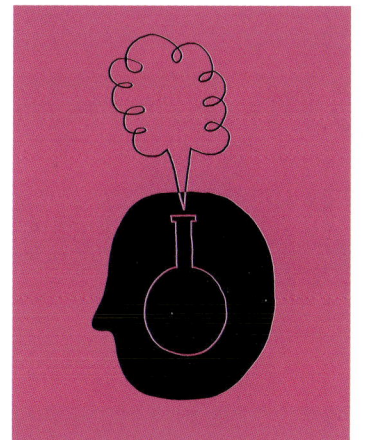

A CIÊNCIA NORMAL NÃO VISA ÀS NOVIDADES DE FATO OU TEORIA
THOMAS KUHN (1922-1996)

EM CONTEXTO

ÁREA
Filosofia da ciência

ABORDAGEM
História da ciência

ANTES
1543 Nicolau Copérnico publica *Das revoluções das esferas celestes*, levando a uma mudança de paradigma em nossa visão sobre o sistema solar.

1934 Em *A lógica da descoberta científica*, Karl Popper define a "falsificabilidade" como critério para a ciência.

DEPOIS
1975 Paul Feyerabend escreve *Contra o método*, defendendo o "anarquismo epistemológico".

1976 Em *Proofs and refutations*, Imre Lakatos une o "falsificacionismo" de Popper e a obra de Kuhn.

Hoje Interpretações diversas do fenômeno quântico produzem paradigmas rivais do mundo subatômico.

O físico e historiador da ciência norte-americano Thomas Kuhn é mais conhecido pela obra *A estrutura das revoluções científicas*, publicada em 1962. A obra é tanto uma investigação sobre momentos decisivos na história científica quanto uma tentativa de explicar uma teoria sobre como as revoluções ocorrem na ciência.

Mudanças de paradigma
A ciência, na visão de Kuhn, alterna períodos de "normalidade" e de "crise". A ciência normal é o processo rotineiro no qual cientistas trabalhando dentro de um sistema teórico, ou "paradigma", acumulam resultados que não questionam as escolas teóricas desse sistema. Às vezes, obviamente, resultados anômalos ou não familiares aparecem, mas estes são geralmente considerados como erros dos cientistas – prova, de acordo com Kuhn, que a ciência normal não visa às novidades. Ao longo do tempo, contudo, resultados anômalos podem se acumular até que um ponto de crise seja atingido. Após a crise, se uma nova teoria é formulada, há uma mudança no paradigma e um novo sistema teórico substitui o antigo. No fim, esse sistema é admitido como certo, e a ciência normal prossegue até outras anomalias surgirem. Um exemplo de tal mudança foi o desmoronamento da visão clássica de espaço e tempo com a confirmação das teorias da relatividade de Einstein. ∎

A afirmação de Copérnico de que a Terra gira ao redor do Sol rompeu um paradigma no pensamento: os cientistas deixaram a crença de que o planeta está no centro do universo.

Ver também: Francis Bacon 110-111 ▪ Rudolf Carnap 257 ▪ Karl Popper 262-265 ▪ Paul Feyerabend 297 ▪ Richard Rorty 318-323

OS PRINCÍPIOS DA JUSTIÇA SÃO ESCOLHIDOS SOB UM VÉU DE IGNORÂNCIA

JOHN RAWLS (1921-2002)

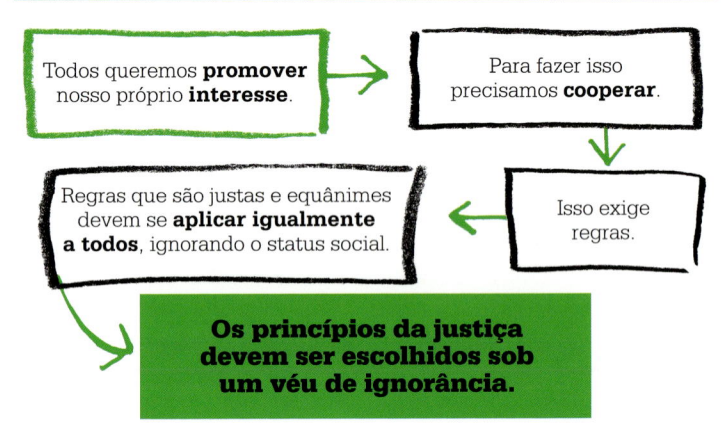

Todos queremos **promover** nosso próprio **interesse**.

Para fazer isso precisamos **cooperar**.

Isso exige regras.

Regras que são justas e equânimes devem se **aplicar igualmente a todos**, ignorando o status social.

Os princípios da justiça devem ser escolhidos sob um véu de ignorância.

Em *Uma teoria da justiça*, publicada em 1971, o filósofo político John Rawls defende uma reavaliação da justiça em termos do que chama de "justiça como equidade". Sua abordagem recaiu na tradição conhecida como teoria do contrato social, que vê o controle da lei como uma forma de contrato celebrado pelos indivíduos porque rende benefícios superiores aos bens obtidos individualmente. A versão de Rawls envolve uma experiência na qual as pessoas são levadas a esquecer seu lugar na sociedade, ou são colocadas no que ele chamou de "posição original" na qual o contrato social é feito. A partir disso, Rawls estabeleceu princípios de justiça em relação aos quais, ele afirmava, todos os seres racionais devem concordar.

A posição original

Imagine um grupo de estranhos abandonado numa ilha deserta. Depois de perderem as esperanças de ser resgatados, decidem começar uma nova sociedade a partir do zero. Cada sobrevivente quer promover seu próprio interesse, mas cada um também percebe que só pode fazer isso trabalhando de alguma forma em conjunto – em outras palavras, mediante um contrato social. A questão é: como

Ver também: Platão 50-55 ▪ Thomas Hobbes 112-115 ▪ John Locke 130-133 ▪ Jean-Jacques Rousseau 154-159 ▪ Noam Chomsky 306-307

eles vão estabelecer os princípios de justiça? Que regras vão formular? Se estiverem interessados numa justiça verdadeiramente racional e imparcial, então existem incontáveis regras a ser descartadas imediatamente. Por exemplo, a regra "se o seu nome é John, sempre comerá por último", não é racional nem imparcial, mesmo que possa ser vantajoso para você se seu nome não for "John".

Em tal situação, disse Rawls, o que precisamos fazer é lançar um "véu de ignorância" sobre os fatos das nossas vidas (quem somos, onde nascemos etc.) e perguntar que tipo de regra seria melhor para nossas vidas. O ponto de Rawls é que apenas as regras acordadas racionalmente por todas as partes são as que genuinamente honram a imparcialidade – e não levam em consideração, por exemplo, raça, classe social, credo, talento natural ou incapacidade. Em outras palavras, se não sei qual será meu lugar na sociedade, meu interesse racional me força a escolher um mundo no qual todos são tratados de maneira justa.

Racionalidade ou bondade

É importante notar que, para Rawls, essa não é uma história sobre como a justiça realmente surgiu no mundo. Em vez disso, ele nos forneceu um meio de testar nossas teorias de justiça com uma referência imparcial. Se elas fracassam no teste, é sinal de fracassso da nossa razão, e não da nossa bondade. ∎

John Rawls

John Rawls nasceu em 1921 em Maryland, nos Estados Unidos. Estudou na Universidade de Princeton, ingressou no exército e serviu no Pacífico durante a Segunda Guerra Mundial. Depois do conflito, no qual viu as ruínas de Hiroshima, deixou o exército e retornou para estudar filosofia, recebendo seu Ph.D. em Princeton em 1950.

Rawls empreendeu estudos adicionais na Universidade de Oxford, onde conheceu o filósofo Isaiah Berlin, antes de retornar aos Estados Unidos para lecionar. Após um período em Cornell e no MIT, mudou-se para Harvard, onde escreveu *Uma teoria de justiça*. Em Harvard, também deu aulas para os promissores filósofos Thomas Nagel e Martha Nussbaum.

Em 1995, Rawls sofreu o primeiro de vários derrames, mas continuou a trabalhar até a morte, em 2002.

Obras-chave

1971 *Uma teoria da justiça*
1993 *O liberalismo político*
1999 *O direito dos povos*
2000 *História da filosofia moral*
2001 *Justiça como equidade: uma reformulação*

A representação da justiça como uma mulher de olhos vendados com uma balança expressa a ideia de que ninguém está acima da lei.

A Justiça é cega e, portanto, **imparcial**.

A balança da justiça representa **igualdade**.

A **punição** é a mesma para todos.

A ARTE É UMA FORMA DE VIDA

RICHARD WOLLHEIM (1923-2003)

EM CONTEXTO

ÁREA
Estética

ABORDAGEM
Filosofia analítica

ANTES
c.380 A.C. *A república* de
Platão explora a relação entre
formas artísticas e instituições
políticas.

1953 *As investigações
filosóficas*, de Ludwig
Wittgenstein, introduz e explora
seu conceito de "formas de vida".

1964 Arthur Danto publica o
ensaio filosófico *O mundo da
arte*, que analisa o empenho
artístico a partir de um ponto de
vista institucional.

DEPOIS
1969 O filósofo norte-americano
George Dickie desenvolve a
teoria institucional da
criatividade artística no ensaio
Definindo a arte.

O filósofo de arte britânico
Richard Wollheim acreditava
que devemos resistir ao
impulso de ver a arte como uma ideia
abstrata que precisa ser analisada e
explicada. Ele defendia que, para
realmente entendermos a arte, temos de
defini-la em relação ao seu contexto
social. Ao descrever a arte como uma
"forma de vida" em *A arte e seus objetos*
(1968), ele usou um termo cunhado pelo
filósofo nascido na Áustria, Ludwig
Wittgenstein, para descrever a natureza
da linguagem. Para Wittgenstein, a
linguagem é uma "forma de vida",
porque o modo como a usamos é sempre
um reflexo de nossas experiências
individuais, hábitos e habilidades. Ele
tentava, assim, resistir à tendência da
filosofia de fazer generalizações
simplistas sobre a linguagem: em vez
disso, apontou para os vários papéis
diferentes que a linguagem
desempenha em nossas vidas.

Contexto social

Wollheim ecoou a opinião de
Wittgenstein, mas relacionada à arte.
Os artistas, ele afirmou, são
condicionados por seu contexto social

O que consideramos arte depende do
contexto. *Eldorado: Aristide Bruant*, por
exemplo, foi um dos vários pôsteres de
Toulouse-Lautrec que, mais tarde, passaram
a ser valorizados como obras de arte em si.

(crenças, histórias, disposições
emocionais, necessidades físicas) e o
mundo que eles interpretam está em
constante mudança. Para Wollheim,
uma implicação disso é que não pode
haver um "impulso artístico" geral ou
um instinto para a criação da arte que
seja totalmente independente das
instituições nas quais opera. ■

Ver também: Platão 50-55 ▪ Ludwig Wittgenstein 246-251

VALE TUDO

PAUL FEYERABEND (1924-1994)

EM CONTEXTO

ÁREA
Filosofia da ciência

ABORDAGEM
Filosofia analítica

ANTES
1934 Em *A lógica da descoberta científica*, Karl Popper define a "falsificabilidade" como critério para qualquer teoria científica.

1962 Thomas Kuhn introduz a ideia de "mudanças de paradigma" na ciência em *A estrutura das revoluções científicas*.

Anos 1960 e 1970 Feyerabend desenvolve suas ideias em debates com o amigo e filósofo da ciência Imre Lakatos.

DEPOIS
A partir de 1980 As ideias de Feyerabend contribuem para as teorias da mente propostas pelos filósofos norte-americanos Patricia e Paul Churchland.

Nascido na Áustria, Feyerabend tornou-se aluno de Karl Popper na London School of Economics, mas depois se afastou de maneira significativa do modelo de ciência racional do mestre. Durante seu período na Universidade da Califórnia, nas décadas de 1960 e 1970, Feyerabend tornou-se amigo do filósofo nascido na Alemanha Thomas Kuhn, que argumentava que o progresso científico não é gradual, mas move-se abruptamente em "mudanças de paradigma", que levam a novos sistemas para o pensamento científico. Feyerabend foi ainda mais além, sugerindo que, quando isso ocorre, todos os conceitos e termos científicos são alterados, e assim não há um sistema permanente de sentido.

Anarquia na ciência

A obra mais famosa de Feyerabend, *Contra o método*, foi publicada em 1975. Nela, ele explicou sua visão sobre o que chamou de "anarquia epistemológica". Epistemologia é o ramo da filosofia que trata das questões e das teorias sobre o conhecimento, e a "anarquia" de Feyerabend se baseava na ideia de que todas as metodologias utilizadas nas ciências estão limitadas em seu alcance. Como resultado, não existiria tal coisa chamada "método científico". Se examinarmos como as ciências se desenvolveram e progrediram na prática, o único método discernível seria o "vale tudo". A ciência, sustentou Feyerabend, nunca progrediu de acordo com regras estritas, e se a filosofia da ciência exigir tais regras, limitará o progresso científico. ■

Ciência e mito se sobrepõem de muitas maneiras.
Paul Feyerabend

Ver também: Karl Popper 262-265 ■ Thomas Kuhn 293

O CONHECIMENTO É PRODUZIDO PARA SER VENDIDO

JEAN-FRANCOIS LYOTARD (1924-1998)

EM CONTEXTO

ÁREA
Epistemologia

ABORDAGEM
Pós-modernismo

ANTES
Anos 1870 O termo "pós-modernismo" é usado pela primeira vez no contexto da crítica de arte.

1939-1945 Avanços tecnológicos na Segunda Guerra Mundial lançam as bases para a revolução dos computadores no século xx.

1953 Ludwig Wittgenstein escreve em *Investigações filosóficas* sobre "jogos de linguagem", ideia que Lyotard usa para desenvolver a noção de metanarrativas.

DEPOIS
1984 O crítico literário norte-americano Fredric Jameson escreve *Pós-modernismo: a lógica cultural do capitalismo tardio.*

A partir de 1990 A internet oferece acesso inédito à informação.

A ideia de que o conhecimento é produzido para ser vendido aparece na obra *A condição pós-moderna*, de Jean-François Lyotard. A obra foi originalmente escrita para o Conselho de Universidades de Quebec, Canadá, e o uso de "pós-moderno" no título é significativo. Embora Lyotard não tenha inventado o termo, já utilizado por vários críticos de arte desde a década de 1970, sua obra foi responsável pela ampliação de seu alcance e pelo aumento de sua popularidade. Com frequência, diz-se que o uso da palavra no título dessa obra marca o início do pensamento pós-modernista.

O termo "pós-modernismo" tem sido utilizado desde então de maneiras tão diferentes que se tornou difícil saber exatamente o que ele significa. Mas a definição de Lyotard é bem clara. O pós-moderno, ele escreveu, é uma

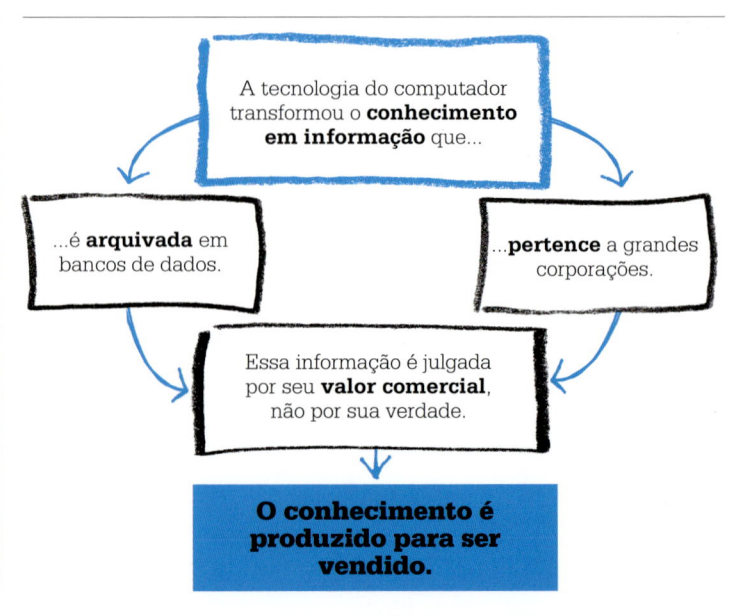

A tecnologia do computador transformou o **conhecimento em informação** que...

...é **arquivada** em bancos de dados.

...**pertence** a grandes corporações.

Essa informação é julgada por seu **valor comercial**, não por sua verdade.

O conhecimento é produzido para ser vendido.

Ver também: Immanuel Kant 164-171 ▪ Georg W. F. Hegel 178-185 ▪ Friedrich Nietzsche 214-221 ▪ Ludwig Wittgenstein 246-251 ▪ Martin Heidegger 252-255 ▪ Gilles Deleuze 345

Quando o conhecimento vira informação deixa de ser matéria indefinível da mente: torna-se produto passível de compra e venda.

questão de "incredulidade em relação a metanarrativas". Metanarrativas são histórias singulares, abrangentes, que tentam resumir a totalidade da história humana ou que buscam incluir todo o nosso conhecimento em um único sistema. O marxismo (a visão de que a história pode ser vista como uma série de lutas entre classes sociais) é um exemplo de metanarrativa. Outro exemplo: a ideia de que a história da humanidade é a história do progresso rumo ao conhecimento e à justiça social mais profundos, ocasionado por melhor conhecimento científico.

Conhecimento exteriorizado

Nossa incredulidade em relação a essas metanarrativas implica um novo ceticismo. Lyotard sugeriu que isso se deve a uma mudança no modo como nos relacionamos com o conhecimento desde a Segunda Guerra Mundial e a mudança extrema nas tecnologias que utilizamos. Os computadores transformaram nossas atitudes, ao mesmo tempo em que o conhecimento se tornou informação que pode ser arquivada em bancos de dados, deslocada, comprada e vendida. Isso é o que Lyotard chama de "mercantilização" do conhecimento.

Isso tem várias implicações. A primeira, ressaltou Lyotard, é que o conhecimento se exterioriza. Não é mais algo que ajuda no desenvolvimento da mente, algo capaz de nos transformar. O conhecimento também se desconecta das questões sobre a verdade – ele é julgado não em termos do quanto é verdadeiro, mas em termos do quão bem serve a certos fins. Quando deixamos de fazer perguntas sobre o conhecimento, tais como "isso é verdadeiro?", e começamos a questionar "como isso pode ser vendido?", o conhecimento torna-se um produto. Lyotard alertou que, uma vez que isso comece, as corporações privadas podem começar a tentar controlar o fluxo de conhecimento, decidindo quem pode acessar qual tipo de conhecimento, e quando. ■

Jean-François Lyotard

Jean-François Lyotard nasceu em Versalhes, França, em 1924. Estudou filosofia e literatura na Sorbonne, Paris, tornando-se amigo de Gilles Deleuze. Depois de se graduar, lecionou filosofia em escolas por vários anos na França e na Argélia.

Lyotard envolveu-se com a política radical de esquerda na década de 1950 e era um conhecido defensor da revolução argelina de 1954-62. Seu desenvolvimento filosófico levou-o, porém, à desilusão com as metanarrativas do marxismo. Na década de 1970, começou a trabalhar como professor universitário, lecionando filosofia na Sorbonne e, depois, em diversos outros países, incluindo Estados Unidos, Canadá, Brasil e França. Lyotard aposentou-se como professor emérito na Universidade de Paris VIII e morreu de leucemia em 1998.

Obras-chave

1971 *Discurso, figura*
1974 *Economia libidinal*
1979 *A condição pós-moderna*
1983 *O diferendo*

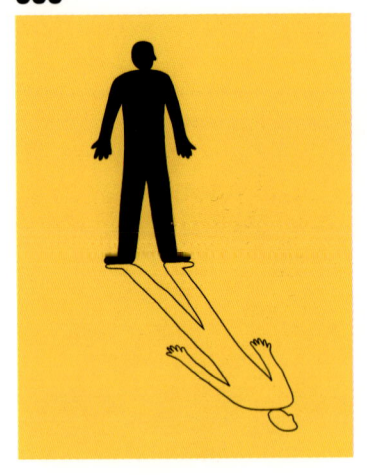

PARA O NEGRO HÁ SOMENTE UM DESTINO, E ELE É BRANCO

FRANTZ FANON (1925-1961)

EM CONTEXTO

ÁREA
Filosofia política

ABORDAGEM
Existencialismo

ANTES
Século IV a.C. Aristóteles argumenta na *Ética a Nicômaco* que a escravidão é um estado natural.

Século XIX A África é dividida e colonizada por países europeus.

Anos 1930 O movimento francês de *négritude* reivindica uma consciência negra unificada.

DEPOIS
1977 Steve Biko, ativista antiapartheid inspirado por Fanon, morre sob custódia da polícia na África do Sul.

1978 Edward Said, influenciado pela obra de Fanon, escreve *Orientalismo*, um estudo pós-colonial das perspectivas ocidentais sobre o Oriente Médio no século XIX.

O filósofo e psiquiatra Frantz Fanon publicou pela primeira vez seu estudo sobre colonialismo e racismo, *Pele negra, máscaras brancas*, em 1952. Na obra, Fanon explorou o legado psicológico e social do colonialismo entre pessoas não brancas nas comunidades colonizadas ao redor do mundo.

Ao dizer que "para o negro, há somente um destino" e que esse destino é branco, Fanon revelou ao menos duas coisas. Primeiro, que "o negro quer ser como o branco", isto é, as aspirações de muitos povos colonizados foram formadas pela cultura colonial dominante. As culturas coloniais europeias tendiam a identificar "negritude" com impureza, o que moldou a própria visão daqueles que estavam sujeitos à dominação colonial, de modo que chegaram a considerar a cor da própria pele como sinal de inferioridade.

A única saída para essa situação parece ser o desejo em alcançar uma "existência branca", o que é impossível, porque o fato de ter a pele negra sempre significará que ele fracassará em ser aceito como branco. Para Fanon, esse desejo em

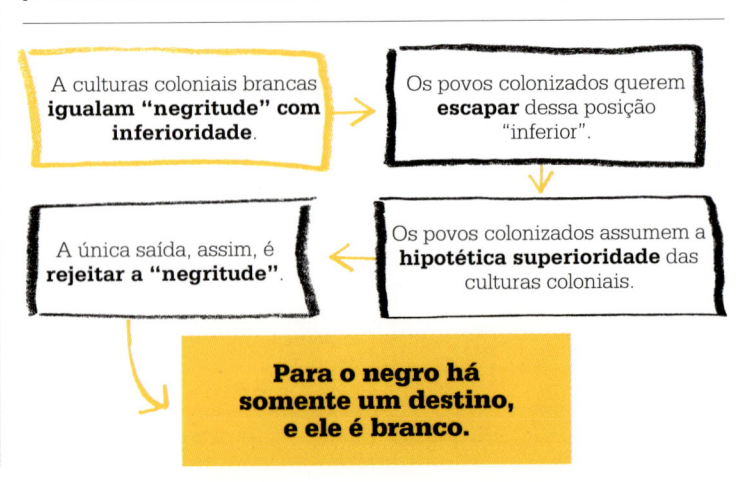

A culturas coloniais brancas **igualam "negritude" com inferioridade**.

Os povos colonizados querem **escapar** dessa posição "inferior".

Os povos colonizados assumem a **hipotética superioridade** das culturas coloniais.

A única saída, assim, é **rejeitar a "negritude"**.

Para o negro há somente um destino, e ele é branco.

Ver também: Aristóteles 56-63 ■ Jean-Paul Sartre 268-271 ■ Maurice Merleau-Ponty 274-275 ■ Edward Said 325

> Há um fato:
> os brancos se consideram
> superiores aos negros.
> **Frantz Fanon**

obter uma "existência branca" não só fracassa ao lidar com o racismo e a desigualdade, mas também mascara ou até tolera essas coisas, ao insinuar que há uma "superioridade incontestável" na existência branca.

Ao mesmo tempo, Fanon afirmou algo mais complexo. Poder-se-ia pensar que, admitida a tendência a aspirar a algum um tipo de "existência branca", a solução seria defender uma visão independente do significado de ser negro – ainda que isso também esteja sujeito a todos os tipos de problemas. Em outro trecho de sua obra, Fanon escreveu que "a alma do homem negro é um artefato do homem branco". Em outras palavras, a ideia do que significa ser negro é resultado de padrões do pensamento europeu fundamentalmente racista.

Aqui, Fanon, em parte, respondia ao que ficou conhecido na França como o movimento da *négritude*, que na década de 1930 havia congregado escritores negros franceses e de língua francesa em torno da rejeição ao racismo e ao colonialismo da cultura predominante e da defesa de uma cultura negra compartilhada, independente. Fanon acreditava que essa noção de *négritude* fracassa em tratar verdadeiramente dos problemas do racismo que ela procura superar, porque o modo como ela pensa sobre "negritude" repete os pressupostos da cultura branca.

Direitos humanos

Em certo sentido, Fanon acreditava que a solução só poderá vir quando formos além do pensamento racial: se permanecermos aprisionados dentro da ideia de raça, jamais trataremos dessas injustiças. "Encontro-me no mundo e reconheço que tenho apenas um direito", escreveu Fanon no final de seu texto, "aquele de exigir um comportamento humano do outro." O pensamento de Fanon teve grande importância nos movimentos anticolonialistas e antirracista, influenciando ativistas sociais como o sul-africano Steve Biko e intelectuais como Edward Said. ■

A inferioridade associada com o fato de ser negro levou muitos povos colonizados a adotar os "padrões culturais do país-mãe", diz Fanon, e até a aspirar a uma "existência branca".

Frantz Fanon

Frantz Fanon nasceu em 1925 na Martinica, na época uma colônia francesa. Deixou a ilha para lutar na Segunda Guerra Mundial e, depois, estudou medicina e psiquiatria em Lyon, França. Também frequentou seminários sobre literatura e filosofia, incluindo alguns ministrados pelo filósofo Merleau-Ponty. O jovem Fanon imaginava a si mesmo como francês, e o racismo que encontrou na França o surpreendeu. Isso desempenhou enorme papel no desenvolvimento de sua filosofia.

Um ano depois de se qualificar como psiquiatra, em 1951, publicou *Pele negra, máscaras brancas*.

Em 1953, Fanon mudou-se para a Argélia, onde trabalhou como psiquiatra de hospital. Depois de dois anos ouvindo os relatos de torturas sofridas por seus pacientes nos anos da Guerra da Independência da Argélia (1954-1962), exonerou-se do serviço público, transferiu-se para a Tunísia e começou a trabalhar para o movimento de independência argelina. No final da década de 1950, desenvolveu leucemia. Escreveu sua última obra, *The wretched of the Earth* (Os desafortunados da Terra), defendendo um mundo diferente. Ela foi publicada no ano de sua morte, com prefácio de Jean-Paul Sartre, amigo que primeiro influenciou Fanon, e depois por ele foi influenciado.

Obras-chave

1952 *Pele negra, máscaras brancas*
1959 *A dying colonialism*
1961 *The wretched of the Earth*
1969 *Toward the African revolution*

AS MÁQUINAS ME SURPREENDEM COM GRANDE FREQUÊNCIA
ALAN TURING (1912-1954)

EM CONTEXTO

ÁREA
Filosofia da mente

ABORDAGEM
Inteligência artificial

ANTES
1662 René Descartes defende que todos os animais podem ser descritos como autômatos, por não terem mentes capazes de pensamento racional.

DEPOIS
1956 O projeto de pesquisa da Faculdade de Dartmouth sobre Inteligência Artificial em New Hampshire propõe que "cada aspecto do aprendizado ou qualquer outro recurso de inteligência pode ser descrito com tanta precisão que uma máquina pode ser criada para simulá-lo".

1980 John Searle faz uma distinção entre o que ele chama de "IA fraca" (um sistema que pode simular inteligência) e "IA forte" (um sistema que pode ter mente e estados mentais).

Embora nunca tenha se considerado filósofo, frequentemente perguntavam ao cientista e pioneiro da computação Alan Turing: "As máquinas podem pensar?" Contudo, em vez de responder à questão, que achava inútil, ele propôs outra: é possível que uma máquina apresente comportamento inteligente?

Em 1950, em seu artigo *Computing machinery and intelligence* [*Máquinas e inteligência computacional*], Turing ofereceu um método para encontrar a resposta: o "teste de Turing", como ficou conhecido. Ele sugeriu que, se uma pessoa não pode afirmar que as respostas recebidas em uma conversa provêm de outra pessoa ou de uma máquina, então pode-se dizer que a máquina apresenta inteligência. Isso não é o mesmo que dizer que a máquina está de fato pensando, mas — como ele apontou incisivamente – a "convenção educada" é presumir, a partir do comportamento humano, que ela é capaz de pensar.

Mais tarde, o filósofo americano John Searle contestou a capacidade do teste de Turing de comprovar que as máquinas realmente pensam. Seu

No filme *2001: Uma odisseia no espaço*, de 1968, o computador de inteligência artificial HAL torna-se uma ameaça para os humanos a bordo de uma nave espacial.

experimento mental do "quarto chinês", de 1980, sugeriu que o respondente simplesmente seguia às cegas um "programa".

A inteligência artificial (IA) avançou muito desde o teste de Turing e o quarto chinês, mas a questão central permanece: as máquinas são capazes de ter um pensamento original? E como uma questão mais relacionada à nossa compreensão da consciência humana: uma máquina pode ter mente, consciência e estados mentais? ∎

Ver também: Daniel Dennett 329

QUANDO CRIEI A EXPRESSÃO SORTE MORAL, ESPERAVA SUGERIR UM OXÍMORO

BERNARD WILLIAMS (1929-2003)

À primeira vista, a sorte (coisas além do controle do agente) não deveria influenciar nosso julgamento da moralidade em uma ação. Contudo, em seu artigo *Moral luck* (*Sorte moral*), o filósofo britânico Bernard Williams mostrou que, às vezes, a sorte de fato participa do nosso julgamento moral.

A sorte moral descrita por Williams ocorre quando alguém é objeto de julgamento moral, mesmo que parte dessa avaliação seja baseada em fatores fora de seu controle. Embora intuitivamente pareça errado que o acaso influencie tal julgamento, isso é comum na prática.

Por exemplo, duas pessoas decidem fazer uma corrida de carros esportivos. Uma delas é parada pela polícia, multada e tem a carteira suspensa. A outra tem menos sorte: atropela e mata um pedestre que entrou na frente do carro; por isso, é condenada à prisão e tem a carteira de motorista cassada. Eventos fora de seu controle – sorte – levaram a um desfecho trágico e elas foram julgadas de forma mais severa, mesmo que as intenções e a culpabilidade moral de ambas fossem as mesmas.

Ampliando as ideias de Williams, Thomas Nagel sugeriu um "princípio de controle": as pessoas não devem ser julgadas moralmente de forma diferente se as únicas diferenças entre elas se devem a fatores fora de seu controle.

As ideias de sorte moral e do princípio de controle foram rejeitadas por alguns filósofos e adotadas por outros, sendo que alguns aceitam certos tipos de sorte moral em situações específicas. ∎

O papel da sorte moral está relacionado à seguinte questão: devemos ser culpados ou punidos por ações sobre as quais não temos controle?

Ver também: Nicolau Maquiavel 102-107 ▪ Immanuel Kant 164-171 ▪ Jeremy Bentham 174 ▪ Friedrich Nietzsche 214-221 ▪ Thomas Nagel 327

O HOMEM É UMA INVENÇÃO RECENTE

MICHEL FOUCAULT (1926-1984)

Consideramos a ideia de "homem" ou humanidade como se fosse uma ideia **natural** e **eterna**.

Mas uma **arqueologia do nosso pensamento** mostra que a ideia de "homem" surgiu como objeto de estudo no início do século XIX.

O homem é uma invenção recente.

A ideia de que o homem é uma invenção recente aparece em *As palavras e as coisas: uma arqueologia das ciências humanas*, do filósofo francês Michel Foucault. Para entender o que Foucault quis dizer, precisamos saber o que ele entendia como arqueologia e por que ele julgou que devemos aplicá-la à história do pensamento.

Foucault concentrou-se no modo como nosso discurso (a maneira pela qual falamos e pensamos sobre as coisas) é formado por um conjunto de regras, em grande parte inconscientes, fixadas pelas condições históricas em que nos encontramos. O que julgamos como "senso comum" por trás do modo como pensamos e falamos sobre o mundo é, de fato, moldado por essas regras e condições. No entanto, estas mudam ao longo do tempo e, por consequência, também nossos discursos. Por essa razão, uma "arqueologia" é necessária para desenterrar tanto os limites quanto as condições do modo como as pessoas pensavam e falavam sobre o mundo em tempos antigos. Não podemos olhar para os conceitos usados no presente (por exemplo, o conceito de "natureza humana") e supor que eles são de algum modo eternos e que tudo de que necessitamos é de uma

Ver também: Immanuel Kant 164-171 ▪ Friedrich Nietzsche 214-221 ▪ Martin Heidegger 252-255 ▪ Maurice Merleau-Ponty 274-275 ▪ Daniel Dennett 329

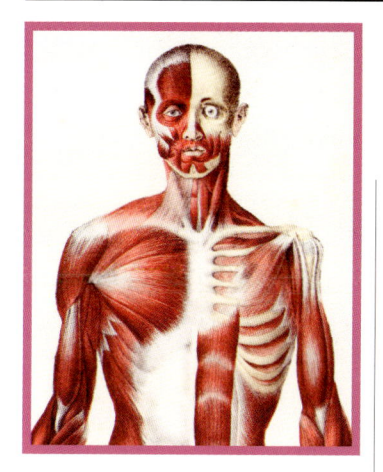

O século XIX viu uma revolução na anatomia, como mostrado nesta ilustração de um livro médico. Foucault acredita que o conceito moderno de homem data desse período.

"história das ideias" para traçar sua genealogia. Para Foucault, é simplesmente errado supor que nossas ideias atuais possam ser aplicadas de maneira útil a qualquer ponto prévio na história. As maneiras como usamos as palavras "homem", "humanidade" e "natureza humana", acreditava Foucault, são exemplos disso.

As raízes dessa ideia fundam-se na filosofia de Immanuel Kant, que fez a filosofia dar um salto evolutivo ao abandonar a velha questão "Por que o mundo é como é?" para fazer a pergunta "Por que vemos o mundo do modo como vemos?". Supomos a ideia de ser humano como fundamental e imutável, mas ela é, de fato, apenas uma invenção recente. Foucault situou o início de nossa ideia particular de "homem" no começo do século XIX, por volta da época do nascimento das ciências naturais. Essa ideia de "homem" é, segundo Foucault, paradoxal: vemo-nos como objetos no mundo (e, dessa forma, como objetos de estudo), mas também como sujeitos que sentem e estudam o mundo. Somos criaturas estranhas olhando para duas direções diferentes ao mesmo tempo.

A imagem própria do humano

Foucault sugeriu que essa ideia de "homem" não apenas é uma invenção recente, mas que também pode estar perto do fim: logo pode se apagar "como um rosto desenhado na areia da praia".

Foucault estava certo? Numa época de rápidos avanços na computação e nas interfaces homem-máquina, em que filósofos informados pela ciência cognitiva (como Daniel Dennett e Dan Wegner) questionam a própria natureza da subjetividade, é difícil não sentir que, mesmo que o rosto continue rabiscado na areia, a maré está subindo de maneira preocupante. ∎

O homem não é nem o mais antigo nem o mais constante problema que tem desafiado o conhecimento humano.
Michel Foucault

Michel Foucault

Foucault nasceu em Poitiers, França, em 1926, numa família de médicos. Depois da Segunda Guerra Mundial ingressou na École Normale Supérieure, onde estudou filosofia com Maurice Merleau-Ponty. Em 1954, passou um tempo em Uppsala, Suécia, depois morou na Polônia e na Alemanha, retornando à França somente em 1960.

Ele recebeu um doutorado em 1961 por seu estudo *História da loucura*, que defendia a distinção entre loucura e sanidade não é real, mas uma construção social. Após um mês de greves estudantis em Paris em 1968, envolveu-se no ativismo político e continuou a trabalhar como professor universitário e ativista até sua morte por uma doença relacionada à Aids.

Obras-chave

1961 *História da loucura*
1963 *O nascimento da clínica*
1966 *As palavras e as coisas: uma arqueologia das ciências humanas*
1975 *Vigiar e punir*

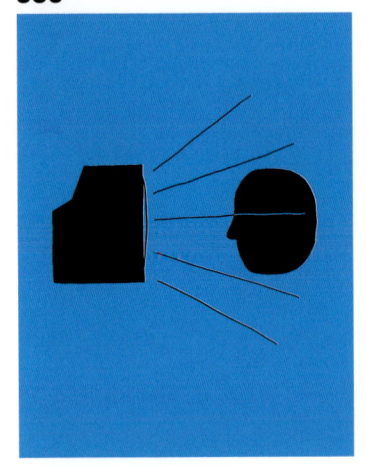

SE ESCOLHERMOS, PODEREMOS VIVER EM UM MUNDO DE RECONFORTANTE ILUSÃO

NOAM CHOMSKY (1928-)

EM CONTEXTO

ÁREA
Ética

ABORDAGEM
Universalismo

ANTES
c.380 a.C. Em *A república*, Platão afirma que muitos de nós vivem em um mundo de ilusão.

1739 David Hume publica *Um tratado do entendimento humano*. Embora empirista, afirma que deve haver alguns princípios fixos a partir dos quais deriva a moralidade.

1785 Immanuel Kant, em *Fundamentação da metafísica dos costumes*, argumenta que a moralidade deve se basear na universalidade.

Início do século xx John Dewey afirma que a política é a sombra lançada pelos grandes negócios sobre a sociedade.

1971 John Rawls revive a noção de universalidade de Kant em *Uma teoria de justiça*.

Embora originalmente famoso por sua obra em linguística, Noam Chomsky é mais conhecido hoje como analista do poder político. Desde a publicação de sua primeira obra política, *O poder americano e os novos mandarins*, em 1969, tem afirmado que muitas vezes há uma incompatibilidade entre as alegações retóricas do Estado e sua maneira de exercer o poder. Chomsky sustenta que as argumentações dos governos não são por si suficientes para que alcancemos a verdade sobre o poder político. Os governos podem usar a linguagem dos fatos como meio de justificar suas ações, mas, a menos que suas alegações sejam sustentadas pela evidência, são apenas ilusões, e as ações que acarretam carecem de justificação. Se quisermos entender mais claramente como opera o Estado, é necessário ir além da batalha entre formas rivais

Se admitimos que nosso governo é naturalmente **mais ético** do que outros governos…

…escolhemos viver em um mundo de ilusão reconfortante.

Para **romper** com essa ilusão precisamos…

…examinar a evidência dos atos reais de **nosso próprio governo.**

…aplicar ao nosso próprio governo os mesmos princípios éticos que aplicamos a **outros governos**.

Ver também: Platão 50-55 ▪ David Hume 148-153 ▪ Immanuel Kant 164-171 ▪ John Dewey 228-231 ▪ John Rawls 294-295

> Os Estados não são agentes morais; as pessoas são.
> **Noam Chomsky**

de retórica. Em vez disso, convém examinar a história, as estruturas institucionais, os documentos políticos oficiais, e assim por diante.

Ética e universalidade

As análises éticas de Chomsky baseiam-se no que ele chama de "princípio de universalidade". Na essência, esse princípio é relativamente simples. Ele diz que devemos aplicar a nós mesmos os padrões que aplicamos aos outros. Trata-se de um princípio que Chomsky defende como fundamental para qualquer sistema de ética responsável. A principal intuição psicológica, aqui, é que gostamos de usar a linguagem ética para reclamar dos outros, mas somos menos inclinados a condenar a nós mesmos. Contudo, se alegamos defender qualquer conjunto de padrões éticos ou morais, e também se quisermos ser consistentes, então devemos aplicar aos outros os padrões que aplicamos a nós mesmos. Em termos de governo, isso significa analisar nossas ações políticas rigorosamente, em vez de permitir que a retórica nos cegue.

Esse é um imperativo moral e intelectual. Para Chomsky, ambos estão intimamente relacionados. Ele ressalta que se alguém faz uma reivindicação moral e também viola a universalidade, então sua reivindicação não pode ser levada a sério.

Se quisermos ultrapassar a retórica e examinar a moralidade política de maneira rigorosa, a universalidade é um ponto de partida necessário. Algumas declarações específicas de Chomsky sobre a natureza do poder global, como sua recusa em apoiar a Ucrânia na guerra contra a Rússia, causaram considerável controvérsia, mas não invalidam sua ideia fundamental. Até podemos questionar tais declarações, mas devemos fazê-lo à luz da universalidade e de todas as evidências disponíveis. Se suas alegações se mostrarem falsas, devem ser rejeitadas ou modificadas – caso se mostrem verdadeiras, então devem ser efetivadas. ∎

O Tio Sam, a personificação dos Estados Unidos, é uma das incontáveis peças usadas pelos governos para angariar o apoio público. Chomsky adverte que tais imagens podem nos desviar da verdade.

Noam Chomsky

Chomsky nasceu em 1928 na Pensilvânia, nos Estados Unidos, e foi criado numa família judia multilíngue. Estudou matemática, filosofia e linguística na Universidade da Pensilvânia, onde escreveu uma tese inovadora sobre linguística filosófica. Em 1957, a obra *Estruturas sintáticas* revolucionou a área e assegurou sua reputação como um dos principais linguistas da atualidade.

Embora continuasse a lecionar e a publicar na área, Chomsky envolveu-se cada vez mais na política. Foi destacado adversário da Guerra o Vietnã, o que o levou a publicar sua crítica da cultura intelectual norte--americana, *A responsabilidade dos intelectuais*, em 1967. Hoje, continua a escrever e a dar palestras sobre linguística, filosofia, política e assuntos internacionais.

Obras-chave

1967 *A responsabilidade dos intelectuais*
1969 *O poder americano e os novos mandarins*
2001 *11 de Setembro*
2006 *Estados fracassados: o abuso do poder e o ataque à democracia*

É MAIS DIFÍCIL JUSTIFICAR UMA INTERFERÊNCIA DO QUE JUSTIFICAR A RETENÇÃO DE BENS E SERVIÇOS

PHILIPPA FOOT (1920-2010)

EM CONTEXTO

ÁREA
Ética

ABORDAGEM
Consequencialismo

ANTES
1780 O utilitarismo de Jeremy Bentham defende ações que resultam na felicidade do maior número de pessoas.

1785 Immanuel Kant apresenta o imperativo categórico, a pedra angular de sua filosofia moral deontológica.

1859 John Stuart Mill propõe o princípio do dano: as ações individuais devem ser limitadas apenas para evitar danos a outras pessoas.

DEPOIS
1976 Judith Jarvis Thomson sugere variações do dilema do bonde que podem gerar respostas diferentes.

O consequencialismo – a ideia de que a moralidade de uma ação pode ser determinada pelo seu resultado – ganhou espaço entre os filósofos morais desde a Renascença europeia. Enquanto alguns, como Kant e seus seguidores, argumentavam que existem regras morais às quais temos o dever de obedecer, outros adotaram com entusiasmo o conceito de Bentham do utilitarismo baseado nas consequências das ações.

O princípio fundamental era: uma ação é moralmente justificada se gera felicidade para a maioria. O uso de uma variante do "cálculo da felicidade" de Bentham também oferece um modo quase matemático de avaliar a moralidade. Contudo, questionamentos posteriores sugeriram que não é tão simples assim.

Em 1967, a filósofa britânica Philippa Foot apresentou uma série de experimentos mentais que testaram a ideia do utilitarismo. Em um cenário, ela propõe que imaginemos um cirurgião de transplante com cinco pacientes com doenças terminais, cada um necessitando de um órgão diferente. Seria moralmente aceitável matar uma pessoa saudável para obter os órgãos necessários para salvar cinco vidas?

Foot comparou isso a outro cenário, mais tarde conhecido como o "dilema do bonde": um bonde desgovernado está descendo por um trilho, sem parar, e vai matar cinco trabalhadores que estão consertando sua linha. O motorista pode manobrar o bonde para outro trilho, mas isso implicaria a morte de outro trabalhador que está nessa linha. Qual é a melhor opção do ponto de vista moral?

Embora os dois problemas sejam basicamente iguais – sacrificar a vida

O **"dilema do bonde"** questiona se é moralmente melhor intervir de forma ativa para salvar uma quantidade maior de vidas, mesmo que a intervenção resulte diretamente na morte de outra pessoa.

Ver também: Nicolau Maquiavel 102-107 ▪ Immanuel Kant 164-171 ▪ Jeremy Bentham 174 ▪ Friedrich Nietzsche 214-221 ▪ Judith Jarvis Thomson 345

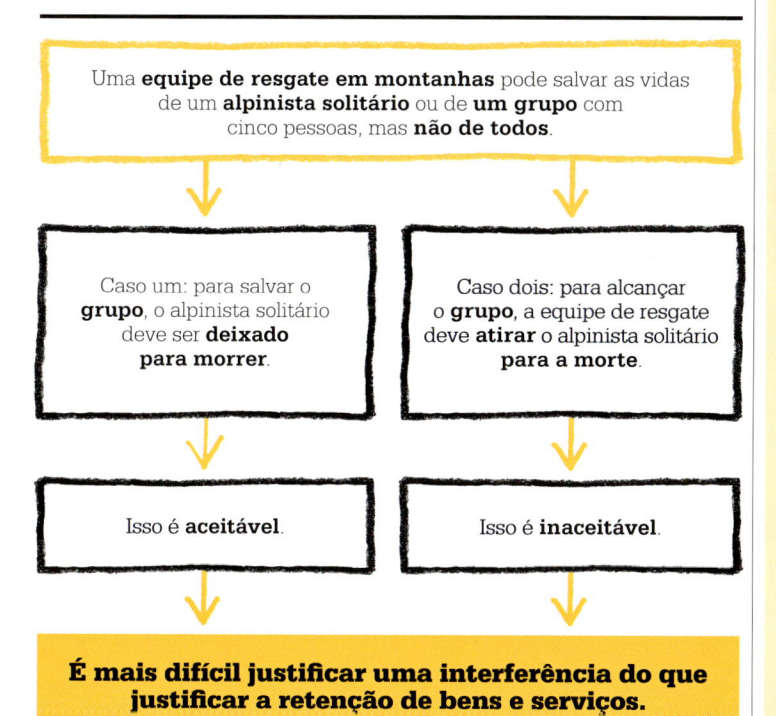

Uma **equipe de resgate em montanhas** pode salvar as vidas de um **alpinista solitário** ou de **um grupo** com cinco pessoas, mas **não de todos**.

Caso um: para salvar o **grupo**, o alpinista solitário deve ser **deixado para morrer**.

Caso dois: para alcançar o **grupo**, a equipe de resgate deve **atirar** o alpinista solitário **para a morte**.

Isso é **aceitável**.

Isso é **inaceitável**.

É mais difícil justificar uma interferência do que justificar a retenção de bens e serviços.

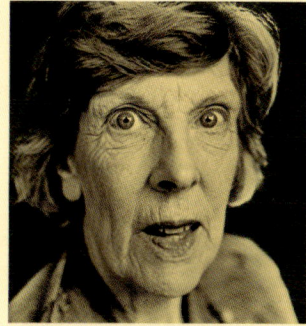

Philippa Foot

Nascida em 1920 em Owston Ferry, Inglaterra, Philippa Foot era filha do capitão Bosanquet e de Esther Cleveland (seu avô materno, Grover Cleveland, foi presidente dos Estados Unidos). Criada em North Yorkshire, onde o pai tinha uma metalúrgica, foi educada em casa por governantas, em um período em que não se esperava que mulheres de sua classe fossem instruídas. Mesmo assim, entrou na Somerville College, em Oxford, para estudar filosofia, política e economia, e se formou em 1942.

Depois de trabalhar em Londres durante a Segunda Guerra Mundial, casou-se com o historiador M.R.D. Foot e voltou como membro de Somerville até 1969. Assumiu várias funções como professora visitante antes de se estabelecer na Universidade da Califórnia, em Los Angeles. Ao se aposentar em 1991, retornou para Oxford, onde morreu em seu nonagésimo aniversário.

Obras-chave

1978 *Virtues and vices and other essays in moral philosophy*
2001 *Natural goodness*
2002 *Moral dilemmas: and other topics in moral philosophy*

de um para salvar outras cinco –, nossas respostas tendem a ser, por instinto, divergentes entre si. A solução utilitarista em cada caso é clara, mas é desafiada pela realidade de que parece aceitável redirecionar o bonde, mas moralmente inaceitável matar alguém para obter seus órgãos, sem importar quantas vidas serão salvas.

Isso provocou muito debate entre os filósofos morais, principalmente em Judith Jarvis Thomson, que cunhou o termo "dilema do bonde". Em variações do cenário proposto por Foot, ela sugeriu remover o motorista e, em vez disso, ter um observador que pudesse desviar o curso do bonde desgovernado ao acionar um interruptor. O observador tem uma escolha: não fazer nada, permitindo que as coisas sigam seu curso e matar cinco pessoas; ou interferir e causar a morte de uma pessoa que, de outra forma, sobreviveria. Em outras variações, ela sugeriu que o observador poderia parar o bonde atirando uma pessoa gorda de uma ponte em seu caminho, o que a mataria, mas salvaria os outros, ou que o trabalhador sozinho é um amigo ou parente do observador, ou um criminoso infame ou um filantropo famoso, definindo os parâmetros do dilema de um jeito ou de outro.

Levantando dúvidas sobre o conceito utilitarista de ponderar as quantidades, Foot e Thomson argumentaram que há uma diferença moral tangível entre causar algo deliberadamente e deixar que os eventos sigam seu curso. ■

A SOCIEDADE É DEPENDENTE DE UMA CRÍTICA ÀS SUAS PRÓPRIAS TRADIÇÕES

JÜRGEN HABERMAS (1929-)

EM CONTEXTO

ÁREA
Filosofia política

ABORDAGEM
Teoria social

ANTES
1789 A Revolução Francesa começa, marcando o fim de uma estrutura de poder "representativa" na França.

1791 Jeremy Bentham escreve *Of publicity*, ensaio que investiga a ideia de "público".

1842 Karl Marx escreve o ensaio *Liberdade de imprensa*.

DEPOIS
1986 Edward Said critica Habermas e a Escola de Frankfurt por sua visão eurocêntrica e seu silêncio sobre a teoria racista e o imperialismo.

1999 *Sem logo*, da autora canadense Naomi Klein, explora o destino da esfera pública numa era dominada pela propaganda e pela mídia de massa.

De acordo com o filósofo alemão Jürgen Habermas, a sociedade moderna depende não apenas de avanços tecnológicos, mas também da nossa capacidade de criticar e pensar coletivamente sobre nossas próprias tradições. A razão, diz Habermas, está no centro das nossas comunicações cotidianas. Alguém diz ou faz algo e perguntamos "Por que você fez isso?" ou "Por que disse isso?". Continuamente, pedimos justificativas – e é por isso que Habermas fala de razão

Os cafés se tornaram um foco de vida social e política na Europa do século XVIII. Locais onde "os insatisfeitos se reuniam", com frequência eram ameaçados de fechamento pelas autoridades.

"comunicativa". A razão, para ele, não trata de descobrir verdades abstratas, mas reflete a necessidade que temos de nos justificar uns aos outros.

Criar uma esfera pública

Nas décadas de 1960 e 1970, Habermas concluiu que havia uma ligação entre a razão comunicativa e o que ele chamou de "esfera pública". Até o século XVIII, a cultura europeia era em grande parte "representativa", ou seja, as classes dominantes procuravam "representar" a si mesmas aos seus súditos com demonstrações de poder que não exigiam justificativa, tais como grandes desfiles ou grandiosos projetos arquitetônicos. Mas no século XVIII surgiu uma variedade de espaços públicos fora do controle do Estado, incluindo salões literários e cafés. Estes eram lugares onde indivíduos podiam se reunir para se engajar em conversas ou debates ponderados. Essa ampliação da esfera pública abriu oportunidades cada vez maiores para questionar a autoridade da cultura representativa do Estado. A esfera pública tornou-se um "terceiro espaço", um moderador entre a esfera privada dos amigos próximos e da família e o espaço ocupado pelo controle do Estado.

Ver também: Jeremy Bentham 174 ▪ Karl Marx 196-203 ▪ Theodor Adorno 266-267 ▪ Edgar Morin 344 ▪ Niklas Luhmann 345 ▪ Noam Chomsky 306-307 ▪ Edward Said 325

Ao estabelecer uma esfera pública, também abrimos mais oportunidades para reconhecer que temos interesses em comum com outros indivíduos privados – interesses que o Estado pode falhar em servir. Isso pode levar ao questionamento das ações do Estado. Habermas acreditava que a ampliação da esfera pública ajudou a desencadear a Revolução Francesa em 1789.

A expansão da esfera pública, a partir do século XVIII, levou a um crescimento das instituições políticas democraticamente eleitas, tribunais independentes e declaração de direitos. Mas Habermas acredita que muitos desses freios contra o uso arbitrário do poder estão agora ameaçados. Os jornais, por exemplo, podem oferecer oportunidades para diálogos ponderados entre indivíduos privados, mas se a imprensa é controlada por grandes corporações, tais oportunidades podem diminuir. Os debates qualificados sobre questões relevantes são substituídos pela fofoca de celebridades – de agentes críticos e racionais somos transformados em consumidores irracionais. ▪

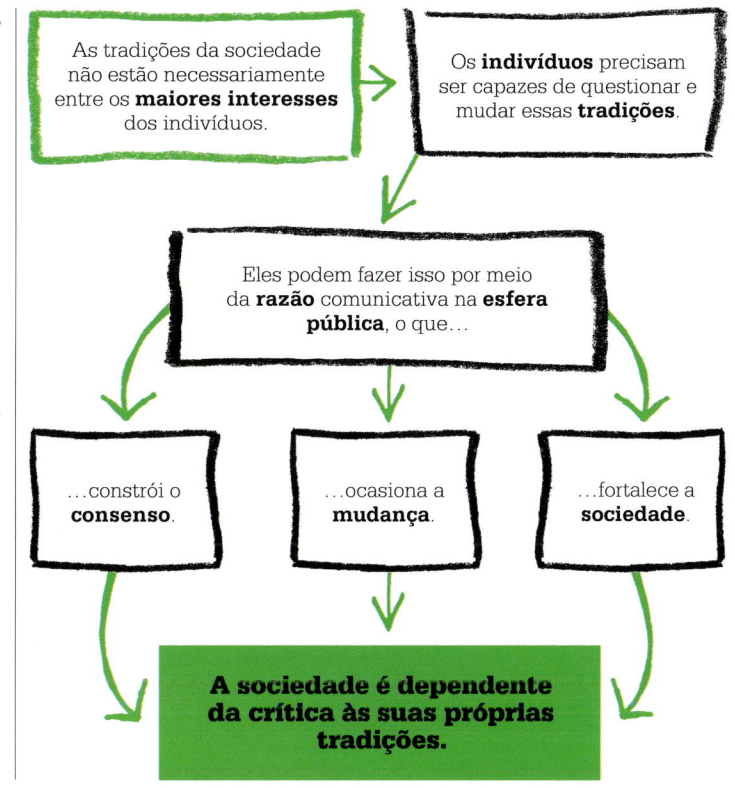

As tradições da sociedade não estão necessariamente entre os **maiores interesses** dos indivíduos.

Os **indivíduos** precisam ser capazes de questionar e mudar essas **tradições**.

Eles podem fazer isso por meio da **razão** comunicativa na **esfera pública**, o que…

…constrói o **consenso**.

…ocasiona a **mudança**.

…fortalece a **sociedade**.

A sociedade é dependente da crítica às suas próprias tradições.

Jürgen Habermas

Jürgen Habermas cresceu na Alemanha sob o regime nazista. Sua percepção de que "estávamos vivendo em um sistema criminoso" teria, após os julgamentos de Nuremberg (1945-1946), um efeito duradouro em sua filosofia.

Ao completar seu doutorado em 1954, estudou com membros da Escola de Frankfurt, incluindo Max Horkheimer e Theodor Adorno. Nas décadas de 1960 e 1970, deu palestras em universidades em Bonn e Gotinga. Em 1982, tornou-se professor de filosofia na Universidade de Frankfurt, onde lecionou até a aposentadoria, em 1993. Mais recentemente, assumiu um papel ativo na esfera pública, entrando em debates sobre a negação do Holocausto e o terrorismo global.

Obras-chave

1962 *Mudança estrutural da esfera pública*
1981 *Teoria da ação comunicativa*
1985 *O discurso filosófico da modernidade*
2005 *Entre naturalismo e religião*

NÃO HÁ NADA FORA DO TEXTO

JACQUES DERRIDA (1930-2004)

EM CONTEXTO

ÁREA
Epistemologia

ABORDAGEM
Desconstrução

ANTES
Cárnia n.n.C. Mênon, de Platão, explora a ideia de "aporia".

Início do século xx Charles Sanders Peirce e Ferdinand de Saussure iniciam o estudo de signos e símbolos (semiótica), que se tornaria uma influência importante na *Gramatologia*.

1961 Emmanuel Levinas publica *Totalidade e infinito*, ao qual Derrida responderia em *A escritura e a diferença*. Levinas torna-se uma influência crescente nas explorações posteriores sobre a ética de Derrida.

DEPOIS
1992 *Ethics of deconstruction*, do filósofo inglês Simon Critchley, explora aspectos da obra de Derrida.

Somos todos mediadores, tradutores.
Jacques Derrida

Com frequência, diante de um livro, seja uma obra filosófica ou um romance, acreditamos que o que temos em nossas mãos é algo que podemos entender ou interpretar como um todo relativamente autossuficiente. Quando se trata de textos filosóficos, inferimos que eles sejam particularmente sistemáticos e lógicos. Suponha que você vai a uma livraria e compra uma cópia de *Gramatologia*. Você imagina que, se ler o livro, ao final terá uma ideia razoável do que possa ser "gramatologia", quais são as principais ideias de Derrida sobre o assunto e o que este diz sobre o mundo. Mas, para Derrida, os textos não funcionam dessa maneira.

Aporia e diferência
Mesmo os textos mais diretos (e *Gramatologia* não é um deles) estão crivados com o que Derrida chama de "aporias". A palavra "aporia" vem do grego antigo: significa algo como "contradição", "dificuldade" ou "impasse". Para Derrida, todos os textos escritos têm tais hiatos, buracos, contradições, e seu método de desconstrução é um modo de lê-los prestando atenção a essas dificuldades e impasses. Ao explorar essas aporias quando aparecem em textos diferentes, Derrida visa ampliar nosso entendimento sobre o que são os

textos e sobre o que eles fazem, além de demonstrar a complexidade que está por trás até de obras aparentemente simples. A desconstrução é um modo de ler os textos para trazer à luz paradoxos e contradições ocultas. Isso não é, contudo, apenas uma questão sobre como lemos filosofia e literatura – existem implicações muito mais amplas na abordagem de Derrida que põem em dúvida a relação entre linguagem, pensamento e ética.

Nesse ponto, é útil introduzir um termo técnico importante do vocabulário de Derrida: diferência. Isso pode parecer um erro tipográfico – de fato, quando o termo original *différance* entrou pela primeira vez no dicionário francês, a história diz que até a mãe de Derrida disse-lhe de maneira severa: "Mas Jacques, não é assim que se soletra isso!". Diferência, de fato, é uma palavra cunhada pelo próprio Derrida para destacar um aspecto curioso da linguagem.

Em francês, "*différance*" (com "a") é um jogo entre "*différence*" (com "e", que significa "diferir") e "*deférrer*" (que significa "adiar"). Para entender como essa palavra funciona, seria útil considerar como esse adiar e

O tipógrafo checa e corrige as placas de tipo antes de imprimir um livro. As ideias ali contidas, porém, têm "aporias", ou contradições, que não há como eliminar.

Jacques Derrida permanece como um dos filósofos mais controversos do século xx. Seu nome é associado, antes de mais nada, com a "desconstrução", uma abordagem complexa e cheia de nuances sobre o modo como lemos e entendemos a natureza dos textos escritos. Se quisermos entender o que Derrida quer dizer quando fala em sua célebre obra *Gramatologia* que não há nada fora do texto (o original em francês é "*il n'y a pas de hors-texte*", também traduzido como "não há o fora-texto"), precisamos examinar sua abordagem desconstrutivista.

Ver também: Platão 50-55 ▪ Charles Sanders Peirce 205 ▪ Ferdinand de Saussure 223 ▪ Emmanuel Levinas 273 ▪ Louis Althusser 344 ▪ René Girard 344 ▪ Michel Foucault 304-305

O significado do que escrevemos é, para Derrida, modificado pelo que se escreve em seguida. Mesmo a simples escrita de uma carta pode levar a adiamentos do significado ao longo do texto.

diferir pode realmente ocorrer na prática. Primeiro imagine que eu diga "o gato..." e então acrescente "que meu amigo viu...". Após uma pausa, digo "no jardim era preto e branco...", e assim por diante. O significado preciso da palavra "gato" conforme a estou usando é continuamente adiado, ou protelado, ao mesmo tempo que mais informação é transmitida. Se eu tivesse sido interrompido depois de dizer "o gato..." e não mencionasse meu amigo ou o jardim, o significado de "gato" teria sido diferente. Em outras palavras, quanto mais acrescento algo ao que digo, mais o significado do que já disse é revisado. O significado é adiado na linguagem.

Mas há outra coisa acontecendo também. O significado de "gato", acreditava Derrida, não pode ser considerado algo que repousa na relação entre as minhas palavras e as coisas reais no mundo. A palavra assume seu sentido a partir de sua »

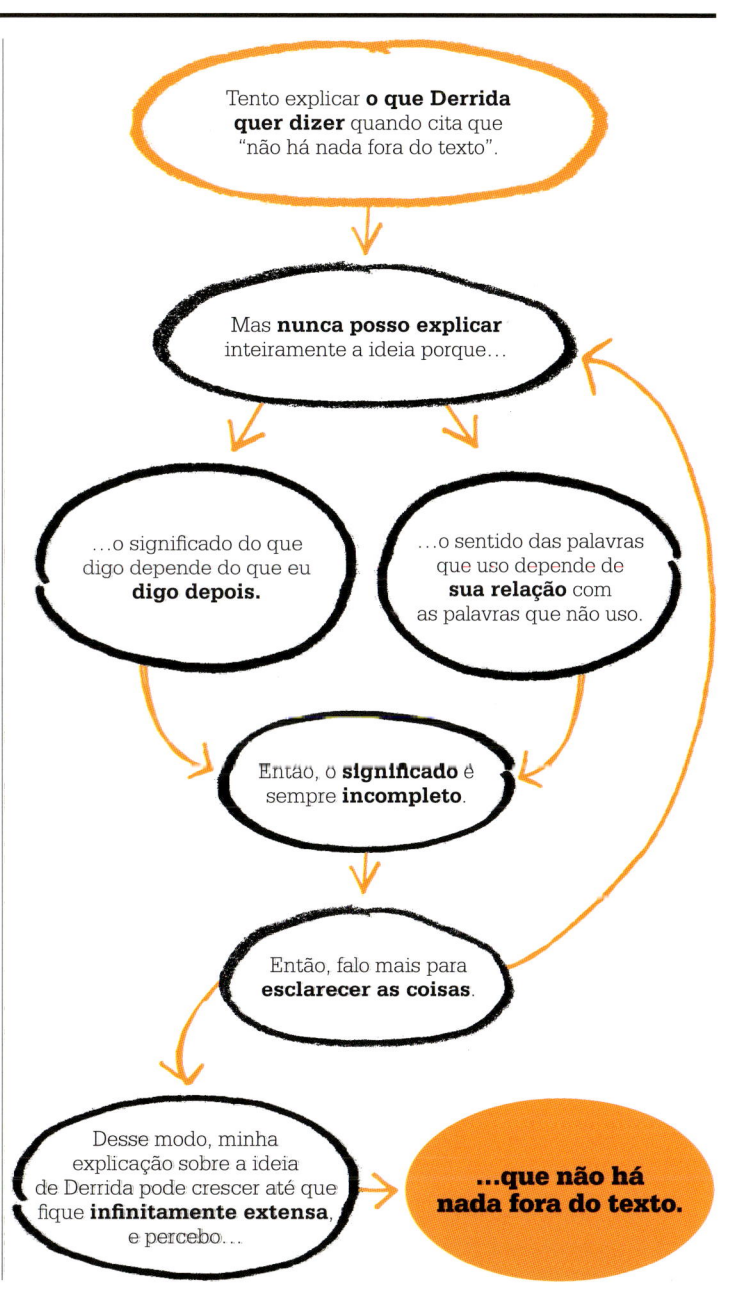

Tento explicar **o que Derrida quer dizer** quando cita que "não há nada fora do texto".

Mas **nunca posso explicar** inteiramente a ideia porque...

...o significado do que digo depende do que eu **digo depois.**

...o sentido das palavras que uso depende de **sua relação** com as palavras que não uso.

Então, o **significado** é sempre **incompleto**.

Então, falo mais para **esclarecer as coisas**.

Desse modo, minha explicação sobre a ideia de Derrida pode crescer até que fique **infinitamente extensa**, e percebo...

...que não há nada fora do texto.

> Pensamos apenas por signos.
> **Jacques Derrida**

posição em um sistema de linguagem total. Então, quando digo "gato", isso faz sentido não por causa de alguma ligação misteriosa entre a palavra e o gato real, mas porque esse termo difere de, por exemplo, "cachorro" ou "leão" ou "zebra".

Tomadas em conjunto com diferença, as ideias de adiar e diferir dizem algo um tanto estranho sobre a linguagem em geral. De um lado, o significado de qualquer coisa que dizemos é, essencialmente, sempre adiado, porque depende do que acrescentamos – e o significado disso, por sua vez, depende do que acrescentamos, e assim por diante. Por outro lado, o sentido de qualquer termo particular que usamos depende de todas as coisas diferentes que não exprimimos. Assim, o sentido não é autossuficiente, nem mesmo dentro do próprio texto.

A palavra escrita

Para Derrida, diferência é um aspecto da linguagem do qual nos tornamos cientes graças à escrita. Desde a antiga era grega, os filósofos desconfiam da linguagem escrita. No diálogo *Fedro*, de Platão, Sócrates conta uma lenda sobre a invenção da escrita e diz que ela fornece apenas a "aparência de sabedoria", e não sua realidade. Escrever, quando os filósofos pensavam sobre isso, tendia a ser visto como um pálido reflexo da

palavra falada – esta última tida como o meio de comunicação principal. Derrida quis reverter isso. De acordo com ele, a palavra escrita nos mostra algo sobre a linguagem que a palavra falada não mostra.

A ênfase tradicional na fala como meio de transmitir ideias filosóficas nos iludiu a todos, segundo Derrida, para pensar que temos acesso imediato ao significado. Pensamos que o significado se relaciona com "presença" – quando falamos com alguém, imaginamos que ele torna seus pensamentos "presentes" para nós, e vice-versa. Se há qualquer confusão, pedimos ao outro que esclareça. E se existem quaisquer dificuldades, ou aporias, pedimos esclarecimento ou elas simplesmente passam despercebidas por nós. Isso nos leva a pensar que o significado em geral é sobre presença – pensar, por exemplo, que o significado real de "gato" pode ser encontrado na presença de um gato no meu colo.

Mas, quando lidamos com um texto escrito, somos liberados dessa crença ingênua na presença. Sem o autor presente para pedir desculpas e nos explicar, começamos a notar as

complexidades, dificuldades e impasses. Subitamente, a linguagem começa a parecer algo um pouco mais complicado.

Questionando o significado

Quando Derrida diz que não há nada fora do texto, ele não quer dizer que tudo o que importa é o mundo dos livros, e que o mundo "de carne e osso" não importa. Tampouco está tentando menosprezar a importância de qualquer interesse social que possa estar por trás do texto. Então, o que exatamente ele está dizendo?

Primeiro, Derrida sugeriu que, se considerarmos seriamente a ideia de que o significado é uma questão de diferença, de adiar e de diferir, se quisermos nos envolver na questão do modo como pensamos sobre o mundo, devemos sempre manter vivo o fato de que o significado nunca é tão direto quanto pensamos que é, e que esse significado está sempre sujeito a ser descerrado pela desconstrução.

Segundo, Derrida propôs que em nosso pensamento, nossa escrita e nossa fala, estamos sempre implicados em todo tipo de questões políticas, históricas e éticas que não

A própria tese de Derrida de que não há nada fora do texto está sujeita à análise por seus métodos desconstrutivistas. Mesmo a ideia explicada neste livro está sujeita à diferença.

Jacques Derrida

Derrida expressou sua oposição à Guerra do Vietnã numa palestra nos Estados Unidos, em 1968. O envolvimento em debates políticos inspirou parte de seu trabalho posterior.

podemos nem mesmo reconhecer ou admitir. Por essa razão, alguns filósofos sugeriram que a desconstrução é essencialmente uma prática ética. Ao ler um texto de maneira desconstrutivista, questionamos as alegações expostas e desvelamos as questões éticas difíceis que podem ter ficado ocultas. Certamente, num período posterior de sua vida, Derrida voltou sua atenção para algumas dificuldades e contradições éticas concretas que são levantadas por ideias como "hospitalidade" e "perdão".

Críticos de Derrida

Admitindo que a ideia de Derrida é baseada na noção de que o significado nunca pode estar completamente presente no texto, talvez não surpreenda que sua obra possa muitas vezes parecer difícil. Michel Foucault, um de seus contemporâneos, criticou o pensamento de Derrida por ser intencionalmente obscuro, a ponto de,

às vezes, ser impossível entender qual era sua tese real. A resposta de Derrida para isso, talvez, poderia ser que a própria ideia de tese é baseada na noção de "presença" que ele tentou confrontar. Isso pode parecer um tanto evasivo, mas, se consideramos Derrida seriamente, temos de admitir que a própria ideia de que "não há nada fora do texto" não está fora do texto. Considerar essa ideia seriamente, então, é tratá-la de forma cética, desconstruí-la, e explorar as dificuldades, impasses e contradições que – de acordo com o próprio Derrida – se ocultam dentro dela. ∎

Nunca cedo
à tentação de ser difícil
só para ser difícil.
Jacques Derrida

Jacques Derrida nasceu de pais judeus na então colônia francesa da Argélia. Interessou-se pela filosofia desde jovem, mas também nutriu sonhos de se tornar jogador de futebol profissional. No fim, a filosofia venceu e, em 1951, ingressou na École Normale Supérieure em Paris. Lá fez amizade com Louis Althusser, também de origem argelina, que, como Derrida, veio a se tornar um dos pensadores mais proeminentes de sua época.

A publicação em 1967 de *Gramatologia*, *A escritura e a diferença* e *A voz e o fenômeno* fixaram a reputação internacional de Derrida. Palestrante regular em várias universidades europeias e americanas, assumiu o posto de professor na Universidade da Califórnia em 1986. Sua obra posterior enfocou cada vez mais questões éticas, em parte devido à influência de Emmanuel Levinas.

Obras-chave

1967 *Gramatologia*
1967 *A escritura e a diferença*
1967 *A voz e o fenômeno*
1994 *Políticas da amizade*

NÃO HÁ NADA EM NOSSO ÍNTIMO,

EXCETO

O QUE NÓS MESMOS COLOCAMOS LÁ

RICHARD RORTY (1931-2007)

EM CONTEXTO

ÁREA
Ética

ABORDAGEM
Pragmatismo

ANTES
Século V a.C. Sócrates discute a natureza da justiça, bondade e outros conceitos com os cidadãos de Atenas.

Século IV a.C. Aristóteles escreve um tratado sobre a natureza da alma.

1878 Charles Sanders Peirce cunha o termo "pragmatismo".

1956 O filósofo norte-americano Wilfrid Sellars publica *Empirismo e a filosofia da mente*, colocando em dúvida o "mito do dado".

DEPOIS
1994 O filósofo sul-africano John McDowell publica *Mente e mundo*, livro fortemente influenciado pela obra de Rorty.

A alma é uma coisa curiosa. Mesmo que não possamos dizer muito sobre nossas almas ou descrever como é uma alma, muitos de nós, apesar de tudo, sustentam firmemente a crença de que, em algum lugar lá no íntimo, cada um de nós tem tal coisa. Não apenas isso, podemos reivindicar que essa coisa é o "eu" fundamental, ao mesmo tempo conectado com a verdade ou com a realidade.

A tendência para retratar a nós mesmos possuindo um tipo de "duplo" – uma alma ou um "eu" profundo que "usa a própria linguagem da Realidade" – foi explorada pelo filósofo norte-americano Richard Rorty na introdução de *Consequências do pragmatismo* (1982). Rorty argumentou que, na medida em que temos tal coisa, a alma é uma invenção humana – é algo que nós mesmos colocamos lá.

Conhecimento como espelho

Rorty foi um filósofo que trabalhou dentro da tradição americana do pragmatismo. Ao considerar uma afirmação, a maioria das tradições filosóficas pergunta "isso é verdadeiro?", no sentido de "isso representa corretamente o modo como são as coisas?". Já o pragmático considera as afirmações de modo diferente, perguntando: "Quais são as implicações práticas de aceitar isso como verdadeiro?"

A primeira grande obra de Rorty, *A filosofia e o espelho da natureza*, publicada em 1979, foi uma tentativa de refutar a ideia de que o conhecimento é um modo de representar corretamente o mundo, como uma espécie de espelho mental. Rorty argumentou que essa visão de conhecimento não se sustenta, por duas razões. Primeiro, admitimos que

> A filosofia progride não ao se tornar mais rigorosa, mas ao se tornar mais imaginativa.
> **Richard Rorty**

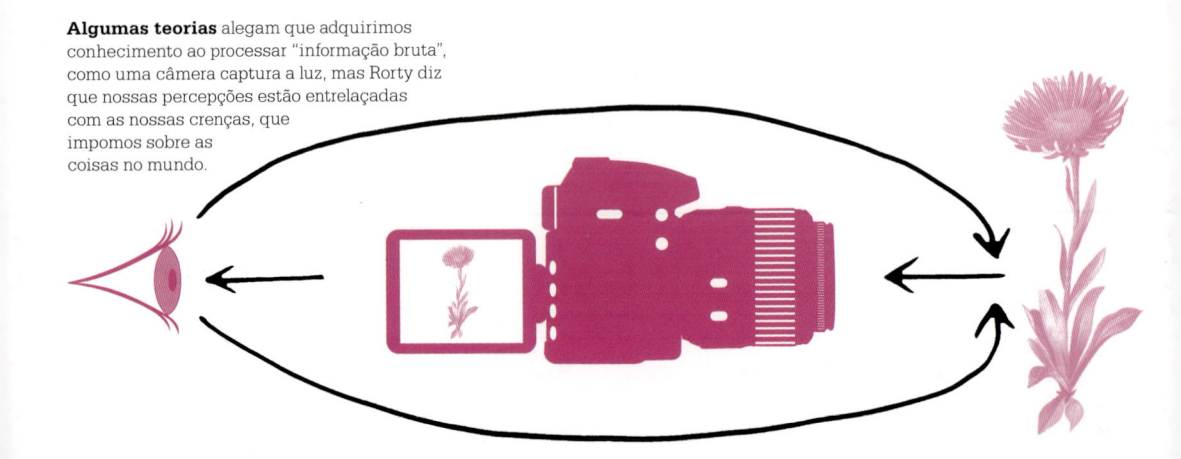

Algumas teorias alegam que adquirimos conhecimento ao processar "informação bruta", como uma câmera captura a luz, mas Rorty diz que nossas percepções estão entrelaçadas com as nossas crenças, que impomos sobre as coisas no mundo.

Ver também: Sócrates 46-49 ▪ Aristóteles 56-63 ▪ Charles Sanders Peirce 205 ▪ William James 206-209 ▪ John Dewey 228-231 ▪ Jürgen Habermas 310-311

a nossa experiência do mundo é algo "dado" a nós diretamente – o que sentimos é informação bruta do mundo tal como ele é. Segundo, admitimos que, uma vez que essa informação bruta é captada, nossa razão (ou alguma outra faculdade da mente) começa então a trabalhar nela, reconstruindo o modo como esse conhecimento se encaixa num todo e espelha o que é o mundo.

Rorty segue o filósofo Wilfrid Sellars ao afirmar que a ideia de experiência como algo "dado" é um mito. Não podemos jamais acessar nada igual a informação bruta: não nos é possível experimentar um cão, por exemplo, fora do pensamento ou da linguagem. Só nos tornamos cientes de algo por meio de sua conceituação e os nossos conceitos são aprendidos pela linguagem. Nossas percepções estão, portanto, indissociavelmente enredadas com os modos habituais como usamos a linguagem para distinguir o mundo.

Rorty sugere que o conhecimento é menos um modo de refletir a natureza do que "uma questão de diálogo e prática social". Quando decidimos o que vale como conhecimento, nosso julgamento não se assenta no quão fortemente um "fato" se correlaciona com o mundo, mas se é algo "que a sociedade nos deixa dizer". O que podemos avaliar ou não como conhecimento é, portanto, limitado por contextos sociais, por nossas histórias e por aquilo que os outros ao nosso redor nos permitem afirmar. "A verdade", diz Rorty, "é o que os seus contemporâneos deixam você dizer impunemente."

Razões para julgamento

Mas a verdade realmente se reduz a algo que podemos fazer impunemente? Aqui, Rorty está ciente de que »

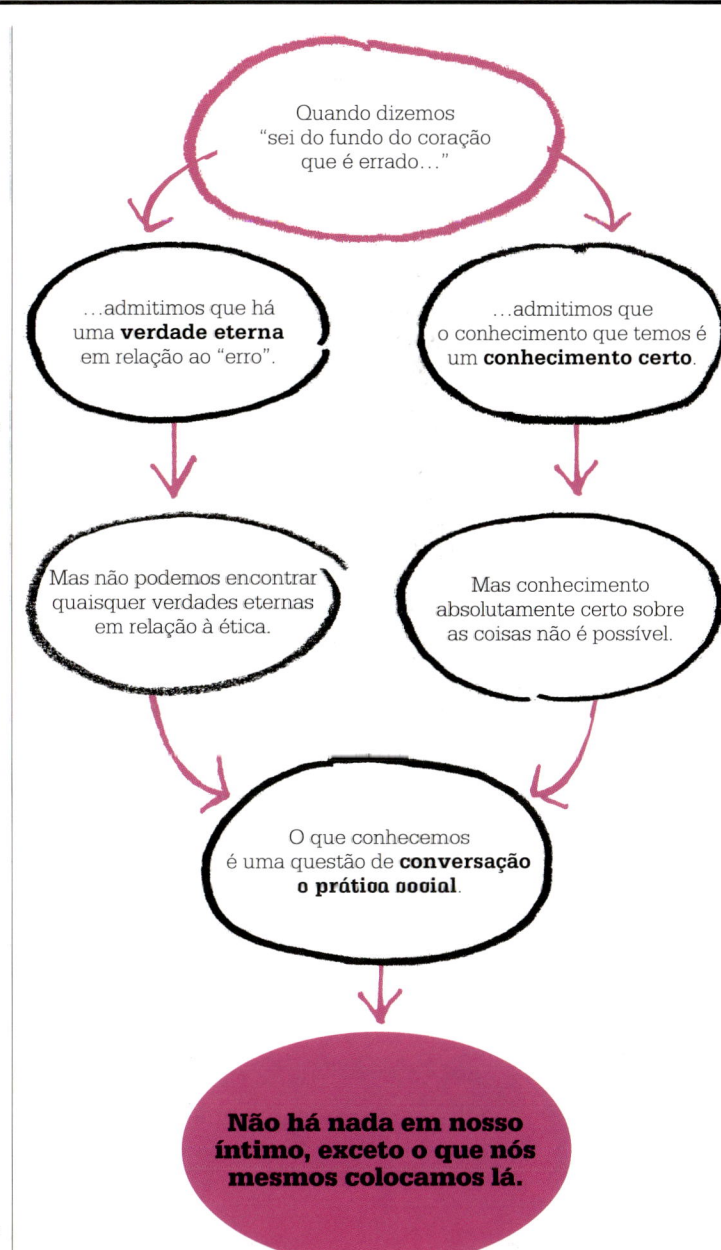

Usar crianças como soldados pode parecer errado, mas, para Rorty, não existem absolutos éticos. A ética se refere a fazer nosso melhor, solidariamente, para alcançar um mundo melhor.

existem implicações perturbadoras, especialmente em questões relacionadas à ética. Imagine, por exemplo, que eu sequestre o hamster de estimação do meu vizinho e o submeta a todas as formas de tortura cruel, pelo prazer de ouvi-lo guinchar. Todos concordaríamos que fazer tal coisa ao hamster (ou, na verdade, ao meu vizinho) é um ato moralmente censurável. Podemos alegar que há algo absoluta e fundamentalmente errado em fazer tal coisa a outro ser vivo – e todos concordaríamos que não devemos deixar alguém fazê-lo impunemente.

Mas, ao examinarmos as razões que damos para dizer que esse é um ato inaceitável, as coisas ficam interessantes. Por exemplo, imagine que você é indagado por um filósofo moral por que é errado tratar hamsters (ou cavalos, ou humanos) dessa maneira. A princípio, você pode

> Que tipo de mundo podemos preparar para os nossos bisnetos?
> **Richard Rorty**

sugerir todo tipo de razões. Mas, sendo a filosofia o que é, você pode descobrir que para toda razão que possa imaginar, seu amigo filósofo tem um contra-argumento ou o leva a algum tipo de contradição.

Isso é, de fato, precisamente o que Sócrates fazia na antiga Atenas. Sócrates queria descobrir o que realmente eram conceitos como "bondade" e "justiça", então ele questionava as pessoas que costumavam usar esses conceitos para descobrir se realmente sabiam o que eram essas coisas. Como mostram os diálogos de Platão, a maior parte das pessoas com as quais Sócrates conversou era surpreendentemente ambígua sobre o que falava, apesar de sua convicção prévia de que compreendia inteiramente os conceitos relevantes. Assim, após uma ou duas horas sendo interrogado por um Sócrates moderno sobre como tratar hamsters, você talvez diga, frustrado, sem pensar, a seguinte sentença: "Só sei, do fundo do coração, que é errado!"

Do fundo do coração

Dizemos ou pensamos esse tipo de coisa de maneira frequente, mas não fica instantaneamente claro o que de fato queremos dizer. Para examinar essa ideia mais de perto, podemos dividi-la em três partes. Primeiro, parece que, quando dizemos "sei, do

fundo do coração, que é errado", estamos falando como se existisse algo externo, no mundo, que seria o "erro", sendo essa coisa reconhecível. Ou, como dizem alguns filósofos, falamos como se existisse uma essência de "erro", à qual corresponde esse caso particular de injustiça.

Segundo, ao dizer que só "sabemos" do fundo do coração, estamos insinuando que esse ente misterioso – nosso "fundo do coração" – é uma coisa que, por razões desconhecidas, tem uma apreensão particular da verdade.

Terceiro, damos a impressão de estar falando como se existisse uma relação direta entre o nosso "fundo do coração" e esse "erro" que existe no mundo, de tal forma que, se conhecemos algo do fundo do coração, podemos ter acesso a um tipo absolutamente certo de conhecimento. Em outras palavras, essa é apenas outra versão da ideia de que o conhecimento é um modo de refletir o mundo. E isso, segundo Rorty, é inaceitável.

Um mundo sem absolutos

Para que suas crenças fossem consistentes, Rorty desistiu da ideia de verdades morais fundamentais. Não pode haver certo ou errado absolutos se o conhecimento é "o que a sociedade nos deixa dizer". Rorty admitiu que isso é uma coisa difícil

> Se podemos contar uns com os outros, não precisamos depender de mais nada.
> **Richard Rorty**

de aceitar. Mas é necessário acreditar que ao fazer algo moralmente errado você esteja traindo algo no seu mais profundo eu? Deve-se crer que existe "alguma verdade sobre a vida ou alguma lei moral absoluta que eu esteja violando", a fim de manter ao menos um pedaço de dignidade humana? Rorty julgou que não. Ele sustentou que somos seres finitos, cuja existência é limitada a um curto período na Terra, e nenhum de nós tem canal direto com nenhuma verdade moral mais fundamental, mais profunda. No entanto, isso não significa que os problemas da vida desapareceram ou deixaram de ter importância. Esses problemas ainda

Não precisamos acreditar numa lei moral absoluta para viver como seres éticos. Conversação, esperança social e solidariedade nos permitem construir uma definição prática de "bem".

estão em nós, e na ausência de leis morais absolutas, temos de recorrer novamente aos nossos próprios recursos. Somos deixados, escreve Rorty, com a "nossa lealdade aos outros seres humanos, unidos contra a escuridão". Não há sentido absoluto de integridade ou injustiça a ser descoberto. Então, temos de simplesmente nos agarrar às nossas esperanças e lealdades, e continuar a participar de conversas difíceis, nas quais falamos sobre essas questões complicadas.

Talvez, segundo Rorty, essas coisas sejam o suficiente: a humildade que advém do reconhecimento de que não há padrão absoluto de verdade; a solidariedade que temos com os outros; e as nossas esperanças de que poderemos ser capazes de contribuir para – e deixar como legado àqueles que vêm depois de nós – um mundo digno de se viver. ∎

Richard Rorty

Richard Rorty nasceu em Nova York, Estados Unidos, em 1931. Seus pais eram ativistas políticos e Rorty passou seus primeiros anos lendo sobre Leon Trotsky, o revolucionário russo. Ele disse que já sabia aos doze anos que "a questão do ser humano era passar a vida lutando contra a injustiça social". Começou cedo, aos quinze anos, a frequentar a Universidade de Chicago, prosseguindo até um doutorado em Yale, em 1956. Foi então convocado para o exército por dois anos, antes de se tornar um palestrante. Escreveu sua obra mais importante, *A filosofia e o espelho da natureza*, quando era professor de filosofia em Princeton. Produziu textos em filosofia, literatura e política e, de maneira insólita para um filósofo do século XX, aproximava-se tanto da tradição analítica quanto da europeia continental. Morreu de câncer aos 75 anos.

Obras-chave

1979 *A filosofia e o espelho da natureza*
1989 *Contingência, ironia e solidariedade*
1998 *Achieving our country*
1999 *Filosofia e esperança social*

TODO DESEJO TEM UMA RELAÇÃO COM A LOUCURA

LUCE IRIGARAY (1932-)

EM CONTEXTO

ÁREA
Filosofia política

ABORDAGEM
Feminismo

ANTES
1792 *A vindication of the rights of woman*, de Mary Wollstonecraft, inicia o debate sério sobre o lugar das mulheres na sociedade.

Anos 1890 O psicanalista austríaco Sigmund Freud estabelece seu método psicanalítico, que influenciará muito a obra de Irigaray.

1949 *O segundo sexo*, de Simone de Beauvoir, discute as implicações da diferença sexual.

DEPOIS
1993 Luce Irigaray volta-se aos modos de pensamento não ocidentais sobre a diferença sexual em *Uma ética da diferença sexual*.

A filósofa e analista belga Luce Irigaray dedica-se acima de tudo à ideia de diferença sexual. Ex-aluna de Jacques Lacan, psicanalista que de maneira célebre explorou a estrutura linguística do inconsciente, Irigaray afirma que toda linguagem é essencialmente masculina na natureza.

Em *Sex and genealogies* (*Sexo e genealogias*, 1987), ela escreveu: "Em todo lugar, em tudo, o discurso, os valores, os sonhos e os desejos masculinos são lei." A obra feminista de Irigaray pode ser vista como uma luta para descobrir

É preciso assumir deliberadamente o papel feminino.
Luce Irigaray

maneiras de falar, sonhar e desejar autenticamente femininas, livres do "másculo-centrismo".

Sabedoria e desejo

Para tratar desse problema, Irigaray sugere que todo pensamento – mesmo a filosofia mais aparentemente sóbria e objetiva, com seu discurso sobre sabedoria, certeza, retidão e moderação – é sustentado pelo desejo. Ao fracassar em reconhecer o desejo que a sustenta, a filosofia tradicional centrada no homem também fracassou em reconhecer que, sob sua aparente racionalidade, fervilham todas as intensidades de impulsos irracionais.

Irigaray sugere que homens e mulheres têm sua própria relação distinta com o desejo e, como resultado, todos temos uma relação com a loucura. Isso põe em dúvida a longa tradição de identificar a masculinidade com a racionalidade e a feminilidade com a irracionalidade. Isso também abre caminho para a possibilidade de novas formas de escrever e pensar sobre filosofia – para todos, independentemente do gênero. ∎

TODO IMPÉRIO DIZ A SI E AO MUNDO QUE ELE É DIFERENTE DE TODOS OS OUTROS

EDWARD SAID (1935-2003)

O escritor palestino Edward Said foi um dos primeiros críticos do imperialismo no século XX. Em 1978, publicou *Orientalismo*, que demonstrava como as descrições das sociedades islâmicas por estudiosos europeus do século XIX estão intimamente relacionadas com as ideologias imperialistas das nações europeias.

Em sua obra posterior, Said manteve a postura em relação a todas as formas de imperialismo, passado e presente. Ele ressaltou que, embora possamos ser críticos em relação a impérios do passado, esses impérios viam a si mesmos como portadores da civilização ao mundo – visão não compartilhada pelos povos supostamente "ajudados". Impérios saqueiam e controlam, enquanto mascaram seus abusos de poder citando missões "civilizatórias". Se este é o caso, advertiu Said, devemos ter cuidado com as alegações atuais de qualquer nação que intervenha em outros países. ∎

O império britânico do século XIX foi um dos muitos que se afirmavam portadores dos benefícios da civilização a países colonizados, como a Índia.

Ver também: Frantz Fanon 300-301 ▪ Michel Foucault 304-305 ▪ Noam Chomsky 306-307 ▪ Gayatri Chakravorty Spivak 346

O PENSAMENTO SEMPRE FUNCIONOU POR OPOSIÇÃO

HÉLÈNE CIXOUS (1937-)

Em 1975, a poeta, romancista, dramaturga e filósofa francesa Hélène Cixous escreveu *Sorties* (*Saídas*), sua influente investigação das oposições que com frequência definem o modo como pensamos sobre o mundo. Para Cixous, uma linha que atravessa séculos de pensamento é nossa tendência de agrupar elementos do mundo em pares opostos, tais como cultura/natureza, dia/noite e cabeça/coração. Cixous alegou que esses pares de elementos são sempre classificados hierarquicamente, sustentados por uma tendência de considerar um elemento dominante, ou superior, associado com masculinidade e atividade, enquanto o outro elemento, ou aspecto mais fraco, é associado com feminilidade e passividade.

Tempo de mudança
Cixous acredita que a autoridade desse padrão hierárquico de pensamento é agora questionada por um novo florescimento do pensamento feminista. Ela pergunta quais podem ser as implicações dessa mudança, não apenas para os

A mulher deve escrever sobre si própria e levar mulheres a escrever.
Hélène Cixous

sistemas filosóficos, mas também para as instituições sociais e políticas. No entanto, a própria Cixous recusa o jogo de repropor oposições binárias, de vencedores e vencidos, como um sistema estrutural ao pensamento. Em vez disso, evocou a imagem de "milhões de espécies de toupeiras até hoje não reconhecidas", escavando sob os edifícios de nossa visão de mundo. O que acontecerá quando esses edifícios começarem a ruir? Cixous não diz. Ela apenas adverte que não podemos fazer suposições: a única coisa que podemos fazer é esperar e ver. ∎

Ver também: Mary Wollstonecraft 175 ▪ Simone de Beauvoir 276-277 ▪ Jacques Derrida 308-313 ▪ Julia Kristeva 323 ▪ Martha Nussbaum 339

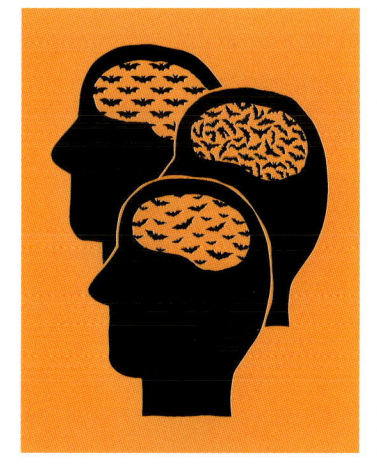

COMO É SER UM MORCEGO?

THOMAS NAGEL (1937-)

EM CONTEXTO

ÁREA
Filosofia da mente

ABORDAGEM
Consciência subjetiva

ANTES
1690 Em seu *Ensaio acerca do entendimento humano*, John Locke define consciência como "a percepção do que se passa na mente do homem".

1890 William James descreve a consciência como uma "corrente de pensamento" contínua.

DEPOIS
1982 Frank Jackson compara o conhecimento objetivo e a experiência subjetiva com um experimento mental que envolve uma pessoa confinada a um mundo monocromático, mas que conhece a natureza física da cor.

1995 David Chalmers identifica o "problema difícil da consciência", a questão do papel dos qualia.

A consciência, mesmo sendo um conceito familiar, é notoriamente difícil de definir. Os filósofos se dividem em suas ideias sobre o que constitui a consciência: alguns adotam a abordagem reducionista, explicando-a como um fenômeno puramente físico resultante da atividade cerebral; outros, como Thomas Nagel, apontam para sua natureza essencialmente subjetiva, nossa apreensão individual de experiências e sensações conscientes, ou qualia.

Em um artigo curiosamente intitulado *What is it like to be a bat?* (*Como é ser um morcego?*), Nagel identificou a sensação de como é ser algo como a essência da consciência. Usando a capacidade do morcego de voar por ecolocalização como exemplo, ele propôs que nos perguntemos como é ser um morcego. Se criássemos um mecanismo que nos permitisse voar como um morcego e um dispositivo eletrônico para imitar a ecolocalização, conseguiríamos obter a experiência de como é ser um morcego? Nagel argumentou que poderíamos descobrir como é *para nós* ser um morcego, mas não como é *para o morcego*.

Sem mencionar especificamente os qualia, Nagel definiu a consciência em termos de como ela é. Esse tipo de experiência é necessariamente subjetivo, acessível apenas para a pessoa ou o organismo que a vive. Nagel concluiu que, portanto, se consciência e experiência são sinônimos, a primeira é um fenômeno subjetivo e não pode ser explicada em termos puramente objetivos e físicos. ■

Nagel nos convidou a imaginar que podemos voar e caçar como um morcego. Descobriremos então como é ser um morcego? Não. Limitada por nossa consciência, nossa experiência sempre será subjetiva.

Ver também: William James 206-209 ■ Daniel Dennett 329

QUEM REPRESENTA DEUS NO FEMINISMO DE HOJE?

JULIA KRISTEVA (1941-)

EM CONTEXTO

ÁREA
Filosofia política

ABORDAGEM
Feminismo

ANTES
1792 *A vindication of the rights of woman*, de Mary Wollstonecraft, inicia um debate sério sobre a natureza dos papéis que as mulheres estão condicionadas a desempenhar na sociedade.

1807 Georg W. F. Hegel explora a dialética entre "mestre" e "escravo" na *Fenomenologia do espírito*.

1949 *O segundo sexo*, de Simone de Beauvoir, torna-se rapidamente um texto importante no movimento feminista francês.

DEPOIS
1997 Em *Imposturas intelectuais*, os físicos Alan Sokal e Jean Bricmont criticam o mau uso da linguagem científica por Kristeva.

A filósofa e psicanalista nascida na Bulgária Julia Kristeva é, com frequência, considerada uma das principais vozes do feminismo francês. No entanto, a questão sobre se, ou de que modo, Kristeva é uma pensadora feminista está sujeita a considerável debate. Isso porque, para Kristeva, a própria noção de feminismo é problemática. O feminismo surgiu do conflito que as mulheres tiveram com as estruturas associadas com o domínio ou poder masculino. Por causa dessas raízes, Kristeva adverte, o feminismo tende a manter algumas das mesmas pressuposições centradas no masculino que busca questionar.

Se o movimento feminista quer compreender inteiramente seus objetivos, Kristeva acredita que para isso é essencial mais autocrítica. Ela adverte que, ao lutar contra o que ela chama de "princípio de poder" de um mundo dominado pelo masculino, o feminismo corre o risco de adotar apenas outra forma desse princípio. Kristeva está convencida de que, para qualquer movimento alcançar a verdadeira emancipação, ele deve questionar constantemente sua relação com o poder e os sistemas sociais estabelecidos – e, se necessário, "renunciar à crença na sua própria identidade". Se o feminismo fracassar nesses passos, Kristeva teme que o movimento corra o perigo de se transformar apenas numa tendência a mais no atual jogo de poder. ∎

Margaret Thatcher, como muitas mulheres que galgaram uma posição de grande poder, incorporou a sua imagem pública os conceitos masculinos clássicos de força e autoridade.

Ver também: Mary Wollstonecraft 175 ▪ Georg W. F. Hegel 178-185 ▪ Simone de Beauvoir 276-277 ▪ Hélène Cixous 326 ▪ Martha Nussbaum 347

A CONSCIÊNCIA HUMANA É PRATICAMENTE O ÚNICO MISTÉRIO QUE RESTOU

DANIEL DENNETT (1942-2024)

EM CONTEXTO

ÁREA
Filosofia da mente

ABORDAGEM
Fisicalismo

ANTES
1949 Gilbert Ryle rejeita o conceito de uma mente separada do corpo físico como o "fantasma na máquina".

1974 Thomas Nagel descreve a consciência como a experiência subjetiva de sentir como é ser algo.

DEPOIS
1992 John Searle afirma que os processos físicos do cérebro originam a sensação subjetiva da consciência.

Desde que Descartes propôs sua teoria do dualismo mente-corpo, a filosofia da mente se divide entre aqueles que aceitaram a ideia e os fisicalistas, que defendem que não há nada além do físico.

A divisão se concentra principalmente na questão da consciência. A natureza subjetiva da consciência parece sugerir a existência de algo além do físico, e os qualia – momentos em que se sente como é experimentar as coisas – têm sido usados como evidência para refutar a ideia do fisicalismo.

Por outro lado, Daniel Dennett adotou uma postura fortemente fisicalista, explicando tais sensações subjetivas como o resultado dos processos físicos, e até mesmo descartando a noção de qualia como uma forma obscura e confusa de descrever "algo que não poderia ser mais familiar para cada um de nós: o modo como as coisas parecem para nós". Em vez disso, ele comparou o funcionamento da mente ao software de um sistema de processamento de informações, sendo o cérebro seu hardware. Esse sistema recebe várias

A mente é
o efeito,
não a causa.
Daniel Dennett

entradas sensoriais, que são interpretadas pelo cérebro para criar sensações de dor, prazer, sabor, cor e assim por diante. Com o tempo, essas sensações são revisadas e editadas pelo cérebro para compilar uma espécie de narrativa, que vivenciamos como consciência.

Essa explicação fisicalista da consciência oferece um argumento para a possibilidade de uma inteligência artificial (IA) forte: uma máquina com os mesmos recursos do cérebro humano poderia experimentar estados mentais e consciência da mesma forma que nós. ∎

Ver também: René Descartes 116-123 ▪ Thomas Nagel 327 ▪ Willard Van Orman Quine 278-279 ▪ Alan Turing 302

A FILOSOFIA NÃO É APENAS UM EMPREENDIMENTO ESCRITO

HENRY ODERA ORUKA (1944-1995)

EM CONTEXTO

ÁREA
Metafilosofia

ABORDAGEM
Etnografia

ANTES
600-400 A.C. Pensadores gregos como Tales, Pitágoras e Platão passam pelo Egito, África, então um centro de estudo filosófico no mundo antigo.

DEPOIS
Século XX Após o declínio do poder colonial europeu, a filosofia africana começa a florescer no continente. O desenvolvimento da antropologia e da etnografia também leva a uma compreensão mais profunda das tradições nativas do pensamento na África.

Final do século XX O filósofo ganês Kwasi Wiredu argumenta que a sagacidade filosófica e a sabedoria popular devem ser diferenciadas da própria filosofia.

Henry Odera Oruka nasceu no Quênia, em 1944, e se interessou por metafilosofia, ou filosofar sobre filosofia. Em sua obra *Sage philosophy* (*Filosofia sábia*, 1994), examinou por que a filosofia na África subsaariana muitas vezes foi esquecida e concluiu que é porque se trata de uma tradição primordialmente oral, enquanto os

Para Oruka, a filosofia atribuiu mais importância a pensamentos de algumas determinadas raças. Mas as máximas dos sábios africanos merecem tanta deferência quanto as dos antigos gregos.

filósofos em geral tendem a trabalhar com textos escritos. Algumas pessoas alegam que a filosofia está conectada com registros escritos, do que Oruka discordava.

A fim de explorar a filosofia dentro das tradições orais da África, Oruka propôs uma abordagem que chamou de "sagacidade filosófica". Tomou emprestada a abordagem etnográfica da antropologia, em que as pessoas são observadas em seus ambientes cotidianos, com seus pensamentos e ações registrados no contexto. Oruka viajou para vilas e registrou conversas com pessoas consideradas sábias pela comunidade local. Seu objetivo era descobrir se elas tinham uma visão sistemática que sustentasse suas perspectivas. Aqueles sábios que haviam examinado de maneira crítica suas ideias sobre temas filosóficos tradicionais, como Deus ou liberdade, e encontrado uma base racional para elas, podiam, acreditava Oruka, ser considerados sábios filosóficos. Essas visões sistemáticas merecem ser exploradas à luz de relações e questões filosóficas mais amplas. ∎

Ver também: Sócrates 46-49 ▪ Friedrich Schlegel 177 ▪ Jacques Derrida 312-317

NO SOFRIMENTO, OS ANIMAIS SÃO NOSSOS IGUAIS

PETER SINGER (1946-)

EM CONTEXTO

ÁREA
Ética

ABORDAGEM
Utilitarismo

ANTES
c.560 a.C. O sábio indiano e líder jainista Mahavira advoga o vegetarianismo estrito.

1789 Jeremy Bentham explica a teoria de utilitarismo em *Uma introdução aos princípios da moral e da legislação*, argumentando que "cada um conta como um, e ninguém como mais de um".

1861 Em *Utilitarismo*, John Stuart Mill desenvolve o conceito de Bentham – de uma abordagem que considera atos individuais para outra que considera regras morais.

DEPOIS
1983 O filósofo norte-americano Tom Regan publica *O caso dos direitos animais*.

O filósofo australiano Peter Singer tornou-se conhecido como um dos mais ativos defensores dos direitos dos animais após a publicação de *Libertação animal*, em 1975. Singer adota uma abordagem utilitarista à ética, seguindo a tradição desenvolvida pelo inglês Jeremy Bentham no final do século XVIII.

O utilitarismo nos convida a julgar o valor moral de um ato por suas consequências. Para Bentham, o modo de fazer isso é calculando a soma de prazer ou dor que resulta de nossas ações, como numa equação matemática.

Seres sencientes

O utilitarismo de Singer é baseado no que ele se refere como uma "consideração igual de interesses". Dor, ele diz, é dor, seja a sua, a minha ou a de qualquer outra pessoa. O âmbito no qual animais não humanos podem sentir dor é o âmbito no qual devemos levar seus interesses em consideração quando tomamos decisões que afetam suas vidas – abstendo-nos de atividades que causem tal dor. No entanto, como todo utilitarista, Singer aplica o "princípio da máxima felicidade possível", que diz que devemos tomar decisões que resultem na máxima felicidade possível para o máximo de pessoas possível. Singer ressalta que nunca disse que experimentos com animais são injustificáveis. Mais exatamente, ele apenas afirma que devemos julgar as ações por suas consequências, e "os interesses dos animais contam entre essas consequências" – eles são parte da equação. ∎

O valor da vida
é uma questão ética
notoriamente difícil.
Peter Singer

Ver também: Jeremy Bentham 174 ▪ John Stuart Mill 190-193

TODAS AS MELHORES ANÁLISES MARXISTAS SÃO SEMPRE ANÁLISES DE UM FRACASSO

SLAVOJ ŽIŽEK (1949-)

EM CONTEXTO

ÁREA
Filosofia política

ABORDAGEM
Marxismo

ANTES
1807 Georg W. F. Hegel publica *Fenomenologia do espírito*, lançando as bases para o pensamento marxista.

1848 Marx e Friedrich Engels publicam *Manifesto comunista*.

1867 Marx publica o primeiro volume de *O capital*, um tratado de economia política.

1899 Em *A interpretação dos sonhos*, o psicanalista Sigmund Freud afirma que muito do comportamento humano é determinado por forças inconscientes.

1966 O teórico psicanalítico Jacques Lacan, uma das maiores influências de Žižek, revisita as ideias de Freud em *Escritos*.

A ideia de que todas as melhores análises marxistas foram tradicionalmente análises do fracasso apareceu numa entrevista com o filósofo esloveno Slavoj Žižek concedida em 2008. Na ocasião, Žižek foi indagado sobre os acontecimentos na Tchecoslováquia em 1968, quando um período de reforma, com vistas à descentralização e à democratização do país, foi brutalmente interrompido pela União Soviética e seus aliados.

A alegação de Žižek é que a aniquilação das reformas tornou-se a coisa mais importante que, mais tarde, sustentou um mito mantido pela esquerda – se elas tivessem ido adiante, o resultado seria algum tipo de paraíso social e político. De acordo com Žižek, os esquerdistas são propensos a remover seus fracassos, porque isso permite que se criem mitos sobre o que teria acontecido caso fossem bem-sucedidos. Žižek diz que tais fracassos permitem à esquerda manter uma "posição moralista segura", uma vez que nunca chega

A invasão soviética da Tchecoslováquia em 1968 extinguiu o curto período de liberalização da "Primavera de Praga". Todos os movimentos pela democracia foram reprimidos até 1989.

ao poder nem é verdadeiramente testada pela ação. Ele descreve essa postura como "confortável posição de resistência" que permite evitar questões reais, tais como reavaliar a natureza da revolução política. Para Žižek, um marxista dedicado, as questões sérias sobre a natureza do poder político são obscurecidas pela eterna tentativa de justificar a intangibilidade da utopia. ■

Ver também: Immanuel Kant 164-171 ▪ Georg W. F. Hegel 178-185 ▪ Karl Marx 196-203 ▪ Martin Heidegger 252-255

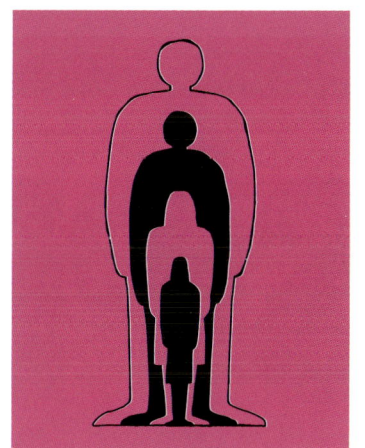

O DOMÍNIO PATRIARCAL COMPARTILHA UMA BASE IDEOLÓGICA COM O RACISMO

BELL HOOKS (1952-2021)

EM CONTEXTO

ÁREA
Filosofia política

ABORDAGEM
Interseccionalidade

ANTES
1949 Em *O segundo sexo*, Simone de Beauvoir argumenta que ninguém nasce mulher, mas se torna uma.

1974 Luce Irigaray estuda o efeito da linguagem relacionada às mulheres em *Speculum of the other woman*.

DEPOIS
1989 Kimberlé Crenshaw usa o termo interseccionalidade para descrever formas sobrepostas de discriminação e opressão.

1990 Em *Problemas de gênero*, Judith Butler descreve o papel da performatividade na teoria queer, destacando a inclusão da orientação sexual no tópico da interseccionalidade.

Aqueles que cresceram nos Estados Unidos nos anos 1960 se viram em um contexto de protestos e ativismo, centrados em movimentos como a segunda onda feminista e a campanha pelos direitos civis. Entre eles, estava uma jovem negra, Gloria Jean Watkins, mais tarde conhecida como bell hooks, cujas ideias foram moldadas pela reação à opressão de mulheres e pessoas negras, e pelo domínio dos homens brancos.

No entanto, por mais importantes que esses movimentos fossem, hooks sentia que não abordavam a situação em que ela, como mulher negra, se encontrava: o feminismo tendia a ser exclusivo para as mulheres brancas e o movimento pelos direitos civis se preocupava principalmente com os direitos dos homens negros, enquanto ela enfrentava discriminação por sua raça, gênero e classe social. Além disso, a fonte era a mesma para cada forma de opressão: um patriarcado de homens capitalistas e brancos, que compartilhavam uma ideologia de dominação privilegiada.

Em seu livro *E eu não sou uma mulher? Mulheres negras e feminismo*, de 1981, hooks descreve o efeito combinado de racismo e sexismo, traçando suas raízes até a época da escravidão. Ao ressaltar o status especialmente baixo das mulheres negras na sociedade americana, ela argumentou que gênero e raça não deveriam ser considerados isoladamente para explicar esse fato.

A conexão que encontrou entre mais de uma forma de opressão pela mesma ideologia patriarcal, unindo raça, gênero e classe social, foi mais tarde chamada de "interseccionalidade". Esse conceito se tornou um fator importante no surgimento da terceira onda feminista e teve grande influência na disciplina emergente da teoria crítica da raça. ∎

Ser oprimido significa a ausência de escolhas.
bell hooks

Ver também: Frantz Fanon 300-301 ▪ William du Bois 234-235 ▪ Michel Foucault 304-305 ▪ Cornel West 347

OUTROS PE

NSADORES

OUTROS PENSADORES

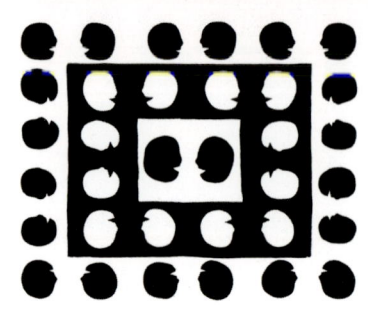

Embora as ideias já apresentadas neste livro mostrem o vasto alcance do pensamento filosófico expresso por algumas das melhores mentes da história, há muito mais pessoas que ajudaram a moldar a história da filosofia. Alguns desses pensadores, como Empédocles, Plotino ou Guilherme de Ockham, tiveram ideias que formaram o ponto de partida para outras teorias mais conhecidas, e sua influência sobre filósofos posteriores é clara. Outros, como Friedrich Schelling ou Gilles Deleuze, partiram da obra de filósofos anteriores e acrescentaram um desvio que lança uma nova luz sobre o tema. Seja qual for sua relação com a história da filosofia, todas as personalidades a seguir contribuíram para ampliar os limites do pensamento filosófico.

ANAXIMANDRO
c.610-546 A.C.

Nascido em Mileto, hoje sudoeste da Turquia, foi pupilo de Tales, o "pai" da filosofia ocidental. Como Tales, julgava que havia uma única substância básica, a partir da qual tudo tinha evoluído. Decidiu que ela devia ser infinita e eterna e a chamou de *apeiron* ("indefinido"). Anaximandro também desafiou a sugestão de Tales de que a Terra era sustentada por um mar, ponderando que esse mar teria de ser sustentado por outra coisa. Sem evidência para essa estrutura de sustentação, declarou que a Terra era um objeto pairando no espaço. Publicou o que se acredita que seja o primeiro mapa do mundo.
Ver também: Tales de Mileto 22-23

ANAXÍMENES DE MILETO
c.585-528 A.C.

Como outros filósofos de Mileto, Anaxímenes buscava o material fundamental a partir do qual o universo tinha sido feito. Ele optou pelo ar, indicando que, exatamente como o ar dá vida ao corpo humano, um tipo universal de ar dá vida ao cosmos. Foi o primeiro pensador de que se tem notícia a usar evidência observada para sustentar suas ideias. Assoprar com lábios franzidos produzia ar frio; com lábios relaxados, ar quente. Ele argumentou que, por consequência, quando algo condensa, esfria; quando expande, se aquece. Do mesmo modo, quando o ar condensa, torna-se visível, primeiro como névoa, depois como chuva e, por fim, ele acreditava, como rocha, dando assim origem à Terra.
Ver também: Tales de Mileto 22-23

ANAXÁGORAS
c.500-428 A.C.

Nascido na Jônia, na costa meridional da atual Turquia, Anaxágoras desempenhou papel-chave na transformação de Atenas em centro mundial da filosofia e da investigação científica. Fundamentais para o seu pensamento foram as concepções sobre o mundo material e a cosmologia. Ele concluiu que tudo no mundo material era composto de uma pequena parte de todo o resto, do contrário não poderia ter se originado. Condenado à morte por impiedade depois de insistir que o sol era uma rocha de fogo, fugiu de Atenas e passou seu anos finais no exílio.
Ver também: Tales de Mileto 22-23

EMPÉDOCLES
c.490-430 A.C.

Empédocles era membro de uma família de elevada posição política na então colônia grega da Sicília. Seu conhecimento sobre o mundo natural levou-o a ser creditado com poderes miraculosos, tais como curar doenças e controlar o clima. Reafirmou a noção de Heráclito de que vivemos num mundo sempre em mutação, em oposição à teoria de Parmênides de que tudo é essencialmente um ente fixo. Acreditava que quatro elementos (fogo, água, terra e ar) continuamente combinavam-se, separavam-se e recombinavam-se num número finito de modos. Essa ideia permaneceu como parte do pensamento ocidental até o período da Renascença europeia.
Ver também: Tales de Mileto 22-23
▪ Heráclito 40 ▪ Parmênides 41

ZENÃO DE ELEIA
c.490-430 A.C.

Pouco se sabe sobre Zenão de Eleia além de seus paradoxos de movimento, citados por Aristóteles. Imagina-se que tenha produzido mais de quarenta paradoxos, embora apenas alguns tenham sobrevivido. Neles, defendeu a alegação de seu mestre Parmênides de que o mundo variado e em mutação percebido à nossa volta não é a realidade (que seria sem movimento, uniforme e simples). O movimento, Zenão acreditava, é uma ilusão dos sentidos. Cada um de seus paradoxos começava a partir da posição que ele desejava refutar (que o movimento, e por conseguinte a mudança, é real), e depois prosseguia revelando as consequências contraditórias que levam à rejeição dessa noção.
Ver também: Heráclito 40 ▪ Parmênides 41 ▪ Aristóteles 56-63

PIRRO
c.360-272 A.C.

Pirro nasceu na ilha jônica de Élis. Exposto à cultura asiática enquanto servia nas campanhas militares de Alexandre, o Grande, foi o primeiro filósofo conhecido a colocar a dúvida no centro do pensamento. Pirro tratou a suspensão de julgamento em relação às crenças como a única reação razoável à falibilidade dos sentidos e ao fato de que ambos os lados de qualquer argumento podem parecer igualmente válidos. Pirro não deixou textos, mas inspirou a escola cética na antiga filosofia grega, que desenvolveu a ideia de que a suspensão da crença leva a uma mente tranquila.
Ver também: Sócrates 46-49 ▪ Al-Ghazâlî 338

PLOTINO
c.205-270 D.C.

Nascido no Egito, estudou em Alexandria, então considerada o eixo intelectual do mundo. Depois mudou-se para Roma, onde ensinou sua versão de platonismo, conhecida como neoplatonismo. Plotino dividiu o cosmos em camadas, com a fonte indefinível de todo ser - o "Uno" - no topo, seguida por Mente, Alma, Natureza e Mundo Material. Ele acreditava em reencarnação e na imortalidade da alma: ao se empenhar pela iluminação, os indivíduos podiam alcançar a união mística com o "Uno" e, então, escapar do ciclo de renascimento. Suas ideias, apresentadas nas *Enéadas*, foram influentes, em especial as que sustentavam o cristianismo, que na época se fixava no Império Romano.
Ver também: Sidarta Gautama 30-33 ▪ Platão 50-55

WANG BI
226-249 D.C.

No ano 220 d.C., a dominante dinastia Han caiu na China, anunciando uma era de confusão moral. O filósofo Wang Bi ajudou a trazer ordem a esse caos ao reconciliar duas escolas de pensamento dominantes. Ele argumentou que os textos taoístas não deviam ser lidos literalmente, mas como obras de poesia, tornando-os assim compatíveis com os práticos ideais confucionistas de sabedoria política e moral. Suas novas avaliações do taoísmo e do confucionismo asseguraram a sobrevivência de ambos e pavimentaram o caminho para a expansão do budismo na China.
Ver também: Lao-Tsé 24-25 ▪ Sidarta Gautama 30-33 ▪ Kong Fuzi 34-39

JÂMBLICO
c.245-325 D.C.

Filósofo neoplatônico sírio, Jâmblico supostamente nasceu numa influente família aristocrática. Fundou uma escola perto da atual Antakya, onde transmitiu um currículo baseado nas ideias de Platão e Aristóteles, embora seja mais conhecido por sua expansão das teorias de Pitágoras, que registrou em *Resumo das doutrinas pitagóricas*. Jâmblico introduziu o conceito da alma personificada na matéria, ambas as quais ele acreditava serem divinas. A salvação, ou o retorno da alma à pura forma imortal, afirmava ele, era alcançada pela realização de rituais religiosos específicos, e não apenas por meio da contemplação de ideias abstratas.
Ver também: Pitágoras 26-29 ▪ Platão 50-55 ▪ Plotino 337

HIPÁTIA DE ALEXANDRIA
c.370-415 D.C.

Hipátia ensinou matemática, astronomia e filosofia no Museu de Alexandria, sucedendo finalmente o pai na direção do museu. Embora intelectual neoplatônica estimada e matemática tão notável quanto pioneira, foi seu martírio que a tornou conhecida. Ela foi assassinada por uma turba de cristãos, que a culpavam pela agitação religiosa resultante do conflito entre seu amigo, o prefeito romano Orestes, e Cirilo, bispo de Alexandria. Nenhuma obra sua sobreviveu, mas credita-se a ela a invenção de um hidrômetro de bronze e do astrolábio plano.
Ver também: Platão 50-55 ▪ Plotino 337

PROCLO LÍCIO
c.412-485 D.C.

Nascido em Constantinopla, sucedeu seu professor platônico Siriano na direção da Academia em Atenas. Seu *Commentary on Euclid* é o principal relato do início do desenvolvimento da geometria grega, e seu *Commentary on Plato's Timaeus* foi descrito como o mais importante texto neoplatônico antigo. Cientista, matemático, advogado e poeta, com um profundo interesse em religião, se tornaria uma influência sobre vários pensadores, tanto nas escolas islâmicas medievais quanto nas escolas cristãs de filosofia.

Ver também: Platão 50-55 ▪ Boécio 74-75 ▪ Tomás de Aquino 88-95

JOÃO FILOPONO
490-570 D.C.

Quase nada se sabe sobre o começo da vida de Filopono, exceto que estudou em Alexandria com o aristotélico Ammonius Hermiae. Filósofo e cientista natural, Filopono usou métodos de investigação moldados por crenças cristãs. Ao argumentar que o universo teve um início absoluto, provocado por Deus, tornou-se o primeiro crítico sério de Aristóteles, abrindo linhas de investigação que influenciariam futuros cientistas, em especial o astrônomo italiano Galileu Galilei. Impopular entre seus colegas, desistiu da filosofia e voltou-se para a teologia, causando novamente controvérsia ao sugerir que a Trindade não era um, mas três Deuses separados.

Ver também: Aristóteles 56-63 ▪ Tomás de Aquino 88-95

AL-KINDÎ
801-873 D.C.

O polímata Al-Kindî foi um dos primeiros estudiosos a introduzir as ideias da antiga Grécia no mundo islâmico. Trabalhou na Casa da Sabedoria de Bagdá, onde supervisionou a tradução de textos clássicos para o árabe. Escreveu sobre uma variedade de temas, em especial psicologia e cosmologia, misturando sua própria abordagem neoplatônica com a autoridade do argumento aristotélico. Tinha interesse especial na compatibilidade entre filosofia e teologia islâmica, e muitas de suas obras dizem respeito à natureza de Deus e da alma humana, assim como do conhecimento profético.

Ver também: Al-Fârâbî 338 ▪ Ibn Sînâ 76-79 ▪ Ibn Rushd 82-83

JOHANNES SCOTUS ERIUGENA
c.815-877 D.C.

Seu nome latino é com frequência traduzido como João, o Escocês, mas o teólogo e filósofo Johannes Scotus Eriugena era irlandês: em latim medieval, Irlanda era "Scotia". Ele argumentava que não havia conflito entre conhecimento derivado da razão e conhecimento a partir da revelação divina. Começou até a demonstrar que toda doutrina cristã tinha, de fato, uma base racional. Isso o levou a entrar em conflito com a Igreja, com base no fato de que suas teorias tornavam redundantes tanto a revelação quanto a fé. A defesa de Eriugena foi que a razão é o juiz de toda autoridade e que precisamos interpretar a revelação.

Ver também: Platão 50-55 ▪ Santo Agostinho 72-73

AL-FÂRÂBÎ
c.872-950 D.C.

É controverso se Al-Fârâbî nasceu no que hoje é o Irã ou o Cazaquistão. O certo é que em 901 chegou em Bagdá, onde passou grande parte da vida. Embora neoplatônico, também foi influenciado por Aristóteles e escreveu sobre sua obra, assim como sobre outros temas, incluindo medicina, ciência e música. Considerava a filosofia uma vocação dada por Alá e a única rota para o verdadeiro conhecimento. Ele disse que os filósofos têm o dever de guiar as pessoas em todas as questões da vida diária: em *Medina al-fadila* (As ideias dos cidadãos da cidade virtuosa), descreveu uma utopia platônica governada por profetas-filósofos.

Ver também: Aristóteles 56-63 ▪ Ibn Sînâ 76-79 ▪ Ibn Rushd 82-83

AL-GHAZALI
c.1058-1111

Nascido no atual Irã, Al-Ghazali dirigiu a prestigiosa escola Nizamiyyah, em Bagdá, de 1092 a 1096, onde escreveu *Maqasid al-Falasifa* (Opiniões dos filósofos), que explica a visão neoplatônica e aristotélica de estudiosos islâmicos. Suas palestras deram-lhe fama e riqueza, mas depois de concluir que a verdade provém da fé e das práticas místicas, e não da filosofia, abandonou o cargo de professor e os bens para se tornar um pregador sufi andarilho. Chegou a acreditar que todas as ligações causais entre os acontecimentos só eram possíveis por causa da vontade de Deus.

Ver também: Aristóteles 56-63 ▪ Ibn Sînâ 76-79 ▪ Ibn Rushd 82-83 ▪ Moisés Maimônides 84-85

PEDRO ABELARDO
1079-1142

Lembrado menos por sua filosofia do que por seu trágico romance com a aluna Heloísa, Pedro Abelardo foi, apesar disso, um pensador notável. Aluno brilhante, frequentou a Escola da Catedral de Notre Dame e tornou-se um professor carismático. Aos 22 anos montou sua própria escola e acabou tornando-se diretor da Notre Dame em 1115. Renomado pela habilidade no argumento, Abelardo resistiu à crença popular nas formas universais, herdadas de Platão, declarando que termos como "carvalho" são apenas palavras que não denotam nada real sobre os vários carvalhos específicos que existem.
Ver também: Platão 50-55 ▪ Aristóteles 56-63 ▪ Boécio 74-75 ▪ Guilherme de Ockham 340

ROBERT GROSSETESTE
1175-1253

A inteligência formidável de Grosseteste (oriundo de uma pobre família camponesa inglesa) foi percebida pelo prefeito de Lincoln, que providenciou sua educação. Evidências indicam que estudou na Universidade de Oxford e em Paris, antes de unir-se ao clero e tornar-se bispo de Lincoln. Crítico sincero da Igreja de sua época, é conhecido pelo pensamento científico. Foi um dos primeiros filósofos medievais a entender o caminho duplo do raciocínio científico de Aristóteles: generalizando a partir de observações particulares até uma lei universal e, então, de volta, das leis universais ao prognóstico do particular.
Ver também: Aristóteles 56-63

IBN BAJJA
c.1095-1138

Conselheiro político, poeta, cientista e filósofo, Ibn Bajja foi um dos grandes pensadores da Espanha moura. Nascido em Saragoça, ele usou as ideias de Platão e Aristóteles em seus tratados e influenciou Ibn Rushd. Começou a mostrar a compatibilidade entre razão e fé, afirmando que o caminho do verdadeiro conhecimento (e, portanto, da iluminação e de uma ligação com o divino) vinha apenas do pensar e do agir racionalmente. Mas, advertiu, cada indivíduo deve fazer sua própria jornada rumo à iluminação. Se o iluminado tenta passar sua própria sabedoria aos outros, corre o risco de contaminação pelo ignorante.
Ver também: Platão 50-55 ▪ Aristóteles 56-63 ▪ Ibn Rushd 82-83

RAMON LLULL
1232-1316

Educado na corte real de Maiorca, Llull desenvolveu uma versão mística de neoplatonismo. Após uma visão de Cristo, ingressou na ordem franciscana e trabalhou como missionário no norte da África. Convencido de que o argumento racional poderia persuadir muçulmanos e judeus a se converterem ao cristianismo, escreveu *Ars magna*. Na obra, utilizou um complexo raciocínio para gerar diferentes combinações dos princípios básicos de todas as religiões monoteístas, com esperanças de demonstrar as verdades do cristianismo. Estava convencido de que, se todos professassem uma fé, todo conhecimento humano se combinaria num sistema único.
Ver também: Platão 50-55 ▪ Santo Anselmo 80-81 ▪ Meister Eckhart 339

MEISTER ECKHART
c.1260-1327

Pouco se sabe sobre o começo da vida do teólogo alemão Meister Eckhart, exceto que estudou em Paris, ingressou na ordem dominicana e teve vários cargos administrativos e de ensino na Europa. Seguidor de Tomás de Aquino, é mais conhecido por seus vívidos sermões, que falavam sobre a presença de Deus dentro da alma humana, e pelo imaginário místico de sua prosa. Foi acusado de heresia, e em seu julgamento reconheceu que a linguagem florida e emotiva que usava para inspirar seus ouvintes podia tê-lo desviado da trilha da ortodoxia. Julga-se que morreu antes do anúncio do veredito.
Ver também: Santo Anselmo 80-81 ▪ Tomás de Aquino 88-95 ▪ Ramon Llull 339 ▪ Nicolau de Cusa 96

JOHN DUNS SCOT
c.1266-1308

Duns Scot, frei franciscano, estava entre os mais influentes filósofos medievais. Nascido na Escócia, lecionou na Universidade de Oxford e, depois, em Paris. Seus argumentos eram famosos por causa do rigor e da complexidade. Argumentou contra Tomás de Aquino que os atributos, quando aplicados a Deus, conservam o mesmo significado de quando são usados em relação aos objetos comuns. Na questão dos universais, afirmava que podemos perceber o particular diretamente, sem a assistência dos conceitos gerais. Também afirmava que o conhecimento pode ser adquirido por meio do uso dos sentidos, sem a necessidade de "iluminação" divina.
Ver também: Platão 50-55 ▪ Aristóteles 56-63 ▪ Tomás de Aquino 88-95

GUILHERME DE OCKHAM
c.1285-1347

O teólogo e filósofo inglês Guilherme de Ockham estudou e lecionou em Oxford. Era frei franciscano e foi excomungado por afirmar que o papa não tinha autoridade para exercer o poder temporal. Tornou-se mais conhecido por estudantes de filosofia por causa do princípio que leva seu nome: a navalha de Ockham, que afirma que a melhor explicação sobre algo é sempre a mais simples. Pela defesa da ideia de que os universais são abstrações a partir da experiência do particular é considerado um precursor do empirismo britânico, movimento iniciado no século XVII por John Locke.

Ver também: Platão 50-55 ▪ Aristóteles 56-63 ▪ Francis Bacon 110-111 ▪ John Locke 130-133

NICOLAU DE AUTRECOURT
c.1298-1369

Nascido perto de Verdun, França, estudou teologia na Sorbonne, em Paris. De maneira incomum para um filósofo do período medieval, explorou a lógica do ceticismo, concluindo que a verdade e a verdade de sua contradição não são logicamente compatíveis, de modo que a verdade absoluta, ou conhecimento, e as ligações causais entre acontecimentos ou reações não podem ser revelados exclusivamente pela lógica. Em 1346, o papa Clemente VI condenou suas ideias como heréticas, ordenando que Autrecourt renegasse suas declarações e que seus livros fossem queimados em público. Com exceção de *Universal treatise* e algumas cartas, pouco de sua obra sobreviveu.

Ver também: Pirro 337 ▪ Al-Ghazâlî 338 ▪ David Hume 148-153

MOSES BEN JOSHUA
MORTO EM c.1362

Moses ben Joshua, também conhecido como Moisés de Narbonne, foi um filósofo e médico judeu. Nascido em Perpignan, na região catalã da França, mudou-se depois para a Espanha. Acreditava que o judaísmo era um guia para o mais elevado grau de verdade. Também afirmou que a Torá (primeira parte da bíblia hebraica e base da lei judaica) tinha dois níveis de significado: o literal e o metafísico, este último inacessível ao leigo.

Ver também: Ibn Rushd 82-83 ▪ Moisés Maimônides 84-85

GIOVANNI PICO DELLA MIRANDOLA
1463-1494

Pico della Mirandola foi membro da Academia Platônica em Florença e é mais conhecido pelo *Discurso sobre a dignidade do homem*, que dizia que o potencial do indivíduo era ilimitado, sendo as únicas restrições autoimpostas. Foi escrito como introdução para *Novecentas teses*, seu compêndio de progresso intelectual, no qual quis reconciliar os pensamentos platônico e aristotélico. Objeções papais à inclusão dos méritos do paganismo levaram Mirandola a ser preso por um curto período, depois do qual foi forçado a deixar a França.

Ver também: Platão 50-55 ▪ Aristóteles 56-63 ▪ Erasmo de Roterdã 97

FRANCISCO DE VITORIA
1480-1546

Frei dominicano, Francisco de Vitoria foi seguidor de Tomás de Aquino e fundador da Escola de Salamanca.

Chamado de "pai da lei internacional", é conhecido por desenvolver um código para as relações internacionais. Cresceu na época da unificação espanhola e da colonização das Américas. Embora não argumentasse contra o direito da Espanha de construir um império, julgava que o cristianismo não devia ser imposto aos nativos da América do Sul e que eles tinham direito a propriedade e governo próprio.

Ver também: Tomás de Aquino 88-95

GIORDANO BRUNO
1548-1600

O astrônomo e pensador Giordano Bruno foi influenciado por Nicolau de Cusa e o *Corpus hermeticum* – conjunto de tratados ocultos que se acreditava, na época, ter existido antes da antiga filosofia grega. De Von Kues ele adotou a ideia de universo infinito, no qual nosso sistema solar é apenas um entre vários que mantêm vida inteligente. Deus, dizia Bruno, é parte de um universo, não separado dele, composto de "mônadas" ou átomos animados. Tais ideias, e seu interesse em astrologia e magia, levaram-no a ser condenado por heresia e queimado na fogueira.

Ver também: Nicolau de Cusa 96 ▪ Gottfried Leibniz 134-135

FRANCISCO SUÁREZ
1548-1617

Nascido em Granada, Espanha, o filósofo jesuíta Francisco Suárez escreveu sobre vários temas, mas é mais conhecido pelos textos sobre metafísica. Na controvérsia sobre formas universais que dominou grande parte da filosofia da época, defendeu que apenas o particular existia. Suárez também sustentava que entre os dois tipos de conhecimento divino de Tomas de Aquino (o conhecimento do que é real e o conhecimento do que é possível) existe o "conhecimento intermediário". Ele acreditava que Deus tem "conhecimento intermediário" de todas as nossas ações - sem esse significado do que Deus as fez acontecer ou que elas são inevitáveis.

Ver também: Platão 50-55 ▪ Aristóteles 56-63 ▪ Tomás de Aquino 88-95

BERNARD MANDEVILLE
c.1670-1733

Bernard Mandeville foi um filósofo, satirista e médico holandês que fez de Londres o seu lar. Sua obra mais conhecida, *A fábula das abelhas* (1729), fala sobre uma colmeia cujas laboriosas abelhas subitamente tornam-se virtuosas, param de trabalhar e vão viver calmamente numa árvore próxima. O argumento central é que o único meio pelo qual qualquer sociedade pode progredir é por meio do vício, e que as virtudes são mentiras empregadas pela elite governante para dominar as classes inferiores. O crescimento econômico, afirmou Mandeville, origina-se apenas da capacidade individual para satisfazer a cobiça. Suas ideias são consideradas como precursoras das teorias de Adam Smith no século XVIII.

Ver também: Adam Smith 160-163

JULIEN OFFRAY DE LA METTRIE
1709-1751

Julien Offray de la Mettrie nasceu na Bretanha. Estudou medicina e serviu como médico no exército. Os

sentimentos ateístas expressos numa tese publicada em 1745, afirmando que as emoções são o resultado de mudanças físicas no corpo, causaram ultraje, forçando-o a fugir da França para a Holanda. Em 1747, publicou *O homem-máquina*, no qual expandiu suas ideias materialistas e rejeitou a teoria de Descartes de que mente e corpo são separados. A recepção à obra forçou-o a fugir novamente, dessa vez para Berlim.

Ver também: Thomas Hobbes 112-115 ▪ René Descartes 116-123

NICOLAS DE CONDORCET
1743-1794

Nicolas, marquês de Condorcet, foi um expoente precoce da tradição francesa de abordar as questões morais e políticas a partir da perspectiva matemática. Sua fórmula famosa, conhecida como Paradoxo de Condorcet, atraiu atenção para um paradoxo no sistema de votação ao mostrar que as preferências majoritárias tornam-se intransitivas quando há mais de três candidatos. Como pensador liberal, defendia direitos iguais e educação gratuita para todos, incluindo mulheres. Teve papel-chave na Revolução Francesa, mas, tachado de traidor por se opor à execução de Luís XVI, morreu na prisão.

Ver também: Descartes 116-123 ▪ Voltaire 146-147 ▪ Jean-Jacques Rousseau 154-159

JOSEPH DE MAISTRE
1753-1821

Nascido na região francesa de Savoy, então parte do reino da Sardenha, Joseph de Maistre foi advogado e filósofo político. Era senador quando a invasão do exército revolucionário

francês a Savoy, em 1792, o forçou a fugir. Tornou-se um apaixonado contrarrevolucionário. A humanidade era inerentemente fraca e pecadora, declarou, e os poderes duais de monarquia e Deus eram essenciais para a ordem social. Em *Do papa* (1819), De Maistre argumentou que o governo deve ficar nas mãos de uma única figura da autoridade, idealmente ligada à religião, como o papa.

Ver também: Edmund Burke 172-173

FRIEDRICH SCHELLING
1775-1854

Schelling começou como teólogo, mas, inspirado pelas ideias de Kant, voltou-se para a filosofia. Nasceu no sul da Alemanha, estudou com Georg W. F. Hegel em Tübingen e lecionou nas universidades de Jena, Munique e Berlim. Cunhou o termo "idealismo absoluto" para sua concepção da natureza como um processo evolucionário, contínuo, dirigido pelo *Geist*, ou espírito. Defendeu que toda natureza, tanto a mente quanto a matéria, está envolvida em um único processo orgânico contínuo, e que as descrições puramente mecanicistas da realidade são inadequadas. A consciência humana é a natureza consciente, então na forma de uma pessoa, a natureza chegou a um estado de autoconsciência.

Ver também: Bento de Espinoza 126-129 ▪ Immanuel Kant 164-171 ▪ Johann Gottlieb Fichte 176 ▪ Georg W. F. Hegel 178-185

AUGUSTE COMTE
1798-1857

O pensador francês Auguste Comte é famoso por sua teoria de evolução intelectual e social, que divide o progresso humano em três estágios principais. O estágio mais antigo, o teológico, representado pelo período medieval na Europa, é caracterizado pela crença no sobrenatural. Este deu lugar ao estágio metafísico, no qual a especulação sobre a natureza da realidade evoluiu. Finalmente, veio a era "positivista" (que Comte testemunhava, pois ela emergia na época em que estava escrevendo), com uma atitude genuinamente científica, baseada nas regularidades observáveis. Comte acreditava que esse positivismo ajudaria a criar uma nova ordem social, reparando o caos gerado pela Revolução Francesa.

Ver também: John Stuart Mill 190- -193 ▪ Karl Marx 196-203

RALPH WALDO EMERSON
1803-1882

Nascido em Boston, o poeta americano Ralph Waldo Emerson foi também um filósofo famoso. Inspirado pelo movimento romântico, acreditava na unidade da natureza, sendo cada partícula de matéria e cada mente individual um microcosmo do universo inteiro. Emerson foi famoso por suas palestras públicas, que incitavam à rejeição da conformidade social e da autoridade tradicional. Emerson defendia a integridade pessoal e a autossuficiência como os únicos imperativos morais, enfatizando que todo ser humano tem o poder de moldar seu próprio destino.

Ver também: Henry David Thoreau 204 ▪ William James 206-209 ▪ Friedrich Nietzsche 214-221

HENRY SIDGWICK
1838-1900

O filósofo moral inglês Henry Sidgwick ensinou no Trinity College, Cambridge. Em sua obra principal, *Os*

Métodos da Ética (1874), explorou os problemas do livre-arbítrio ao examinar os princípios intuitivos da conduta. A busca pelo prazer, afirmou, não exclui o altruísmo, ou proporcionar prazer aos outros - pois proporcionar o prazer alheio é, em si, um prazer. Filantropo liberal e defensor dos direitos das mulheres á educação, Sidgwick foi influente na fundação de Newnham, a primeira faculdade para alunas em Cambridge.

Ver também: Jeremy Bentham 174 ▪ John Stuart Mill 190-193

FRANZ BRENTANO
1838-1917

Nascido na Rússia, o filósofo Franz Brentano é mais conhecido por estabelecer a psicologia como uma disciplina em si. Inicialmente um sacerdote, não foi capaz de reconciliar-se com o conceito da infalibilidade papal e abandonou a Igreja em 1873. Brentano acreditava que os processos mentais não eram passivos, mas deviam ser vistos como atos intencionais. Sua obra mais reconhecida é *Psicologia do ponto de vista empírico*. Com sua publicação, em 1874, ofereceram-lhe um cargo de professor na Universidade de Viena, onde lecionou e inspirou muitos alunos ilustres, incluindo o fundador da psicanálise, Sigmund Freud.

Ver também: Edmund Husserl 224- -225

GOTTLOB FREGE
1848-1925

Professor de matemática na Universidade de Jena, o filósofo alemão Gottlob Frege foi um pioneiro da tradição analítica na filosofia. Sua primeira grande obra, *Begriffsschrift*

("Notação conceitual", 1879) e *Os fundamentos da aritmética* (1884) revolucionaram a lógica filosófica, permitindo que a disciplina se desenvolvesse rapidamente. Em *Sobre sentido e referência* (1892), ele mostrou que as sentenças são significativas por duas razões: por ter algo a que se referir e pelo modo único como essa referência é feita.

Ver também: Bertrand Russell 236- -239 ▪ Ludwig Wittgenstein 246-251 ▪ Rudolf Carnap 257

ALFRED NORTH WHITEHEAD
1861-1947

Matemático inglês, Alfred North Whitehead teve uma influência significativa na ética, metafísica e filosofia da ciência. Com seu ex-aluno Bertrand Russell escreveu o estudo que foi um marco na lógica matemática, *Principia mathematica* (1910-13). Em 1924, aos 63 anos, aceitou a cadeira de filosofia em Harvard, Estados Unidos. Lá, desenvolveu o que se tornou conhecido como filosofia do processo, baseada na sua convicção de que as categorias filosóficas tradicionais eram inadequadas para lidar com as interações entre matéria, espaço e tempo, e que "o órgão vivo, ou experiência, é o corpo vivo como um todo", e não apenas o cérebro.

Ver também: Russell 236-239 ▪ Willard Van Orman Quine 278-279

NISHIDA KITARO
1870-1945

O filósofo japonês Nishida Kitaro estudou taoísmo e confucionismo na escola e filosofia ocidental na Universidade de Tóquio. Lecionou na Universidade de Kyoto, onde estabeleceu a filosofia ocidental como objeto de estudo no Japão. Fundamental ao seu pensamento é a "lógica do lugar", planejada para superar a tradicional oposição ocidental entre sujeito e objeto pela "experiência pura" do zen budismo, no qual distinções entre conhecedor e coisa conhecida, eu e o mundo, são esquecidas.

Ver também: Lao-Tsé 24-25 ▪ Sidarta Gautama 30-33 ▪ Kong Fuzi 34-39 ▪ Hajime Tanabe 244-245

ERNST CASSIRER
1874-1945

Nascido em Breslau, na atual Polônia, o filósofo alemão Ernst Cassirer trabalhou na Universidade de Berlim e, depois, em Hamburgo, onde teve acesso à vasta coleção de estudos sobre culturas tribais e mitos da Biblioteca Warburg. Eles iriam compor sua obra principal, *Filosofia das formas simbólicas* (1923-1929), na qual incorporou o pensamento mítico a um sistema filosófico similar ao de Immanuel Kant. Em 1933, saiu da Europa para escapar da ascensão do nazismo, continuando seu trabalho na América e depois na Suécia.

Ver também: Immanuel Kant 164-171 ▪ Martin Heidegger 252-255

GASTON BACHELARD
1884-1962

O filósofo francês Gaston Bachelard estudou física antes de migrar para a filosofia. Lecionou na Universidade de Dijon, tornando-se mais tarde o primeiro professor de história e filosofia das ciências na Sorbonne, em Paris. Seu estudo sobre os processos de pensamento abrange o simbolismo dos sonhos e a fenomenologia da imaginação. Contestou a visão de Auguste Comte de que o avanço científico era contínuo, afirmando que a ciência, muitas vezes, move-se por desvios na perspectiva histórica, permitindo novas interpretações de velhos conceitos.

Ver também: Auguste Comte 341 ▪ Thomas Kuhn 293 ▪ Michel Foucault 304-305

ERNST BLOCH
c.1885-1977

Filósofo alemão marxista, Ernst Bloch produziu uma obra que foca na possibilidade de um mundo humanista utópico, livre de exploração e opressão. Durante a Primeira Guerra Mundial, refugiou-se na Suíça, e em 1933 fugiu dos nazistas, acabando nos Estados Unidos. Lá começou sua obra principal, *O princípio da esperança* (1947). Após a Segunda Guerra, lecionou em Leipzig, mas, com a construção do Muro de Berlim em 1961, buscou asilo na Alemanha Ocidental. Embora ateu, Bloch acreditava que a visão místico-religiosa do paraíso na terra é alcançável.

Ver também: Georg W. F. Hegel 178-185 ▪ Karl Marx 196-203

GILBERT RYLE
1900-1976

Nascido em Brighton, na costa meridional da Inglaterra, Gilbert Ryle estudou e lecionou na Universidade de Oxford. Acreditava que muitos problemas da filosofia surgiam do abuso da linguagem. Mostrou que, com frequência, admitimos que expressões que funcionam gramaticalmente de maneira similar são integrantes da mesma categoria lógica. Tais "equívocos de categoria", afirmou, são a causa de muita confusão filosófica: uma atenção meticulosa em relação à função subjacente da linguagem comum é o modo de superar problemas filosóficos.

Ver também: Thomas Hobbes 112-115 ▪ Ludwig Wittgenstein 246-251 ▪ Daniel Dennett 329

MICHAEL OAKESHOTT
1901-1990

Michael Oakeshott foi um filósofo e teórico político britânico. Lecionou nas universidades de Cambridge e Oxford, antes de se tornar professor de ciência política na London School of Economics. Obras como *On being conservative* (1956) e *Rationalism in politics and other essays* (1962) cimentaram sua fama como teórico político. Teve influência importante na política do partido conservador no final do século XX. No entanto, sua obra desafia a categorização, visto que com frequência revisava suas posições.

Ver também: Edmund Burke 172-173 ▪ Georg W. F. Hegel 178-185

AYN RAND
1905-1982

A escritora e filósofa Ayn Rand nasceu na Rússia, mas mudou-se para os Estados Unidos em 1926. Estava trabalhando como roteirista quando seu romance *A nascente* (1943), a história de um homem ideal, tornou-a famosa. Ela fundou o objetivismo, que desafia a ideia de que o dever moral das pessoas é viver para os outros. A realidade existe como um objetivo absoluto e o raciocínio individual é sua maneira de encará-la.

Ver também: Aristóteles 56-63 ▪ Adam Smith 160-163

SIMONE WEIL
1909-1943

A filósofa francesa Simone Weil desenvolveu uma forma idiossincrática de filosofia moral que não se encaixa nas principais escolas de pensamento de seus contemporâneos, sendo uma mistura de radicalismo político, existencialismo e misticismo religioso. Ela nasceu em uma família judaica secular em Paris e, depois de estudar na Escola Normal Superior de Paris (onde superou Simone de Beauvoir e ficou em primeiro lugar no teste de filosofia e lógica), tornou-se politicamente ativa, lutando com os republicanos na Guerra Civil Espanhola e com a resistência francesa na Segunda Guerra Mundial. Nessa época, viveu inúmeras experiências místicas que influenciaram profundamente sua filosofia.

Ver também: Platão 50-55 ▪ Karl Marx 196-203

JOHN LANGSHAW AUSTIN
1911-1960

Educado na Universidade de Oxford, onde também lecionou, o filósofo britânico John Langshaw Austin foi uma figura importante na "linguagem comum", ou filosofia de "Oxford", que estava em voga na década de 1950. Ele argumentava que a análise rigorosa sobre como a linguagem opera no uso cotidiano comum pode levar à descoberta das sutis distinções linguísticas necessárias para resolver problemas filosóficos. Austin é mais conhecido por seus textos e palestras, que foram publicados após sua morte em *Quando dizer e fazer* (1963) e *Sentido e percepção* (1964).

Ver também: Bertrand Russell 236-239 ▪ Gilbert Ryle 343

DONALD DAVIDSON
1917-2003

Depois de estudar em Harvard, o filósofo americano Donald Davidson teve uma carreira de destaque lecionando em várias universidades dos EUA. Atuando em diversas áreas da filosofia, principalmente a filosofia da mente, defendia uma visão materialista, alegando que cada evento mental registrado também era físico, embora não acreditasse que o mental não pudesse ser totalmente reduzido ou explicado em termos físicos. Davidson também fez contribuições notáveis para a filosofia da linguagem, argumentando que a linguagem deve ter um número finito de elementos e que seu significado é produto deles e suas regras de combinação.

Ver também: Ludwig Wittgenstein 246-251 ▪ Willard Van Orman Quine 278-279

LOUIS ALTHUSSER
1918-1990

Nascido na Argélia, o estudioso marxista francês Louis Althusser argumentava que há uma diferença radical entre os primeiros textos de Marx e o período "científico" de *O capital*. Os primeiros trabalhos de Marx refletem a época, com foco em conceitos hegelianos como alienação, enquanto em trabalhos posteriores, a história é vista como tendo sua própria dinâmica, diferente das intenções e ações humanas. A alegação de Althusser de que somos determinados pelas condições estruturais da sociedade envolve a controversa rejeição da autonomia humana, negando à atuação individual um papel na história.

Ver também: Georg W. F. Hegel 178-185 ▪ Karl Marx 196-203 ▪ Michel Foucault 304-305 ▪ Slavoj Žižek 332

EDGAR MORIN
1921-

O filósofo francês Edgar Morin nasceu em Paris, filho de imigrantes judeus da Grécia. Sua visão positiva em relação ao progresso da civilização ocidental é temperada pelo que percebe como efeitos negativos dos avanços técnicos e científicos. O progresso pode criar riqueza, mas também parece trazer o colapso da responsabilidade e da consciência global. Morin desenvolveu o que se tornou conhecido como "pensamento complexo" e cunhou o termo "política da civilização". Sua obra em seis volumes, *O método* (1977-2004), é um compêndio de seu pensamento, oferecendo um amplo *insight* na natureza da investigação científica.

Ver também: Theodor Adorno 266-267 ▪ Jürgen Habermas 310-311

RENÉ GIRARD
1923-2015

O filósofo e historiador francês René Girard escreveu e lecionou sobre um amplo espectro de temas, da economia à crítica literária. Era mais conhecido por sua teoria de desejo mimético. Em *Mensagem romântica e verdade romanesca* (1961), usou a mitologia antiga e a ficção moderna para mostrar que o desejo humano, distinto do apetite humano, é sempre despertado pelo desejo de outro. Seu estudo sobre as origens da violência, *A violência e o sagrado* (1972), foi além ao argumentar que esse desejo imitado leva ao conflito e à violência. A religião, afirmava Girard, originou-se com o processo de vitimização ou sacrifício que foi usado para sufocar a violência.

Ver também: Michel Foucault 304-305

GILLES DELEUZE
1925-1995

Gilles Deleuze nasceu em Paris, onde passou a maior parte da vida. Considerava a filosofia um processo criativo para construir conceitos, em vez de uma tentativa de descobrir e refletir a realidade. Muito de sua obra focou a história da filosofia, ainda que suas leituras não tentassem revelar o "verdadeiro" Nietzsche, por exemplo. Em vez disso, elas retrabalharam os mecanismos conceituais do tema de um filósofo para produzir ideias, abrindo novas avenidas do pensamento. Deleuze também é conhecido pelas colaborações com o psicanalista Félix Guattari – *O anti-Édipo* (1972) e *O que é filosofia* (1991) – e por seus comentários sobre literatura, cinema e arte.

Ver também: Henri Bergson 226-227 ▪ Michel Foucault 304-305

HILARY PUTNAM
1926-2016

O filósofo americano Hilary Putnam fez contribuições significativas para a matemática e a ciência da computação e, em diferentes ramos da filosofia, mudou de opinião com frequência ao reavaliar seu trabalho. Contudo, manteve uma abordagem analítica e a constante em sua filosofia foi o engajamento no realismo, a visão de que a verdade e o conhecimento são objetivos. Ele é mais conhecido por sugerir a ideia de externalismo semântico, alegando que os significados linguísticos estão relacionados à realidade externa em vez de existirem somente na mente.

Ver também: René Descartes 116--123 ▪ Willard Van Orman Quine 278-279

STANLEY CAVELL
1926-2018

Nascido em Atlanta, na Geórgia, o filósofo americano Stanley Cavell se formou em música na Universidade da Califórnia e na Juilliard School antes de mudar de rumo e estudar filosofia na UCLA e em Harvard. Lá, foi influenciado pela abordagem analítica de filósofos britânicos como Wittgenstein, J.L. Austin e Bernard Williams, mas também foi atraído pela filosofia da Europa continental, mais ligada às tradições literárias e culturais. Com uma abordagem de linguagem comum em vez de técnicas de desconstrução continental, Cavell introduziu estudos literários, cinematográficos e de cultura popular em seus textos filosóficos.

Ver também: Ludwig Wittgenstein 246-251 ▪ Henry David Thoreau 204

NIKLAS LUHMANN
1927-1998

Nascido em Lüneburg, Alemanha, Niklas Luhmann foi capturado pelos americanos durante a Segunda Guerra Mundial, quando tinha apenas 17 anos. Depois do conflito trabalhou como advogado até tirar um sabático em 1962, a fim de estudar sociologia na América. Acabou tornando-se um dos mais importantes e prolíficos teoristas sociais do século xx. Luhmann desenvolveu uma teoria grandiosa para explicar todos os elementos da vida social, das complexas e bem estabelecidas sociedades às mais breves trocas que duram apenas alguns segundos. Em sua obra mais importante, *The society of society* (1997), defendeu que a comunicação é o único fenômeno genuinamente social.

Ver também: Jürgen Habermas 310-311

JUDITH JARVIS THOMPSON
1929-2020

A filósofa moral americana Judith Jarvis Thomson é mais provavelmente conhecida por ter popularizado e desenvolvido o "dilema do bonde" proposto por Philippa Foot. Nascida em Nova York, Thomson lecionou no Instituto de Tecnologia de Massachusetts ao longo de sua carreira, além de em outros lugares. Uma de suas contribuições mais significativas no campo da ética foi o ensaio *A defense of abortion*, de 1971, publicado pouco antes do caso Roe vs. Wade. Nele, Thomson desviou a atenção dos direitos do feto para os da mulher grávida.

Ver também: Philippa Foot 308-309 ▪ Immanuel Kant 164-171

MICHEL SERRES
1930-2019

O autor e filósofo francês Michel Serres estudou matemática antes de dedicar-se à filosofia. É professor na Universidade de Stanford, Califórnia, e membro da prestigiosa Académie Française. Suas palestras e livros são apresentados em francês, com elegância e fluidez difíceis de traduzir. Suas investigações pós-humanistas adotam a forma de "mapas", em que as próprias trajetórias desempenham um papel importante. Foi descrito como "um pensador para quem viajar é invenção", encontrando verdades no caos, na discórdia e na desordem, reveladas nas conexões entre ciências, artes e cultura contemporânea.

Ver também: Roland Barthes 290-291 ▪ Jacques Derrida 312-317

SUSAN SONTAG
1933-2004

Nascida em Nova York, Susan Sontag estudou literatura inglesa e filosofia nas universidades de Chicago e Harvard, depois passou um tempo em Oxford e Paris antes de retornar para os EUA. Ela iniciou sua carreira como autora de ficção, mas ganhou destaque com seus artigos de não ficção sobre cultura popular, fotografia e filosofia nos anos 1960, além de se tornar ativista política declaradamente de esquerda. Sua contribuição filosófica mais influente foi a obra *Contra a interpretação*, que estuda duas abordagens diferentes da crítica de arte, tanto a interpretação com base na forma quanto a baseada no conteúdo.
Ver também: Roland Barthes 290-291

ALAIN BADIOU
1937-

Inspirado pelas ideias de Louis Althusser e Jacques Lacan, o filósofo francês Alain Badiou adotou uma postura de extrema-esquerda, que se tornou cada vez mais militante durante os protestos de maio de 1968, e permaneceu comprometido com o comunismo. Ele foi o cofundador da faculdade de Filosofia na Université Paris 8 (com Gilles Deleuze, Michel Foucault e Jean-François Lyotard) e, depois, tornou-se diretor de Filosofia na Escola Normal Superior de Paris. Seus textos, como a obra magna *O ser e o evento* (1988), tratam dos conceitos do ser e da verdade, e suas conexões com a matemática.
Ver também: Michel Foucault 304--305 ▪ Jean-François Lyotard 298-299

ROBERT NOZICK
1938-2002

Nascido no Brooklyn, Nova York, o filósofo americano Robert Nozick é mais conhecido por seu primeiro livro *Anarquia, Estado e utopia* (1974), que defende o libertarianismo do mercado livre e que foi composto em resposta à obra liberal *Uma teoria da justiça*, de seu colega de Harvard John Rawls. Nozick continuou a lecionar em Harvard até sua morte em 2002, mas se afastou da filosofia política em favor da epistemologia e das questões metafísicas referentes a livre-arbítrio, identidade pessoal e realidade objetiva.
Ver também: John Locke 130-133 ▪ John Rawls 294-295

SAUL KRIPKE
1940-2022

Aclamado como uma criança prodígio, o filósofo analítico e lógico americano Saul Kripke teve seu teorema da completude em lógica modal publicado quando tinha apenas 17 anos de idade. Depois de se formar em matemática em Harvard, teve uma carreira de destaque como professor, primeiro na Universidade Rockefeller em Nova York e, depois, em Princeton, antes de retornar a Nova York para lecionar no City University Graduate Center (CUNY). Além do trabalho influente no campo da lógica modal, Kripke fez contribuições significativas para a metafísica e a filosofia da linguagem, incluindo uma interpretação idiossincrática de Wittgenstein, que ficou conhecida como "Kripkenstein".
Ver também: Bertrand Russell 236--239 ▪ Ludwig Wittgenstein 246-251 ▪ Alan Turing 302

GAYATRI CHAKRAVORTY SPIVAK
1942-

Nascida em Calcutá, na Índia, Gayatri Chakravorty Spivak estudou inglês na Universidade de Calcutá e, depois, em Cornell e Cambridge. Seguiu carreira como professora de literatura comparada nos EUA e, em 1967, traduziu a obra *Gramatologia* de Jacques Derrida, para a qual escreveu uma introdução extensa. Mais tarde, desenvolveu seu próprio estilo de crítica desconstrutiva, que chamou de "intervencionista". Ela recebeu o crédito de fundadora da teoria pós--colonial (posição que rejeitou), em particular por seu estudo do imperialismo e do feminismo internacional no ensaio *Pode o subalterno falar?* (1988).
Ver também: Frantz Fanon 300-301 ▪ Jacques Derrida 312-317

MARCEL GAUCHET
1946-

O filósofo, historiador e sociólogo francês Marcel Gauchet escreveu muito sobre democracia e o papel da religião no mundo moderno. Ele é editor do periódico intelectual francês *Le débat* e professor na École des Hautes Études en Sciences Sociales (EHESS) em Paris. *Le Désenchantement du monde. Une histoire politique de la religion* (1985), sua principal obra, explora o culto moderno do individualismo no contexto do passado religioso da humanidade. Com o declínio da fé religiosa no mundo ocidental, Gauchet argumenta que elementos do sagrado foram incorporados às relações humanas e atividades sociais.
Ver também: Maurice Merleau--Ponty 274-275 ▪ Michel Foucault 304-305

MARTHA NUSSBAUM
1947-

Nascida em Nova York, a filósofa norte-americana Martha Nussbaum tem o prestigioso cargo de Ernst Freund Distinguished Service Professor of Law and Ethics na Universidade de Chicago. Publicou inúmeras obras, principalmente sobre ética e filosofia política, em que o rigor da investigação acadêmica é sempre guiado por um apaixonado liberalismo. Sua exploração sobre a ética da antiga Grécia, *A fragilidade da bondade* (1986), trouxe-lhe fama, mas hoje ela é igualmente conhecida por suas visões liberais sobre o feminismo, como em *Sex and social justice* (1999), que defende uma mudança radical nas relações familiares e de gênero.

Ver também: Platão 50-55 ▪ Aristóteles 56-63 ▪ John Rawls 294- -295

ISABELLE STENGERS
1949-

Isabelle Stengers nasceu na Bélgica e estudou química na Universidade Livre de Bruxelas, onde agora é professora de filosofia. Recebeu o grande prêmio de filosofia da Académie Française em 1993. Ilustre pensadora da ciência, escreveu extensivamente sobre processos científicos modernos, com um foco no uso da ciência para fins sociais e sua relação com o poder e a autoridade. Suas obras incluem *Power and invention* (1997), *A invenção das ciências modernas* (1984) e *A Nova Aliança* (1984), com o químico vencedor do Prêmio Nobel Ilya Prigogine.

Ver também: Alfred North Whitehead 342 ▪ Edgar Morin 344

CORNEL WEST
1953-

Um ativista de esquerda proeminente, Cornel West é conhecido nos EUA por suas aparições na televisão, no rádio, em podcasts e até em filmes de Hollywood. Contudo, ele também teve uma carreira acadêmica de destaque como filósofo. Como "socialista não marxista" declarado, a filosofia política de West foca principalmente as questões de raça, classe social e gênero, e a natureza da democracia moderna, influenciadas pelas tradições liberais americanas, incluindo o pragmatismo, o transcendentalismo e o cristianismo afro-americano. Em 2023, West anunciou sua intenção de concorrer nas eleições presidenciais de 2024 nos EUA.

Ver também: William du Bois 234- -235 ▪ bell hooks 333

KWAME ANTHONY APPIAH
1954-

Filho do diplomata ganense Joe Appiah e da historiadora de arte Peggy Cripps, Kwame Anthony Appiah nasceu em Londres e estudou em Gana e na Grã-Bretanha. Depois de se formar e fazer doutorado em Filosofia na Universidade de Cambridge, tornou-se cidadão americano, e sua eminente carreira de professor abrange períodos nas universidades de Yale, Harvard, Princeton e Nova York. Appiah é conhecido por sua filosofia política, principalmente relacionada ao desenvolvimento social e econômico de países não ocidentais, e ao papel e à eficácia de organizações internacionais.

Ver também: Frantz Fanon 300-301 ▪ William du Bois 234-235

SALLY HASLANGER
1955-

Professora de Filosofia e Estudos sobre Mulheres e Gênero no Instituto de Tecnologia do Massachusetts em parceria com a Ford, Sally Haslanger iniciou sua carreira acadêmica especializando-se em metafísica e epistemologia analíticas e em filosofia antiga, mas seus interesses foram gradualmente se ampliando para incluir filosofia social e política, teoria feminista e teoria crítica da raça. Em particular, seu trabalho explora as conexões entre justiça social – principalmente em relação a gênero, raça e família – e as ideias contemporâneas na filosofia da linguagem e na filosofia da mente.

Ver também: Simone de Beauvoir 276-277

JUDITH BUTLER
1956-

Judith Butler, intelectual estadunidense (que usa pronome neutro) estudou filosofia nas universidades de Yale e Heidelberg. Sua carreira acadêmica inclui cargos na Universidade Johns Hopkins, na Universidade da Califórnia em Berkeley e na Universidade Columbia. No artigo *Os atos performativos e a constituição do gênero* (1988) e na obra *Problemas de gênero: feminismo e subversão da identidade* (1990), Butler propôs a teoria de que o gênero e o sexo são performativos e estabelecidos por meio de comportamentos e ações. Embora aceita somente por alguns filósofos feministas, essa visão tem influenciado principalmente a teoria cultural e a teoria queer.

Ver também: Simone de Beauvoir 276-277 ▪ Michel Foucault 304-305

GLOSSÁRIO

Absoluto, o Realidade suprema, concebida como um princípio único, que tudo abrange. Alguns pensadores identificaram esse princípio com Deus; outros acreditaram no Absoluto, mas não em Deus; outros não acreditaram em nenhum dos dois. O filósofo mais intimamente associado com a ideia é Georg W. F. Hegel.

Agente O ser atuante, distinto do ser conhecedor. O "eu" que decide, escolhe ou age.

Análise A busca por uma compreensão mais profunda de algo, dividindo-o em partes e examinando cada uma delas. A abordagem oposta é a **síntese**.

Antropomorfismo A atribuição de características humanas a algo que não é humano – por exemplo, a Deus ou ao clima.

A posteriori Algo que pode ser considerado **válido** apenas por meio da experiência.

A priori Algo conhecido como sendo **válido** antes da (ou sem necessidade da) experiência.

Argumento Um processo de raciocínio em **lógica** que se propõe a demonstrar sua conclusão como verdadeira.

Argumento analítico Uma afirmação cuja verdade ou falsidade pode ser estabelecida pela **análise** da própria afirmação. O oposto é **argumento sintético**.

Argumento sintético Afirmação que tem de ser comparada com fatos fora de si mesma para que sua verdade seja determinada. O oposto é **argumento analítico**.

Categoria A mais ampla classe (ou grupo) na qual as coisas podem ser divididas. Aristóteles e Immanuel Kant tentaram fornecer uma lista completa de categorias.

Ceticismo Concepção de que é impossível que conheçamos algo com absoluta certeza.

Coisa em si Outro termo para **número**, do alemão *Ding-an-sich*.

Conceito Pensamento ou ideia; o significado de uma palavra ou termo.

Condições necessárias e suficientes Para X ser um marido é uma condição necessária X ser casado. No entanto, esta não é uma condição suficiente – e se X for feminino? Uma condição suficiente para X ser um marido é que X seja tanto homem quanto casado. Uma das formas mais comuns de equívoco no pensamento é confundir condições necessárias com condições suficientes.

Conhecimento empírico Conhecimento do **mundo empírico**.

Contingente Pode ou não ser o caso; as coisas podem ser de um modo ou de outro. O oposto é **necessário**.

Contraditório Duas proposições são contraditórias se uma deve ser verdadeira e a outra falsa: elas não podem ser ambas verdadeiras, nem podem ser ambas falsas.

Contrário Duas afirmações são contrárias se ambas não podem ser verdadeiras, mas ambas podem ser falsas.

Contrato social Acordo implícito de cooperação entre os membros de uma sociedade, a fim de alcançar objetivos que beneficiem todo o grupo – por vezes, em detrimento dos indivíduos.

Corroboração Evidência que confere apoio a uma conclusão, sem necessariamente prová-la.

Cosmologia O estudo de todo o universo, o cosmos.

Dedução Raciocínio do geral para o particular. Por exemplo, "se todos os homens são mortais, então Sócrates, sendo homem, deve ser mortal". É universalmente aceito que a dedução é **válida**. O processo oposto é chamado **indução**.

Determinismo A visão de que nada pode acontecer exceto o que realmente acontece, porque todo evento é o resultado **necessário** das causas que o precedem – e elas próprias foram o resultado necessário das causas que as precederam. O oposto é **indeterminismo**.

Dialética Habilidade em questionar ou argumentar; ou a ideia de que qualquer afirmação, seja em palavras ou em ação, provoca sua oposição, e as duas reconciliam-se numa **síntese** que inclui elementos de ambas.

Dualismo Uma concepção de algo como sendo composto por duas partes **irredutíveis**, como a ideia de seres humanos constituídos de corpos e mentes, os dois sendo radicalmente distintos.

Emotivo O que expressa emoção. Na filosofia, o termo é frequentemente usado de maneira pejorativa para declarações que fingem ser objetivas ou imparciais, quando de fato expressam atitudes emocionais, como, por exemplo, em "definição emotiva".

Empirismo Concepção de que todo conhecimento sobre qualquer coisa que realmente exista deve ser derivado da experiência.

Epistemologia Ramo da filosofia que trata do tipo de coisa que podemos conhecer; como o conhecemos; o que é o conhecimento. Na prática, é o ramo dominante da filosofia.

Essência A essência de algo é aquilo que lhe é característico e o torna o que é. Por exemplo, a essência de um unicórnio é que ele é um cavalo com um único chifre na cabeça. Unicórnios não existem, obviamente; então, essência não implica existência. Essa distinção é importante na filosofia.

Estética Divisão da filosofia que trata dos princípios da arte e da noção de beleza.

Ética Ramo da filosofia que trata de questões sobre como devemos viver e, portanto, sobre a natureza de certo e errado, bem e mal, dever, obrigação e outros conceitos.

Existencialismo Filosofia que parte da existência **contingente** do ser humano individual, considerando isso como o enigma primordial. É desse ponto de partida que se busca o entendimento filosófico.

Falácia Um **argumento** seriamente equivocado, ou conclusão falsa baseada em tal argumento.

Falsificabilidade Uma afirmação, ou conjunto de afirmações, é falsificável se pode ser demonstrada como falsa por meio do teste empírico. De acordo com Karl Popper, a falsificabilidade é o que distingue a ciência da não ciência.

Fenômeno Experiência que é imediatamente presente. Se olho para um objeto, o objeto, experimentado por mim, é um fenômeno. Immanuel Kant distinguiu isso do objeto como ele é em si, independentemente da experiência: a isso, ele denominou **número**.

Fenomenologia Abordagem da filosofia que investiga os objetos da experiência (conhecidos como **fenômenos**) apenas na medida em que eles próprios se manifestam à nossa consciência, sem fazer qualquer suposição sobre sua natureza como algo independente.

Filosofia Literalmente, "o amor pela sabedoria". A palavra é amplamente utilizada para qualquer reflexão **racional** e sistemática sobre princípios gerais que visam a atingir um entendimento aprofundado. A filosofia oferece uma prática na **análise** disciplinada e no esclarecimento de **argumentos**, teorias, métodos e declarações de todos os tipos – assim como os conceitos utilizados. Tradicionalmente, seu objetivo maior é o de alcançar uma compreensão ampla do mundo, embora no século XX boa parte da filosofia tenha se dedicado a analisar seus próprios procedimentos.

Filosofia analítica Ramo da filosofia que considera como seu objetivo o esclarecimento de conceitos, afirmações, métodos, **argumentos** e teorias, analisando-os cuidadosamente.

Filosofia da ciência Ramo da filosofia que trata da natureza do conhecimento científico e da prática do empreendimento científico.

Filosofia da religião Ramo da filosofia que examina os sistemas de crença do homem e os objetos reais ou imaginários, como deuses, que formam a base dessas crenças.

Filosofia linguística Também conhecida como análise linguística. A visão de que os problemas filosóficos surgem do uso confuso da linguagem e devem ser solucionados, ou decompostos, segundo uma **análise** cuidadosa da linguagem na qual foram expressos.

Filosofia política Ramo da filosofia que questiona a natureza e os métodos do Estado, tratando de temas como justiça, lei, hierarquias sociais, poder político e constituições.

Hipótese Teoria cuja verdade é admitida provisoriamente, pois constitui um ponto de partida útil para investigação adicional, apesar da limitada evidência para provar sua **validade**.

Humanismo Abordagem filosófica baseada na suposição de que a humanidade é a coisa mais importante que existe e que não pode haver conhecimento de um mundo sobrenatural – caso ele exista.

Idealismo Concepção de que a realidade consiste essencialmente de algo não material – a mente, os conteúdos da mente, espíritos, ou um espírito. O ponto de vista oposto é o **materialismo**.

Indeterminismo Concepção de que nem todos os eventos são consequências **necessárias** dos eventos que podem tê-los precedido.

O ponto de vista oposto é o **determinismo**.

Indução Raciocínio do particular para o geral. Um exemplo seria "Sócrates morreu, Platão morreu, Aristóteles morreu e todo indivíduo que nasceu mais de 100 anos atrás está morto. Portanto, todos os homens são mortais". A indução não produz necessariamente resultados verdadeiros; então, é discutível se ela é um processo genuinamente lógico. O processo oposto é chamado **dedução**.

Intuição Conhecimento direto, por meio da percepção sensorial ou do pensamento imediato; forma de conhecimento que não faz uso da razão.

Irredutível Algo irredutível é o que não pode ser induzido a uma forma mais simples ou reduzida.

Lógica Ramo da filosofia que estuda o próprio **argumento** racional, seus termos, conceitos, regras e métodos.

Materialismo Concepção de que toda existência real é essencialmente de algo material. O ponto de vista oposto é o **idealismo**.

Metafilosofia Ramo da filosofia que examina a natureza e os métodos da própria filosofia.

Metafísica Ramo da filosofia que trata da natureza do que existe. Ela questiona o mundo natural "a partir de fora"; suas questões não podem ser respondidas pela ciência.

Metodologia O estudo dos métodos de investigação e **argumentação**.

Misticismo Conhecimento intuitivo que transcende o mundo natural.

Monismo Concepção de algo como se formado por um único elemento; por exemplo, a concepção de que os seres humanos não consistem de elementos que são essencialmente separáveis, como corpo e alma, mas de uma única substância.

Mundo Em filosofia, a palavra "mundo" recebeu um sentido especial, significando "a totalidade da realidade empírica"; portanto, pode também ser igualada à totalidade da experiência real e possível. Os verdadeiros **empiristas** acreditam que o mundo é tudo o que há; mas filósofos com visões diversas acreditam que o mundo não abrange a totalidade do real. Tais filósofos acreditam que há um campo **transcendental** tanto quanto um campo empírico – e que ambos são igualmente reais.

Mundo empírico O mundo como revelado a nós por nossa experiência real ou possível.

Não contraditório As afirmações são consideradas não contraditórias se os seus **valores-verdade** são independentes um do outro.

Naturalismo Concepção de que a realidade é explicável sem referência a qualquer coisa fora do mundo natural.

Necessário O oposto de **contingente**. Hume acreditava que conexões necessárias existiam apenas na **lógica**, não no mundo real, visão sustentada por muitos filósofos desde então.

Númeno Realidade incognoscível subjacente ao que se apresenta à consciência humana, sendo este último conhecido como **fenômeno**. Uma coisa como ela é em si, independentemente de ser sentida, diz-se que é um númeno. O "numênico" tornou-se, portanto, um termo para a natureza da realidade.

Numinoso Qualquer coisa considerada misteriosa e espantosa, trazendo indicações externas ao campo natural. Não confundir com o numênico– ver **númeno**.

Ontologia Ramo da filosofia que indaga o que realmente existe, enquanto distinto da natureza do nosso conhecimento sobre ele – essa natureza é investigada pelo ramo da epistemologia. Ontologia e **epistemologia**, conjuntamente, constituem a tradição central da filosofia.

Positivismo lógico Concepção de que as únicas **proposições empíricas** significativas são aquelas **verificáveis**.

Pós-modernismo Perspectiva que sustenta uma desconfiança geral de teorias, narrativas e ideologias que tentam colocar todo conhecimento num único sistema.

Pragmatismo Teoria da verdade. Sustenta que uma afirmação é verdadeira se cumpre todas as tarefas exigidas dela: descreve precisamente uma situação, estimula-nos a antecipar a experiência corretamente, ajusta-se a afirmações já demonstradas como corretas ou verdadeiras, e assim por diante.

Premissa Ponto de partida de um argumento. Qualquer **argumento** tem de começar a partir de ao menos uma premissa. Mesmo assim, não prova suas próprias premissas. Um argumento **válido** prova que suas conclusões decorrem dessas premissas; mas isso não é o mesmo que provar que as conclusões são verdadeiras – algo que nenhum argumento pode fazer.

Pressuposição Algo dado como certo, mas não expresso. Todas as declarações têm pressuposições, e elas podem ser conscientes ou inconscientes. Se uma pressuposição é equivocada, uma declaração baseada nela pode também ser equivocada, embora o equívoco possa não estar evidente na declaração em si. O estudo da filosofia nos ensina a ficar mais cientes acerca das pressuposições.

Proposição O conteúdo de uma afirmação que confirma ou nega algo – e é passível de ser verdadeiro ou falso.

Proposição empírica Uma afirmação sobre o **mundo empírico** – o que é ou pode ser sentido.

Propriedade Em filosofia, essa palavra é geralmente usada para indicar uma característica; por exemplo, "pele ou pelo são propriedades que definem um mamífero". Ver também **qualidades primárias e secundárias.**

Qualidades primárias e secundárias John Locke dividiu as **propriedades** de um objeto físico entre as que são possuídas pelo objeto, independentemente de serem experimentadas, tais como sua localização, dimensão, velocidade, massa e assim por diante (que ele chamou de qualidades primárias) e as que envolvem a interação de um sujeito senciente, tais como a cor e o gosto do objeto (que ele chamou de qualidades secundárias).

Racional Baseado ou de acordo com os princípios da razão ou da **lógica**.

Racionalismo Concepção de que podemos adquirir conhecimento sobre o mundo por meio do uso da razão, sem contar com a percepção dos sentidos, considerados como duvidosos pelos racionalistas. A

concepção oposta é conhecida como **empirismo**.

Semântica O estudo dos significados nas expressões linguísticas.

Semiótica Estudo dos signos e dos símbolos, em particular sua relação com as coisas que pretendem significar.

Síntese Busca de uma compreensão maior de algo compondo as partes. O oposto é **análise**.

Sofista Alguém cujo objetivo no debate não é buscar a verdade, mas vencê-lo. Na antiga Grécia, os jovens aspirantes à vida pública aprendiam com os sofistas os vários métodos para vencer debates.

Solipsismo Concepção de que apenas a existência do "eu" pode ser conhecida.

Teleologia Estudo dos fins ou objetivos. Uma explicação teleológica é aquela que explica algo em termos da finalidade à qual ele serve.

Teologia Investigação sobre questões eruditas e intelectuais a respeito da natureza de Deus. A filosofia, em contraste, não supõe a existência de Deus, embora alguns filósofos tenham tentado provar sua existência.

Transcendental Além do mundo da experiência sensível. Alguém que acredita que a **ética** seja transcendental acredita que ela tem sua origem fora do **mundo empírico**. **Empiristas** conscienciosos não acreditam que algo transcendental exista – tampouco acreditavam Friedrich Nietzsche ou os **existencialistas** humanistas.

Universal Conceito de aplicação geral, como "vermelho" ou "mulher". É

motivo de controvérsia se os universais têm existência própria. A "vermelhidão" existe ou existem apenas objetos vermelhos? Na Idade Média os filósofos que sustentavam que a "vermelhidão" tinha uma existência real eram denominados "realistas", enquanto os filósofos que afirmavam que não passava de uma palavra eram denominados "nominalistas".

Universalismo Crença de que devemos aplicar a nós os mesmos padrões e valores que aplicamos aos outros. Não confundir com **universal**, acima.

Utilitarismo Teoria política e **ética** que julga a moralidade das ações por suas consequências. O utilitarismo considera que a consequência mais desejável de qualquer ação é o maior bem possível para o maior número possível de pessoas, definindo o "bem" em termos de prazer e ausência de dor.

Validade Um **argumento** é válido se sua conclusão é consequente às suas **premissas**. Isso não significa necessariamente que a conclusão seja verdadeira: pode ser falsa se uma das premissas é falsa, embora o argumento ainda seja válido.

Valor de verdade Um entre dois valores, isto é, verdadeiro ou falso, que pode ser aplicado a uma afirmação.

Verificabilidade Uma afirmação, ou conjunto de afirmações, é verificável se pode ser demonstrada como verdadeira mediante o exame da evidência empírica. Os **positivistas lógicos** sustentavam que as únicas **proposições empíricas** significativas eram as verificáveis. David Hume e Karl Popper demonstraram que as leis científicas eram inverificáveis.

ÍNDICE

Números em **negrito** se referem a verbetes principais, aqueles em itálico se referem a legendas de ilustrações.

F

AGRADECIMENTOS

Para a primeira edição, Dorling Kindersley gostaria de agradeder a Debra Wolter e Nigel Ritchie pelo apoio editorial, a Vicky Short pelo design e a Jane Parker pelo índice e revisão do livro. Nesta segunda edição, a Dorling Kindersley gostaria de agradecer a Priyal Mote pelas ilustrações, a Deepak Negi e Samrajkumar S pela pesquisa de imagens, e a Joicy John e Pankhoori Sinha pela assistência editorial.

CRÉDITOS DAS FOTOS

O editor gostaria de agradecer aos listados abaixo pela permissão para reproduzir suas fotografias:

(Legenda: a-acima; b-abaixo; c-centro; e-esquerda; d-direita; t-topo)

23 Getty Images: Hulton Archive (td). **25 Corbis:** Chan Yat Nin/Redlink (ce). **Getty Images:** Hulton Archive (be). **27 Alamy Images:** Gianni Dagli Orti/The Art Archive (be). **29 Getty Images:** M. Bertinetti/De Agostini Picture Library (bd). **31 Alamy Images:** INTERFOTO (td). **32 The Bridgeman Art Library:** Musée Guimet, Paris/Bonora (te). **36 Getty Images:** Keren Su (be). **38 Corbis:** Christian Kober/JAI (td). **39 The Art Archive** (bd). **41 Corbis:** Visuals Unlimited (cda). **43 akg-images:** Wadsworth Athenoum (be). **Getty Images.** G. Dagli Orti/De Agostini Picture Library (cd). **44 Corbis:** Bettmann (cd). **47 Corbis:** PoodlesRock (td). **49 Corbis:** (bd). **53 The Bridgeman Art Library:** Bibliothèque Nationale, Paris/Archives Charmet (abd). **55 The Bridgeman Art Library:** Pinacoteca Capitolina, Palazzo Conservatori, Rome/Alinari (te). **Corbis:** Jon Hicks (be). **59 Getty Images:** The Bridgeman Art Library (te). **60 Corbis:** Elizabeth Whiting & Associates (te). **63 akg-images:** British Library (te). **Getty Images:** SuperStock (be). **64 Réunion des Musées Nationaux Agence Photographique:** Hervé Lewandowski (bc). **65 Corbis:** Araldo de Luca (td). **66 The**

Bridgeman Art Library: Walters Art Museum, Baltimore, USA (cda). **73 Getty Images:** The Bridgeman Art Library (bl); **Alamy Stock Photo:** Adam Jn Fige (tr). **75 The Bridgeman Art Library:** Bibliothèque municipale, Rouen/Giraudon (td). **Getty Images:** Hulton Archive (be). **77 Alamy Images:** Mary Evans Picture Library (td). **78 Alamy Images:** Gianni Dagli Orti/The Art Archive (be). **79 The Kobal Collection:** New Line Cinema (bd). **81 Getty Images:** Hulton Archive (td). **83 Corbis:** Bettmann (be). **Photolibrary:** Dariush Zandi/GraphEast RM (cd). **85 Getty Images:** The Bridgeman Art Library (be); Danita Delimont/Gallo Images (td). **87 Alamy Images:** Gianni Dagli Orti/The Art Archive (td). **Getty Images:** Bruno Morandi/The Image Bank (te). **90 Getty Images:** Science & Society Picture Library (be). **91 Alamy Images:** Gianni Dagli Orti/The Art Archive (te). **92 Alamy Images:** Gianni Dagli Orti/The Art Archive (b). **94 Getty Images:** Chad Baker (bc). **95 NA SA:** LAMBDA/WMAP Science Team (td). **105 Corbis:** Massimo Listri (te). **107 Corbis:** Bettmann (td) (be). **109 Alamy Images:** Gianni Dagli Orti/The Art Archive (be). **Corbis:** Bettmann (td). **111 akg-images:** (te). **Corbis:** Bettmann (td). **113 Corbis:** Bettmann (td). **114 Science Photo Library:** David McCarthy. **115 Corbis:** Bettmann (bd). **118 Getty Images:** Hulton Archive (cda). **120 akg-images:** Cameraphoto (te). **122 Corbis:** Bettmann (be). **123 Corbis:** Alberto Estevez/EPA (bd). **125 Corbis:** Michael Nicholson (be); Bill Varie (td). **128 Alamy Images:** Gari Wyn Williams (te). **Corbis:** Bettmann (be). **129 Dorling Kindersley:** Natural History Museum, London (cd/flor na pedra). **133 Corbis:** Bettmann (bl); **Getty Images /iStock:** E+ / andresr (tr). (td). **135 Corbis:** Bettmann (td). **136 Science Photo Library:** Matthew Hurst (te). **137 Getty Images:** Science & Society Picture Library (td). **139 Corbis:** Bettmann (td). **147 Corbis:** Bettmann (be). **Getty Images:** G.

Dagli Orti/De Agostini Picture Library (td). **150 Corbis:** Michael Nicholson. **151 Corbis:** Ken Seet (be). **152 Corbis:** Tomas del Amo – The Stock Connec/Science Faction (ceb/torncira). **153 Alamy Images:** Lebrecht Music & Arts Photo Library (td). **157 The Bridgeman Art Library:** Detroit Institute of Arts, USA (be). **Corbis:** Bettmann (td). **158 Alamy Images:** V&A Images (be). **159 Getty Images:** Peter Willi/SuperStock (bd). **161 Corbis:** Hulton-Deutsch Collection (td). **162 Shutterstock. com:** Sumit Kumar 99 (b). **163 Corbis:** Karen Kasmauski (te). **166 Dorling Kindersley:** Stephen Oliver (td) (te/árvore verão). **169 Getty Images:** Matheisl (te/árvore inverno). **170 Corbis:** Bettmann (be). **171 Getty Images:** Hulton Archive (td). **173 Corbis:** Bettmann (td); Gianni Dagli Orti/The Art Archive (bc). **177 Getty Images:** David Sanger/The Image Bank (bd). **180 The Bridgeman Art Library:** American Illustrators Gallery, NYC/www.asapworldwide.com (td). **Corbis:** Bettmann (be). **184 The Bridgeman Art Library:** Château de Versailles (be). **185 The Bridgeman Art Library:** Germanisches Nationalmuseum, Nuremberg (Nuremberg) (bd). **187 Getty Images:** Time Life Pictures/Mansell (td). **188 akg-images:** British Library (be). **189 The Bridgeman Art Library:** National Gallery, London (bd). **191 Corbis:** Bettmann (bd). **192 Corbis:** Todd Gipstein (be). **193 Corbis:** Bettmann (tc). **195 Corbis:** Bettmann (be); Robbie Jack (td). **198 Corbis:** Alfredo Dagli Orti/The Art Archive (td). **200 Getty Images:** The Bridgeman Art Library (be). **201 Alamy Images:** Gianni Dagli Orti/The Art Archive (bd). **202 Alamy Images:** Gianni Dagli Orti/The Art Archive (te). **203 The Bridgeman Art Library:** Private Collection (be). **Corbis:** Bettmann (td). **204 Alamy Images:** Dinodia Images/India Images (bd). **208 akg-images:** (tl). **Corbis:** (be). **209 Corbis:** Bettmann (be). **217 Corbis:** Bettmann (be); Kazuyoshi Nomachi (td). **218**

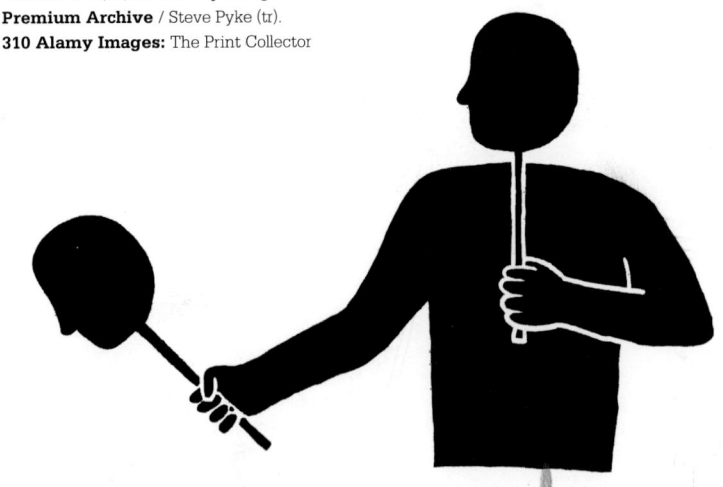